대학
중용

이기석·한용우 譯解
이가원 감수

홍신문화사

■ 서 문

　내 일찍이 사서(四書)와 오경(五經)을 가려 뽑아 우리말로 번역하여 전국의 유학도(儒學徒) 및 일반인과 함께 읽음으로써 우리 동방 사람들의 사상(思想)의 원천을 거슬러 올라가 연구해보려고 하였다. 그러나 이것은 다만 읽기 쉽게, 휴대하기 간편하게 하였을 따름이며, 그 숭고·심오하면서도 순수·광명한 철리(哲理)의 전체를 대변하기에는 어려울 것이다.
　지난날의 문호 산강(山康) 변영만(卞榮晩)은 일찍이 "동방의 인류로서 적어도 〈사서〉를 읽지 않고서는 대화에 참여할 수 없을 것이다."라고 강조하였다.
　확실히 그렇다. 사서가 이방인의 손에 의해 이룩된 것이라 하여 잠시라도 소홀히 여겨서는 안 될 것이다. 이것은 비단 변영만 한 사람만의 주장은 아니며, 실로 우리 선철(先哲)로부터 멀리 흘러내려 온 전통적인 견해인 것이다.
　그러나 사서만을 갖고서는 만족되기 어려울 것이다. 하나의 간단한 예를 든다면, 음식을 먹는 데 있어서 살찐 고기와 상등의 곡식이 곁들여져야 비로소 음식의 참맛이 갖추어지는 것과 마찬가지로, 사서에다 삼경을 곁들여야만 더욱 아름다운 맛이 갖추어질 것이다.

그러므로 유교의 경전을 말할 때는 반드시 사서와 삼경을 아울러 일컬었던 것이다. 사서는 〈대학〉·〈중용〉·〈논어〉·〈맹자〉를 가리키고, 삼경은 〈시경〉·〈서경〉·〈주역〉을 가리키는 것임은 이미 널리 알려진 바이다.
 따라서 여기에다 굳이 장제(長提)할 필요는 없거니와, 삼경으로서 오경 중에서 〈예기〉·〈춘추〉의 이경이 제외된 것은 다소 유감이다. 그러나 〈춘추〉는 너무 간고(簡古)하고, 〈예기〉는 그중에서 중요한 〈대학〉과 〈중용〉의 두 편이 사서로 옮겨졌다.
 이제 이 사서와 삼경을 번역·공간(公刊)함에 즈음하여 감히 평소에 느꼈던 일단(一端)을 써서 그 서문에 부치는 바이다.

문학박사 이가원

서 문 _ 4
해 설 _ 8

대학(大學) 39
    대학장구 서(大學章句序) 40
    대학(大學) 56
    대학경(大學經) 59
    대학전(大學傳) 106

중용(中庸) 205
    중용장구 서(中庸章句序) 206
    중용(中庸) 224

차 례

해 설

　인간으로서 바른 자세란 무엇인가에 대한 반성, 바르게 살기 위해서는 구체적으로 어떻게 하면 좋은가에 대한 성찰과 초조, 그리고 그 성찰해본 결과에 대해 성실하려는 지향과 실천 및 그러기 위한 고뇌는, 적어도 진실하게 살고자 하는 모든 인간으로서는 그가 소속하는 지역과 시간을 초월해서 피하지 못할 영원한 과제이고 한없는 짐이다.
　그런 짐을 달게 받으려는 사람들에게 다소의 격려와 시사를 주는 것, 그것은 고인들의 예지의 결정(結晶)인 여러 가지의 고전(古典)일 것이다.
　진실로 고전은 그것을 산출한 인종·지역·시대의 차이를 막론하고 절실하게 고뇌하기 시작한 사람들을 위한 영원한 친구로서 또는 스승으로서 그 존재의식을 지니는 것이다.
　〈대학〉과 〈중용〉이란 이름이 처음으로 기록되던 날부터 거의 2천년의 세월이 흐르고 있다. 이 양서(兩書)는 — 정확하게는 양편(兩篇)이라고 하는 것이 타당할지도 모르나 — 학술적으로는 우수한 유학개론(儒學槪論)이라고 인정받아 왔다.
　그러나 그 각각이 담고 있는 내용은 동일할 수 없어 유학개론이란 말이 뜻하는 바도 자연 다르게 된다. 거기에다 북송(北宋) 때의 도학자들에 의해 스스로의 사상적 가치가 재고되어, 마침내는 가장 기본적인 유교의 교설을 보이는 네 종류의 고전 속에 편입되어 독자적인 형이상학적 입장에서 일관된 체계적 주석과 장절(章節) 일부의 재편집이 있었다. 그로부터 약 10세기 이상이나 경과된 다음 이 양서는 유학자들 사이에서 전송(傳誦 : 사람의 입에서 입으로 전하여 외움)되었던 각종 교설과 유학자의 행장(行藏 : 세상에 나가 도(道)를 전하는 일과 물러나서 숨는 일)과 언동을 전하는 기록총서 중의 일편으로서의 존재와는 자연 다르지 않을 수 없는 사상상의 입장과 임무를 지니게 되었다.

만약 〈예기(禮記)〉의 일편으로서의 〈대학〉편과 〈중용〉편 그대로였다고 가정한다면 근세, 근대에 있어서의 동아시아의 지식인 사회에 끼친 영향을 그대로 평가하기에는 곤란했을지도 모른다.

봉건시대의 종말에서 이미 1세기를 경과한 오늘날 고대의 뛰어난 유학개론으로서의 이 양서에 대해, 온갖 지식인들의 이해방법이 현저하게 변화하고 있음은 말할 나위도 없다. 직접 동양학을 연구하고 있는 사람들이 옛날과는 근본적으로 다른 경향으로 기울고 있음은 부정할 수 없는 사실이다.

그것은 요컨대 그 각 시대의 정치와 지역사회를 배경으로 삼아온 인간역사의 움직임의 하나의 조류로 본 유교 발달사의 단계에서 양서가 형성된 자취와 그것이 보이는 사상을 객관적으로 관찰하고 파악하려는 충동이다. 이 양서가 일찍이 사회의 지도적 입장에서 사람들의 마음에 새겨 놓은 감동은 이제 대부분의 지식인들에게는 인연이 먼 옛날이야기가 된 것같이도 느껴진다.

오늘날 자연과학의 눈부신 진보 및 사회적·정치적인 여러 조건의 뚜렷한 변혁에 따라, 살아간다는 행복과 미래에 대한 희망의 가능성은 확실히 증대된 듯이 보인다.

그럼에도 불구하고 인간으로서 어떻게 자세를 가다듬어야 하는가에 대한 인간이 가진 고뇌의 무거운 짐이 깨끗이 없어져 버릴 날이 다가옴이 그 옛날에 비교해서 아주 쉬워졌다고 단언할 수 있겠는가. 도리어 그 무거운 짐이 더욱 더해진 사실까지 보고 듣게 되는 것이 사회의 실정이 아니겠는가. 도대체 참된 의미에서의 이상사회란 어떤 것일까. 거기서는 개개의 인간이 어떻게 위치 지워지고 있는 것일까. 인간의 이면인 부정할 수도 없는 윤리적 경향의 실재 등은 힘써 말살해 버리는 편이 좋지 않을까.

이러한 여러 가지 의문은 〈대학〉과 〈중용〉을 읽음으로써 어느 정도 해결될 수 있을지도 모른다.

1. 대학의 성립에 대하여

〈대학〉은 주자(朱子)의 주석, 해석 소개 등 어디까지나 주자의 입장에 서서 설명하는 것을 위주로 했다. 따라서 본서의 특색이라고 한다면 바로 이 점에 있을 것이다.

유교의 역사를 당송(唐宋)에서 이분(二分)하여 당 이전의 유교를 '오경(五經)' 중심의 유교, 송 이후의 것을 '사서(四書)' 중심의 유교로 보는 것이 중국사의 상식이다. 송 이후 1천 년, 지금으로부터 5천 년 전의 청(淸)나라가 멸망하기까지 가장 존중시되며 읽혀온 경전은 '사서'였으며, 〈대학〉과 〈중용〉이 각각 그 '사서' 중의 하나였음은 새삼 말할 필요도 없다.

'오경'의 주석 가운데 대표적인 것이 후한(後漢)의 정현(鄭玄 : 127~200)의 것인데 대해 '사서' 주석의 최고 권위는 남송(南宋)의 주희(朱熹 : 1130~1200)가 지은 이른바 〈사서집주(四書集註)〉, 즉 〈대학장구(大學章句)〉·〈논어집주(論語集註)〉·〈맹자집주(孟子集註)〉·〈중용장구(中庸章句)〉이다.

송 이후가 '사서'의 시대였다는 것은, 다시 말하면 주자학 시대라고 할 수 있다. 따라서 그 주석도 주자학적 입장에서 풀이한 것이 압도적으로 많았다. 물론 대세(大勢)에 저항해서 씌어진 것은 청조 고증학(淸朝考證學)의 성과로서 고전학적·훈고학적(訓詁學的)으로 정치(精緻 : 정교하고 치밀함)를 극한 많은 주석이 나왔다.

그러나 그것들은 '사서' 중에서도 〈논어〉와 〈맹자〉에만 많으며, 〈대학〉과 〈중용〉의 주석서—오늘날 일반적으로 독자의 눈에 띄는 것—가 원본으로 쓰고 있는 것은 주자의 '장구(章句)'인 것이다.

주자가 위대한 체계적인 사상가였기 때문에 그 주석은 때로는 원문에 충실했다기보다는 자기의 체계에 충실해서, 오늘날의 눈으로 볼 때는 지나치게 자기중심적이고 종종 이해할 수 없는 부자연스러움을 노출하고 있는 것이 사실이다. 이를테면 〈중용〉 제10장 제2절의 군자(君子)와 제4절의 군자를 다른 의미의 내용으로 해석하는 것 등이다. 그렇지만 그런 경우 이미 주자학 시대에 살고 있지 않는 주석가로서는 주자를 버릴 수가 없다.

그러므로 본서에서는 그 점은 그냥 지나치고 나아가기로 했다. 그 적극적인 이유로서는, 오늘날에는 거의 눈에 띄지 않게 되어버린, 철두철미하게 주자의 학설을 바탕으로 하는 주석이란 것이 반드시 무의미하지만은 않다고 생각되기 때문이다. 그 자세한 점을 여기서 장황하게 열거할 필요는 없을 것이며, 오직 일반 사상 연구자들에게 본서가 그 어떤 도움이 되어 주기만을 바라고 싶다. 물론 주자의 사상체계에 관한 연구는 여러 내외 학자들에 의해 이미 고도의 실적을 올리고 있으며, 그것은 확실히 우리들이 자부할 수 있는 성과이다.

그러나 그들 연구는 이른바 주자학의 체계를 체계로서 연구하는 데 그치고, 주자학의 또는 주자의 실재적인 사상적 영위, 즉 주석학적 방법—한두 가지 예를 들면 〈옥산강의(玉山講義)〉와 같은 극히 짧은 논문 이외에 주자는 자기의 체계를 체계로서 서술하려고 한 적이 없다—이라는 주자학의 태도 그 자체는 그리 소개하고 있지 않은 것 같다. 따라서 본서가 그 점에 다소 공헌이 된다면 다행으로 생각할 것이다.

본서는 〈대학장구(大學章句)〉와 〈중용장구(中庸章句)〉에 있는 주자의 주석을 전부 취급하면서(단, 형식은 반드시 충실한 번역은 아니고 생략한 부분도 더러 있다.) 다시 거기에 첨가하여 〈주자어류(朱子語類)〉, 〈대학혹문(大學或問)〉, 〈중용혹문(中庸或問)〉과 간혹 문집(文集)에서 적절하게 인용함으로써 그저 최후적인 결정(結晶)—〈장구〉에 있어서의 간결한 주석, 표현으로서의 결정, 또는 사상체계로서의 결정—뿐만 아니라 그 최후적 결정에 이르기까지의 과정, 혹은 최후적인 결정의 이른바 바탕으로서의 주자학, 말하자면 사유과정(思惟過程)으로서의 주자학까지도 소개하려고 한 것이다.

따라서 아마도 시안적(試案的)인, 말하자면 유동적인 복잡성을 면할 수는 없을 것이다. 요컨대 본서는 '대학'·'중용'이라는 제목을 붙이기보다는 도리어 '대학장구'·'중용장구'라고 하는 편이, 또는 '주자의 대학·중용설'이라고 하는 편이 적당했을지도 모른다. 순서로서 우선 〈대학〉그 자체에 대해서 개설적인 점을 다소 말해두어야만 할 것이다.

〈대학〉이 원래는 〈예기(禮記)〉중의 한 편이었음은 말할 나위도 없다. 〈대학〉은 〈예기〉의 49편 중 제42편, 〈중용〉은 제31편에 지나지 않았던 것이 주자에 의해 독립된 경전으로 정리되어 '사서'의 하나가 된 것이다.

〈대학〉의 전문(全文)은 1,753자, 〈중용〉은 3,568자에 지나지 않는 단편이다(참고로 말한다면 〈논어〉는 1만 5,917자, 〈맹자〉는 3만 5,374자이다.). 그 작자(作者)에 관해 〈중용〉은 거의 문제가 없다. 그런데 〈대학〉의 경우에는 문제가 많아서 작자 불명이라고 보는 것이 공평하나, 주자는 공자의 수제자였던 증자(曾子)와 그 문하생들이 지은 것이라고 단정하였다.

그러나 사실상 그 근거는 명백하지는 않다. 주자가 공자→증자→자사→맹자라는 계통을 정통한 것으로 인정하고 그중 공자에게는 〈논어〉, 자사에게는 〈중용〉, 맹자에게는 〈맹자〉가 대응함에도 불구하고 증자에게는 대응하는 경전이 없으므로 〈대학〉을 증자와 관계지었다는 설도 있으나 이것은 신빙성이 없으며, '사서'를 특히 존숭(尊崇)한 나머지 상술한 바와 같은 계보가 성립되었다고 보는 편이 자연스럽다.

주자의 이 강인한 작자 비정(比定 : 비교하여 정함) 외에 전통적인 경학(經學)의 설은 누구라고 지칭하지 않고 한인(漢人)이라는 설이 있다. 또 다소 한정된 생각으로는 '한무제(漢武帝)가 대학을 설치하고 오경박사(五經博士)를 두어 유교의 흥왕(興旺 : 흥하여 왕성함)을 꾀했을 때의' 대학의 교육이념을 기록한 문서였다는 설은 누구나 납득할 수 있는 것이다. 그러나 본서에서는 전적으로 주자를 바탕으로 밀고 나아갈 방침이므로, 여기서는 우선 증자와 그의 제자들의 작품이라고 생각하기로 한다.

　작자 문제에 계속되는 주자의 독창성은 〈대학〉의 저본을 대폭적으로 개정했다는 점이다. 그러나 그 방법은 착간(錯簡 : 차례가 뒤바뀐 책장, 또는 편이나 장) 및 탈간(脫簡 : 책 속에 편이나 장의 탈락, 낙장 등이 있는 일) 등으로 저본으로서는 심한 혼란을 일으키고 있음은 이른바 송학운동(宋學運動)의 태동과 함께 이미 정명도(程明道)와 정이천(程伊川) 두 사람이 지적한 바로서, 그들은 제각기 자기의 견해에 따라 교정을 해서 정본(定本)을 만들었다〔〈정씨전서(程氏全書)〉 중 '경설(經說)' 5〕.

　주자의 〈대학장구〉는 요컨대 이 두 정자의 저본 정리기법을 이어받아 그것을 완성시킴으로써 최후적인 정본을 만든 것이다. 주자에 의하면 〈대학〉은 본래 205자의 '경(經) 1장'〔공자의 말을 증자가 조술(祖述)해서 문장으로 만든 것〕 및 그 경을 증자의 제자가 해석한 1,546자의 '전(傳) 10장'으로 성립되고 있었으나, 〈예기〉 '대학편'에서는 전체의 이 구성이 혼란되어 버렸을 뿐 아니라, 각 장 안의 자구·문장의 전도(顚倒)와 탈락이 심하다.

　주자는 이것을 철저하게 다시 정리해서 본래의 면목으로 되돌렸을 뿐 아니라, 어느 경우에는 탈락을 보충하기 위해서 스스로 전(傳)의 문장을 의작(擬作 : 모방하여 만듦)하는 것까지도 서슴지 않았다. 요컨대 〈대학〉에는 오늘날 두 갈래, 또는 생각하기에 따라서는 세

갈래의 정본이 있게 된다. 그 하나는 고래로부터 내려오는 〈예기〉의 한 편으로서의 〈대학〉이고, 두 번째는 주자가 정한 〈대학장구〉이며, 세 번째는 내용적으로는 전적으로 첫 번째의 것과 같지만 이른바 〈고본대학(古本大學)〉이라는 명칭으로 주자의 〈대학장구〉에 대항해서 단행(單行)된 〈대학〉, 즉 양명학파(陽明學派)의 〈대학〉이다.

내용에 관해서도 송학(宋學) 이전의 주자와 왕양명 등이 반드시 동일한 견해를 갖고 있지는 않다. 송학 이전의 유교, 즉 정현(鄭玄)의 경학적 입장에서는 〈대학〉은 널리 배워 그로써 정치를 하는 바탕을 기술한 것으로 본다.

그 당시의 중심 개념은 성의(誠意)라고 생각하고 있었던 것 같다〔〈예기정의(禮記正義)〉에 있는 '삼례목록(三禮目錄)'〕. 이 설은 굳이 논할 필요는 없으나, 다만 주자가 3강령 8조목을 명백하게 지적하고 그 사이의 본말시종(本末始終)의 관계를 확정한 것과 같이는 논할 수 없고, 특히 모든 출발점(그 뜻에서의 중심개념)으로서의 '격물치지(格物致知)'를 강조한 것과는 명백하게 대립된다.

오히려 후의 왕양명이 〈대학〉의 요(要)는 성의뿐이라고 말한 것과 외견상으로는 일치되는데, 이미 주자를 경과한 양명학과 그와 같은 설 사이에 현격한 차이가 있다는 점도 역시 지적할 필요는 없다.

〈대학〉의 연구자들 중에는 "아마 중국 3,500년의 유학사(儒學史)를 통해 이처럼 총명한 저술은 다시없을 것이다. 실상 〈대학〉은 고대 유교의 정화이며 동시에 근대 유교의 출발점이다. 그리고 장래 유교가 다시 새롭게 개조되는 일이 있다면 역시 여기서 출발하게 될 것은 분명하다."라고 말하는 사람이 있고, 또 중국의 손문(孫文)도 다음과 같은 말을 했다. "중국에는 외국의 대정치가라 할지라도 아직 내다보지 못하고 또 그만큼 뚜렷하게 말하지도 못하고 있는 가장 체계적인 정치철학이 있다. 즉, 그것은 〈대학〉의 격물······ 평천하이다." 그리고 전(傳) 제10장이 유교의 경제론으로서 주목되어야 한다는 점도 지적해두고 싶다.

〈중용〉의 경우 정현(鄭玄)과 주자가 파악한 방법은 천진난만함과 철학과의 차이로 환원할 수 있는 것 역시 〈대학〉의 경우와 거의 비슷하나, 정현의 '삼례목록'에서도 "이름지어 중용이라 한 것은 중화(中和)의 용(用)의 자세를 말하고 있기 때문이다. 용(庸)은 용(用)이다. 공자의 손자인 자사가 지어 성인(聖人)인 조부의 덕을 밝힌 것이다."라고 말하고 있는 것은 중심적 주제를 파악하는 데 있어 〈대학〉의 경우처럼 성의(誠意) 대 격물치지(格物致知)라고 하는 현저한 견해 차이가 없었던 듯하다. 도리어 여기서 다루어야 할 화제는 〈중용〉의 주제가 누구에게나 현저하게 전반의 〈중용〉과 후반(주자의 분장(分章)으로 제20장 제17절 이후)의 '성(誠)'과 분열되고 있는 느낌이 든다는 점일 것이다.

나중에 주자 학자들 가운데 전반은 자사의 〈중용〉, 후반은 〈한서〉 예문지(藝文志)에 있는 이른바 '중용설'로 보는 설이 나타나, 그것이 발전되어 〈중용〉의 이 분설은 오늘날에도 거의 정설이 되어 있다고 해도 좋다. 그러나 그런 점에 대해서는 여기서는 논하지 않기로 하고, 〈중용〉이 중국철학(형이상학)의 최고봉인 것만을, 주자 이후의 정설이란 점만을 강조해둔다.

〈대학〉은 주자 이전의 '전승(傳承)' 연구사에 있어서 크게 양상을 달리하고 있다. 당(唐) 이전에는 거의 주목을 끈 적이 없고, 따라서 그것만을 특히 주석하는 일도 없다.

〈대학〉을 비로소 사상적 의미에서 중요하게 취급한 것은 한유(韓愈)의 〈원도(原道)〉, 즉 도(道)란 무엇인가 하는 논문에서였다. 한유는 그 속에서 〈대학〉의 대학경 제4절을 인용함으로써 그 마음을 바르게 하고 또한 그 뜻을 성실하게 한다는 내면수양을 하면서도 어디까지나 천하를 외면하지 않고, 부자군신이란 인륜관계에서도 피하지 않는 유교의 도를 불교나 도교 같은 사도(邪道)로부터 방위했던 것이다.

그렇지만 그것은 어디까지나 선구현상(先驅現象)에 지나지 않았다. 당대(唐代) 그것에 의해 곧 〈대학〉이 일반의 주목을 끌기 시작했다고는 생각되지 않는다. 〈대학〉이 특히 표면에 나타나 논의되기에 이른 것은 역시 송대(宋代)부터였다.

기술한 바와 같이 거의 주목을 끌지 못하고 있던 〈대학〉이 한유에 의해 표면에 나타나고, 또 끊임없이 철학적 문헌으로서 주목되어왔던 〈중용〉이 송학풍인 사변(思辨)의 대상으로서 취급되기 시작했다는 것은 명백한 송학의 선구현상이고 역사적으로 큰 뜻이 있는 일이었다.

후에 송왕조(宋王朝)가 일어나 인종황제(仁宗皇帝)의 천성(天聖) 5년(1027)에는 과거에 급제한 자에게 〈중용〉이 하사되고 같은 8년에는 〈대학〉이 하사되어, 그 이후로 과거에 급제한 사람에 대해 〈대학〉·〈중용〉·〈유행(儒行)〉(역시 〈예기〉의 편명) 등을 하사하는 것이 관례가 되었다는 점을 아울러 생각할 때 〈대학〉·〈중용〉 두 편은 한 짝이 된다는 의식이 생기기 시작했고, 또 한 짝을 이루어 사대부 계층의 존재에 본질적으로 융합되는 것으로서 의식되기 시작했다.

〈장자(莊子)〉에 "도(道)의 진(眞)으로써 몸을 다스리고, 그 나머지로써 국가를 다스리고, 그 토저(土苴)로써 천하를 다스린다."(양왕편)라는 말이 있는데, 이 말은 반대방향에서 유교의 정신이라기보다는 도리어 주자학의 정신을 뚜렷하게 하는 데 도움이 된다. 주자학이란 요컨대 사대부의 학문, 사대부의 의식, 세계관의 결정이며, 그것은 천하를 다스리는 것을 수신(修身)하는 것과 완전히 일치시키는 것이었다.

도(道)의 잉여부분이나 가장 하찮고 가장 저급한 부분(토저라는 쓰레기)을 정치로 돌린다 함은 맹자가 비평한 바와 같이 위아주의(爲我主義), 즉 무책임한 이기주의에 지나지 않으며, 사대부가 취할 길이 아니다. 아무리 깊은 내면성을 지니고 있더라도 "그로써 천하를 다스리지 말라."(정자)는 말에 불교나 노장(老莊)이 도저히 처리하기 어려운 거짓성이 있다. 그리고 내외를 합하는 유교의 도를 〈대학〉과 〈중용〉만큼 명확하게, 또 격조 높게 분명히 밝힌 문헌이 어디 있겠는가.

송대(宋代)에 〈중용〉이 의연히, 그리고 그 가르침이 급격하게 더해져서 주석(註釋)이 계속되었던 것은 말할 나위도 없으나, 〈대학〉도 이 시대에 이르러 단행(單行)의 주석이 나오기 시작했다.

〈자치통감(資治通鑑)〉의 저자인 사마온공(司馬溫公)의 〈대학광의(大學廣義)〉가 그 최초의 것이고, 정명도의 〈대학정본〉과 그 동생 정이천의 〈대학정본〉(이것을 주석이라 볼 수는 없으나), 정자의 제자인 여대림(呂大臨)의 〈대학해(大學解)〉 등에 이르러서는 이미 전적으로 '송학'의 세계에 속한다.

정씨 학단(學團)에서는 〈대학〉과 〈중용〉은 거의 교과서라고 할 수 있었으며, 그것의 이른바 총정리로서 주자의 〈대학장구〉 1권, 〈중용장구〉 1권이 나타나게 된다.

　여기서 다시 〈대학〉의 저자가 누구인가를 살펴보자. 이것은 자연 제작연대의 추정과 서로 표리를 이루는데, 결론부터 말하면 〈대학〉이 누구의 손에 의해 만들어진 것인지는 오늘날까지도 알려지지 않고 있다. 정현의 주에도, 공영달(孔穎達)의 소(疏)에도 작자에 대해서는 전혀 언급함이 없다. 따라서 〈예기〉에 편입될 당초부터 그 전설이 존재하지 않았던 것으로 추정할 수 있을 것이다.

　이 당초부터 작자가 누구인지 전해지지 않았다는 것은 도대체 무엇을 뜻하는 것일까? 물론 〈예기〉 49편 중 작자가 뚜렷한 것은 하나도 없다. 또한 그 이름이 구구하게 거론되는 것도 근거없는 전설에 지나지 않고 그것을 방증(傍證)하는 것은 오늘날에는 지나간 일이나(예를 들면 〈중용〉의 작자가 자사라는 설 등이 그것이다.), 그렇다 해도 당초부터 누구의 손에 의해 이루어졌다는 점에 대해서 전혀 이름이 거론되지 못한 사정은 무엇인가? 그 점에 대해서는 억측해 볼 여지가 있는 듯싶다.

　공자의 유서라는 견해는 주자의 〈대학장구〉 서두에 "대학은 공씨의 유서로서 초학자가 덕으로 들어가는 문이다(大學孔氏之遺書而初學入德之門也)."라는 정자(程子)의 말에 있다. 또 채허재(蔡虛齋)의 말에 의하면, "이 책은 공자가 송(誦)해서 이를 전하여 후세에 보낸 것이다. 그러므로 공씨의 유서라고 한다."고 했다. 그래서 주자학파들 사이에서는 이렇게 이해했을 것이다.

　〈대학〉의 내용이 〈논어〉·〈맹자〉 및 '중용편' 등과 많은 부분에 있어 상호 관련되고 있음은 결코 부정할 수 없는 사실이다. 특히 〈대학〉·〈중용〉 두 편이 다같이 자사의 손에 의해 선정·저술되었다는 견해도 있을 정도이므로, 공씨의 유서라는 표현 자체는 애매하더라도 그 견해는 반드시 적중된 것이 아니라고 할 수는 없을 지도 모른다. 도리어 주자처럼 객관적 자료에 의거함이 없이 작자를 명시하는 태도에 비교하면 학문적이라고 할 수 있을 것이다.

작자를 자사 이후의 사람으로 보는 여러 설은 〈대학〉의 작자를 대개 자사 등 공자의 수제자들에게 목표를 두는 경향이 우세해서 자연히 춘추 말기 내지 전국시대 초기가 그 제작시기라고 상상하게 되나, 시대는 다시 내려온 것으로 보는 견해도 있었다.

즉, 〈대학〉의 격물치지라는 1편의 주안은 요컨대 〈대학〉편 기술 중에서 예로부터 저명한 격물치지의 일문이 이른바 8조목 중의 다른 6항목과 비교해서 그 가락이 다 다른 점에서 거론되는 것으로, 〈대학〉편의 성립에 대해서는 전한(前漢) 후반기 또는 말기의 작이라고 인정되는 〈중용〉이나 〈악기(樂記)〉와 같은 시기에 한(漢)나라 유학자 중 누군가가 작성한 것이라고 보는 견해이다. 그 일부를 초록(抄錄)해 보면 다음과 같다.

...... 사상의 내용이 있어서 한대(漢代)의 것이라고 할 특징은 그리 많이 눈에 띄지 않으나, 격물치지를 말하는 부분에 실은 그것이 있다. 천하를 평화롭게 하는 것, 다시 말하면 천하의 도(道)의 근본으로서 이런 것을 말하는 것은 이를테면 〈악기〉편에서 예악을 천자의 정치도구로 봄과 동시에 위에서 인용한 바와 같이 예악을 말하는데, 어떻게 해서 지(知)가 생기고 마음이 움직이는가를 생각하고 있는 것으로도 추측할 수 있듯이 한나라 유학자의 사상으로서는 이해할 수 있으나 선진시대(先秦時代)의 유학자로서는 감당하지 못했던 일이다. 치지격물이 수신·정심·성의의 근본이라면 그 점에서는 누구에게도 적용이 가능한 일이나,

〈대학〉에 그것이 설명되어 있는 것은 천자의 도(道)로서 기술되어 있다는 점을 잊어서는 안 된다.

또 시서(詩書)의 장구를 인용하는 법도 한대(漢代)에 이르러 비로소 시작된 것은 아니지만 그것이 유행한 것은 한대일 뿐 아니라, 〈대학〉같이 귀찮을 정도로 그것을 인용한 것은 그런 유행이 극도에 달한 시대의 풍습이었다고 생각된다. 또 〈명덕〉을 하나의 숙어로서 쓰는 것도 전한 말기의 작인 〈좌전(左傳)〉에 그 보기가 있으나, 오래된 것에서는 볼 수가 없다. 시서 등에 이 두 글자가 있기는 하나, 그것은 덕을 명확하게 한다는 뜻이다.

다음에 〈대학〉이란 명칭문제에 대해 생각해보면 이미 여러 선학(先學)들에 의해 거의 논의가 끝난 듯하므로 그들 여러 설 중에서 어느 것을 택하느냐 하는 문제가 남아 있을 뿐이 아닌가 한다.

2. 중용의 성립에 대하여

〈중용〉편의 저술자는 보통 공자의 손자인 자사(子思)로 간주되고 있다.

〈한서(漢書)〉예문지(藝文志)에 기재된 제자략(諸子略) 유가부(儒家部)에는 자사 23편이 게재되어 "이름은 급(伋), 공자의 손자, 노(魯)나라 교공의 스승이 되다."라는 반고(班固)의 원주가 붙어 있다. 현존하는 〈공총자(孔叢子)〉나 〈공자가어(孔子家語)〉 내지는 〈예기〉에 있는 단궁편(檀弓篇) 등의 사료적 가치는 그리 크게 평가할 수 없기 때문에 오늘날 자사의 전기는 극히 명확하지가 않다. 그러나 오직 자사에 대한 이 원주는 자사 23편의 작자에 대한 해설인 것만은 확실하므로, 전한 말경에는 자사라고 이름붙인 23편의 서적이 존재해서, 공자의 손자인 공급(孔伋), 자(字)는 자사라는 사람이 먼저 저술한 것이라 간주하고 있었던 것은 인정해도 좋다고 생각된다.

그후 〈자사자(子思子)〉에 대해 고찰을 해본 결과 양(梁)의 심약(沈約)이 "중용·표기(表記)·치의(緇衣)·방기(坊記)의 4편으로서 소대(小戴)가 예기를 편찬할 때 자사의 저작이라 전해지고 있는 23편의 〈자사자〉 중에서 취했다고 말한 것은 명확하고 확실한 근거가 있다고 생각된다."고 했는데, 그 근거란 '아마도 심약은 당시 존재했던 7권본 〈자사자〉와 〈예기〉에 이 4편이 맞기 때문에 이렇게 말한 것이다.'라는 추정에서 찾을 수 있을 것이다.

오직 〈자사자〉에 있는 이 4편의 순서는 현존하는 〈예기〉의 순서와는 달리 적어도 〈중용〉이 권두에 있었던 것이 아닌가 추정되고, 그 추정을 방증하는 것으로서 청유(淸儒) 적호(翟灝)가 〈사서고이(四書考異)〉에서 설명한 〈자사자〉와 〈중용〉과의 관계―〈중용〉이 〈자사자〉의 수편(首篇)이었기 때문에 〈자사자〉 전체가 〈중용〉이라 불리는 수가 있었다―를 들 수 있다.

다시 표기 이하 세 편의 작자에 대해서는 〈사기〉에는 물론 〈정목록〉에도 없는 점으로 보아 '〈중용〉편만이 자사의 저작이고 표기 이하의 세 편은 그 후학들이 편찬한 것이 아닌가.' 하고 추정된다는 설도 있으나, 이것에는 귀중한 시사와 함께 문제점도 없지 않다.

우선 〈자사자〉와 〈예기〉의 선후에 대해 위와 같은 추정을 따르면 당연히 〈자사자〉 23편의 성립이 〈예기〉보다 이전이 되어야 한다. 만약 이것이 확실하다고 할 경우 〈중용〉을 개권제일로 하는 〈자사자〉가 공자의 손자인 자사의 저작이라면 적어도 〈예기〉가 성립된

하한선인 선제(宣帝)의 감로 초년(기원전 53년경) 이전부터 존재했던 것이 된다.

한편 〈중용〉에 대한 또 다른 설이 있다. 주자의 객관적 고증면으로 안식(眼識)을 계승했다고 보는 삼전제자(三傳弟子)인 왕백(王柏)은 〈정고중용(訂古中庸)〉을 저술하고 그 속에서 "〈중용〉은 자사자가 저술한 책으로서 대원(大原)을 열고 대본(大本)을 세워 성서(聖緖)를 이어받는 소이이다."라고 운운하면서도 〈한서〉 예문지에 〈중용설〉 2편이 있는 것을 인식하고는 "반고(班固) 때 그 시초는 둘이었음을 알 수 있는데, 그것이 합쳐져 하나로 된 것은 소대씨(小戴氏)에 의한 것이 아닐까……"라고 말하고 있다.

즉, 대성(戴聖)에 의해 (아마도 〈예기〉의 성립 때나 그 이전에) 〈중용편〉과 〈중용설〉이 합일된 것이라 보고, 다시 성명장(誠明章) 이하는 나누어서 따로 1편을 만들었다고 한다.

그러나 〈한서〉 예문지의 기술은 전한 말의 상황을 나타내는 기록이고, 〈예기〉는 그것보다 상당한 이전에 성립을 보았을 것으로, 그때 〈예기〉에 수록되었다고 상정되는 〈중용〉이 〈중용설〉을 포함하고 있었다고 풀이할 수 있겠는가? 만약 〈중용설〉을 포함하고 있었다면 어째서 예문지에 별개로 〈중용설〉 2편을 수록했을까〔이 점에 대해 고실(顧實)은 현존하는 〈예기〉의 〈중용편〉과 거기서의 〈중용설〉 2편은 다른 것이라고 주장한다.〕.

여기에 대해 다음과 같은 또 다른 주장이 있다.

'중용'이라는 말은 〈논어〉의 연의(衍義 : 의미를 널리 해설함)이다. 〈논어〉 속에서 처음 나왔던 그 말을 자사가 다시 말함으로써 〈중용〉을 만들었는데, 아마도 과부족 없이 보통 지켜야 할 덕을 찬양해서

이 책의 제목으로 삼았을 것이다. 그후 주자가 '요순 이래 전수심법 공문 온오서(堯舜以來傳授心法 孔門蘊奧書)'로 보고 고원하고 은미한 해석을 한 것을 비난하여 "공맹의 가르침은 인의(仁義) 두 자뿐이다. 인의 이외에 이른바 중용이란 것이 없음을 안다. 작자의 뜻을 상실함에 있어 이보다 더 심한 것은 없다……."라고 논하고 있다.

수장(首章)의 희노애락에서 만물육언에 이르는 47자는 원래가 〈중용〉 본문이 아니며, 생각건대 옛날 〈악경(樂經)〉이 탈간하고 잘못되어 〈중용〉 속으로 끼어들었을 것이다. 그 까닭으로는, 그 설은 오직 육경어맹(六經語孟 : 육경은 〈역경〉·〈서경〉·〈시경〉·〈춘추〉·〈예기〉·〈악기〉의 여섯 가지 경서, 어맹은 〈논어〉와 〈맹자〉에 위배될 뿐 아니라 그것을 〈중용〉으로서는 서로 모순된다고 하고, 다음과 같은 열 가지 증거를 들어 논증했다. 여기에는 중요한 견해가 있어 무시할 수 없다.

1. 미발(未發), 이발(已發)의 설은 육경(六經) 초에 여러 성인의 책에 기재되어 있지 않다.
2. 맹자는 자사의 재전제자이므로 자사의 말을 조술(祖述)해야 함에도 불구하고 한마디도 그것이 없다(물론 이 47자에 대해서).
3. 중(中)의 경우 고경전에는 전부 이발(已發)로서 말하는데 여기서만 미발(未發)로서 말한다.
4. 〈상서(尙書)〉에 씌어 있는 중(中)자는 모두 발해서 절(節)에 맞는 곳을 설명하는데 여기서는 도리어 화(和)로서 명명하고 있다.
5. 만약 미발의 중(中)을 근본으로 본다면 육경, 〈논어〉, 〈맹자〉도 다 용(작용)뿐이지 체(본체)에 대해서는 언급함이 없게 된다.

이상은 이 47자가 육경어맹에 위배되는 점이다.

6. 〈중용〉으로써 편명을 삼으면서 주로 중화(中和)의 이(理)를 논한 것은 같은 책에서 서로 모순된다.
7. 중(中)자는 후장에서 여러 차례에 걸쳐 나오는데, 이발(已發)의 경우를 말할 뿐 한 번도 미발(未發)을 말하지는 않는다.
8. 중화의 화(和)는 후장에서 여러 차례 언급되어야 함에도 불구하고 끝까지 언급되는 곳이 없다.
9. 여기서는 '발(發)해서 다 절에 맞음으로써 천하의 달도(達道)'로 삼는데, 뒤에서는 군신·부자·부부·곤제·붕우의 관계를 '천하의 달도'로 하는 것은 서로 모순된다.
10. 여기서는 대본과 달도를 병칭하면서도 뒤에서는 그저 천하의 대본만을 말하는 것은 불편완비(不偏完備)라고 볼 수 없다.

이상 5항목은 같은 책에서 서로 모순되는 점이다.
이 열 가지 반증은 다 〈중용〉 본문과 육경·〈논어〉·〈맹자〉에 의해서 한 말이며, 결코 일개인의 억설이 아니다. 또 희(喜)·노(怒)·애(哀)·락(樂)의 네 글자와 중화(中和)로써 연언(連言)하는 자는 유독 〈악기(樂記)〉에서만 볼 수 있는데, 아마도 예악의 덕을 찬양해서 그렇게 말한 것으로 여겨진다.

3. 대학·중용의 전래와 표장(表章)

〈대학〉·〈중용〉 두 편의 명칭 및 작자·제작연대 등에 관해서는 대략 상술한 바와 같다. 다음에 〈소대례기(小戴禮記)〉의 성립 이후에 있어 이 두 편이 어떻게 전래되어왔는지 그 자취를 간단히 말하고, 주자가 표장한 일에 대해 언급하겠다.

〈대학〉편은 〈예기〉가 성립된 후 그 속에 있는 한 편으로서 전해지고, 특히 이 편에 한해 주석을 가하거나 또는 추출해서 별도로 간행된 일은 당 이전에는 없었다고 한다. 오직 당대에서는 일찍이 도학적 사상(道學的思想)의 시초를 이룬 일대의 문장가 한유(韓愈)가 그 사상적 입장을 단적으로 보인 〈원도(原道)〉 속에 〈대학〉편에 의거한 부분이 있음을 간과해서는 안 될 것이다.

즉, "전(傳)에서는 말하기를"이라는 말로 시작하여 "옛날 명덕을 천하에 밝히려고 하는 자는"에서 "그 마음을 바르게 하려는 자는 우선 의(意)를 성(誠)하게 한다."까지를 인용하여, 오늘날에 있어서 마음을 다스리려고 하는 자의 목적이 옛날의 마음을 바르게 하고 의를 성하게 하려던 사람들이 뜻했던 바와 심한 차이가 있음을 지적하고, 불(佛)과 노(老)를 공격하고 있다.

이것은 그저 가볍게 보아넘길 수도 있겠지만, 그러나 〈대학〉편의 이 부분을 인용함으로써 불·노의 사상과 대비시켜 어디까지나 현세적인 당위한 도(道)를 중시하는 유교의 본질을 설명하려고 했던 착안은 훌륭한 것이고, 또 역사적인 면에 있어 장기적인 안목으로 볼 때 〈대학〉편이 점차 재인식되는 기운을 조정하는 데 기여했다고도 볼 수 있을 것이다.

독서인(讀書人 : 중국에서 민간의 학자나 지식인을 일컫는 말) 계층에서 볼 수 있는 그런 기운은 북송시대에 이르러 가속화되었다. 먼저 제4대 인종황제 때 진사시험에 급제한 자에게 〈대학〉·〈중용〉 두

편 이외에 역시 〈예기〉 중의 하나인 〈유행편(儒行篇)〉을 하사하다가, 후에는 〈대학〉·〈중용〉만을 하사하게 되었다고 한다.

〈유행편〉도 역시 정목록에 의하면 다같이 통론에 소속되고, 여기에 기재된 유학자들의 수많은 인간상은 천수백 년 전 옛날의 예학가(禮學家)들 사이에 전송된 유학자들의 이상적인 자세가 어떠했다는 것을 단적으로 보이는 것으로, 〈대학〉·〈중용〉의 원리론과는 표리의 관계에 있는 것이라고 볼 수 있다(단, 정이천은 그것을 '전국 유세를 하던 자들의 큰소리'라고 비난했다.). 이런 내용을 지닌 여러 책을 하사했다고 하는 이상, 이 세 편이 각각 단행본이었던 것으로 추정하기란 어려운 일이 아니다.

그러므로 우리는 이 세 편에 담겨진 이상주의적 경향에 대해 사대부들이 관심을 증대시켰음을 알 수 있을 것이다. 무엇보다도 먼저 인륜의 학문이어야 할 유교의 교설(敎說) — 고전을 재인식하는 경향이 앙양되는 과정임에 틀림없다.

이것은 당시의 재상 범중엄(范仲淹)의 창의에서 나온 것이다. 널리 육경에 통달하고 특히 〈주역〉에 해박했다는 이 재상은 또 불교에 기울고 있던 청년시대의 장횡거(張橫渠)에게 〈중용〉 한 권을 주어 정도로 복귀하도록 훈계를 했다고 하는 만큼, 그의 그와 같은 경향이 새로운 유학의 형식에 반드시 커다란 추진력이 되었을 것이다.

여기서 일단 기술(記述)방향을 변경시켜 시대를 거슬러 올라가 〈예기〉의 성립 이후 이 범중엄에 이르기까지의 〈중용〉편의 전류(傳流)가 어떠했는가를 살펴보기로 한다.

1. 전한 후기 성제(成帝) 때 소대(小戴)의 제자인 교인(橋仁)이 〈예기장구〉 49편을 저술하여 '교인학'이라 칭했다고 한다. 이 장구가

뜻하는 것이 만약 주자의 장구와 유사하다고 가정할 경우〈중용〉에 대해서는(《대학》도 마찬가지이다.) 교인에 의해 장절(章節)의 그 무엇이 정리되었음을 추론할 수 있고, 또는 간략한 주(註)도 첨가되었을 것이라고 상정할 수 있다. 물론 특별히〈중용〉편만 그렇게 다뤄진 것은 아니다.

 2. 전한 말기에 있어서의〈중용설〉의 존재.〈한서〉예문지의 육예략(六藝略)과 예부(禮部)에〈중용설〉2편이 게재되고 있다. 그 명칭에서 추정하면 이 책은〈중용〉에 관한 일종의 주해서라 볼 수 있으므로〈중용〉과는 물론 별개의 존재였다고 해석된다.

 그렇다고 보면〈중용〉의 사상적 가치는 일찍이 착안되어 늦어도 전한시대 말경에는 이미 그 주해서가 이루어졌다는 점을 알 수 있다. 그리고 그에 대한 안사고(顔師古)의 주에는 다음과 같은 말이 있다.

  사고왈(師古曰), 지금의〈예기〉에 중용의 한 편이 있는데, 이 역시 본래의 예경(禮經)이 아니고 무릇 그와 같은 흐름일 것이다.

 이 문장의 뜻은 사고의 당대에 현존하던〈예기〉에 수록되었던〈중용〉도 역시 본래의 예경이 될 만한 성질의 것은 아니므로, 아마도〈중용편〉과〈중용설〉의 두 책과 비슷한 것으로 생각된다는 말이다. 이와 같은 것으로 볼 때 이〈중용설〉은 안사고의 시대에는 다 없어져 버린 뒤로 실제로는 이미 볼 수 없었던 것이 아닐까? 하여튼 이〈중용설〉이〈중용편〉과는 별책이었다는 것은 틀림없다.

 3. 육조(六朝) 송시대. 대옹(戴顒)이라는 사람이〈예기〉에서 뽑아 별책으로〈중용전〉두 권을 만들었다고 했다.

4. 양무제(梁武帝)가 지은 〈중용강소〉 1권.
〈사기제지중용의(私記制旨中庸義)〉 5권.

5. 당(唐)대에 이르러 출현한 이색적인 사상가 이고(李翶)가 지은 〈복성서(復性書)〉 3권은 〈중용편〉의 전류(傳流)를 보는 데 있어 결코 간과할 수 없다. 북송의 구양수(歐陽修)가 이것을 가리켜 〈중용〉의 의소(義疏)에 지나지 않는 무용지물이라고 혹평한 것은 오히려 이 책의 진가를 말한 것이라고 간주된다.

그는 〈중용〉을 유가(儒家) 유일의 성명서(性命書)라 보고 〈복성서〉를 써서 그것을 해석했을 뿐만 아니라, 다시 새로운 의의를 가미하려고 노력했다고 한다. 또한 그는 〈중용설〉의 찬저도 지었다고 한다.

〈중용편〉의 전류를 따라 시대와 함께 내려오면 다시 북송시대에 이르러 〈주역〉과 〈중용〉을 가장 존중한 사상가적 정치가였던 범중엄을 만나게 된다.

범자(范子)는 〈주역〉과 〈중용〉에 의해 도덕의 복원을 찾아 명절(名節)을 지려(砥勵)했기 때문에 명절을 배우는 사람들이 그 문하로 모여들었다고 하는데, 안정(安定)의 호원(胡瑗)도 그중의 한 사람으로 〈중용〉의 찬(撰)이 있고, 북송의 도학 오선생(道學五先生)의 한 사람인 장횡거가 젊은 시절 범중엄에게서 〈중용〉 1편을 받아 유자(儒者)로서 갈 길을 지시받았다는 말은 앞에서도 했다.

또 같은 오선생의 한 사람인 주돈이(周敦頤 : 濂溪先生)의 주저(主著)로서 이름 높은 〈통서(通書)〉에서는 〈주역〉과 〈중용〉을 근거로 해서 도덕을 설명하기에 이르렀다.

그밖에 진양(陳襄) · 여상(餘象) · 교집중(喬執中) · 범조우(范祖禹) · 요자장(姚子張) 등 여러 학자가 〈중용편〉을 존중해서 강해 또는 논설을 만들었다고 한다. 물론 다른 쪽에서는 형이상학적 사색을 좋아하지 않고 상당히 자유로운 입장에 서서 경(經)·사(史)를 읽고 또 객관적 비평을 한 구양수와 같은 사람이 있어 〈진사책문(進士策問)〉에서 〈중용편〉이 자사의 저술이라고 하는 통설에 반대했으나, 독서인의 취향을 돌릴 수는 없었다.

범중엄보다 다소 늦게 출현한 대정치가 사마광(司馬光)에게는 〈대학광의(大學廣義)〉 및 〈중용광의(中庸廣義)〉의 찬저가 있고, 또한 〈송사 예문지(宋史藝文志)〉에는 같은 사마광 등 육가(六家)에 의해 이루어진 〈대학해의(大學解義)〉의 이름도 보이지만, 그러나 이미 산일(散逸)했다.

하지만 북송 중기에는 〈대학〉·〈중용〉에 대한 평가가 이미 한층 높아져 있었던 사실을 인정할 수 있어, 대유(大儒) 이정자(二程子)에 의해 드디어 그 듣는 바를 확대하고 〈대학〉·〈중용〉 두 편을 표장(表章 : 드러내어 밝힘)해서 〈맹자〉와 병행시키는 결과가 싹트게 되었다. 이정자는 이 두 편의 본문에 착간이 있음을 지적해서 정본(定本)이라는 것을 만들었는데, 그것들은 다같이 〈이정전서(二程全書)〉 중에 현존한다.

이런 여러 사실을 근거로 이른바 표장에 관한 이 두 편을 특히 〈예기〉 한 책에서 뽑아 단행본으로 하여 그 가치가 큰 것을 세인에게 인식시키는 작업은 북송기의 도학의 제유(諸儒)에 의해 비로소 착수되었던 것은 아니지만, '특히 그 논설의 자세함은 이정자 때부터 시작되고, 사서(四書)의 이름을 정착시킨 것은 곧 주자로부터 시작되었다.'고 한다. 오직 앞서 말한 〈송사 도학전(宋史道學傳)〉의 문장은 사서의 실질적인 형성이 일찍이 이정자로부터 시작되었음을 보이는 것이다.

이천(伊川)은 고전의 주해에도 힘을 썼는데, 이 점에서 생각할 때 명도(明道)가 멀리 미치는 바가 되지 않는다. 이천은 〈대학〉·〈중용〉을 좋아하고, 또 〈논어〉와 〈맹자〉에도 해석을 달았다.

아마도 이천 때까지는 사서의 이름은 없었으나, 그의 말은 이(理)에 걸치는 것이 많다. 자가의 학설을 논증하는 데 유리한 점에서 특히 이것을 좋아했던 것이다. 주자 이후 그 학설을 받드는 자는 사서 받들기를 오경 이상으로 했으나, 그 근본은 실로 이천으로부터 시작된 것이다.

정이천의 이와 같은 견해를 비롯한 사서의 표장이 명실공히 주자에 의해 완성지워질 때는 왔다. 〈대학〉·〈중용〉의 두 편은 〈예기〉에서 추출되어 〈논어〉·〈맹자〉 양서에 배치되고, 주자의 사상 체계에 의한 〈논어집주〉·〈맹자집주〉와 아울러 〈대학장구〉 1권, 〈중용장구〉 2권이 찬술됨으로써 주자학에 있어 가장 기본적인 성전(聖典)으로서, 모태(母胎)였던 〈예기〉와는 관계없이 중국과 한국 및 일본의 사상사상(思想史上) 확고부동한 위치를 차지하게 되었다.

그런데 주자에 의한 추칭(推稱 : 추천하여 칭찬함)은 양서의 권위를 10배나 증가시켜 거의 계측할 수 없는 감화력을 후진들의 마음에 미치게 했다. 그것의 시발점으로서 〈대학〉·〈중용〉의 장구 작성 및 그 내용상의 특색 등에 대해 여기서 다시 설명·기술하지 않으면 안 된다.

정주의 신유학—그 정수(精髓)이고 집대성의 학문으로서 주자학문의 근저가 사서를 중심으로 하는 곳에 있었다는 사실이야말로 당대에 있어서의 오경정의(五經正義)의 작성을 종점으로 하는 한당(漢

唐)의 유학과 상치되는 가장 현저한 점으로 치고 있다.

하기야 송의 이학(理學)을 사서 중심으로 하는 것은 다소의 문제점도 있고, 또 사서의 명칭도 주자의 〈어류(語類)〉 및 그밖의 여러 곳에서 사용되고 있기는 하나 아직 보통명사로서의 사용법이고, 특정한 명칭으로 만든 것은 원대(元代)부터 시작된다는 엄밀한 견해도 있다. 그러나 실질적으로 보면 사서의 정립이 주자에 의한 것이라는 점은 의심할 여지가 없다.

이제 〈대학〉·〈중용〉의 두 편에 대해 말하면 〈논어집주〉와 〈맹자집주〉의 성립에 앞서 미리 정의(精義)의 서가 저술된 것같이 미리 두 편의 상설(詳說)이 저술되었으나, 그것을 정리해서 〈대학장구〉 1권, 〈중용장구〉 2권으로 한 것은 실로 주자의 나이 60세 때였고, 71세로 사망하기 직전까지 장구의 개정작업을 그치지 않았다고 한다.

두 장구본 권두에 게재된 장문의 자서 두 편은 그 규모의 웅대함과 필력의 웅건함과 문법의 엄밀함이 유독 문장으로만 보아도 실로 명작으로서 자랑할 만하고, 동시에 원숙한 만년의 주자의 사상 및 학식의 골자가 진술되어 있는만큼 더욱 착안되어야 할 것이다.

4. 대학장구·중용장구에 대하여

〈사서집주〉가 주자의 수많은 저작 중에서도 최고의 것이고 대표적인 것임은 이제까지 기술한 바에 의해 쉽게 짐작할 수 있는 것이다. 주자의 〈논어집주〉와 〈맹자집주〉는 한 자도 첨가할 수 없고 한 자도 삭감할 수 없다는 말은 실로 〈대학장구〉에도 통하는 말일 것이다.

특히 〈대학장구〉는 자료에 의해 실증할 수 있는 한 순희(淳熙) 초년에서 순희 16년까지 적어도 16년의 세월을 그 완성에 소모했고, 게다가 주자는 죽기 3일 전까지도 〈대학장구〉의 개정에 노력했었다는 유명한 일화가 있다. 사마온공은 〈자치통감〉을 저술하고 나서 "나의 평생의 정력은 모두 이 책 속에 있다."고 말했는데, 〈대학〉에 있어서도 역시 마찬가지이다. 〈논어〉·〈맹자〉·〈중용〉은 오히려 그에 미치지 못하고 있다(《어류》).

옛날 윤퇴〔尹焞 : 윤화정(尹和靖)〕는 정이천(程伊川)에게 가르침을 받은 지 반 년 만에 겨우 〈대학〉과 〈서명(西銘)〉을 읽는 것을 허락받았다는 것과 같이, 이미 정문(程門)에서 〈대학〉은 특별히 중시되고 있었다.

〈어류〉에 있어서의 권수 배당을 보아도 주자가 학문의 틀이고 규모이며 강령인 〈대학〉을 특히 중시하고 있었다는 것은 분명하다. 주자학에서는 적어도 학문을 함에 있어 〈대학〉→〈논어〉→〈맹자〉→〈중용〉의 순으로 읽어야 하며, 이 순서를 지키지 않고 뛰어넘거나 반대의 순서로 읽는 것을 주자는 엄하게 경계하고 있다. 우선 〈대학〉을 읽어 규모를 정하고, 다음에 〈논어〉를 읽어 근본을 세우고, 다음에 〈맹자〉를 읽어 발월(發越 : 이상주의적 고양)을 보고, 다음에 〈중용〉을 읽어 고인의 미묘한(형이상학적인) 부분을 구해야 한다.

〈대학장구〉 중에서도 그 경(經) 1장과 전(傳) 5장의 '격물보전', 〈중용장구〉의 수장(首章) 및 서(序) 등은 그저 간단한 주석·서문인 이상으로 한 편의 주자학 개론 또는 주자학 개론 중의 1장으로서의 의미를 갖는 것이고, 예로부터 특히 높이 평가되고 있다는 데 주의해주기 바란다.

〈혹문(或問)〉과 〈중용장구〉의 서문에도 있듯이 주자 이전의 여러 학자의 설을 주자가 취사 선택한 이유를 말하는 것이 취지였다고 하지만, 〈대학혹문(大學或問)〉과 같은 것은 그저 선인의 설을 비판한다는 것 이상으로 주자 자신의 설을 주장하는 데 극히 적극적이고, 그런 의미에서 주자의 철학작품 중에서도 고도의 중요성을 지니고 있는 것임은 이미 정론이다. 주자의 '경(敬)'의 설, '격물치지(格物致知)'의 설, '이(理)의 정의(定義)' 등은 이 〈대학혹문〉에 의거해서 보아야 한다.

〈주자어류〉는 글자 그대로 주자가 평소 제자들에게 한 말, 특히 문답하던 말을 모아 분류한 것으로서 140권으로 되어 있으며, 주자가 사망한 후 70년 뒤에 완성되었다. 〈주자어류〉는 '이기(理氣)', '귀신(鬼神)' 이하 많은 부분으로 분류되어 있는데, 〈대학〉은 그 제14~18권이고 〈중용〉은 그 제62~64권이다.

그것은 〈장구〉나 〈혹문〉이 면밀하게 고찰된 결과를 정연한 문장으로 기술하고 있는 것과는 반대로 때로는 어설픈 발언, 때로는 분방한 비유 등이 섞여 있어 간혹 모순이 드러나거나 꼬리가 빠진 채 남아 있는 것도 있기 때문에 전적으로 신용할 수는 없는 대신 다른 의미로서는, 즉 형성 과정에 있어서의 주자의 사상을 보기 위해서는 다시없는 자료를 제공하고 있다.

하지만 이 책은 천 년 전의 구어(口語)로 씌어 있어 중국어사(史)의 자료로서는 제1급품인만큼 간혹 극히 난해한 곳이 나타나 우리를 곤란에 빠뜨리는데, 본서에서는 정확한 번역이라기보다는 오역이 되지 않는 정도의 의역 또는 직역적 설명을 택했다. 물론 본서의 목표가 주자의 사상을 그 최후적인 결정(結晶)에서 보인다는 점에 있었다면, 〈어류〉와 같은 불확실한 자료를 취하지 않고 〈문집〉에 수록된 정확한 문어체로 '문장'으로서 씌어진 것을 취했어야 했을지 모르나, 처음에도 말한 바와 같이 본서의 취지가 정점(頂點) 혹은 결정만의 주자학을 소개하는 것이 아니라는 점을 양해해주기 바란다.

여기서 주자의 약력이라 볼 수 있는 주자학의 사전적인 개요를 적어 보기로 한다. 이름은 주희(朱熹), 자(字)는 원회(元晦), 호(號)는 고정(考亭)·회암(晦庵) 등이다. 시호는 문공(文公)으로 남송 건염(建炎) 4년(1130)에 태어나 남송 경원(慶元) 6년(1200)에 죽었다.

스스로 신안(新安)의 주희라 칭하고 있는 그 신안은 지금의 휘주 무원현(徽州婺源縣)의 옛 이름이나 그것은 본적지일 뿐, 실제로는 복건성 산간지대에서 출생·성장하여 19세 때 과거에 급제, 진사가 되었다. 관직에 있기 50년, 즉 직원록에는 50년간으로 등록되어 있으나, 실제로 실무가 있는 직장에 임관하고 있었던 것은 복건성에서 하급관료인 지방관을 9년, 중앙정부에서 천자의 시강을 맡아 한 45일뿐이며, 나머지는 대개 봉사관(奉祠官 : 도교사원의 관리관으로 봉급을 주기 위한 명목뿐인 관직)이었다.

특히 만년에는 권신 한탁주(韓侂胄)에게 미움을 받아 위학(僞學 : 그 시대에 있어 정통파가 아닌 학파)의 금지를 집행당해 동지와 제자들도 일제히 관직에서 추방당하는 역경에 빠졌다. 그는 주렴계(周濂溪)→이정자(二程子)→장횡거의 순으로 계승되어온 송학의 대성자이고, 심즉리(心卽理)의 철학자인 강서성 출신의 육상산(陸象山)과 양립하고 있었는데, 아마도 중국사상 최대의 철학자임에는 틀림없다.

그 학문은 크게 나누어서 다섯 또는 여섯으로 구분할 수가 있다.

① 존재론, 즉 '이기(理氣)'의 설이다. ② 윤리학 또는 인간학, 즉

'성즉리(性卽理)'의 설인데, 이 부분이 주자학의 중심을 이루고 있는 것은 말할 나위도 없다. ③ 방법론, 즉 '거경궁리(居敬窮理)'의 설이다. ④ 고전주석학, 예를 들면 〈사서집주〉와 〈시집전(詩集傳)〉이다. ⑤ 〈자치통감 강목〉이나 〈문공가례〉와 같은 사학이나 실천규범의 서(書)이다. ⑥ 구체적인 정책론과 같은 것이다.

이렇게 열거해 보면 주자학을 비판한 양명학이란 것은 이중에서 오직 두 번째 항목의 심즉리와 세 번째 항목의 치량지(致良知) 및 관료로서 당연한 여섯 번째 항목뿐으로, 학문으로서의 규범에 있어서 도저히 주자의 넓고 큼에는 미치지 못했다. 양명학의 공적은 다른 곳에 있었다.

그리고 여기서 주자학이 우리 나라에 들어오게 된 경위 및 우리 나라 주자학의 개관(槪觀) 등을 더 설명하고 싶으나 그 전부를 생략한다. 요컨대 본서에서는 주자학이란 중국에 있는 그것을 말하는 것이며 주자 그 사람의 사상을 말하는 것임을 이해해야 한다.

끝으로 범례적인 것을 몇 가지 적으면 이러하다.

1. 원본은 청나라의 오지충(吳志忠)이 가경 16년(1811)에 교간(校刊)한 〈대학장구〉와 〈중용장구〉를 사용했다. 이 책은 뒤에 상세한 교감기(校勘記)가 붙어 있고 〈사서집주〉의 원본으로서는 가장 좋은 책으로 인정되고 있는 것이다.

2. '해설' 중에서도 말해두었으나, 주석은 처음부터 끝까지 주자의 설을 따랐다. 즉 〈장구〉에서 훈고(訓詁)와 해석은 전부를 단 번역이란 형식이 아니고 다 쓰기로 하는 것을 원칙으로 했다. 그때 출전이 〈장구〉란 점은 말하지 않았다. 또 〈어류〉나 〈혹문〉을 인용함으로

써 중복되고 무용화된 경우 등 다소 생략한 점도 있다.

3. 〈장구〉로서 아무런 주(註)를 붙이지 않은 곳은 〈어류〉나 〈혹문〉, 극히 드물게 〈문집〉 등에서 수시로 인용하여 보충했다. 또 〈어류〉나 〈혹문〉은 그저 좁은 의미에서 문의(文義)의 훈고·해석을 하기 위해서일 뿐만 아니라 도리어 주자의 사상 일반, 사유방법 일반을 예시하는 것을 인용하도록 노력했다. 그때 출처는 명시한 적도 있고 명시하지 않은 적도 있다. 요컨대 본서의 주석은 〈장구〉·〈혹문〉·〈어류〉의 셋의 혼합체로, 우선 〈장구〉를 보고 다음에 다른 두 가지를 보면 출처는 쉽게 발견할 수 있다.

4. 〈대학〉에 대해서는 특히 왕양명의 설과 이따금 대비를 했다. 그로 인해 주자 및 주자학의 설이 보다 명확하게 파악될 수 있기를 기대했던 것이다.

5. 정자(程子)는 명도(明道)·이천(伊川)의 구별을 하지 않는 경우가 많다. 아무런 말 없이 정현(鄭玄)을 내세운 것은 주자 자신의 인용을 답습한 것이다. 또 어느 학자라든가 주자학자 중 어떤 사람이라는 식으로 쓴 것은 명(明)의 〈사서대전〉에 인용되고 있는 설이다.

6. 〈대학〉과 〈중용〉의 소설(所說)을 통한 주인공을 주자는 누구라고 보고 있었는지 그것이 뚜렷하지 않으나 생각건대 학자 일반이 그것이고, 그 특수한 극한적인 경우로서는 때로 천자(天子)가 논의된다는 것이 주자의 견해가 아니었던가 한다.

대학(大學)

대학장구 서(大學章句序)
대학(大學)
대학경(大學經)
대학전(大學傳)

대학장구 서(大學章句序)

1

〈대학(大學)〉이란 책은 옛 대학에서 사람을 가르치던 소이(所以)의 법(法)이다.

| 풀이 | 〈대학〉이란 책은 생각건대 하(夏)·은(殷)·주(周)의 3왕조, 즉 유교적 세계관의 황금시대인 이 시대에 있어서의 대학교육의 운영법을 말한 것이다. 이러한 글로 시작된 주자의 이 〈대학장구(大學章句)〉는 또 하나의 〈중용장구(中庸章句)〉와 함께 주자학의 문헌으로서 사상사적(思想史的)으로 매우 중요한 것이다. 그러면 왜 대학 혹은 일반에 있어 '학교'라는 것이 필요했던가, 그것에 대해 설명하고자 주자는 먼저 철학적 인간론에서 시작했다.

2

대저 하늘이 생민(生民)을 내리신 이래 곧 지체없이 이에 보내준 것이 인의예지(仁義禮智)의 성(性)이니, 이로써

1// 大學之書는 古之大學에 所以敎人之法也니라

대학(大學) : 고대 중국 최고 학부의 명칭.

2// 蓋自天降生民으로 則旣莫不與之以仁義禮智之性矣니라 然이나

其氣質之稟이 或不能
齊하니 是以不能皆有
以知其性之所有하여
而全之也니라 一有聰
明睿智하여 能盡其性
者라 出於其間이면 則
天必命之以爲億兆之君
師하여 使之治而敎之
하여 以復其性하니라

여지(與之) : 그들에게 주는 것을 말함.
기질(氣質) : 사람이 현실생활을 하는 데 나타나는 청탁(淸濁)·편전(偏全)·강유(剛柔)·지우(智愚) 같은 여러 가지 다른 본질을 말한다.

이룩되지 않음이 없다. 그러나 그 기질이 어찌 가지런할 수 있겠는가. 이로써 모두 그 성의 있는 바를 알 것이며 이를 온전히 할 수가 없는 것이다. 언제나 총명예지(聰明睿智)하여 능히 그 성을 다하는 자가 그 사이에 오게 된다면 곧 하늘은 반드시 이에 명함으로써 억조(億兆)의 군사(君師)로 하여금 이것을 가르쳐 그 성에 돌아가게 할 것이다.

| 풀이 | 하늘이 생민을 내리셨다고 하는 원형(原形)대로의 표현이 일찍이 한(漢)나라 양웅(揚雄)의 법언(法言)의 서(序)에 보이고 있으나, 오히려 〈시경(詩經)〉 등에 보이는 비슷한 표현, 고대신앙에 으뜸하는 표현을 사용했다고 할 것이다. 그러나 그러한 경우 주자(朱子)에게 있어서는 신격(神格)인 하늘이 인간을 이 세상에 내리신 것과 같은, 말하자면 종교적 뜻은 거의 없다고 해도 좋을 것이다. 요컨대 다만 '인간이 이 세상에 존재하기 시작한 이래'라는 뜻에 지나지 않는다. 인간이 그 존재를 시작한 최초부터 성이라는 것은 하늘로부터 주어지고 있다. 성이라는 것은 개개물(個個物) 또는 특수하게 내재하는 이치를 말한다.

사람이 그 속에 성을 내재하고 있다는 것은 요컨대 이치를 내재하고 있다는 것이 아니라, 인간에게 있어서의 성은 내용적으로 말하면 인의예지신(仁義禮智信)의 이른바 오상(五常)으로 총괄되는 것이다. 성인이라 함은 이치 그 자체와 같은, 말하자면 성을 완전하게 실현하고 있는 인격을 말한다고 하면 인간은 원래가 평등한 성인일 텐데

도, 그러나 현실에서는 결코 그렇게 되어 있지 않다.

이른바 어리석은 자와 불초한 자가 매우 많은 것이다. 왜냐하면 인간은 한편으로는 이(理)와 성(性)을 받고 있는 동시에 다른 한편으로는 또 기(氣)와 질(質)을 받고 있기 때문이다. 기라는 것은 일체의 물질적 존재의 원리를 이루는 것으로서 구체적으로 말하면 기체상의 물질이며, 그것을 어느 정도로 응축시킨 경우를 질(質) — 목(木)·화(火)·토(土)·금(金)·수(水)의 이른바 오행(五行)은 질이다 — 이라고 부를 수 있다.

인간의 육체 및 정신은 존재적으로 망라해서 이 기의 원리 위에 성립되고 있다. 성(性)이 주어진 쪽이 평등인데 대하여 기(氣)쪽은 반드시 평등이라고 할 수 없으며, 혹은 청순한(희박하고 가벼운 바의) 기를 받고, 혹은 탁한(대개는 농밀(濃密)하고 무거운 바의) 기를 받고 있는 등 차별이 있다. 이것이 인간에 있어서의 강유(剛柔)·강약(強弱)·명쾌(明快)·지둔(遲鈍) 등의 상위를 형성하는 원인이 되는 것이므로, 이 기의 훼방에 의하여 사람은 자기의 성과 기가 내재하고 있는 바의 자각을 방해받으며, 성의 내용을 인식하고 그것을 완전한 상태로 유지·발휘하는 데 곤란을 겪게 되는 것이다.

만약 총명예지(聰明睿智), 즉 귀나 눈의 감각활동이 완전하며, 또 심적인 지적 활동에 있어서 심원하고, 요컨대 청순중정(淸純中正)의 기를 받고 있으며 그것에 좇아서 성을 완전히 유지·발휘하는 인간이 그곳에 출현했다고 하면,

불초(不肖) : ① 못나고 어리석음, 또는 그런 사람. ② 어버이의 이름을 더럽힐 만큼 어리석고 못난 자식. 어버이의 유업을 이어받을 만한 재능이 없는 사람.

농밀(濃密) : 밀도가 짙음. 또는 진하고 빽빽함.

지둔(遲鈍) : 굼뜨고 미련함.

하늘이 반드시 그 사람을 전인류의 군주, 말하자면 천자(天子)가 되게 하고 또 전인류의 교사가 되게 한다. 총명예지하여 '능히 그 성(性)을 다한다.'라고 하는 것은 〈중용〉에 의하면 성인의 속성이므로, 말하자면 성인이 하늘에 의해 천자 또는 스승이 되는 것이다.

그런데 하늘이 명한다고 하더라도 신이 아닌 하늘이 어떻게 해서 명할 것인가 하는 의문이 생길 것이다. 그것은 '인심(人心)에 돌아가는 것이 말하자면 천명인 것이다.' 천자는 본래가 성인이어야 할 이치이며, 그 임무는 단지 다스리는 것만이 아니고 동시에 가르치는 일인 것이다. 인간으로 하여금 그 본래의 도덕성에 눈뜨게 하고, 본래 고유의 성에 복귀하도록 함과 다른 것이 아니다.

여기에 '그 성으로 되돌아간다.'는 것은 송학(宋學)의 지표의 하나인 이른바 '복초(復初)'로서, 〈논어〉의 제1조의 "배우고 때로 익힌다."에 관한 주자의 주에 "사람의 성은 모두 선(善)을 밝게 하여 그 처음으로 되돌아간다."고 하는 그 복초인 것이다. 이 〈대학〉에서도 모두(冒頭)의 '명덕(明德)을 밝게 한다.'라는 조(條)의 주에 이것이 보인다.

모두(冒頭) : 이야기나 글의 첫머리.

3

이것이 복희 · 신농 · 황제 · 요 · 순이 하늘을 이어 극(極)을 세운 이유로서, 사도(司徒)의 직(職)과 전악(典樂)의 관(官)이 그에 의해 설치된 것이다.

3// 此伏羲神農黃帝堯舜이 所以繼天立極이니 而司徒之職과 典樂之官을 所由設也니라

| 풀이 | 일반적으로 성인이라고 하면 요·순·우·탕·문·무·주공·공자 등을 가리키는데, 이제 이 다섯 사람을 내세운 것은 〈역경(易經)〉의 '계사전(繫辭傳)' 하에서 문명의 기원을 논함에 있어 이 다섯 사람을 병칭하고 있는데 의거한 것이 아닌가 한다. 하늘을 이어 극을 세운다는 것은 천자가 된 것을 가리키는 성어(成語)이고, 극이라 함은 표준을 가리킨다 할 것이다. 즉, 과불급(過不及)이 없는 중용스런, 그런 뜻에서 구극적인 규범이다. 성인은 천자가 되어 그와 같은 규범을 정립하는 것이다. 그리고 하늘을 대신해서 치(治)와 교(教)를 행하는데, 그렇게 하기 위해서는 관직이란 것이 필요하다. 그래서 사도(司徒)의 직, 전악(典樂)의 관이 설치되었던 것이다.

계천입극(繼天立極) : 천자가 되는 것.
극(極) : 표준.
사도(司徒) : 백성들의 교화를 관장하는 사람. 이것은 삼공(三公)의 하나로 주대(周代)에까지 존속되었다.
전악(典樂) : 음악을 관장하는 사람.

4

3대(三代)가 융성해지자 그 법도가 널리 완비되었으며, 그후 비로소 왕국이나 국도에서 여항(閭巷)에 이르기까지 학(學)이 없는 곳이 없었다. 사람이 태어나 8세가 되면 바로 왕공에서 서민의 자제에 이르기까지 다 소학에 보내 쇄소(灑掃)·응대(應對)와 진퇴의 예절, 예(禮)·악(樂)·사(射)·어(御)·서(書)·수(數)의 글을 가르쳤다.

| 풀이 | 3대에 이르러 그와 같은 교화의 제도가 완비되었다고 한다. 그래서 천자의 궁전 및 제후국의 수도와 같

4// 三代之隆에 其法寢備하고 然後에 王宮國都 以及閭巷으로 莫不有學이라 人生八歲면 則自王公以下 至於庶人之子弟로 皆入小學하여 而教之以灑掃應對進退之節 禮樂射御書數之文이라

삼대지융(三代之隆) : 복희(伏羲)·신농(神農)·황제(黃帝)·요(堯)·순(舜)을

거쳐 하(夏)·은(殷)·주(周)의 '3대'라는 최성기.
예악사어서수(禮樂射御書數) : 선비로서 배워야 할 여섯 가지 일, 즉 6예(六藝)를 말한다. 6예란 첫째 5례(五禮), 둘째 6악(六樂), 셋째 5사(五射), 넷째 5어(五御), 다섯째 6서(六書), 여섯째 9수(九數).

5// 及其十有五年이면 則自天子之元子衆子로 以至公卿大夫元士之適子와 與凡民之俊秀로 皆入大學하여 而敎之 以窮理正心하고 修己治人之道라 此又學校之敎가 大小之節로 所以分也라

중자(衆子) : 장남 이외의 아들들.
궁리정심(窮理正心) : 〈대

은 중심 도시에서 부락의 거리에 이르기까지 학교가 설치되었는데, 천자와 상공 이하 무위무관의 일반국민의 자제까지도 모두 8세가 되면 소학에 입학했다.

그런데 이 8세 때 소학에 입학하고 15세 때 대학에 입학했다는 것은 한대(漢代)의 서적 〈백호통의(白虎通義)〉의 설(說)이고, 별도로 13세 때 소학에 입학하고 20세 때 대학에 입학했다는 설도 있다. 태자에서 아래로는 평민에 이르기까지 다 소학에 들어가 청소를 하고 대인관계 및 기거동작을 익혔으며, 예·악·사·어·서·수 등의 학과를 배웠던 것이다. 황금시대에 이와 같은 일반교육을 위해 학교, 즉 소학이 도시나 농촌을 막론하고 인간세계의 구석구석까지 골고루 분포되어 있었던 것이다.

5

15세가 되면 곧 천자의 원자(元子) 및 중자(衆子)에서 공(公)·경(卿)·대부(大夫)·원사(元士)의 적자(適子)와 평민의 우수한 자제들에 이르기까지 다 대학에 보내 이치를 탐구하고 마음을 바르게 하며, 자기를 닦고 남을 다스리는 길을 배우게 했다. 이 역시 학교교육이 대소의 절(節)로 나뉘게 된 원인이다.

| 풀이 | 15세가 되면 천자의 원자·중자는 물론 공·경·대부·원사들의 적자, 그리고 일반 백성의 자제로서

뛰어난 자들이 다 대학에 입학한다. 그리고 그 교과목은 간단한 예의범절에 그쳤던 소학과는 달리 이치를 궁구하는 철학, 마음을 바르게 하는 윤리학, 자기를 닦고 남을 다스리는 참된 의미에서의 정치학 등에 걸쳐 있었다. 이것이 학교 교육의 대소의 구별, 즉 대학교육과 소학교육과의 구별이 존재했던 이유이다. 절(節)은 절목(節目)과 내용, 궁리(窮理)는 뒤의 제1장 경문(經文)에 나오는 격물치지(格物致知), 정심(正心)은 정심성의(正心誠意)의 정심, 수기(修己)는 명명덕(明明德), 치인(治人)은 신민(新民)이다.

요컨대 대학이란 성인의 학문, 소학이란 어린이의 학문이라고 보면 되는 것이다. 그리고 이 점에 관해 〈대학혹문〉에서는 적절한 시기에 소학에 입학하고 후에 대학으로 진학하는 올바른 학문의 순서 — 주자학에서는 학문연구에 있어서 순서를 뛰어넘지 않을 것을 강조한다 — 를 거치지 못한 불행한 사람에게 어떤 길이 남겨져 있는가 하는 설문을 내걸고, 그 대답으로서 유명한 '경(敬)'의 설을 전개해간다.

6

학교의 설치는 그 광범함이 이러하였고 가르치는 방법과 순서와 절차의 상세함이 또 이러하였으나, 그 교육의 내용에 있어서는 모두 임금이 몸소 실천하고 마음으로 터득한 점에 근거하였을 뿐 백성들이 일상생활에서 쓰는 보

학〉에 나오는 '격물'과 '성의정심'에서 나온 말로서, 이치를 탐구하고 마음을 바르게 한다는 뜻이다.
수기치인(修己治人) : 〈대학〉의 수신제가치국평천하(修身齊家治國平天下)를 요약한 말이다.

6// 夫以學校之設이 其廣如此하고 敎之之術이 其次第節目之詳이 又如此로되 而其所以爲敎는 則又皆本之人君躬行心得之餘요 不

待求之民生日用彝倫之外라 是以當世之人이 無不學하고 其學焉者는 無不有以知其性分之所固有 職分之所當爲하여 而各俛焉以盡其力이라 此古昔盛時에 所以治隆於上하고 俗美於下니 而非後世之所能及也라

궁행심득지여(躬行心得之餘) : 자기가 몸소 실행하여 깨달은 결과을 의미한다.
이륜(彝倫) : 상도, 일상적인 도리.
성분(性分) : 본성, 인의예지에서 벗어나지 않는 분수.

승의(勝義) : 언어가 갖는 본질적인 의미·용법.

편적인 도리 밖의 것에서 구함을 기다리지는 않았다.

그러므로 그 시대의 사람들은 배우지 않은 이가 없었고, 배운 사람들은 자기 성분의 고유한 것과 직분의 당위(當爲)한 것을 알아 각자 그 역능(力能)을 다 발휘하기에 힘쓰지 않는 이가 없었으니, 이것이 옛날 성시(盛時)에 치도(治道)가 위에서 일어나고 풍속이 아래에서 아름다워지게 된 이유로서, 후세가 능히 미칠 수 없는 점이었다.

| 풀이 | 학문이란, 대학에서는 성분(性分), 즉 자기에게 선천적으로 갖추어져 있는 오륜오상(五倫五常)의 도에 대해 인식하고 이것을 실천하기 위한 가장 확실한 방법, 적어도 필수조건으로서 성현의 경전을 읽고, 소학에서는 직분, 즉 전체에 있어서 자기가 당연히 담당해야 할 임무의 인식 및 그것의 실천임을 자각하고 누구나가 전심전력했다. 그래서 옛날 이 교육이 가장 융성했던 시대에는 위로는 조정의 정치가 훌륭했고 아래로는 백성의 풍속이 아름다웠는데, 그것은 도저히 후세가 미치지 못하는 바였던 것이다.

여기에서도 우리는 유교에서 말하는 인간이념의 특색을 볼 수 있다. 인간이란, 승의(勝義)로는 학자(學者)이다. 서양 같으면 종교라는 이름하에 칭해지는 것이 중국에서는 학문이란 이름하에 발언된다. 오륜오상의 도를 배우는 자로서의 '학자'를 본래적인 인간으로서 상정하는 사고방식은 유교, 특히 성리학 특유의 것이 아닐까 생각된다. 도가

적·노장적 낙원에서의 인간은 '도(道)'를 향수한다는 성격이 강한 데 비해 이 점은 현저한 대조를 이루고 있다.

7

주(周)가 쇠퇴해가면서 현성(賢聖)한 임금이 나오지 않게 되니 학교의 정무도 경시되어, 교화는 능이(陵夷)해지고 풍속은 흩어지기 시작했다. 이때 공자와 같은 성인이 있었으나, 군사(君師)의 자리를 얻어 그 정무를 보지는 못했다. 그래서 홀로 선왕(先王)의 법을 취해 그것을 전송(傳誦)함으로써 후세를 깨우쳤다.

곡례(曲禮)·소의(少儀)·내칙(內則)·제자직(弟子職) 등의 여러 편(篇)은 처음부터 소학의 지류 또는 말류(末流)로서, 이 편은 곧 소학의 성공에 근거해 대학의 명법(明法)을 나타냄으로써 밖으로는 그 규모가 극히 커지고 안으로는 그 절목의 상세함을 다하는 것이었다.

| 풀이 | 3대의 최성기가 끝나고 쇠퇴기, 즉 3대의 최후의 나라인 주왕조(周王朝)의 쇠퇴기로 접어들자 어떤 일이 생겼는가. 현성한 천자가 출현하지 않게 되었고, 따라서 학교라는 중요한 정무는 경시되어 교화는 약화되고 풍속은 흩어졌다. 이것은 아마도 주의 동천(東遷) 이후, 이른바 춘추시대의 일을 가리키고 있는 것이 아닌가 한다.

물론 그 시대에 성인이 전혀 없었던 것은 아니며, 공자

7// 及周之衰하여 賢聖之君不作하니 學校之政不修하여 敎化陵夷하고 風俗頹敗하다 時則有若孔子之聖이나 而不得君師之位하여 以行其政敎라 於是에 獨取先王之法하여 誦而傳之하여 以詔後世하다 若曲禮少儀內則弟子職諸篇은 固小學之支流餘裔이니 而此篇者는 則因小學之成功하여 以著大學之明法하니 外有以極其規模之大하고 而內有以盡其節目之詳者也라

능이(陵夷): 우뚝 솟아 있던 것이 쇠하여 평탄하게 되는 것.
곡례소의내칙제자직(曲禮少儀內則弟子職): 곡례는 길(吉)·흉(凶)·빈(賓)·군(軍)·가(嘉)의 5례의 좌작(坐作)과 진퇴를 기술한 〈예기〉의 편명이고, 소의는 상견·음식·잔치 등의 응대를 주로 기술한 〈예기〉의

편명이며, 내칙은 집안에서의 예법을 기술한 〈예기〉의 편명이고, 제자직은 본래 〈효경〉의 편명이었다가 지금은 〈관자(管子)〉의 한 편으로 되어 있는 것인데 학생이 스승을 섬기는 예를 주로 다룬 것이다.

소왕(素王) : 왕자(王者)는 아니나 왕자의 덕을 갖춘 사람.

송설(誦說) : ① 읽는 일과 설명하여 밝히는 일. ② 읽어서 해설함.

는 바로 그 시대의 사람이다. 그렇지만 중요한 것은, 공자는 결국 '군사의 자리를 얻지 못했다.'는 점이다. 〈중용〉에 "대덕은 반드시 그 자리를 얻는다."(제17장 제2절)라는 말이 있듯이 성인은 천자로서 천하에 군림하며 그 정치와 교화를 실시해야 함이 올바른 상태이지만, 공자는 그처럼 위대한 성인이었음에도 결국 군(君)이 되지는 못했다.

공자를 소왕(素王)이라고 하는 이유는 여기에 있는데, 그 뜻은 마치 봉후(封侯)는 아니나 봉후의 실질을 가지고 있는 사람을 소봉(素封)이라고 부르는 것과 같이, 현실로는 왕자가 아니지만 실질적으로 왕자라는 말이다. 그 이유로는 역사에 있으나 '기수(氣數)의 차'라는 말이 등장하는데, 역사의 추세가 하강일로를 걷고 있었기 때문에 성인이라 해도 있어야 할 곳에 있지를 못했다는 것이다.

아무튼 임금이 되지 못했던 공자는 여기서 '선왕의 법'을 토대로 하여 그것을 송설(誦說)해서 제자들에게 전하는 방법을 취함으로써 후세를 가르쳤던 것이다.

'선왕의 법'이란 것도 유교에서는 중요한 개념으로서, 〈효경(孝經)〉의 "선왕의 법복(法服)이 아니면 감히 복(服)하지 않고, 선왕의 법언(法言)이 아니면 감히 말하지 않고, 선왕의 덕행(德行)이 아니면 감히 행하지 않는다."는 법칙에 충실하게 따르는 것, 여기에 참으로 유교적 인간, 즉 학자의 규범적인 삶의 방법이 있는 것이다. 물론 그것은 인간의 행위의 기준이 외적인 것임을 뜻하지는 않는다. '성인이란 나의 마음에도 역시 있는 것을 나보다 먼저 얻은 사람'으로, 성인의 길을 따르는 것은 궁극적으로 스스로의 성의 내용을 자각하고 실현하는 것에 지나지 않기 때문이다.

성인의 길, 그 속에는 소학도 대학도 포함되어 있다. 소학에 있어서의 교과서로 쓰이는 〈소학〉은 책으로서는 완전한 형태로 오늘날 남아 있지 않으나, 〈예기〉 속의 곡례편, 소의편, 내칙편 등과, 유교의 경전이라고는 말할 수 없지만 〈관자〉 속에 있는 제자직편 같은 것이 그에 가깝다고 할 수 있을 것이다. 그러나 어느 것이든 방계적 문헌으로 본래의 소학서(小學書) 그것은 아니다.

이와 같이 소학의 근본적인 것은 이미 소실되어 버렸고 지금 있는 〈소학〉은 주자라기보다는 정확하게 말해서 주자의 문인이 완전히 새로 편찬한 것이라고 할 수 있다. 대학 쪽은 다행하게도 그 근본문헌이 남아 있는데, 그것이 이 〈대학〉이다. 〈대학〉이란 책은 소학의 성공에 의해서, 즉 소학 실천의 성취·완성이란 사실을 전제로 하여 그 위에 서서 대학의 빛나는 규범을 명백하게 설명·기술한 것이다. 그 규모는 장대(壯大)를 극하고, 그 내용은 상세(詳細)를 다하고 있다.

방계(傍系) : 직계(直系)에서 갈라져 나온 계통.

8

3천의 무리가 모두 그 설을 듣지 않음이 없었으나 증씨(曾氏)의 전(傳)만이 홀로 그 종(宗)을 얻었으므로, 이에 전

8// 三千之徒가 蓋莫不聞其說이나 而曾氏之傳이 獨得其宗하여 於

是에 作爲傳義하여 以發其意라 及孟子沒에 而其傳泯焉하니 則其書雖存이나 而知者鮮矣라

삼천지도(三千之徒) : 공자의 제자가 3천 명이었다는 말이다.
증씨(曾氏) : 증자.
종(宗) : 정통.
기의(其意) : 공자의 뜻.
민(泯) : 없어지는 것.

9// 自是以來로 俗儒記誦詞章之習이 其功倍於小學而無用하고 異

의(傳義)를 작위(作爲)하여 그 뜻을 말했다. 맹자의 사후에 그 전은 중단되었다. 즉, 그 서(書)가 보존되었다고는 하나 아는 자는 드물었다.

| 풀이 | 공자의 제자는 3천 명이었는데, 그중 6예에 능통한 자는 72명이었다. 그러나 이 3천 명의 제자가 모두 스승의 입을 통해 친히 대학의 설을 들었음은 분명하다. 그런데 그 진수를 전승한 것은 오직 증자(曾子)의 학파뿐이었다. 그래서 스승 공자가 말한 대학의 빛나는 법―그것을 명문화해서 오늘날의 〈대학〉 모두에서 보는 바와 같은 '대학경(大學經)'이라는 형식으로 정리한 사람은 증자라고 한다―에 대한 전의(傳義), 즉 해설과 주석이 증자학파에 의해 만들어졌던 것이다. 이 대학의 설은 증자→자사→맹자에게 전승되어 갔다. 그리고 맹자의 사망과 동시에 중단되고 말았다. 물론 서적 그 자체는 〈소학〉처럼 자취를 감추어버리지는 않았다.

저술된 〈대학〉은 다소 혼란된 형적은 있으나 한대(漢代)에 이르러 〈예기〉 속에 편입되어 그 한 편으로서 남았다. 그러나 그 중요성에 유의하는 자는 거의 없었던 것이다.

9

이로부터 속유(俗儒)들의 기송사장(記誦詞章)의 풍습은 그 공(功)이 소학의 몇 배가 된다 해도 아무런 쓸모가 없었

고, 이단적인 허무적멸(虛無寂滅)의 가르침은 그 높기가 대학보다 더했지만 아무런 실(實)이 없었다. 그밖에 권모술수로써 공명을 이룬다는 설과 그 백가중기(百家衆技)의 설은 세상을 미혹시키고 백성을 기만하는 것으로서, 이처럼 인의(仁義)를 막는 자들이 그 사이에 섞여들어 군자로 하여금 불행하게도 대도의 요(要)를 듣지 못하게 하고, 소인으로 하여금 불행하게도 지극한 다스림의 은혜를 입지 못하게 했다. 회맹비색(晦盲否塞)하고 반복침고(反覆沈痼)하여 오계(五季)의 쇠퇴기에 이르러 괴란이 극에 달했다.

端虛無寂滅之敎는 其高過於大學而無實이라 其他權謀術數 一切以就功名之說 與夫百家衆技之流는 所以惑世誣民이니 充塞仁義者가 又紛然雜出乎其間하여 使其君子로 不幸而不得聞大道之要하고 其小人으로 不幸而不得蒙至治之澤하다 晦盲否塞하고 反覆沈痼하여 以及五季之衰에 而壞亂極矣라

| 풀이 | 도통(道統)이 단절된 이후 중국의 문명은 천 년 이상의 암흑시대를 겪게 된다. 올바른 유학의 가르침을 대신하여 번성한 것은 속유(俗儒)의 학과 이단의 학이었다. 구송(口誦)과 미사여구의 문장을 일삼는 속유의 학문은, 그 때문에 필요시되는 노력은 소학의 몇 배가 되겠으나, 참된 학문의 입장에서 보면 쓸모가 없는 것이었다.

　속유라는 말에는 경멸하는 뜻이 포함되어 있다. '속(俗)'이라는 말이 결정적으로 비방하는 뜻을 갖게 된 것은 송대(宋代)부터였다는 점에 대해서는 이론의 여지가 없다. 또 한편 성인을 부정하고 문명을 부정함으로써 평안을 실현하고자 하는 도교의 허무주의나, 가정을 버리고 군신관계를 버리고 인륜(人倫)에 어긋나게 승려가 되는 불교의 적멸주의는 인간의 올바른 삶의 방식이 아니다. 하물며 군자·학자의 올바른 삶의 방법은 더더욱 아닌 것이다.

속유(俗儒): 쓸데없는 속된 선비.
기송사장(記誦詞章): 기송은 경전을 많이 암송하는 것, 사장은 시문(詩文)을 교묘하게 짓는 것.
허무적멸(虛無寂滅): 허무는 도가(道家)를 가리키고, 적멸은 모든 물건은 자연 그대로 소멸한다고 보는 불교의 중요 사상의 하나로 불교를 가리킨다.
회맹비색(晦盲否塞): 회맹은 어두워 아무것도 안 보이는 것, 비색은 일이 꽉 막혀 제대로 되지 않는 것을 말한다.
오계(五季): 5대(代). 당나라 말의 혼란 후에 많은 나라가 송나라의 통일 전까지 나타났다가 사라졌다. 서기 907년부터 959년 사이에 후량(後梁)·후당(後唐)·

이 구절에서 보이는 것은 유교적, 아니 주자학적 역사관의 전형적인 것이다. 또 제자백가 시대는 사상의 자유 경쟁 시대, 백가쟁명 시대로서 '중국 사상사상(思想史上)의 황금시대'라는 것이 오늘날의 인상이기는 하나, 그런 인상의 형성은 청나라 말기 이래 겨우 60~70년간에 지나지 않는다. 그 점에 있어서는 적어도 송 이후 제자백가 시대는 인의가 억압된 가공할 시대였던 것이다.

10

천운(天運)은 순환하는 것이라 갔다가 되돌아오지 않음이 없어, 송의 덕이 융성해서 치교(治敎)가 아름답고도 밝았다. 이에 하남(河南)에 정씨(程氏) 두 선생이 나와서 맹자의 도통을 잇게 되었으니, 실로 비로소 이 대학을 존신(尊信)하여 이를 표장(表章)했다.

그리고 또 이를 위해 그 간편(簡編)을 정리하여 그 취지를 밝힘으로써 후세에 옛 대학에서 사람을 가르치던 법과 성인의 경문과 현인의 전문의 뜻이 찬연히 다시 세상에 밝혀지게 되었다. 내가 비록 불민하지만 역시 다행히도 사숙(私淑)해서 들은 바가 있다.

| 풀이 | 천운의 기본법칙은 순환이라는 것이다. 자연의 운행법칙이 그런 것이라면 역사의 법칙도 역시 그래야 한다. 한번 간 것이라 하더라도 언젠가는 반드시 돌아오게

후진(後晉)·후한(後漢)·후주(後周)의 다섯 나라가 번갈아 제패하였으므로 5대라 부르는 것이다.

10// 天運循環하여 無往不復이라 宋德隆盛하여 治敎休明하니 於是에 河南程氏兩夫子出하여 而有以接乎孟氏之傳하니 實始尊信此篇하여 而表章之하다 旣又爲之次其簡編하여 發其歸趣하니 然後에 古者大學敎人之法과 聖經賢傳之指가 粲然復明於世하다 雖以熹之不敏이로되 亦幸私淑하여 而與有聞焉이라

천운순환(天運循環) : 하늘의 운수가 순환한다는 뜻인데, 여기서는 세상이 어지러워졌다가 다스려지고 다스려졌다가는 또 어지러

마련이다. 극도로 혼란했던 5대의 다음에 융성한 덕을 지닌 송왕조가 출현해서 휴명(休明)한 치교, 즉 크게 빛나는 정치·교화를 행하게 되었는데, 이것은 전적으로 합법칙적(合法則的)인 것이었다. 하남의 이정자도 이에 비로소 출현하여 맹자 이후로 중단되고 있던 도통을 다시 계승하기 시작했다.

〈예기〉 속의 '대학편'이 처음으로 주목되어 그 중대한 의미가 해명된 것도 그들의 덕택이었다. 그들은 다시 그 편의 착간(錯簡)을 바로잡아 정비하고 그 소설(所說)의 요령을 명백히 했다. 그래서 '3대'라는 황금시대에 있어서의 대학교육의 방법을 기술한 대학경과, 그 경에 대해 증자학파의 사람들이 지은 주석서 등이 찬연히 다시 빛나게 되었던 것이다.

11

돌이켜보니 그 책은 상당히 혼란되어 있거나 소실되어 있다. 따라서 나의 고루함을 잊고 많은 자료를 모으고 때로는 남모르게 자기의 의견을 담아 그 궐략(闕略)을 보탬으로써 후세의 군자를 기다린다. 외람되고 분수에 넘쳐 죄를 피할 바 없음을 알지만, 국가의 백성을 교화하고 풍속을 이루려는 성의와, 학자가 자기를 닦고 남을 다스리는 방법에 있어서는 작은 도움이 없지는 않을 것이다. 순희(淳熙) 기유 2월 갑자, 신안의 주희(朱熹)는 서한다.

워진다는 자연의 추세를 말한다.
정씨양부자(程氏兩夫子): 이정자(二程子), 즉 정호(程顥)와 정이(程頤)의 존칭이다.
표장(表章): 밝게 세상에 나타내는 것.
사숙(私淑): 직접 그 사람의 가르침을 받지는 않지만 그를 목표로 하여 공부하는 것을 말함.

착간(錯簡): 차례가 뒤바뀐 책장, 또는 편이나 장.
소설(所說): 설명하는 바. 말하는 바.

11// 顧其爲書하니 猶頗放失이라 是以로 忘其固陋하고 采而輯之하고 間亦竊附己意하여 補其闕略하여 以俟後之君子라 極知僭踰無所逃罪나 然이나 於國家化民成俗之意 學者修己治人之方에 則未必無小補云이라 淳熙己酉二月甲子에 新安 朱熹는 序하다

방실(放失) : 혼란되어 있거나 없어지는 것.
참유(僭踰) : 외람되어 분수에 넘치는 행위를 하는 것.
도죄(逃罪) : 죄를 모면하는 것을 말함.

결락(缺落) : (당연히 있어야 할) 한 부분이 없어짐. 궐략(闕略).

양위(讓位) : 임금의 자리를 물려줌.

┃풀이┃ 그러나 오직 아쉬운 점은 이 〈대학〉이 책으로서는 정자(程子)의 정리를 거친 후에도 다소의 방실(放失)을 면치 못했다는 것이다. 이를테면 '경(經)'의 '격물치지(格物致知)'의 항에 대한 '전(傳)'의 전문이 거의 결락(缺落)되고 있다.

그래서 나는 나 자신의 학문이 고루한 것도 잊고, 여러 모로 자료를 수집하고 때로는 자기 개인의 생각으로 그 결락된 곳을 보충한 다음 후세의 군자의 비판·정정을 기다리기로 했다. 경서(經書)를 임의대로 정정하여 자기로서는 주제넘는 짓을 한 것이므로 죄를 면할 길이 없다는 것은 충분히 알고 있으나, 그래도 조정이 백성을 교화하고 풍속을 완성하려는 열의(熱意)와, 학문을 하는 사람이 자기 몸을 닦고 나아가서는 백성을 다스리는 방법이 된다는 점에 대해서는 공헌이 없지도 않다고 생각하고 있다.

끝으로 순희(淳熙) 기유(己酉) 2월 갑자(甲子)란 남송(南宋) 효종(孝宗)의 연호인 순희 16년(1189) 2월 4일인데, 그 2일 전인 2월 2일에 효종은 광종(光宗)에게 양위를 했다. 그러나 중국의 풍습으로는 그해 1년 동안은 전제(前帝)의 연호를 그대로 사용하므로 그렇게 썼던 것이다.

이 〈대학〉의 주(註), 즉 〈대학장구〉는 이 해에 일단 끝을 맺기는 했으나 그후에도 끊임없이 개정되어, 1200년 3월 그가 죽기 3일 전에도 정정한 것은 유명한 일화이다.

대학(大學)

　주자가 주석한 〈대학〉은 보통 표제로서 '대학장구(大學章句)'라는 네 글자를 쓰고 그 밑에 '대구음태 금독여자(大舊音泰 今讀如字)', 즉 '대(大)의 구음(舊音)은 태(泰)인데 지금은 글자 그대로 읽는다.'라는 여덟 자가 주기(註記)되고 있다.

　대학의 대(大)란 자를 옛날에는 태(泰)의 음으로, 즉 태(太)라고 읽고 있었으나, 이제는 글자 그대로 '대'라고 읽는다는 뜻이다. 태와 대의 상위는 아마도 그저 시대에 따라 읽는 습관이 달랐기 때문일 것이다. 그 이상 실질적인 의미나 내용까지 달랐던 것은 아닌 듯싶다. 하기야 실제의 시설로서 역대 수도에 태학(太學) 또는 국자감이 있고, 그 경우에는 물론 태학(太學)이라고 읽었었다.

　다음에 장구본(章句本)에서는 표제에 계속해서 본문 앞에 다음과 같은 정자(程子)의 말이 있어 이른바 안내역을 하고 있다.

　자정자(子程子)는 말한다. 대학은 공씨(孔氏)의 유서(遺書)

주기(註記) : 주를 닮. 또는 그 주.

논맹(論孟) : 〈논어〉와 〈맹자〉. 어맹(語孟).

로, 초학(初學)이 덕(德)으로 들어가는 문이다. 지금에 있어서 고인(古人)이 학문하는 모습을 볼 수가 있는 것은 홀로 이 편이 존재하기 때문이다. 그리고 논맹(論孟)이 이에 버금간다. 그러므로 학자는 반드시 이에 따라 배운다면 그 차이는 적을 것이다.

자정자(子程子)란 정자(程子)를 다시 한번 존경한다는 뜻으로 쓴 말이다. 〈대학〉은 공자가 후세에 남긴 책으로서, 초학자가 도덕의 세계, 즉 학문의 세계로 들어가기 위한 입문서이다.

오늘날 고인(古人), 즉 3대의 사람들이 어떤 순서로 학문을 했는가를 알 수 있는 것은 전적으로 이 편(篇)이 존재하고 있는 덕택이고, 이 편에 버금가는 것으로는 〈논어〉와 〈맹자〉가 있다. 학문하는 자가 먼저 〈대학〉을 배우고 다음에 〈논어〉, 다시 그 다음에는 〈맹자〉의 순으로 배워간다면 학문의 길은 거의 잘못 없이 진행된다고 해도 좋다.

그리고 여기서 〈논어〉와 〈맹자〉만을 들고 〈중용〉은 언급하고 있지 않는 점에 대해 〈대학혹문〉에서는 다음과 같이 설명하고 있다. "〈중용〉은 성인(聖人)의 학문에 있어서 최종 궁극의 설로서 후세 학자가 간단히 이해할 수 없는 것이다. 따라서 정자는 섣불리 그것을 언급하지 않았던 것이다. 〈대학〉·〈논어〉·〈맹자〉 뒤에 〈중용〉으로 진출하는 것이 당연하다."

그리고 여기서 '공씨의 유서'라고 한 것은 반드시 공자가 써서 남겼다는 의미만을 내포하고 있는 것이 아니라, 공자의 말을 그 수제자인 증삼(曾參) 및 그 외의 제자가 정리해서 기록했다는 뜻이다. 주자 이전에 이미 정자는 그와 같이 생각하고 있었다. 또 모두(冒頭)에 "자정자가 말했다."란 말은 실제로는 명도(明道)와 이천(伊川)을 한데 묶어 놓은 말인 것 같다.

이렇게 해서 마침내 〈대학〉의 경(經)이 시작된다. 주자가 〈대학〉 전체를 '경(經)' 1장(205자)과 '전(傳)' 10장(1,546자)으로 나누어 '경' 1장은 공자의 말을 증자가 문장의 형식으로 고쳐 썼다는 점, 그에 대한 해설인 '전' 10장은 증자의 설을 다시 증자의 문인들이 기록했다는 점 등을 밝혀둔다. 또 〈대학〉의 '경' 1장[〈대학〉의 경우에는 수장(首章)이란 말을 쓰지 않는다.] 및 그에 대한 주자의 주(註)가 〈중용〉의 수장 및 그에 대한 주자의 주와 더불어 주자학의 이른바 강요(綱要)로서 주자학 중에서 극히 중요한 위치를 차지하고 있다는 점도 역시 밝혀둔다.

그래서 이 '경' 1장만은 특히 주자의 주의 충실한 현대문을 우선 내걸고 그것을 해설해 나가는 형식을 취한다. 또 군데군데 왕양명을 인용한 것은, 비판자의 설과 대조함으로써 주자의 설이 한층 뚜렷하게 이해되기를 기대하였기 때문이다.

명도(明道) : 정호(程顥). 명도는 그의 호.
이천(伊川) : 정이(程頤). 이천백(伊川伯)을 봉한 까닭에 이천 선생이라 부른다.

강요(綱要) : 강령이 되는 요점.

대학경(大學經)

1// 大學之道는 在明明德하고 在親民하고 在止於至善이라

명명덕(明明德) : 첫 명(明) 자는 '밝힌다'는 동사이고 명덕(明德)은 학자들의 견해가 구구하다. 즉 정현(鄭玄)은 '지덕(至德)'이라 풀이했고, 공영달(孔穎達)은 '자기의 광명한 덕'이라 풀이했으며, 다시 주자는 '사람이 타고난 본체의 밝음'이라 했다.

친민(親民) : 〈예기(禮記)〉 '대학전'에는 친(親)자로 전해 왔는데, 이것을 정이(程頤)가 "친(親)자는 신(新)자로 보아야 한다."고 주장한 후부터는 늘 의견이 분분하였으며, 왕양명은 끝내 친민(親民)으로 해석했다.

지어지선(止於至善) : 지선(至善)이란 최고의 선을 말하는 것으로, 온 정성을 기

대학의 도는 명덕(明德)을 밝히는 데 있고, 백성을 새롭게 하는 데 있고, 지선(至善)에 머무르는 데 있다.

◆ 주자의 주
大學者 大人之學也

대학이란 대인의 학(學)이다.

| 풀이 | 대학은 대인(大人)의 학이라 하였는데, 그 대인이 소자(小子), 즉 어린이에 대한 어른을 가리킨다는 것은 〈대학장구(大學章句)〉에 명쾌하게 설명되어 있다. 대학을 대인의 학이라 하면서도, 그 대인을 어린이에 대한 어른이 아니고 소인(小人)에 대한 대인이라 해석하는 왕양명의 설은 벽두에서부터 주자학과 대립하고 있다. 즉, 왕양명은 그 만년의 글 〈대학문(大學問)〉의 첫머리에서 이렇게 말하고 있다.

"석유(昔儒 : 주자)는 대학을 대인의 학문이라 했으나, 대

인의 학문이 명덕(明德)을 밝히는 데 있다는 것은 어떤 의미인가? 나는 말한다. 대인이란 천지만물로써 일체를 삼는 자이다. 그 천하를 보는 것이 일가(一家)와 같고, 중국을 보는 것이 한 사람 같다. 그런데 육체적 개별성을 고집하여 형태를 떠나 너와 나를 분별하는 자는 소인에 지나지 않는다. 대인이 곧잘 천지만물을 일체로 하는 것은 의도적으로 그렇게 하는 것이 아니다. 그 마음속에 인(仁)이 원래 천지만물과 합일체가 되어 있는 것이다. 소인의 마음이라 해도 본래는 그와 같은 것이나, 오직 소인은 스스로 그것을 작게 만들고 있을 뿐인 것이다. 일체의 인은 소인의 마음으로서도 반드시 지니고 있으며, 천지의 성(性)에 뿌리박고 스스로 영소불매(靈昭不昧)한 것이다. 따라서 그것은 명덕이라고 한다."

울여 이런 최고선의 경지에 몸을 두어 끝까지 이를 지킨다는 뜻이다.

만물 일체의 인이 정명도의 인설(仁說 : 주자는 이 인설에 비판적이었다.)을 뒷받침하고 있음은 말할 나위도 없다.

◆ **주자의 주**
明明之也 明德者 人之所得乎天 而虛靈不昧 以具衆理 而應萬事者也 但爲氣稟所拘 人欲所蔽 則有時而昏 然其本體之明 則有未嘗息者 故學者 當因其所發而遂明之 以復其初也

명(明)은 이를 밝히는 것이다. 명덕이란 사람이 하늘에서 얻어 허령불매함으로써 중리를 갖추어 만사에 응하는 것이다. 단, 기품이 구(拘)하는 바, 인욕이 가리는 바가 되면 곧 때로 어두워진다. 그러나 그 본체의 명은 아직껏 쉬지 않는다. 그러므로 학자는 의당 그 발하는 곳에 따라 마침내 그것을 밝힘으로써 그 처음으로 다시 돌아가야 한다.

| 풀이 | 먼저 명명덕(明明德)을 해석한다. 이 구절은 주자학으로서는 극히 중요한 규정을 품고 있다. 먼저 명덕(明德), 즉 밝고 빛나는 덕은, 첫째 인간이 하늘에서 받는 것이며 인간이 천생으로 지니고 있는 본래적인 것이고, 둘째 허령불매(虛靈不昧)한 것이며, 셋째 중리(衆理)를 갖추고 만사에 응할 수 있는 것이라 한다. 여기서 '허(虛)'는 일정한 고정적 내용에 의해 충족되지 않는 것을 뜻하고, 마음의 속성(屬性)을 설명할 때 곧잘 쓰인다.

그리고 '영(靈)'이란 한마디로 말하면 활동의 불가사의한 것이다. 오늘날에도 기령(機靈)·영활(靈活)·영교(靈巧) 등의 말이 있는 것처럼, 어떠한 장해에도 방해되지 않고 자유자재로 활동하는 것을 뜻한다. 원래 물질계에 있어서의 기(氣)가 예측 불가능할 때까지 자유자재한 작용을 나타내는 말이나, 마음은 '기의 정상(精爽)'이라는 점에서 마음에도 쓰이고 있다.

인심은 지극히 영하다. 어떤 일이든 모를 것인가, 어떤 일이든 깨닫지 못할 것인가, 어떤 도리든 두루 갖추지 못할 것인가. '우매하지 않다는 것'은 즉 '명(明)'이다. 마음을 오행으로 따지면 화(火)에 속하는 것으로 광명, 즉 환하게 빛나는 본래의 모습이다. 더 자세하게 말하면 마음은 성(性)과 정(情)과의 통일체〔주자는 마음을 내용적으로 정의한 장횡거(張橫渠)의 "마음은 성과 정을 통수한다."라는 말을 절

속성(屬性) : 사물의 본질을 이루는 고유한 특성이나 성질.

정상(精爽) : 육체를 떠난 죽은 사람의 혼백. 정령(精靈).

대적인 것으로 했다.)인 것이다.

성이란 구체적으로 인(仁)·의(義)·예(禮)·지(智)·신(信)의 오상(五常), 정은 그 발현인 측은·수오(羞惡)·사양·시비를 말한다. 하늘에서 받은 성이라는 이 '광명 찬란한 것', 그것이 마음에 내재하고 있음으로 하여 마음은 명덕을 지니게 되는 것이다. 다음에 세 번째의 마음이 중리(衆理)를 갖추고 있다는 것은 개물(個物), 특수하게 내재하는 이(理)를 성이라고 한다는, 앞에서 말한 것과 대응한다.

주자가 절대적인 것으로 본 또 하나의 정의(正義)인 '성즉리(性卽理)'가 그것으로, 성이 즉 이(理)라는 것은 이(理)의 일부분이라는 뜻이 아니라 개개의 성이 제각기 이(理)의 전체라는 뜻이다. 마음은 그 성의 부분에 일체의 이(理), 즉 중리를 모두 갖추고 있기 때문에 곧잘 일체의 것에 응할 수 있으며, 어떠한 사상(事象)에 대해서도 올바르게 행동할 수가 있는 것이다. 인간의 내부인 마음과 외부인 만사 만물과는 동일한 이(理)에 의해 관통되고 있다.

인간의 마음에 중리가 모두 갖추어져 있다는 것이 즉 성(性)이고 명덕(明德)이지만, 그러나 그것은 대부분의 경우 본래의 모습 그대로 뚜렷하게 빛나며 존재하고 있는 것은 아니다. 보통 그것은 은폐되고 속박된 상태로 존재하고 있다. 무엇에 은폐되고 무엇에 속박되고 있는가 하면, 기질(氣質)과 인욕(人欲)에 속박되고 은폐되어 있다. 주자 등의 가장 일반적인 존재론은 '이(理)·기(氣)'의 설이고, 그것을 인간학·윤리학의 차원으로 번역해서 말하면

수오(羞惡) : 자기의 결점을 부끄러워하고 남의 나쁜 점을 미워함.

사상(事象) : 관찰할 수 있는 형태를 취하여 나타나는 여러 가지 일. 사실과 현상.

천리(天理) : 천지 자연의 이치. 하늘의 바른 이치. 만물을 지배하고 있는 이치.

천리(天理)·인욕(人欲)의 설에 지나지 않는다.

인간은 물질적 존재로서의 기(氣)로 구성되고 있는 이상, 이성은 기에 의해 방해를 받는다. 윤리학적으로 말하면 인욕의 방해를 받는 것이다. 빛나는 이(理)·성(性)이 기, 즉 인욕의 막에 덮여 그 때문에 불투명하고 희미해져 있는 것의 형용이 곧 혼(昏)인데, 그 경우라도 본질적인 환함과 빛남은 상실된 것이 아니므로 때로 반드시 그 빛남을 나타내는 일이 있다. 그 희미하게나마 발한 광명, 그것을 실마리로 하여 세차게 잡아당겨서 그 본래의 밝고 빛남을 밝게 빛내 가고, 그리고 마침내 그 본래의, 즉 최고의 명덕으로 복귀한다. 그것이 학문이란 것의 기초 구조인 것이다. "그 발하는 것에 의해 드디어 이를 명확히 한다."란 저 맹자의 '사단지설(四端之說)'과 같은 이치이다.

사단지설에서는 측은이 인(仁)의 단이고, 수오(羞惡)가 의(義)의 단이고, 사양(辭讓)이 예(禮)의 단이고, 시비(是非)가 지(智)의 단이라고 하는데, 단은 곧 단서(端緖), 다시 말해 인·의·예·지라는 '성(性)'은 마치 상자 내부에 들어 있는 물건과 같아서 직접 눈으로 볼 수는 없으나 실끝(측은·수오·사양·시비 등의 '정')이 상자에서 외부를 향해 비어져 나와 있기 때문에 그것을 실마리로 잡아당겨 가면 형이상학적·초감각적인 성의 존재도 명확하게 인식할 수가 있다고 하는 것과 같은 이치이다.

요컨대 여기서 볼 수 있는 것도 최초에는 빛나는 상태이고 다음에는 그 빛남의 상실이며, 최후에는 타락 혼미를 극복하고 다시 최로로의 복귀라는 주지(周知)하는 트리아데인 것이다.

학자가 배운다는 것은 이 점을 배우는 것이다. 주자학이 내세우는 모토 가운데 '기질을 변화시킨다.'는 것이 있는데, 이 역시 성이 기질로 덮여 방해되고 있는 상태(이것을 '기질의 성'이라고 한다.)에서 그 기질의 방해작용을 극복 배제함으로써 본래 그대로의 성('본연의 성'이라고 한다.)을 빛나게 하는 것이다. 천리를 보존하고 인욕을 떠난다는 것도 결국은 그것이다.

여기서 한 가지 주의해둘 일이 있다. 그것은 이 주(註)에 쓰이고 있는 '허령불매(虛靈不昧)'란 말은 원래 불교용어로서 중국역(譯)으로는 '대지도론(大智度論)'이란 말이고, 또 '복초(復初)'란 말도 원래는 도가(道家)인 장자(莊子)의 말이라고 공격받는 일이 있다는 것이다. 그밖에 '중리(衆理)를 갖추고 만사에 응한다.'라는 이(理)와 사(事)의 대응도 불교의 화엄철학, 이를테면 이사무애법계관(理事無礙法界觀)에서 유래하는 것이라고 공격받고 있다. 이것들은 주자학 공격의 재료로서 반복하여 제의되고 있는 점이다.

그렇다면 특별히 문제 삼아 논쟁할 필요는 없는데, 만약 그것이 사실이라고 해도 주자의 위대함을 손상시키는 것은 아니기 때문이다. 그리고 이 '명덕을 밝힌다.'에 대한 양명학과 주자학과의 상위는 보통 그리 지적되고 있지 않으나, 오직 다음과 같은 것만은 대략 알아둘 필요가 있다. 그것은 주자의 성즉리(性卽理)의 철학에서는 '명덕'은

트리아데 : 헤겔 철학에서, 변증법의 발전 단계인 정·반·합의 삼 단계를 한 조로 하여 이르는 말.

성(性) : 마음의 본질

'심(心)=성(性)+정(情)'의 성(性)의 부문에 관계되나, 왕양명의 심즉리(心卽理)의 입장은 성과 정이 분리되지 않은 본질=현상과 같은 마음을 그대로 명덕으로 본다는 점이다〔따라서 명명덕은 치량지(致良知)〕.

즉, 양명학의 입장에서는 정(情)까지를 포함시킨 것으로서의 심(心)에 대해 명덕이 논증되고 있다. 정이 극단으로 흐른 것을 인욕이라고 한다면, 어느 의미에서는 인욕의 긍정에까지 나아가지 않을 수 없는 그런 구조로 되어 있는 것이다.

◆ 주자의 주
新者 革其舊之謂也 言旣自明其明德 又當推以及人 使之亦有以去 其舊染之污也

신(新)이란 그 구(舊)를 새롭게 하는 것을 말한다. 말하자면 이미 스스로 그 명덕을 밝히고, 또 마땅히 추론해서 남에게 미치게 하여 그로써 구염(舊染)의 때를 씻게 하는 데 있는 것이다.

| 풀이 | 다음에는 친민(親民)의 해석이다. 주자는 이에 대해, "신(新)이란 그 구(舊)를 고친다는 말이다. 말하는 마음은 이미 스스로 그 명덕을 밝히고 또 마땅히 추론하여 사람에게 미치게 하며, 이로써 다시 그 구염(舊染)의 더러움을 씻어 없애는 것이다."라고 풀이한다.

이 점에 대해서는 양명학과는 현저한 대립을 보이고 있다. 즉, 주자 이전의 책이었던 〈예기〉 대학편(정현의 주)과

주자의 〈대학장구〉를 반박하고 나선 왕양명의 〈고본대학(古本大學)〉이 이 친(親)자를 그대로 '민을 친한다.'고 읽은 데 대해, 주자는 친(親)을 '신(新)'의 오자로 인정하여 '친민'을 '민을 새롭게 한다.'로 읽었던 것이다.

주자가 친을 신으로 읽은 것은 전(傳)의 제2장에 신민 또는 유신(維新)이란 말이 있는 데 따른 것으로, 반드시 주자의 입장을 취하지 않는 학자라도 이 점만은 주자의 설을 지지하는 사람이 많다.

유신(維新) : 모든 것을 고쳐 새롭게 함. 묵은 제도를 아주 새롭게 고침.

주자의 해석에 따르면 이 1항은 이미 스스로의 명덕을 밝힌 군자가 더 나아가 다시 그것을 남에게까지 미치게 해서 그들로 하여금 각각 자기의 명덕을 밝히게 하는, 즉 이전에 물들었던 더러움을 제거하고 자기를 혁신시키는 쪽에서 말하면 인민을 혁신하는 그것이 민(民)을 새롭게 하는 것이라고 한다. '명덕을 밝혀 자기를 새롭게 하고 그로써 그 민을 새롭게 한다.'

자기 혁신은 타자의 혁신에까지 미치지 않으면 안 된다. '지금 다행히 자기의 명덕을 빛나게 할 수 있는 자는, 역시 명덕을 지니고 있으면서도 아직 그것을 밝히지 못하고 있는, 그리고 비오구천(卑汚苟賤) 속에서 혼미하고 미혹에 빠져 스스로에 만족한 나머지 무자각(無自覺)에서 헤매고 있는 중민을 보면 반드시 측은하게 여겨 구해주어야겠다고 생각하게 될 것이다. 따라서 자신의 명덕을 밝게 빛낼 수 있게 된 자는 그것을 타인에게도 미치게 하여 제가(齊家)로부터 시작하여 치국(治國)을 거쳐 평천하(平天下)에

중민(衆民) : 많은 백성. 민중.

서 끝나는 과정에 있어 명덕을 지니고 있으면서도 그것을 빛내지 못하고 있는 자들로 하여금 모두 스스로 빛나게 해서 그 이전에 물든 더러움을 제거할 수 있도록 해준다. 그것이 민을 새롭게 하는 것이다. 그것은 결코 외부에서 그 무엇을 더하게 해주고 부가시켜 주는 것은 아니다.'

한편 왕양명이 친민(親民)을 문자 그대로 '민을 친한다.'라고 읽고 있는 것은 그 명명덕[즉 치량지(致良知)]의 해석에서 직선적으로 등장한다. 마음의 본질은 만물의 인(仁)이다. 따라서 명덕을 밝히는 것은, 당연히 '민을 친하는' 것으로 전개하여 구체화되지 않으면 안 된다.

원래 명덕을 밝힌다는 점에 대해 앞에서 기술한 주자의 주장과 같이, 자기를 새롭게 한 다음에는 자기의 명덕을 추론하고 확대해서 남까지도 새롭게 한다면, 그것은 위정자가 되고자 하는 사람의 자세에 대해 교시하고 권장하는 것이라는 점이 이해될 것이다.

교시(敎示) : 가르쳐 보임.

◆ 주자의 주
止者 必至於是 而不遷之意 至善則事理 當然之極也 言明明德新民 皆當至於至善之地 而不遷蓋必其有以盡夫 天理之極 而無一毫人欲之私也

그친다 함은 반드시 이에 이르러 옮기지 않는다는 뜻이다. 지선(至善)은 곧 사리가 당연한 것의 극(極)이다. 그 뜻은, 명덕을 밝히고 백성을 새롭게 하면 지선지지(至善之地)에 이르러 옮기지 않게 되고, 반드시 그로써 저 천리의 극을 다할 수 있어 추호도 사욕이 없게 되리라는 것이다.

| 풀이 | 지어지선(止於至善)의 '지(止)'는 반드시 여기에 이르러 옮기지 않는다는 뜻이고, 지선(至善)은 즉 사리가 당연한 것의 극치이다. 말하자면 명덕을 밝혀 민을 새롭게 함은 다 마땅히 지선의 경지에 이르러 옮기지 않을 것이라는 뜻이다. 무릇 반드시 그로써 저 천리의 극을 다하는 것으로 추호도 인욕의 사심이 없는 것이다. 이것이 주자의 본주(本註)이다.

다시 말해서 '지(止)'란 어느 곳까지 가면 그곳에서 더 이상 다른 곳으로 가지는 않는다는 뜻이다. 지선(至善)도 사리가 당연한 극치, 즉 사물의 이치—당연히 그래야 할 규범—의 극치를 말한다. 모든 이적(理的)인 것은 선으로 표현할 수 있으나, 이 경우 '선'자는 그저 가볍게 첨부된 것이라 생각하는 편이 알기 쉬울 것이다. 즉, '지(至)'한 글자라고 생각하는 편이 이해하기 쉬운 것이다.

모든 사물에 있어서 지(至), 즉 극치한 곳—주자가 곧 잘 쓰는 표현으로 말하면 '마침 좋은 곳'—이 있을 것이므로, 그곳을 찾아 도착하면 그곳을 고수해서 다시는 다른 곳으로 옮기지 않는다. 극치라기보다는 도리어 표준이라고 하는 것이 좋을 것이다. 마치 계기의 바늘이 과(過)와 부족(不足)과의 사이에서 심하게 흔들리고 난 다음 최후로 어느 한 점에 낙착되어 정지하는 그런 일점이 '극'이고 '선'이다.

'결코 인력이나 사의(私意)의 작위에서 나온 것이 아니며 지나쳐도 불가하고 미치지 못해도 불가한 하나의 당연

추호(秋毫) : 가을철에 가늘어진 털이라는 뜻으로, 몹시 적음의 비유.

낙착(落着) : 일이 결말이 남. 결정됨.
사의(私意) : ① 개인의 의사. ② 사욕을 차리는 마음. 또는 개인적인 정이 섞인 공평하지 못한 마음.

소이(所以): 일의 까닭.

세목(細目): 잘게 나눈 낱낱의 조항. 세절목.
사사물물(事事物物): 모든 사물. 모든 현상.

한 규칙…….'〔《주자어류(朱子語類)》〕 당연한 규칙이란, '사물에는 그러해야 할 소이의 연고와 당연히 그렇게 되어야 할 규칙이 있다. 그것이 이(理)이다.'〔《대학혹문(大學或問)》〕라고 하는 그 당연한 규칙이다.

명명덕과 신민에 있어서는 반드시 이와 같은 극치의 곳에 도달해서 물러나지 말아야 한다는 것이 경(經)의 '지어지선(止於至善)'의 뜻이나, 물론 그것은 총괄적으로 말한 것이고 세목(細目)에 걸쳐서 말하면 이와 같은 극은 사사물물(事事物物)의 도처에 있다.

여기서 알아두어야 할 것은, 명명덕·신민·지어지선은 동일한 차원상의 일이 아니라 '지선에서 그치다.'함은 '명명덕'에 있어 지선에서 그치고 '신민'에 있어 지선에서 그친다는 것을 뜻한다는 점이다.

이와 같은 논리의 전개는 중국철학의 기초개념에는 곧잘 등장하는 것이다. 예를 들어 인·의·예·지·신의 오상(五常)은 다섯 자가 하나로 나열되어 있기는 하나 최후의 '신'과 인·의·예·지의 넷과의 사이에는 말하자면 차원의 상위라고 간주해야 할 것이 있다고 해도 좋다. 즉 인(仁)이 진정한 인이고, 의(義)가 진정한 의이고, 예(禮)가 진정한 예이고, 지(智)가 진정한 지이어야만 하는 점, 그런 것을 각각 보증하는 원리가 신(信)인 것이다.

명명덕, 신민 그 각각에 있어서 '지선에서 그치다.'함을 다시 요약해서 말하면, 천리가 완전히 실현되어 인욕이라는 사적인 것이 털끝만큼도 존재하지 않는 그런 인격이어야 한다는 것이다. '천리의 극을 다하고, 인욕의 사사로움이 없다.'란 주자학·양명학의 근본적인 모토로서, 그런 근본동기 혹은 궁극목표는 천리 그것으로 인욕이 섞이지 않은 그런 인격에 도달하려는 것이고, 또 그것에 도달하는 일이 학문이라는 방법에 의해 가능하다고 하는 것이 그 근본신념이다. '학문으로써 성인에 이르는 길', '성인은 배워서 이르러야 한다.' 등의 말은 송학의 근본정신을 표현하는 것으로 도처에서 반복되는 말이다.

명명덕·신민의 주장에는 불교에서 말하는 '자리(自利)·타리(他利)'와 같은 관계가 역시 인정되어야 하겠지만, 그러나 그것들이 '지선에서 그치고 있는' 곳에서 주자는 인욕이 완전히 극복되어 천리 그 자체가 노정(露呈)되고 있는 성인의 경지를 보았던 것이다. 이미 앞서 기술한 것을 통해 추측할 수 있듯이 그 이상주의는 일종의 독특한 이상주의이다.

따라서 원리적으로 도달할 수 있는 이상을 어디까지라도 뒤쫓고 있는 칸트주의, 멀리 수평선에 확고부동하게 도착하려고 끊임없이 뒤쫓는 항해자의 이상주의 같은 것과는 크게 그 취지를 달리하고 있다는 점을 이해하지 않으면 안 된다. 그것은 무한 추구의 이상주의라기보다는 말하자면 과불급이 없는 중(中)의 파악·유지의 이상주의인 것이다.

양명학과의 비교에서 말하면 주자학은 칸트주의에 가깝다고 생각되지만, 역시 칸트주의와의 사이에는 실은 이

송학(宋學) : 중국 송(宋)나라 때의 유학(儒學). 한학(漢學). 곧 한(漢)·당(唐)의 훈고학(訓詁學)을 배척하고 철학적인 사색으로써 인성(人性)과 우주와의 관계 등 만물의 이법(理法)을 밝히려는 학문. 주돈이(周敦頤) 등이 선구가 되고 정호(程顥)·정이(程頤)가 계승, 주희(朱熹)가 대성(大成)하였음. 성리학(性理學). 도학(道學).

노정(露呈) : 예상치 못하거나 원치 않은 사실을 드러내어 알게 하는 것.

사유(思惟) : 비직관적인 개념적 정신 과정. 진리를 대상으로 하는 논리적·개념적 파악의 형식. 이와 같은 논리적 사유는 개념 구성·판단 및 추리의 형식을 취하여 행해진다.

와 같은 상위가 존재한다는 점을 알아둘 필요가 있다. 그리고 그것은 또 이른바 중국풍인 사유(思惟)라는 것의 특징을 가장 대표적으로 나타내고 있는 것이다.

그리고 이 '지선에 그친다.'에 관해서도 주자의 설과 양명의 설은 크게 다르다. 양명의 설에 의하면 '지선'이란 글자 그대로 추호의 악도 없는 것, '마음의 본체' 즉 양지(良知)를 가리키는 것이고, 지선에 그친다는 것은 '마음의 본연으로 돌아간다.'는 것이다. 물론 지어지선이 명명덕 및 신민과 무관하다는 것은 아니지만, 주자와 같이 그저 객관적으로만 설명하는 것은 매우 위험하다.

주자의 지선은 이미 말한 바와 같이 지선이라기보다는 극지(極至)라고 바꾸어 말하는 편이 이해하기 쉬우며, '사사물물 도처에 다 있다.'는 것이다. 주자학의 입장에 서면 같은 이(理)라 해도 부모를 섬기는 효(孝), 국왕을 섬기는 충(忠), 친구와 사귀는 신(信), 백성을 다스리는 인(仁) 등 여러 가지 이(理)가 존재하고 있을 것이다.

양명이 설명하는 것처럼 지선을 오직 마음에서 구하는 것만으로는 천하의 사리를 다할 수는 없지 않겠는가. 참으로 당연한 이 의문에 대해 양명은 서슴지 않고 대답한다.

심외(心外) : 마음의 밖.

"마음이 곧 이(理)이다. 천하에 심외(心外)의 일, 심외의 이(理)가 있겠는가."라고. 사사물물에서 지선을 구하는 것은 맹자의 이른바 '의외(義外)'에 지나지 않는다. 이를테면 '효'의 이(理) 같은 것은 어버이 쪽에 있는 것이 아니고 내 마음에 있는 것이다. 만약 어버이의 몸에 있다면 어버이가 죽어버린 후에는 효의 이(理)도 소멸되어 버릴 것이 아닌가. 유교에서 효의 최대의 것으로 보는 상(喪)·제(祭) 같은 것은 무의미하게 되어 버리는 것이 아닌가.

그런 일은 있을 수 없다. 이 마음이 사욕에 은폐되지 않고 천리(天理) 그대로라면 그것이 어버이를 섬기는 데서 발하는 효가 되고, 국왕을 섬기는 데서 발하는 충이 된다. 겨울에 스스로 부모의 추위를 생각하면 반드시 '온(溫)'의 도리를 찾고, 여름에 스스로 부모의 더위를 생각하면 반드시 '청(淸)'의 도리를 찾게 된다〔온(溫)과 청(淸)은 〈예기〉에 규정되어 있는 효의 덕목이다.〕. 반복해서 말하지만 양명의 지선이 명명덕·친민과 관계없이 오직 마음의 본체라는 것은 아니다. 명명덕·친민 그 각각에 있어서 지선의 곳에 머무른다고 주자가 말하는 것이 그것뿐이라면 양명에서는 이론은 없을 것이다.

그러나 그 설이 '지선이란 사리 당연한 극(極)'이란 견해에 서 있다는 점에 대해 정면으로 반발하고 있는 것이다. 지선은 사물에 대해서가 아니고 근원인 마음에 대해서 논의되어야 하기 때문이다.

주자의 본주에서 가장 주목할 것은 명명덕과 신민과 지어지선 삼자의 상호관계에 대한 주자의 견해가 명시되어 있다는 점이다. 그것에 의하면 명명덕에도 신민에도 다같이 각각 사리가 당연한 극치로서의 최종적인 윤리상의 경지가 상정되고, 그곳에 이르고자 하는 노력은 중간에서 단절되는 일 없이 최종 목적지에 도착하기까지 계속될 것이며, 특히 한번 도달하면 동요하여 다시 그곳에서 떨어지는 사태가 생겨서는 안 된다고 말하고 있다.

명명덕과 지어지선과의 관계는 위정자 한 사람의 문제로서 비교적 단순할 것이다. 그러나 신민과 지어지선과의 관계는 단순할 수는 없다. 채허제(蔡虛齊)는 그 점에 대해 다음과 같이 해석한다.

민을 새롭게 해서 지선에 그친다고 하는 것은 통치하는 자 쪽에 있어 민을 새롭게 한다는 입장을 주로 한 말투이다. 민의 덕이 새로워진다고 해도 민 전부가 지선에 그치는 상태에 이를 수 있다고 하는 것은 아니다.

일의 진전으로서는 어째서 민 전부가 통치자의 의향대로 지선에 그치는 상태로 있기를 기대할 수 있겠는가. 저 "세상을 떠나서도 잊을 수 없다."고 하는 시(詩)의 1절을 보아도 역시 신민의 목적지로서의 지어지선이, 통치되는 만민측에서 말하는 것이 아니고 통치하는 자의 입장을 주로 해서 언급되고 있음을 알 수 있다.

요컨대 교화(敎化)나 후생(厚生)상에서 시정이 완전하여 누구 하나 그곳을 얻지 못하는 자가 없다면, 통치하는 자의 입장에서 볼 때 그것으로 만민이 새롭게 되고 만민을 지선에 그치게 했다고 말할 수 있을 것이다. 실제 문제로서 보면 기질은 각인각색이고 수위(修爲)하는 힘도 역시 사람에 따라 충분하다고는 말할 수 없으므로, 통치되는 측이 덕화되는 실상(實狀)으로서는 만민이 다 각자의 명덕을 밝히게 할 수는 없다. 따라서 만민측에서 보면 전부 명

채허제(蔡虛齊) : 명대(明代)의 저명한 주자학자.

후생(厚生) : 살림을 안정시키거나 넉넉하도록 하는 일.

명덕─지어지선이라고는 말할 수 없으나, 통치자측에서 만민에 대한 기대로서는 주자가 본주(本註)에서 말하듯이 신민─지어지선이라고 하지 않을 수 없다는 뜻이다. 이 상의 해설에 의해 신민이 지선에서 그치는 실상이 무엇인 가를 이해할 수 있을 것이다.

◆ 주자의 주
此三者 大學之綱領也

　이 삼자는 대학의 강령이다.

| 풀이 | 주자가 이 삼자, 즉 명명덕·신민·지어지선을 가리켜 "대학의 강령이다."라고 주(註)하여 오늘에 이르고 있는데, 이 삼자는 병렬적(竝列的)이지만 명명덕·신민과 마지막의 지어지선과는 성격의 상위가 있다는 것은 앞에서 기술한 바와 같다. 아무튼 이 첫머리의 삼사(三事)는 〈대학〉의 총괄적 테마로서 특히 3강령이라 불린다. 강(綱)은 그물에 있어서 중심이 되는 줄 한 가닥을 잡아당김으로써 모든 강의 그물눈이 딸려오는 것을 말하고, 영(領)이란 옷에서 중심적인 부분인 깃을 말한다.

　이 삼자를 특히 중요시하고 삼자 중에서도 명명덕을 다시 근본적인 것으로 하는 것은 양명학에 있어서도 마찬가지이며, 3강령이란 말도 곧잘 쓰여지고 있다. 다만 주자학에서는 우선 명명덕을 하고 그 다음에 비로소 신민으로 진행한다는 단계적 순서를 중시하는 데 대해 양명학에서

는 어디까지나 그 동시성—그보다는 구분 정립적(定立的)인 단계주의의 부정—을 역설하는 점은 대조적이다.

2

머무름을 안 뒤에 정(定)함이 있나니, 정해진 뒤에 능히 동요되지 않을 수 있으며, 동요되지 않은 뒤에 능히 안존할 수 있으며, 안존한 뒤에 능히 생각할 수 있으며, 생각한 뒤에 능히 얻을 수 있다.

2// 知止而后에 有定이니 定而后에 能靜하며 靜而后에 能安하며 安而后에 能慮하며 慮而后에 能得이니라

안존(安存) : 탈없이 잘 있음.

◆ **주자의 주**
止者 所當止之地 卽至善之所在也 知之則志有定向

머무른다는 것은 의당 머물러야 할 곳, 즉 지선의 소재이니, 이것을 알면 곧 큰 뜻(마음)에 정향(定向)이 생긴다.

| 풀이 | 이 1절은 명명덕·신민이 지선에 머물러야 할 이유를 말한 것이다.

명덕을 밝히고 민을 새롭게 하는 것은 각각 지선에 머물고자 하기 때문이지만, 그러나 먼저 그 지선의 소재를 모르고서는 머무를 곳을 찾아 그곳에 머무른다는 것은 불가능하다. 예컨대 활을 쏘는 자는 물론 과녁을 맞히고자 하겠지만, 그러나 먼저 과녁의 소재를 알아두지 않으면 맞힐 곳을 파악하고 그것을 맞힐 수는 없는 것과 같다.

또한 이 구절에서는 능정(能靜)·능안(能安)·능려(能

慮)·능득(能得) 등 모두 능(能)자를 쓰고 있으나 유독 '정함이 있다(有定).'는 구에서는 능자를 쓰고 있지 않은데, 그것은 이를테면 정(靜)은 심(心)에 대해 말하는 것이므로 '능하다'라고 한 데 대해 정(定)은 이(理)에 대해 말한 것이고, 그 때문에 '있다(有)'로 표현한 것이다.

사사물물의 이(理)가 일정한 것으로서 파악된다면, 즉 대상에 관해 정확한 지식을 획득하게 된다면 주체(主體) 측에 있어서의 지향(志向)은 일정한 것이 된다. 즉 인욕(人欲)을 극복해서 천리(天理)를 실현한다는 방향으로 길이 잡히게 되는 것이다.

> **지향**(志向) : ① 생각이나 마음이 어떤 목적을 향함. ② 논리학에서, 동기인 목적의 관념에 대하여 그것을 실현하는 데 필요한 수단 및 예상되는 결과의 관념을 이름.

◆ 주자의 주
靜 謂心不妄動

정이란 마음이 망령되이 움직이지 않는 것을 말한다.

| 풀이 | 이(理)가 일정한 것으로서 파악되고 우리들의 존재 그 자체의 방향이 결정되면 마음을 움직이게 하는 것은 그 무엇도 없게 되므로 조용해진다.

◆ 주자의 주
安 謂所處而安

안(安)이란 있는 곳이 편안함을 말한다.

| 풀이 | 마음이 조용해지면 어떠한 경지에 있어서도 편안하다. 〈어류(語類)〉에 의하면 안(安)이란 정(靜)이 한층

진보된 단계이다.

◆ **주자의 주**
慮 謂處事精詳

사려란 어떤 일에 즈음하여 지극히 세밀한 것을 말한다.

| 풀이 | 어떠한 상황에 처해서도 안정을 얻게 되면 일상생활에 있어서 당황하지 않는 여유가 있고, 사물이 외부로부터 닥쳐와도 능히 사려(思慮)를 다하여 그에 대처할 수가 있다.

◆ **주자의 주**
得 謂得其所止

득(得)이란 그 머무를 곳을 얻었음을 말한다.

| 풀이 | 사려를 잘하면 사사물물 그 각각에 있어 그 이(理)를 간취(看取)하고, 깊고 미묘한 곳까지 연구하여 마침내 그 머무를 지점을 파악한 다음 그곳에 머무르게 되는 것이다.

인간 일반으로서 현실로는 위정자의 입장에 서게 되었을 때, 자신을 닦는 명명덕도, 통치자로서의 신민도 필경은 지선에 머무를 수가 없다면 그 실효를 거두지 못한다는 것은 이해되었다.

인간으로서, 또 위정자로서의 마음의 자세를 가져야 한다는 최종 목표는 지선의 소재를 탐색한 다음 그 경지를

사려(思慮) : 여러 가지로 신중하게 생각함, 또는 그 생각.

간취(看取) : 보아서 내용을 알아차림.

고수하는 데 있다는 것을 알면 비로소 자기 뜻이 가고자 하는 방향이 결정된다. 그것이 정해지면 비로소 의구 때문에 교란당하는 범주에서 벗어나 마음이 조용해진다. 조용해지면 비로소 정도(正道)에서 벗어난 불안으로 인한 근심이 소멸되어 마음은 아주 침착해진다.

의구(疑懼) : 의심하고 두려워함.

여기까지 오면 마음은 일체의 진려(塵慮)와 속정(俗情)을 초월하여 숙경상태(肅敬狀態)로 가득 차게 된다. 외계의 어떤 사태에 당면하더라도 그것에 대한 지적 이해와 어떻게 대처해야 한다는 실천적 판단에서 사소한 유루(遺漏)도 생길 걱정이 없어지고, 도리어 그것이 계기가 되어 지선의 경지에 도달하게 되는 것이다.

진려(塵慮) : 속계(俗界)의 명리(名利)에 대한 심려.
속정(俗情) : ① 세속적인 생각. ② 세속의 인정. ③ 명리를 바라는 마음.
숙경(肅敬) : 삼가 존경함. 공손히 섬김.
유루(遺漏) : 필요한 것이 비거나 빠짐.

"마땅히 머물러야 할 곳이란 즉 지선이 있는 곳이다. 이것을 알면 곧 마음이 나아갈 바를 알게 된다. 정(靜)이란 마음이 망동하지 않는 것을 말한다. 안(安)이란 거처할 곳으로 편안함을 말한다. 여(慮)란 일에 대해 극히 세밀하게 대처하는 것을 말한다. 득(得)이란 그 머무를 곳을 얻는 것을 말한다."고 한 주자의 주에 대해 다시 약간의 해설을 가하면〔지(止)의 항〕, 물론 3강령 중 가장 중요시되는 '지어지선'을 계승해 하는 말로서 모든 사람이 다 탐구하여 반드시 지켜야 할 의(義)이지만, 그 문장을 분석해보면 동사가 되는 것이 아니라 윤리의 극점의 소재에 관해서 말한 것 같다.

윤리의 극점으로서의 지선의 소재라 해도 상당히 추상적임을 면할 수 없는데, 사람이 어떻게 처신해야 하는가에 대한 최종목표로서의 추상적 경지가 그것이 아닌가 생각된다.

'머무름을 안다.', 즉 내가 살고 있다는 목표가 이해되면 나의 뜻하는 방향이 정해지므로 비로소 마음이 침착해지고 의혹이 개입될 여지가 없게 된다.

정(靜)은 완전히 정지한다는 뜻이 아니라 마음이 정도에서 벗어나 동요하지 않는다는 뜻이고, 안(安)은 이치상으로도 반드시 존재해야 할 곳에 몸을 둠으로써 마음이 아주 편안해진다는 뜻이다.

이에 대해 〈집소(輯疏)〉에서는 다음과 같이 말하고 있다.

머무름을 알고 난 뒤에 안정이 있다는 것은, 길을 걷는 것과 마찬가지로 일반적이다. 만약 그 일로(一路)에서 떠나는 것을 알면 곧 심중은 스스로 편안하고, 아무런 의혹도 없게 된다. 이미 의혹이 없으면 곧 마음은 조용해지고, 마음이 조용해지면 곧 편안하다. 이미 편안하면 곧 자연히 그 마음은 전일(專一)해져서, 사(事)가 이르고 물(物)이 와도 사려는 스스로 통투(通透)되지 않음이 없다. 만약 마음이 아직 고요하게 안정되지 않으면 곧 모든 것은 호사난상(胡思亂想)하리니, 어찌 이 능히 지극히 세밀할 수 있겠는가.

3

물(物)에는 본말(本末)이 있고 사(事)에는 종시(終始)가 있으니, 그것의 선후를 알면 곧 도(道)에 가까운 것이다.

통투(通透) : 사리를 뚫어지게 깨달아 환함.
호사난상(胡思亂想) : 이것저것 쓸데없는 생각을 함. 복잡하게 엉켜 어수선하게 생각함, 또는 그 생각.

3// 物有本末하고 事有終始하니 知所先後면 則近道矣리라

◆ **주자의 주**

明德爲本 新民爲末 知止爲始 能得爲終 本始所先 末終所後 此結上文兩節之意

덕을 밝히는 것을 근본으로 하고 민을 새롭게 하는 것을 끝으로 한다. 머무름을 아는 것을 시초로 하고 능히 얻는 것을 끝으로 한다. 본시는 먼저 하는 것이요 말종은 뒤에 하는 것이니, 이는 윗글의 두 절을 잇는 것이다.

| 풀이 | 대체로 세상의 사물에는 본(本)과 말(末), 시(始)와 종(終)의 구별이 있는데, 명명덕과 신민인 경우에는 명명덕이 근본으로서 먼저 착수해야 할 것이고, 신민은 말(末)로서 나중에 착수해야 할 것이다. 또 지지(知止)에서 능득(能得)까지의 구(句)에서는 지지가 시초로서 먼저 착수해야 할 것이고, 능득은 끝으로서 나중에 해야 할 것이다. 따라서 실행함에 있어 이 선후의 순서를 그르치지만 않으면 실천을 쌓고 있는 동안에 점차 사물 당연의 이(理)의 소재로 접근해서 드디어는 그것을 얻게 되는 것이다.

본말이란, 나무의 예를 들면 밑부분을 본(本), 첨단부분을 말(末)이라고 한다. 또 본말이란 선후(先後)를 가리키기도 한다. 덕을 밝힌다 함은 물론 명명덕을 가리키는 것으로, 곧 무엇보다도 위정자 자신의 수신(修身)하는 것을 먼저로 하고 신민을 나중으로 한다. 자기와 타인은 별개라 하더라도 명명덕과 신민은 본질적으로는 일련의 관계에 있는 것이라 간주되므로, 한 그루의 나무의 본말에 비유한 것이다.

대언(對言) : 직접 대하여 말함.

작위(作爲) : 적극적인 행위, 동작, 또는 거동.

　이와 마찬가지로 지지능득(知止能得)은 마음의 일련의 작용으로, 우선 착수되어야 할 것은 지지(知止)이고 그 다음이 능득(能得)이다. 물(物)과 사(事)에 대해 주자는 "대언(對言)하면 사(事)는 사(事), 물(物)은 물(物)이지만 그저 물이라고 하면 사(事)도 포함된다."고 설명하고 있다. 그 차별에 대해 허백운(許白雲)은 물과 사와의 동일성을 인정하면서도 "물은 형이 있고, 사는 자취가 없다."고 말하고, 명명덕과 신민은 주체자로서의 아(我)와 인(人)과의 구체적 대치이므로 이곳 경문에서 '물'이라 하고, 지지(知止) 이하의 다섯 자는 내적 작용이라고 한다.

　한 사건의 형태가 없는 움직임을 가리키므로 '사'라 칭한다 하고, 다시 오계산(吳稽山)은 단적으로 "물이란 형태를 가리키는 것이고 사란 작위(作爲)를 가리키는 것이다."라고 설명한다.

　이 논리에 대한 양명의 설은 주자의 설과 두드러진 대립을 보이고 있지는 않다. 그러나 종시(終始)의 설은 그런대로 인정하면서도 본말을 둘로 나누는 점에 대해서는 불만을 표시하고 있다. "명덕과 신민은 양물(兩物)로서 내외의 상이함이 있다."고 〈대학혹문〉에서 말하고 있는 점을 들어 본말을 양물로 하는 것은 좋지 않다고 했다.

　왜냐하면 나무의 줄기가 본(本)이고 밑동을 말(末)이라고 한다면 그것은 진정 일물(一物)이 되고 마는데, 양물이라고 할 경우 본말이란 표현은 모순이기 때문이다. 명덕과 신민이라면 양사(兩事)일지도 모른다. 그러나 명덕과 친민(親民)은 오직 일사(一事)일 뿐이다(〈대학혹문〉).

4

옛날 명덕을 천하에 밝히려는 자는 먼저 그 나라를 다스렸고, 그 나라를 다스리려는 자는 먼저 그 집안을 바로잡았으며, 그 집안을 바로잡으려는 자는 먼저 그 몸을 닦았다. 또한 몸을 닦으려는 자는 먼저 그 마음을 바르게 했고, 그 마음을 바르게 하려는 자는 먼저 그 뜻을 성실하게 했으며, 그 뜻을 성실하게 하려는 자는 먼저 앎을 투철히 했는데, 앎을 투철히 함은 사물을 구명(究明)하는 데 있다.

| 풀이 | 이 일조(一條)는 이른바 〈대학〉의 8조목이다. 편의상 반대로 열거해 보면 격물(格物)·치지(致知)·성의(誠意)·정심(正心)·수신(修身)의 다섯 가지는 3강령 중의 '명명덕'에 속하는 사항이고, 제가(齊家)·치국(治國)·평천하(平天下 : 명덕을 천하에 밝힌다.)의 세 가지는 신민(新民)에 속하는 사항이다. 〈대학〉의 내용은 앞의 3강령과 이 8조목으로 다해진 것이다.

격물·치지는 지선의 소재(머물러 있어야 할 곳)를 인식하려는 노력이다. 성의에서 평천하까지는 이제는 격물과 치지에 의해서 그 소재가 명백해진 지선을 얻어 그곳에 머물고자 하는 항목이다. '옛날〔古〕'이란 여기서는 아마도 당요(唐堯)·주문공(周文公) 등 역대의 성군(聖君)을 추앙하

4// 古之欲明明德於天下者는 先治其國하고 欲治其國者는 先齊其家하고 欲齊其家者는 先修其身하고 欲修其身者는 先正其心하고 欲正其心者는 先誠其意하고 欲誠其意者는 先致其知하니 致知는 在格物이라

고(古) : 여기서는 당요(唐堯)·우순(虞舜)·하우(夏禹)·상탕(商湯)·주문왕(周文王) 등이 다스리던 시대를 가리키는 듯하다. 이상적인 군주를 상대(上代)에 비교하는 것은 중국 지식인들의 공통적 경향이나, 그 이면에 지금의 상태를 개탄하는 기운이 엿보이는 경우도 또한 적지 않다.

욕명명덕어천하자(欲明明德於天下者) : 주자는 '천하 사람 모두가 갖추고 있는 명덕을 밝히게 하는 것'이라 해석했다.

심(心) : 일신을 주재하고 통치하고 지령을 내리는 존재로 가장 존귀하다. 이 경

우 동과 정과 쌍방의 경우를 겸해서 말하고 있다.

의(意) : '마음이 발하는 곳'이라고 주자는 해석했다. 발이란 발용(發用)하는 것. 마음의 발용이란 그저 그 어떤 일에 임하는 최초의 마음이 발용할 경우만을 가리키는 데 그치지 않고 그 일의 종시를 꿰뚫어 말한다.

치지(致知) : 치(致)는 끊임없이 밀고 나가 지극한 경지에 이른다는 뜻. 극히 심력을 경주하는 뜻을 나타낸다.

정심(正心) : 정(正)이란 각각의 마음을 조지(操持)하고 성찰함에 있어 그 방향과 내용과의 정칙성(正則性)을 잃지 않도록 하는 것.

여 이들에게 가탁해서 이론을 전개하고 있는 것으로 생각된다.

◆ **주자의 주**
明明德於天下者 使天下之人 皆有以明其明德也

　명덕을 천하에 밝힌다는 것은 천하 사람들로 하여금 다 그 명덕을 밝히게 함에 있다.

┃**풀이**┃ 명덕을 천하에 밝힌다는 것은 우선 스스로 자기의 빛나는 덕을 더욱 빛나게 하고, 다음에는 그것으로 미루어 온 천하 사람들로 하여금 다 그 빛나는 덕을 빛내게 한다는 말이다. 즉, '명덕을 빛나게 한다.'와 '민을 새롭게 한다.'를 통일적으로 말한 것이다. 천하의 사람이 각기 자기의 명덕을 빛내고 있는 이 상태가 즉 천하태평이다.

　천하를 태평하게 하려는 자는 '천하의 근본'인 나라를 먼저 다스리지 않으면 안 된다. 노(魯)와 제(齊)나라 등의 총화는 바로 천하(天下)이다. 나라의 근본은 물론 개인이 아니라 집이다. 따라서 먼저 집을 다스려서 바로잡지 않으면 안 된다. 제(齊)라는 글자는 불규칙하고 혼란스러운 것을 가지런히 한다는 뜻인데, 집의 경우에 특히 이 자가 쓰여지고 있는 것은 그 집이 이른바 대가족이었음을 나타내는 것이 아닌가 한다. 따라서 오늘날의 가정이 아니라 일족(一族)을 말하는 것이다. 집의 근본은 물론 개인의 몸이다.

　몸의 주재자는 마음이므로 어떠한 일에 있어서도 마음

을 바르게 하는 것이 선행되어야 하고, 마음을 바르게 하려면 마음의 발동인 의(意)를 성실하게 해야만 한다. 뜻이 성실하지 못하면 마음도 필연적으로 그것에 휘말려 방해되어 바르게 유지할 수가 없기 때문이다. 성(誠)이란 진실이라는 뜻이므로, 뜻을 성실하게 하기 위해서는 바른 인식에 입각해야 하고〔치지(致知)〕, 바른 인식을 위해서는 하나하나의 물(物)에 이르러 그 이(理)를 파악해야만 한다.

입각(立脚) : 근거를 두어 그 입장에 섬.

◆ **주자의 주**
心者 身之所主也 誠實也 意者 心之所發也 實其心之所發 欲其必自慊 而無自欺也

마음이란 몸의 주(主)가 되는 곳이다. 성(誠)은 실(實)이다. 의(意)는 마음이 발하는 곳이다. 그 마음이 발하는 곳을 실로 하여 그것이 반드시 스스로 마음에 맞아 스스로 속임이 없을 것을 바란다.

| 풀이 | '마음은 몸의 주가 되는 곳이다.'란 마음이 육체의 주인이라는 뜻이다. '무릇 마음이 몸의 주가 되는 까닭은 하나이고 둘이 아닌 것, 주(主)가 되고 객(客)이 되지 않는 것, 물(物)이 명하고 물에서 명을 받지 않는 것'〔《주자전집(朱子全集)》〕이다. 그런데 여기서 주의해 둘 것은, 이것이 결코 육체를 지배하는 정신을 뜻하지는 않는다는 점이다.
주자에게 있어 마음은 육체—그 원리는 기(氣)—와 전연 별개의 원리에 서는 것이 아니고 어디까지나 같은 기(氣)의 원리에 입각하는 것이었다.

영묘(靈妙): 신령스럽고 기묘함.

구극(究極): 극도에 달함. 막바지.

　주자가 애용하고 있는 정의(定義)에 따르면 '마음은 성(性), 즉 이(理)와 정(情)을 통제한다.'라고 말할 수 있으나, 마음이 일차적으로는 기의 원리에 입각하는 것이라는 점을 지적해두고 싶다. 기의 기능 가운데 가장 영묘한 것이 발휘되는 곳이 마음인 것이다.

　'의(意)는 마음이 발동하는 곳'이라고 한 주자의 주에는 다소 미흡한 점이 있다. 왜냐하면 반드시 '의(意)'뿐만이 아니라 '지(知)'도 '정(情)'도 역시 마음이 발동하는 곳이기 때문이다. 그중에서 '의'의 특징은 '어떤 일을 하려고 하는' 실천적인 성격에 있다. 모든 실천은 구극(究極)에 가서는 도덕적 실천이고, 도덕적 실천은 선을 실행하고 악을 버리는 것이다.

　또 주자의 주 가운데 필자겸(必自慊), 즉 '반드시 스스로 마음에 맞는다.'는 구는 원본에서는 일어선(一於善), 즉 '선에 한결같이 한다.'로 되어 있었는데, 그것을 주자가 고쳤다. 주자가 죽기 며칠 전에 병을 무릅쓰고 〈대학〉 성의장(誠意章), 즉 전(傳)의 제6장 가운데 몇 자를 고쳤다고 하는 것은 유명한 일화이지만, 사실 이것은 경(經)의 이 조항을 개정한 것, 다시 말하면 '일어선'을 '필자겸'으로 고친 것을 말하고 있는 듯하다.

◆ **주자의 주**
　致 推極也 知猶 識也 推極吾之知識 欲其所知 無不盡也 格 至也 物 猶事也 窮至事物之理 欲其極處 無不到也

치(致)란 추극(推極)이다. 지(知)는 오히려 식(識)과 같다. 나의 지식을 추측해서 그 앎이 다하지 못한 곳이 없기를 바란다. 격(格)은 지(至)이다. 물(物)은 오히려 사(事)와 같다. 사물의 이(理)를 완전하게 궁구해서 그 극처(極處)까지 이르지 못함이 없기를 바란다.

극처(極處): 궁극에 다다른 곳. 맨 끝.

| 풀이 | 이 격물치지(格物致知)에 대한 해석이 주자의 책에서는 가장 중요하다는 것은 말할 나위도 없는데, 상세한 것은 전(傳)의 제5장 '격물보전(格物補傳)'에 관한 항에서 설명하기로 한다.

치지(致知)의 지(知)는 '식(識)과 같다.'는 말은 우리들로서는 엉뚱함을 느끼게 하는 주(註)이다. 〈논어〉술이편 제2조의 '묵이식지(默而識之)'에 대한 주자의 주에 '식(識)은 기(記)이다.'라는 정면의 설이 있는 외에도 '식(識)은 지(知)라 말하지 않고 마음으로 해석한다.'라는 일설도 들고 있으나, 이 설의 '식지야(識知也 : 식은 지이다.)'를 반대로 하면 여기서의 주 '지식야(知識也 : 지는 식이다.)'가 된다.

그것은 마음속으로 이해하는 것, 지식으로서 아는 것, 지식 등과 같은 평범한 의미에 지나지 않는다. '치(致)'란 끝까지 밀고 나간다는 뜻이다. 극한 지점까지 밀고 가는 것, 즉 지식이 어느 점까지 도달하면 그 도달점에서 다시 밀고 나가 다음 점까지 이르고, 거기서 다시 밀고 나가 제3의 지점에 도달한다는 식으로 자기의 지식을 궁극점까지 밀고 나감으로써 알게 된 지식의 내용을 끊겨짐이 없도록 하여 완벽하게 완성되도록 하는 그것이 치지(致知)의 의미라고 한다.

이미 획득된 지식을 토대로 점차 깊게 하고 확대해가서, 최후에는 완전한 지식에 도달하도록 노력하는 것이다. 〈어류(語類)〉에는 또 아무리 어두운 방 안에서라도 조그마한 밝은 점을 발견하고, 그 밝은 점을 찾아나가는 동안에 홀연 밖으로 나가 대단한 밝음을 볼 수 있게 된다는 비유까지 언급되어 있으나, 결국 같은 뜻일 것이다. 지의 대상은 요컨대 사물에 있어서 이(理)를 말하는 것이므로 치지(致知) 역시 이를 궁구하는 '궁리(窮理)'(〈역경〉의 말)라고도 부른다.

'물(物)에 이른다〔格〕'의 물은 오히려 사(事)와 같다는 훈고(訓詁)에 대해서는 이미 언급했다. 오직 이 경우 배타적으로 '사(事)'의 뜻이라기보다는 '물'의 본래의 뜻 이외에 다시 사의 뜻을 현저하게 내포하고 있다는 정도는 생각해도 좋을 것이다. 바로 밑에 사물의 이(理)라는 말을 쓰고 있는 것으로도 그것을 알 수 있다. 문제는 '격(格)'의 훈고이다.

예부터 격물의 해석에는 72가(家)의 이설(異說)이 있었다―언제부터 말해진 것인지는 알 수 없지만 명말(明末)에는 이미 이설이 있었다―고 하는데, 그중에서도 가장 유명하고 가장 큰 영향력을 가지고 있는 것이 주자의 이 '격(格)은 지(至)이다.'라는 훈고이다. 후에 왕양명은 격을 '바르게 한다〔正〕.'라고 읽음으로써 주자학에 반기를 들었다.

주자학과 양명학과의 상위를 가장 근본적인 곳에서 단

훈고(訓詁) : 경서의 고증·해명·주석 등을 통틀어 일컬음.

이설(異說) : 세간에 통용되는 설과는 다른 설.

한 자의 차이로 대답하도록 요구되었을 때는 '성즉리(性卽理)'와 '심즉리(心卽理)'의 대립을 들어도 좋겠지만 더 깊은 근저에는 '격은 지이다.'와 '격은 정(正)이다.'의 대립, 즉 '경전 해석학상의 대립'이 가로놓여 있는 것이다. 주자의 '격은 지이다.'라는 지는 물론 일반적으로 생각하는 그런 '지'는 아니다.

근저(根底): ① 사물의 밑바탕. 사물의 밑바탕이 되는 곳. ② 근본.

예를 들면 복건성(福建省)—주자는 이곳의 우계현(尤溪縣)에서 출생했다—에서 건영부(建寧府)를 가는데 건양현까지 간 정도로는 이르렀다고 말할 수 없으며, 결국 부도(府都)의 부청(府廳)에까지 이르러야 비로소 진정으로 이르렀다고 말할 수 있는 것이다.

이런 지(至)이므로 주자학에서는 '격물'이란 '사물의 이치에 궁극까지 이르는' 것, 각각의 사물에 따라 각각의 사물의 이치를 다하고 이런 이치의 어떠한 궁극점에도 도달하지 못하는 일이 없도록 하는 것을 뜻한다. 그렇게 하는 것이 지식 완성의 전제조건이라는 것이다. 격물치지에 대한 상세한 해설은 전(傳)의 제5장으로 미루기로 하고, 그저 참고삼아 이곳을 특기한 〈대학혹문〉의 설을 가급적 충실하게 소개하기로 한다.

특기(特記): 특별히 기록함, 또는 그 기록.

지는 마음의 신명(神明)이며, 중리(衆理)에 묘(妙)해서 만물을 주재하는 것으로, 그것을 지니지 않은 사람은 아무도 없다. 그러나 그 누구의 지라 할지라도 표리통찰(表裏洞察)에 있어 완벽하다고 말할 수는 없다. 그렇게 되면 은미한 점에서 진(眞)과 망(妄)이 착잡되기 때문에 노력해서 성(誠)해지려고 해도 좀처럼 그것을 달성할 수가 없다. 따라서 의(意)를 성(誠)하게 하려는 자는 반드시 우선 지(知)를 치(致)하지 않으면 안 된다. 치(致)란 미루어 이르는 것, '상(喪)에는 슬픔을 이르게 한다.'(《효경》)고 한 그 치로서, 즉 극단적인 곳까지 밀고 나감을 뜻한다.

여기까지 말한 그 다음에 유명한 '이(理)'의 정의를 말한 1절이 계속된다.

'천하 만물에는 반드시 그러한 까닭과 마땅히 그러해야 할 법칙이 있다. 이것이 곧 이라는 것이다.'

이에는 두 가지 뜻이 있다. 하나는 그러해야 할 까닭의 근거, 또 하나는 마땅히 실현되어야 할 법칙과 규범, 요컨대 모든 존재는 바로 그 곁에 깊은 근거를 가지고 있는 동시에 그 머리 위에 놓이는 또 하나의 당위(當爲)를 과제로 받고 있다. 이 양자는 다같은 이인 것이다. 또 〈대학혹문〉의 다른 곳에는 '마땅히 그러해야 할 법칙이 있어 스스로 그치지 못하는 것, 그것이 이른바 이인 것이다.'라는 말이 있고, 이 '스스로 그치지 못한다.'라는 성격도 이의 성격을 생각하는 데 있어 중요한 제3의 근거가 되리라 여겨지지만 설명은 다음으로 미루겠다.

인간으로서 지를 소유하지 않는 자는 없다. 그러나 누구라도 그 지를 정조은현(精粗隱顯)하여 어떠한 경우에도 남김없이 완벽하게 할 수 있다고 단언하지는 못한다. 그래서 이에는 아직 궁극되지 못한 부분이 남고 지의 어느 부분은 반드시 가려진 채로 남아 있게 된다.

당위(當爲) : 마땅히 있어야 할 것 또는 마땅히 행하여야 할 일이라고 요구되는 것.

정조은현(精粗隱顯) : 정조는 정밀한 것과 거친 것, 은현은 숨었다 나타났다 하는 것.

아무리 노력해서 지에 이르려고 해도 그것은 불가능할 것이다. 따라서 지에 이르는 법은 '공(空)이 아니라 물(物)에 속해서 이를 보고, 그렇게 함으로써 물에 이른다.'라는 점에 있다. 격은 극지(極至)의 뜻이다. 즉 '문조(文祖)에 이른다.'(《서경》)의 격으로, 그 무엇을 다하여 그 극에 이른다는 뜻이다.

〈대학〉에서 가장 기초적이라고도 할 수 있는 이들 조목도 결코 언제나 명백했던 것은 아니다. 성현들이 서로 전해서 학문의 과정을 가르친 이 〈대학〉의 조목은 실로 상세하게 완비되어 있다고 말해야 하겠으나, 한위(漢魏) 이후 ─생각건대 대학편이 〈예기〉에 편입되어 그 존재를 명백하게 하고 또 유교가 국교적 지위를 확립한 것이 한대(漢代)이다─로 학자의 이론으로 이 점에 대해 언급한 것이 있다는 말은 듣지 못했다.

당대(唐代)에 이르러 한유(韓愈)가 〈원도(原道)〉를 만들어 〈대학〉을 인용한 것은 사항을 옳게 이해하고 있는 것 같으나, 그래도 그 인용은 오직 '정심성의(正心誠意)'까지일 뿐 치지격물(致知格物)에까지는 미치지 못하고 있다. 이제까지 '택한 것은 정밀하지 못하고 말한 것은 자세하지 못하다(擇焉不精語焉不詳).'라는 결함을 면치 못하고 있는 것이다. 순자(荀子)나 양웅(揚雄)을 어찌 비난하겠는가. "택한 것은 정밀하지 못하고 말한 것은 자세하지 못하다."라는 것은 한유가 〈원도〉 속에서 순자와 양웅을 비난해서 한 말이다.

원도(原道) : 중국 당대(唐代)의 문학자 한유(韓愈)가 지은 문장. 본래의 의미에 있어서의 도(道)란 무엇인가를 논한 것으로, 〈회남자(淮南子)〉 중의 원도훈(原道訓)을 좇아 도(道)가 도가(道家)나 불교(佛敎)의 도에 의하여 어지럽혀져 있다고 비난하고, 본래의 도는 인의(仁義)의 가르침을 중심으로 하는 유교(儒敎)에 있음을 명백히 하고자 한 논문임.

격물치지에 대한 양명의 설이 주자와 정면으로 대립하고 있다는 것은 잘 알려진 사실이다. 그러나 그 점은 후에 자세하게 언급하기로 하고 여기서는 경(敬)에 대해 설명하기로 한다.

주자는 격물치지―성의의 '성의'는 별로 강조하지 않고 도리어 〈대학〉에는 원래부터 없던 '경(敬)'이란 관념을 〈대학혹문〉 속에서 두드러지게 다룸으로써 격물치지(궁리)와 경이 말하자면 수레의 양쪽 바퀴와 같은 뜻을 지니도록 한 것은 철학사상의 상식이다(왕양명은 경을 다루지 않고 성의를 강조한다.). 그래서 오늘날 〈대학혹문〉에서 서술되고 있는 '경'의 설을 요약하여 소개하는 것도 주자의 뜻에 위배되지는 않을 것이다.

경(敬)이란 무엇인가. 정자(程子)는 경이란 '주일무적(主一無適)'이라 정의하고, 단 '정제엄숙(整齊嚴肅)'이라 설명했다. 주일무적을 자세하게 말하면 '하나를 주로 하는 것'이고, 그 하나란 '무적(無適)', 즉 '가는 일(往)'이 없는 것이라고 했다.

말하자면 마음을 한곳에 고정시킨 채 전일한 상태로 계속 보지하는 것이 경이라는 것이다. 또 그 경의 상태를 설명하여 정제엄숙이라고 한 것은, 이른바 심신을 수렴해서 정제순일(整齊純一)하여 방종하지 않으면 곧 이것이 경이라는 것이다. 정자와 주자에게 있어서의 경의 특징은 그 어떤 것에 대한 외경(畏敬)이라기보다는 오히려 오직 마음을 수렴해서 고도의 집중상태를 계속 유지하는 데 있다.

보지(保持) : 어떤 상태를 온전하게 간직함.

외경(畏敬) : 공경하고 두려워함.

경이 그런 것이라면 그것이 학문의 출발점을 이루게 되리라는 것은 당연하다고 하겠다. 〈대학〉은 그 전체에 걸쳐 명덕만이 설명되고 있을 뿐 경에 대해서는 전연 언급되고 있지 않은데, 그것은 〈소학〉 쪽에서 상세히 기술되고 있기 때문이다.

그런데 지금은 〈소학〉이 유실되고 말았으므로 정이천(程伊川)은 〈대학〉에다 경을 부대적으로 보충했다. 경이란 단순히 출발점만은 아니다.

'경이란 성학(聖學)의 시초이고 또 끝이다.' 〈소학〉을 배우는 자는 물론 〈대학〉을 배우는 자도 이에 의존하지 않고서는 총명을 개발하고 덕으로 나아가며, 업을 닦아 명명덕·신민을 실천할 수가 없다. 따라서 정자(程子)가 〈대학〉의 근본 의(義)인 인격물(人格物)에 대한 그 탁설(卓說)을 말할 때는 반드시 경을 곁들여서 설명하는 것이 보통이었다. 반대로 또 불행하게도 배워야 할 시기에 〈소학〉을 공부할 기회를 갖지 못했던 학문자도 이 경을 참으로 실천함으로써 〈대학〉을 공부한다면 〈소학〉에서 배우지 못했던 점을 보충할 수 있게 될 것이다.

하여간 '성학(聖學)의 시초가 된다.'는 것은 문제가 없다 쳐도 끝을 이룬다는 것은 무슨 뜻이냐고 한다면, '경은 일심(一心)의 주재인 동시에 만사의 근본'으로 〈소학〉이 학문의 시초라는 것이 분명히 경(敬)에 의거함으로써만 그렇게 된다면, 이미 말한 점에 의해서 곧 이해할 수 있듯이 〈대학〉이 학의 끝이라고 하는 것도 역시 이 경에 의거함으

성학(聖學) : 성인이 가르친 학문이란 뜻으로, 유학(儒學)을 이르는 말.

탁설(卓說) : 탁월한 논설, 뛰어난 의견이나 말.

로써 그렇게 되는 것이다.

성학이 '일(一)로써 꿰뚫는다.'(《논어》)는 것은 말할 나위도 없다. 격물치지해서 사물의 이를 다하는 것, 성의·정심으로 몸을 닦는 것, 나아가서는 제가·치국·평천하 등이 모두 경이 그 바탕을 이룸으로써만 가능하다. 어느 하나도, 단 하루라도 경에서 떠날 수 있는 것은 없다. 진정 경이란 한 글자야말로 성학의 종시(終始)가 되는 것이라고 말하지 않으면 안 된다.

이상이 〈혹문〉과 〈어류〉에 의해 요약한 '경'에 대한 설의 개요이다. 〈혹문〉은 〈대학장구〉에 대해 어떤 사람이 물은 부분인데, 무릇 〈대학장구〉에는 경이란 문자는 전연 나오지 않으므로 무어라 해도 당돌함을 면치 못한다. 그러나 억지로라도 경에 대한 수절(數節)을 써넣지 않고서는 견디지 못했던 주자의 태도는, 주자학 전체계에 있어서의 경의 중요성에서 생각하면 결코 이해할 수 없는 것은 아니다.

수절(數節) : ① 두서너 마디. ② 문장 따위의 몇 개의 구절.

◆ **주자의 주**
此八者 大學之條目也

이 여덟 가지는 대학의 조목이다.

| 풀이 | 8조목은 보통 격물·치지·성의·정심·수신·제가·치국·평천하의 순서로 헤아린다.

채허재의 설에 따르면 조목이라 부르는 것은 그것이 3

강령에 예속되기 때문이라고 한다. 그것은 왕고의 성군주(聖君主)가 자기 사명으로 천하 만민을 새롭게 하기 위해서는 어떤 일부터 착수해야 하는가 그 순서를 설명하여 기술한 것으로, 이런 순서에 따름으로써 비로소 성군주가 성군주로서의 자기의 명덕을 밝힐 수 있고, 그후 그 토대 위에 통치자로서의 자기 사명, 즉 만민을 새롭게 하는 임무를 달성하는 것이 가능하게 된다는 말이다.

어디까지나 가장 먼저 착수해야 할 일은 통치자 자신의 내적 노력인데, 미(微)에서 현(顯)으로, 소(小)에서 대(大)로, 안에서 밖으로 그 순서를 그르치지 말고 단계에서 벗어나지 않으면서 노력을 쌓아야 비로소 명명덕이 실현되고 그런 연후에 신민이 달성된다고 한다.

다시 말하면 명명덕과 신민(그것에는 각기 지선에 머무른다는 목표가 달려 있으나)이라는 통치자로서의 대목표를 실현하기 위한 구체적인 길을 보인 것이라 할 수 있다. 그리고 '명덕을 천하에 밝혀야 할' 대사명을 지고 있는 것은 최종적으로는 천자 단 한 사람이지만, 가령 그것을 보좌하는 입장에 있는 백관경상(百官卿相)이라도 전부 만민의 위에서 통치자의 분신으로서 그 임무를 자각하고 자신의 수신에 힘씀과 동시에 각기 직책을 수행할 것은 정치의 실제에 임했을 때 불가결한 요청이므로, 이런 8조목 및 3강령의 교설(敎說)이 오직 천자에게만 필요한 길을 보인 것이라고 보는 견해는 부당하다.

더구나 요순의 설화에서도 볼 수 있는 것처럼 천고에

왕고(往古) : 오랜 옛날. 전고(前古). 왕석(往昔).

교설(敎說) : 가르치어 설명함.

천고(千古) : ① 아득한 옛날. ② 오랜 세월 동안.

상대(上代) : ① 윗대. ② 상고시대.
성천자(聖天子) : 덕이 높은 천자.

빛을 비치는 상대(上代)의 성천자(聖天子)들이라 해도 결코 최초부터 오직 한 사람의 통치자의 입장에 놓여 있었던 것은 아니라는 점을 아울러 생각해 볼 때, 이런 8조목 및 3강령의 교설이 국가 교육기관에서 통치자의 입장을 약속 받고 있는 자제들을 위해 사용되었던 점, 또는 적어도 그러기 위해서 사용하는 데 적당한 정치학으로서 유학자들의 손에 의해 준비된 것은 도리어 자연적인 추세라고 여겨진다.

따라서 '이는 고인(古人)이 학문을 하는 차례를 들어 무엇부터 먼저 착수해야 하는가를 지적한 것'이란 견해도 당연하다〔등치선(鄧雉先)〕. '옛날의 바라는 자는(古之欲)'하고 유명한 상고의 성천자들의 정치적 실제에다 비유해서 쓴 문투이기는 하나, 이것을 구상한 작자의 뇌리에는 반드시 실제로 있었다는 확신과 이렇게 되어야 하겠다는 이상이 자기가 당면하고 있는 현실을 배경으로 해서 교착되고 있었을 것이다.

경(經) 1장이라고 제목을 붙인 데 수긍하는 주자학도의 입장에서 보면 곧잘 예〔古〕를 칭함으로써 당면하는 현실을 비관한 학자의 탄성을 여기서도 들을 수 있다는 견해가 생긴 것도 이상하지는 않다.

그런데 이 8조목의 순서는 이상과 같아서 교정할 수는 없으나, 그렇다고 그 한 항목을 완전하게 터득하여 달성하지 못하면 다음 단계로 나아갈 수 없다는 것을 의미하는 것은 아니라는 점을 〈집소〉에서는 여러 곳에서 지적하고 있다. 만일 그런 방식을 취한다면 최초의 한 항목의 완전한 수행에만 일평생을 바쳐도 시간이 부족함이 명백하기 때문이다.

김인산(金仁山)이 "모든 조항에 대한 공부는 일용동정(日用動靜) 사이에 번갈아 병행할 수 있게 하라."고 말하고, "오직 그렇게 해야 할 까닭을 추고할 때 이와 같은 전후단계를 상정하지 않을 수 없었을 것이다."라고 말한 점은 음미해야 할 것이다.

또 치지와 격물은 8조목 중에서 각각 한 항목으로 독립되고 있으나, 실제로는 전후단계를 구분하지 말고 한 항목으로 보아야 한다. 김인산의 설로 채록되고 있는 것은 그냥 간과할 수 없는 점이다.

〈집소〉의 편술자 자신도 "격물은 치지의 소이로서, 성의 이하의 각각이 스스로 하나의 항목이 되는 것과는 다르다."고 하여 격물과 치지와의 관계가 긴밀함을 수긍하였다. 그러면서도 한편으로는 "그러나 역시 내외(內外)의 구별이 있다. 따라서 격물은 곧 치지라고는 말할 수 없다. 격물도 역시 하나의 조목이다."라고 말하면서 양자의 차이가 전혀 없는 것은 아님을 지적했다.

요컨대 격물과 치지의 두 조목의 관계는, 다른 여러 조목 상호의 관계 내지는 성의와 치지와의 관계에 비해 훨씬 긴밀하다고 보는 것이 경문 기술방법에 비춰 온당하다.

김인산(金仁山) : 중국 송말(宋末)·원초(元初)의 유학자. 정주학(程朱學)을 연구하기 시작하여 왕노재(王魯齋)·하북산(何北山)에게 사사받았다. 주자(朱子)·황면재(黃勉齋)의 학통(學統)을 이어받아, 절학(浙學)을 중흥하였다. 본명은 이상(履祥), 자는 길보(吉甫).

채록(採錄) : 채집하여 기록함. 또는 채집한 기록.

5// 物格而后에 知至하고 知至而后에 意誠하고 意誠而后에 心正하고 心正而后에 身修하고 身修而后에 家齊하고 家齊而后에 國治하고 國治而后에 天下平이라

격물(格物) : 이 말에 대해서는 학자에 따라 견해가 다르다. 정현(鄭玄)은 "격은 내(來)라는 뜻이고, 물(物)은 사(事)와 같다. 그 지(知)가 선에 깊으면 곧 선물(善物)을 오게 하고 그 지가 악에 깊으면 악물(惡物)을 오게 하므로, 일은 사람이 좋아하는 바에 따라 오게 됨을 말한다."고 했다. 그런데 이에 대해 주자는 정이천(程伊川)의 설을 따라 격(格)을 '이르다'의 뜻으로 보고 격물은 "사물의 이치를 추구하여 그 극처(極處)에 이르지 않음이 없이 하는 것이다."고 하였다. 우리 나라에서는 일반적으로 주자의 설을 따르고 있다. 여러 차례 거듭해서 이제는 거의 해설할 필요를 느끼지 않으나, 예에 따라 주자의 주를 들어보겠다.

5

사물이 구명(究明)된 뒤에야 앎이 투철해지고, 앎이 투철해진 뒤에야 뜻이 성실해지고, 뜻이 성실해진 뒤에야 마음이 바르게 되고, 마음이 바르게 된 뒤에야 몸이 닦여지고, 몸이 닦여진 뒤에야 집안이 바로잡히고, 집안이 바로잡힌 뒤에야 나라가 다스려지고, 나라가 다스려진 뒤에야 천하가 화평해질 것이다.

◆ **주자의 주**
物格者 物理之極處 無不到也 知至者 吾心之所知 無不盡也 知旣盡 則意可得而實矣 意旣實 則心可得而正矣

'물(物)에 이른다.' 함은 물리(物理)의 지극한 곳에 이르지 않음이 없다는 것이다. '지(知)에 이른다.' 함은 내 마음이 아는 바가 다하지 않음이 없다는 것이다. 지(知)가 이미 다하면 의(意)를 얻어 실(實)하게 될 것이다. 의가 이미 실하게 되면 마음을 얻어 바르게 될 것이다.

| 풀이 | '물에 이른다.' 함은 우선 대상적으로 말해서 하나하나의 물에 대한 이(理)가 지(知)에 의해 전부 궁극점까지 도달된다는 것이고, '지에 이른다.' 함은 인식의 주체 측에 서서 마음에 있는 지가 완벽하게 완성된다는 것이다. '오심지소지(吾心之所知)'라 하면 마음이 아는 대상, 즉 마음에 의해 알려지는 대상인 듯이 읽게 되지만 도리어 〈혹문〉에서 말하는 것처럼 '지가 내게 있는 것'의 뜻으로

취해야 하는 것이다.

◆ **주자의 주**

修身以上 明明德之事也 齊家以下 新民之事也 物格知至 則知所止矣 意誠以下 則皆得所止之序也

수신(修身) 이상에서는 명명덕을 말했고, 제가(齊家) 이하에서는 신민을 말했다. 물에 격(格)하고 지에 이르면 곧 머무를 곳을 안다. 의성(意誠) 이하는 다 머무를 곳을 얻는 순서이다.

| 풀이 | 머무를 곳을 알고 머무를 곳을 얻는다는 것은 물론 제2절 최초의 항 '지지(知止)'와 최후의 항 '능득(能得)'을 가리킨다. 서(序)란 순서, 즉 지식으로써 획득된 '머무를 곳'이 실천적으로 실현되어 얻어져 가는 순서이다.

다시 말해서 천하의 만사와 만물에 대해 그것에 부속되는 도리가 궁극에 이르면 우선 나의 지(知)가 천하의 사사물물의 속성을 다 알게 되고, 그것에 대한 일체의 윤리적 판단까지도 그르치지 않는 데까지 도달할 수 있다고 하겠다. 그래서 처음으로 마음이 어떻게 발동하더라도 의지가 손상되지 않는 한 선에서 벗어나 마음이 동요될 염려는 없게 된다. 이와 같이 마음의 발동이 언제나 선에 뿌리박고 선으로 향한다면 나의 마음은 비로소 올바른 위치에서 만족하게 될 것이다.

이미 마음이 언제나 올바른 위치에 있으면 오체(五體)의 통어(統御)가 조화를 이루어 결코 무궤도한 거동이나 대응

사사물물(事事物物) : 모든 사물. 모든 현상.

오체(五體) : 사람의 온몸.
통어(統御) : 거느려서 제어함.

등으로 나올 염려는 없다. 이와 같이 수신이 되고 마음이 바른 제어에서 벗어날 염려가 없기에 이르면 그것은 내 몸에 자리잡고 있는 명덕의 성숙을 뜻하는 것이다. 덕의 감화가 한 집안에 넘쳐 집안에 정제되면, 그 유풍여운(流風餘韻)은 일국에 미쳐 가인(家人)이나 국인(國人)이 다 각자의 명덕의 발현을 반성해보지 않음이 없게 될 것이다.

그리하여 자연의 감화와 선도의 효험이 어깨를 나란히 하여 마침내 천하의 민중도 빠짐없이 신심을 새롭게 함으로써 지선의 경지에 도달하여 조금도 의심함이 없고, 또 조금도 동요됨이 없는 상태를 나타낼 것이다.

유풍여운(流風餘韻) : 유풍은 선인이 남기고 간 좋은 풍습, 여운은 떠난 사람이 남겨 놓은 좋은 영향.

6

천자로부터 서인(庶人)에 이르기까지 한결같이 수신(修身)하는 것으로써 근본을 삼는다.

6// 自天子로 以至於庶人이 壹是皆以修身爲本이라

◆ 주자의 주
壹是 一切也 正心以上 皆所以修身也 齊家以下 則擧此而措之耳

일시(壹是)는 일체(一切)이다. 정심(正心) 이상은 다 수신하는 소이(所以)이고, 제가(齊家) 이하는 곧 이를 그냥 둘 뿐이다.

일시(壹是) : 주자는 일체(一切)라 풀이하고 있으나, 이 두 글자는 다 강조하는 뜻을 지녀 '모두 다'라는 뜻이다.
이수신위본(以修身爲本) : 이곳에서 천자로부터 서인(庶人)에 이르기까지 모두가 '수신'에 근본을 두고 있다고 한 것은, 앞에서 말한 주자의 8조목 가운데 '격물'로부터 '정심'에 이르기까지의 사항은 모두 사람의

| 풀이 | 일시(壹是)는 일체라 함은 곧 예외가 없다는 뜻

이다. 정심(正心) 이상이란 격물·치지·성의·정심의 넷을 말하는 것인데, 그것들은 요컨대 수신의 전제 또는 기초라고 생각해도 좋다. 또 제가(齊家) 이하란 제가·치국·평천하를 말하는데, 수신에서부터 당연한 귀결이므로 결절점(結節點)인 수신만을 들고 나머지는 그냥 두어도 좋다. 즉 생략해도 좋은 것이다.

요컨대 이 절은 8조목을 실천적 관점에서 요약하면 수신으로 집약할 수가 있다는 말인 것이다. 더구나 그것이 천자에서부터 서인에 이르기까지를 일관하고 있다는 점에 유교 또는 주자학의 커다란 특징이 있다.

심술(心術)과 관계가 있으므로 이들을 모두 '수신'으로 집약하여, 천자의 평천하(平天下)로부터 서인의 제가(齊家)에 이른 일들의 근본이 된다고 말한 것이다.

결절(結節) : 맺혀서 마디가 됨, 또는 그 마디.

7

그 근본이 어지러운데도 말단이 다스려지는 일은 없고, 후하게 해야 할 것에 박하게 하고 박하게 해야 할 것에 후하게 하는 일은 결코 없다.

7// 其本亂 而末治者는 否矣요 其所厚者薄하고 而其所薄者厚는 未之有也니라

◆ **주자의 주**
本謂身也 所厚謂家也 此兩節 結上文兩節之意

본(本)이란 신(身)을 말하고, 두텁게 할 것이란 집을 말하는 것이다. 이 두 절은 윗글의 양절(兩節)의 뜻을 잇는다.

| 풀이 | 이 절이 전절(前節)의 '수신으로써 근본을 삼는다.'를 받고 있음은 말할 나위도 없다. 천하에 대해서 말하

독공(篤恭) : 인정이 두텁고 공손함.

면 몸은 본(本)이고, 천하는 말(末)이다. 수신하지 않고서는 천하를 다스릴 수 없다고 하면 그 몸은 반드시 천자의 몸이어야만 한다는 생각이 들지도 모르나, 결코 그렇지는 않다. 이른바 "군자가 독공(篤恭)해야 천하가 태평하다."는 말을 바꾸어 말한 데 지나지 않는다. 이것은 〈중용〉 제33장 제5절에 있는데, 여기서의 군자는 극히 일반적인 뜻으로 풀이되고 있다.

"두텁게 할 것이란 집을 말한다."고 한 주자의 해석이 무엇에 근거한 것인지 알 수 없지만, 몸이나 집이 나라 혹은 천하에 비해서는 보다 직접적이고 근본적이며, 따라서 보다 두텁게 마음을 쏟지 않으면 안 된다는 중국인의 보편적 의식이 무의식중에 작용되어 이런 주(註)가 붙은 것이 아닐까 여겨진다. 박하게 해야 할 것이란 당연히 나라와 천하를 가리키게 된다. 집안을 다스리는 데 소홀해서는 결코 나라나 천하의 치평을 이룩할 수가 없다고 한다.

정려(精勵) : 모든 힘을 다하여 부지런히 일함.

앞절에서 말한 것처럼 성찰과 정려(精勵)의 순서는 그와 같아 그것에 준해서 게으르게 하지 않으면 이상사회를 현출할 수 있다. 따라서 위로는 천자로부터 아래로는 서민의 하나하나에 이르기까지 전부 마찬가지로 자기 한 몸을 닦는 일이야말로 무엇보다도 먼저 실천해야 할 길이라 생각해야 한다. 그러므로 가장 먼저 착수해야 할 것은 수신하는 일인 것이다.

만약 수신이 되지 않았는데 그 제1단계 위에 쌓아져야 할 제가나 치국·평천하 등을 바란다면 그것은 불가능한 일이다. 또 정의(情誼)라는 입장에서 보면 당연히 후해야 할 가장 가까운 자기 집에 대한 정의는 박하게 하고, 소원한 나라와 천하의 사람들에 대한 은택을 후하게 하는 이른바 덕택이 사해(四海)에 미치는 이상적 사회의 실현은 고래로부터 한 번도 있어 본 적이 없다.

본말(本末)의 선후, 후박(厚薄)의 순서를 잘 인식하고 그르침이 없는 자라야 비로소 수신할 수 있고, 나아가서는 사해의 백성을 지선의 경지로 이끌 수 있는 것이다.

제5절의 격물·치지·성의·정심·수신의 5조목은 자기의 명덕을 밝히기 위한 착안과 정진하는 차례를 말한다. 그리고 제가·치국·평천하의 3조목은 통치자의 입장에서 백성을 새롭게 하기 위한 목표와 노력하는 단계를 말한다.

백성 자신의 입장에서 생각하면 이미 명덕을 밝혀 지선의 경지에 머무르고 있는 성덕(聖德)한 통치자에 의해 덕택을 입고, 비로소 각자에게 명덕이 내재함을 깨달아 그것을 밝히려고 하는 성찰과 정려에 착수하게 된다. 그 때문에 각자가 격물에서 수신하기까지의 과정을 정려할 때, 목적은 수신이고 각자의 지선에 머무르는 데 있다. 대략 이런 정경은 쉽게 상정할 수 있다.

주자의 주에서 "격물치지하면 곧 머물러야 할 곳을 알게 된다."는 구절이 있는 것은, 통치자이건 신분적으로 통치자 계층에 속하는 자제들이건, 또는 천하의 만민이건 간에 격물치지에 대한 성찰과 정려야말로 인간 완성의 출

정의(情誼) : 사귀어 두터워진 정.

은택(恩澤) : 은혜로운 덕택.

사해(四海) : 온 천하.

착안(着眼) : 어떠한 일을 눈여겨보아 그 일을 성취할 기틀을 잡음.

성덕(聖德) : ① 성인의 덕. ② 임금의 덕. 천자의 덕. ③ 거룩한 덕.

예지(叡智) : 뛰어난 지혜.	발점이고 도(道)의 제1단계에로의 도달, 즉 마땅히 머물러야 할 곳이 어디인가를 예지에 의해 포착하는 것임을 일깨워주기 위해서일 것이다.

　이상으로서 경 제1장의 해설을 전부 끝내기로 하나, 최후에 제6절, 제7절에 관한 것으로서 〈혹문〉의 1절을 덧붙여두기로 한다. 그것은 먼저 치국·평천하는 천자와 제후의 일로서, 경대부(卿大夫) 이하(사족·서민)에게는 무관하다는 것이다.

경대부(卿大夫) : 경과 대부. 곧 집정자(執政者).

　그런데 〈대학〉은 '명덕을 천하에 밝힌다.'를 일률적으로 타당시하고 있는데, 그것은 〈논어〉의 "군자는 생각하는 것에 있어 자기의 분수를 넘지 말아야 한다(君子思不出其位)."는 가르침에 위배되는 것이고 "분수를 넘는다는 죄를 범하는 것으로, 도저히 자신을 위해서 하는 학문이라고 말할 수 없다."는 구절을 반박하여 다음과 같이 말했다.

　"생(生)이 있는 자는 다같이 하늘의 명을 받아 살고 있으므로 천명은 자기만의 사유물이 아니다. 따라서 군자의 마음은 '확연대공(廓然大公)'(정명도의 말)해서 그가 보는 천하만물은 무엇 하나 나의 마음이 사랑하지 않음이 없고, 또 천하만사가 나의 직(職)으로서 마땅히 해서는 안 될 일이란 없다."

확연대공(廓然大公) : 확연은 넓고 텅 빈 모양. 대공은 매우 공평함.

　나의 직이란 직업, 관직의 뜻이 아니라 임무로서 당연히 해야 할 것이란 뜻이다.

　아무리 천한 신분에 있는 자라도 임금을 요순 같은 임금으로 만들고 백성을 요순시대의 백성같이 만든다는 것은 어디까지나 그 분수의 내부에 속하는 일이다. 필부라도 이와 같다고 한다면, 대학은 천자와 태자, 여러 왕자 및 공(公)·후(侯)·경(卿)·대부(大夫)·사(士)의 적자 및 서민의 자제 중 준수한 자를 교육시키기 위해 설치한 것이고, 그들은 누구나 반드시 천하의 책임을 담당해야 하는 것이다.

대체로 학문자로서 천하의 일을 자기가 당연히 해야 할 일로서 여기고 하면 군사·재정·제사 등 이른바 '유사(有司)의 일'이라도 그것은 다 자기를 위해서 하는 것이고, 세상에 알려지기 위해서 한다면 할고(割股)·여묘(廬墓)·폐거(弊車) 등과 같은 도덕적 행위라도 다 남을 위해서 하는 것에 지나지 않는다.

자기를 위해서, 또는 남을 위해서라는 말은 〈논어〉 헌문편의 "옛 학자는 자기를 위해서 하고 지금의 학자는 남을 위해서 한다."에 근원을 둔다.

허벅지살을 베어내고 무덤 옆에 초막을 짓는 것은 지극한 효도의 행위를 말하고, 낡은 수레는 출세를 해도 교만하지 않음을 말한다.

장남헌(張南軒)의 말에 "나를 위해서 한다는 것은 위해야 할 것이 없게 된 연후의 일"이라 함은 실로 훌륭한 말로서, 오늘날까지 어떤 학자도 결코 말한 적이 없을 만큼 심장하고 절실한 뜻을 내포하고 있다. 학문자가 이 말에 의해 하루하루를 반성한다면 선(善)과 이(利)를 명백히 구분할 수 있게 될 것이다.

필부(匹夫) : 한 사람의 남자. 또는 신분이 낮은 보잘 것없는 남자.

유사(有司) : 어떠한 단체의 사무를 맡아 보는 직무.

여묘(廬墓) : 상제가 무덤 근처에 여막을 짓고 살면서 무덤을 지키는 일.

장남헌(張南軒) : 주자의 친구인 장식(張栻).

동중서(董仲舒) : 중국 전한(前漢)의 유학자. 호는 계암자(桂巖子). 춘추공양학(春秋公羊學)을 수학하여 하늘과 사람의 밀접한 관계를 강조하였다.

이탁오(李卓吾) : 중국 명나라 말기의 사상가·문인. 이름은 지(贄). 탁오는 그의 자. 왕양명의 주관적인 심학(心學)을 극도로 규명한 결과, 모든 세속의 권위를 부정하고 공자의 권위조차 부정하여 유가(儒家)를 버렸다.

이 장남헌의 말은 한(漢)나라 동중서(董仲舒)의 "그 의(義)를 바르게 하고, 그 이(利)를 꾀하지 않고, 그 도(道)를 밝히되 그 공(功)을 생각하지 않는다."와 함께 반공리주의의 표어로서 주자에 의해 늘 인용되고 있었다. 그후 명대(明代)에 이르러 왕양명의 수제자인 이탁오(李卓吾)라는 고금을 통해 다시없이 과격한 사상가가 그 반공리주의의 기만성을 공격했는데, 그것은 나중에 설명하기로 한다.

이상으로 주자의 장구(章句)에서는 경 1장으로서 대개 공자의 말을 전도파의 기수로 인정되는 증자(曾子)가 기술했을 것이라고 간주했는데, 물론 객관적으로 볼 때는 신빙성은 적다. 오직 그럼에도 불구하고 대학편의 요지는 실질적으로는 거의 여기까지에서 끝이 났다고 보는 견해—경 1장으로 한 주자의 구분법은 타당성을 인정하는 견해—가 있다는 점도 잊어서는 안 된다.

대학전(大學傳)

이하 전(傳)이 시작된다.

전의 문장은 각 장이 다 여러 모로 경전을 인용한 까닭에 얼핏 통일성이 없는 것같이 보인다. 그러나 문장의 내용이 이어지고 있고 사상도 일관되고 있어 얕은 곳에서 깊은 곳으로, 처음에서 끝으로의 추이도 극히 정밀하다. 이런 점은 차분히 숙독하여 의미를 잘 음미하다 보면 어느덧 인식이 될 것이므로 지금 이 〈대학장구〉에서는 세밀하게 주석을 달지 않고 극히 대략적인 주석으로 그치고자 한다.

이것은 주자가 권두에 써놓고 있는 글인데, 전(傳) 중 처음 4장은 3강령의 취지를 종합적으로 논하고 있으나, 나머지 6장은 8조목의 공부를 상세하게 논하고 있다. 그 중에서도 제5장은 선(善)의 인식에 대한 제요(提要)이고, 제6장은 몸을 정성스럽게 하는 근본의(根本義)로서, 초학자로서는 무엇보다 먼저 취급해야 할 것이며 비근하다고 하여 등한시해서는 안 될 것이다.

제요(提要) : 요령을 제시함.

비근(卑近) : 고상하거나 응숭깊지 않고 우리 주위에 흔하게 있고 가까움.

제1장

이 장은 3강령 중 '명명덕'을 해석한다.

康誥曰 克明德이라 하고 太甲曰 顧諟天之明命이라 하고 帝典曰 克明峻德이라 하니 皆自明也니라

강고(康誥)에 말하기를 "능히 덕을 밝힌다." 했고, 태갑(太甲)에 말하기를 "이 하늘의 밝은 명(命)을 지켜보라." 했고, 제전(帝典)에서는 "능히 큰 덕을 밝힐 수 있다." 했으니, 이는 모두 스스로 밝히는 것이다.

강고(康誥) : 〈서경(書經)〉의 편명(篇名).
극(克) : 능(能)자와 뜻이 같으나 문자의 울림은 훨씬 강하다.
태갑(太甲) : 역시 〈서경〉의 편명으로 은(殷)의 명재상 이윤(伊尹)이 탕왕의 손자 태갑을 훈계한 말이다.
시(諟) : 시(是)와 같은 자로 차(此)의 뜻.
천지명명(天之明命) : '곧 하늘이 나에게 준 소이로 나의 덕으로 삼을 수 있는 바이다.' 이것은 주자의 주로, 하늘이 만인에게 부여한 것인데 사람의 입장에서 보면 명덕이라 불러야 할 것임.
제전(帝典) : 요전(堯典)을 말한다. 〈서경〉의 제1편으

| 풀이 | 상고대(上古代)에 있어서의 성왕들의 언동을 묘사한 〈서경〉 중에 다음과 같은 여러 글이 발견된다. 즉 강고편(康誥篇)에는 "능히 덕을 밝힌다."가 있고, 태갑편(太甲篇)에는 "이 하늘의 밝은 명(命)을 지켜보라."가 있으며, 또한 요전(堯典)에는 "능히 큰 덕을 밝힐 수 있다."는 내용이 있다.

강고편의 경우에는 내 몸에 갖추어진 명덕을 자칫 그늘지게 할 수 있는 여러 가지 암운을 떨어버리고 광휘있는 본래의 아름다움을 발견한다는 뜻이고, 태갑편의 경우에는 '이 하늘로부터 주어진 밝은 명(命)을 언제나 의식하고 주의를 게을리하지 않도록 한다.'라는 문의(文意)이나, 하늘의 명명(明命)이라면 모든 사람이 하늘에서 부여받고 있는 명덕이므로 그것을 자각하고 본래의 광휘를 발현시키

는 데 노력을 기울여야 한다는 뜻이다.

또 요전(堯典)의 준덕(峻德)이란 것도 대덕(大德), 즉 명덕을 가리키는 것이다. 이것들은 다 당우 3대의 성왕들이 천하를 통치함에 있어 무엇보다도 먼저 나의 속에 있는 명덕의 존재를 의식하고, 그것이 오염되는 것을 끊임없이 제거함으로써 본래의 광명을 발현시키려고 노력한 사실을 보이는 것이다. 즉 위정자에게 있어 가장 기본적인 도(道)로서 수장(首章) 첫머리에 보이는 명명덕이 지니는 중요성을 말하는 것이다.

이상으로 태갑편에서 인용한 문장에 대해 주자는 특히 뜻을 기울인 듯하다. 그리고 고(顧)와 시(諟)자의 해석에 관련시켜 "늘 이를 눈으로 지켜본다면 곧 밝혀지지 않음이 없을 것이다(常目在之則 無時不明矣)."라고 주를 달았다.

그 뜻은, 만약 단 한순간이라도 조관(照管)함이 두루 미치지 못하면 기품이나 물욕에 얽매여 가려지므로 따라서 하늘에서 부여받은 명명(明命)도 어두워지고 말지만, 이에 반해 언제나 관저(觀著)하는 것이 골고루 미쳐 끊이지 않으면 단 한순간이라도 어두워지는 일 없이 나날의 실생활 중에 하늘의 명명이 발현할 것이라는 의미이다. '고시(顧諟)하는 작용을 결여시켜서는 안 되는 까닭이다.' 하고 표현은 평범해도, 무엇보다도 먼저 자기의 내적인 것을 가혹하게 그리고 부단히 성시(省視)하는 열의를 찰지(察知)해야 한다.

또 이 전(傳)의 제1장에 인용한 세 문장에 대해 주자학

로 우서(虞書)에 속한다.
준(峻): 큰 것.
자명(自明): 자기의 덕을 밝게 하는 것. 백성의 덕을 새롭게 하는 것에 대비되는 구절.

조관(照管): ① 부탁을 받아 일을 돌보아 줌. ② 밝게 비추어 포괄함.

성시(省視): 살펴봄. 상세하게 조사함.
찰지(察知): 살펴서 앎.

파는 다음과 같이 말한다. "그것은 결코 아무렇게나 나열한 것이 아니고 얕은 데서 깊은 데로의 차례가 정밀하게 고려되어 있다."고. 즉, '강고'에서는 자기의 명덕을 말하고, '태갑'에서는 하늘의 명명을 말한 데 대해, '제전'에서는 그 둘을 총합적으로 파악해서 준덕을 말한 것이라고 해석하고 있는 것이다.

〈서경〉에서 인용한 셋을 통해 그것들이 말하고자 하는 바는 결국 스스로 자기의 덕을 밝히고 빛내는 일에 귀착한다는 것이다. '강고'에서는 오직 자기의 덕을 밝히는 것만을 말하고, '태갑'에서는 하늘이 결국 사람이고 사람이 결국 하늘이라는 점을 말하고 있으며, '제전'에서 빛나게 된 덕, 즉 완성된 덕의 광대함을 말하고 있다. 얕은 데서 깊은 데로의 순서가 거기 보인다.

제2장

이 장은 3강령 중 '신민'을 해석한다.

湯之盤銘曰 苟日新이어든 日日新하고 又日新이라 하고 康誥曰 作新民이라 하고 詩曰 周雖舊邦이나 其命維新이라 하니 是故로 君子는 無所不用其極이니라

탕왕(湯王)의 반명(盤銘)에 이르기를 "진실로 하루를 새롭게 할 수 있다면 나날을 새롭게 할 수 있고 또 날로 새로워진다."고 했고, 강고(康誥)에서는 "백성들이 새로워지도록 고무 진작(振作)시키라."고 했으며, 〈시경(詩經)〉에서는 "주(周)는 비록 오랜 나라라도 그 천명은 새롭다."고 했다. 그러므로 군자는 그 극(極)을 쓰지 않는 바가 없다.

| 풀이 | 저 은(殷)의 시조였던 탕왕이 매일 목욕을 하기 위해 물을 담는 그릇에는 다음과 같은 뜻의 문구가 새겨져 있었다고 한다. 즉, "이전에 묻은 때를 씻어버리고 진실로 자기를 새롭게 하기 위해 단 하루라도 노력해서 성공한다면, 다음에는 이미 새롭게 한 것을 기초로 하고 실마리로 삼아 하루하루를 새롭게 해가고, 다시 더한층 내일을 새롭게 해간다. 그렇게 해서 끊임없이 새롭게 해가야 한다."는 것이다.

그것은 마치 목욕을 함으로써 몸의 때를 씻어낼 수 있는 것과 같다고 생각한 탕왕이 목욕을 하기 위해 매일 물을 담는 그릇에 새겨 시종 스스로를 경계한 문장이다. 즉 민(民)을 새롭게 하기 위한 근본으로 먼저 윗자리에 있는 군주 자신을 나날이 새롭게 하려는 뜻임에 틀림없다.

탕왕이 노력적으로 성인이 된 것은 이 점에서 성공했기 때문이다. 탕왕의 덕을 칭송하는 말인 "성색(聲色)을 가까이하지 않고, 화리(貨利)를 증가시키지 않는다.", 또는 "의(義)로써 일을 제어하고 예(禮)로써 마음을 제어한다.", "간(諫)함을 따라 반대하지 않는다.", 혹은 "잘못을 고치는 데 인색하지 않다." 등은 다 탕왕이 나날을 새롭게 한 사실을 나타내고 있다.

그리고 저 "성경(聖敬) 날로 진보한다."〔〈시경〉 상송(商頌) 장발(長發)〕에 이르러서는 그 표현이 간단한만큼 그 뜻하는 바는 더욱 절실하다고 아니할 수 없다. 오직 탕왕이 이토록 처신할 수 있었던 것은 '종시유일(終始唯一) 시내일신

탕(湯) : 상왕조(商王朝)를 열었다고 전해지는 탕왕(湯王)을 말한다. 상고시대 중국 전설에서는 요·순·우·탕·문왕·무왕의 여섯 제왕과 주공단(周公旦)을 이상적인 성왕으로 보고, 동시에 후에 출현한 공자가 집대성한 인륜대도야말로 이 여러 제왕에 의해 창건되고 계승된 것이라고 한다.

반명(盤銘) : 반(盤)은 목욕을 할 때 사용하는 그릇이고, 명(銘)은 스스로를 경계하기 위해 기물 등에 문구를 새겨 넣는 것이다.

작(作) : 고무해서 진작(振作)시키는 것. 즉 스스로를 새롭게 하려는 백성을 진작시킨다는 것은 한문적인 표현으로서, 백성들을 진작시켜 자기 혁신을 하도록 하는 것을 말함.

시(詩) : 〈시경〉 대아(大雅) 문왕편(文王篇)에서 취한 구절이다.

구방(舊邦) : 주(周)는 후직(后稷) 이래 대대 제후로서의 역사가 오래기 때문이다.

기명유신(其命維新) : 문왕이 출현하게 되자 성덕은 날로 새로워져 그 영향이 아래의 만인에게 미쳐 풍속은 크게 변혁되고 그 결과 비로소 하늘의 보살핌을 입어 천자가 된 것을 가리킨다. 실제로 주왕조를 세운 것은 무왕이었으나 왕업의

조짐은 성왕이었던 문왕 때부터 시작되었으므로 그렇게 말한다.
기극(其極) : 인륜의 도의 극점이 되는 지선의 경지.

정교(政敎) : 정치와 교육.

'(時乃日新)'〔〈서경〉 함유일덕(咸有一德)〕이라고 한 명신(名臣) 이윤(伊尹)에게 배움을 얻었기 때문이라는 점은 주목할 만하다.

또 본장은 '민을 새롭게 한다.'를 해석하는데, 이 항목이 철두철미 스스로 새롭게 하는 것만을 역설하고 있음은 개운치 않다고 생각되지만 신민(新民)은 반드시 자신(自新)에서 시작해야 하는 것이므로 의심할 여지는 없다.

다음에 〈서경〉의 강고편에도 "민(民)을 고무해서 새롭게 한다."라는 문장이 있다. 이것은 민인 한 사람 한 사람이 군왕의 덕화(德化)와 바른 정교(政敎)에 의해 각자의 신심(身心)을 성찰해서 낡은 때를 씻어버리는 데까지 이른 것을 다시 선도해서 고무하고 진작시켜 그 극치에까지 이르게 하려는 것을 말한 것이다.

강고는 앞에서도 말한 바와 같이 무왕이 그 동생 강숙(康叔)을 은(殷)의 유민들이 사는 토지로 보낼 때 훈계한 말이다. 은의 유민들은 유명한 주왕(紂王)의 음란·포악한 정치 밑에서 악습에 젖어 본래의 마음을 잃고 있었다. 따라서 그들을 고무하고 흥기시켜 진분용약(振奮踊躍)해서 악을 버리고 선을 찾으며, 구(舊)를 버리고 신(新)으로 나아가게 해야만 했다.

오직 그때 중요한 것은, 그것이 내부에서 우러나오는 자발적인 자기혁신이 아니면 안 된다는 점이다. 결코 외부적인 호령이나 강압으로는 불가능한 것이다. 여기에 인용된 〈시경〉의 구절은 대아(大雅) 문왕편에서 취한 것이다. 주나라는 시조 후직(后稷)이 하시대(夏時代)에 비로소 제후가 된 이래 은말(殷末) 창(昌)에 이르기까지 천 년 남짓을 거친 오랜 나라로, 이 문왕의 시대에 이르러 능히 자기의 덕을 나날이 새롭게 해서 성덕에까지 이르게 하고, 그것을 다시 백성에게 미치게 함으로써 그 결과 백성도 크게 변화되고 자신도 새롭게 했다. 거기서 비로소 천명(天命)을 받았다. 즉, 이제까지의 제후로서가 아니라 천자로서 천하를 다스리도록 하라는 천명이 내려졌던 것이다. 명(命)이 새롭다 함은 그 뜻이다.

하기야 문왕이 바로 천자가 되었다고 하면 사실과는 어긋나는 것이며, 다음 무왕 때 사실상 천자가 되었다. 그러나 그 천명은 이미 문왕 때 실제로 하달된 상태였다고 한다. 그 까닭은 백성이 주목하고 본받는 것은 군(君)이고, 한편 하늘의 시(視)와 청(聽)은 실로 백성의 시이며 청이기 때문이다. 즉, 그 순간에 천명도 새로워져야 하기 때문인 것이다.

마지막 구절인 '시고군자 무소불용기극(是故君子 無所不用其極)'은 물론 인용이 아니다. 탕의 반명(盤銘), 강고, 시, 이 셋을 전(傳)의 작자가 매듭지은 것이다. 반명은 자기를 새롭게 하는 것을 말하고, 강고는 백성을 새롭게 하는 것을 말하며, 문왕의 시는 자신(自新)과 신민(新民)의 극치를 말한다.

따라서 군자는 '그 극을 쓰지 않음이 없다(無所不用其極).'라고 매듭지었던 것이다. 극이란 극치, 즉 지선을 말

후직(后稷): 중국 주나라의 선조 이름. 이름은 기(棄). 농사일을 잘 다스린다는 소문을 듣고 순임금이 후직의 벼슬에 임명하였음. 무왕(武王)은 그의 16대손이라 함.

창(昌): 기원전 12세기경, 중국 주나라를 창건한 문왕을 말함. 이름은 희창(姬昌). 태공망(太公望)을 모사로 삼아 국정을 바로잡고 융적(戎狄)을 토벌하여 천하의 3분의 2를 통일하였다. 성인군주(聖人君主)의 전형이라 불림. 무왕의 아버지.

하며, 그 극을 쓴다 함은 지선에 머물려고 노력한다는 뜻이다.

'시고(是故)'라는 말은 간단히 생각하면 된다. 자신→신민→자신신민의 극, 이렇게 진행되어온 것에서 생각하면, 이 1절은 요컨대 군자는 자신에 있어서나 신민에 있어서나 지선에 머물도록, 즉 지나치거나 모자람이 없이 적중한 자신 및 신민을 실현하도록 노력해야 한다는 것이다.

여기에 모여진 세 문장은 3강령의 두 번째인 '신민(新民)'을 부연한 것이다. 백성을 새롭게 한다 함은 군주 개인의 덕의 감화와 천하에 시행되는 실제의 정(政)·교(敎)가 현명하여 백성들 한 사람 한 사람이 자기의 명덕을 밝히고 지선의 경지에서 머물러 살도록 해야 한다는 것이다. 만민이 그 경지에까지 도달할 수 있도록 선도하고 고무해야 할 중책(重責)이 군주에게는 있는 것이다. 그래서 그 전제로서 무엇보다도 군주 자신의 태도가 문제시된다.

중책(重責): 중요한 책임.

이 〈대학〉편에는 물론 〈중용〉편과 또 〈논어〉에도 개인의 태도에 대한 교설(敎說)이 많다는 것은 누구나가 알고 있는 사실이다. 유교의 사상체계에 있어서는 그것은 결코 한낱 개인문제에 그치는 것이 아니다. 탕왕의 반명은 유교의 그러한 경향을 단적으로 보이는 한 예였다. 더구나 그런 경향은 주자학에 이르러 한층 더 현저해진 것이 아닐까.

교설(敎說): 가르쳐 설명함.

현저(顯著): 뚜렷이 드러남. 표저(表著).

'작신민(作新民)'에 대해서는 인용된 강고편에서 가장 정면으로부터 신민의 뜻을 상술해야 하고 부연해야 할 것인데, 그 읽는 법 및 해석에는 이설(二說)이 있는 듯하다.

그 전거(典據)인 강고편(康誥篇) 문장에 대한 채전(蔡傳)을 보면 "이 민을 작신하는 것이다. 이것은 덕을 밝히는 마지막이다. 대학에서는 명덕을 말한다. 또 신민을 들어 이를 맺는다."라고 되어 있어, '민을 작신한다.'라고 뚜렷하게 읽고 있다. 〈사서집소〉는 작신설(作新說)을 취하고, 진서산(眞西山), 채지도(蔡知道), 효쌍봉(曉雙峰), 호운봉(胡雲峰), 왕관도(王觀濤) 등의 제설을 인용해서 그 까닭을 입증하고 있다.

그러나 납득이 가지 않는 것은, 이곳 주자의 주 자체에서는 그렇게 해석하기 어려운 말투를 쓰고 있다는 점이다. 거기서는 먼저 작(作)자를 설명한 다음 "말하는 요지는 그 자신(自新)을 진작(振作)하는 것이다."라고 계속시키고 있다. 진작한다는 것은 틀림없는 작의 해석이므로 남는 '그 자신(自新)의 민(民)'이란 것이 신민(新民)—새로워진 민(民)—에 상당한다고 생각되지는 않을까.

만약 작신(作新)의 뜻으로 본다고 하면 여기서의 주자의 주는 그 어떤 뜻, 작(作)자와 연결되는 것으로서의 신(新)자의 해석이 있을 법도 한데 한마디도 그것에 대한 언급이 없는 것은 이상하다. 주자 자신이 강고편의 세 글자를 '새롭게 한 민(民)을 작한다.'로 읽었다고밖에는 생각할 수 없는 주를 달았다고 볼 수 있지 않을까.

그러나 이것이 '새롭게 한 민을 작한다.'라면 3강령의 하나인 신민을 '민을 새롭게 하는 데 있다.'고 새기는 것

전거(典據) : 근거로 삼는 문헌상의 출처.

진작(振作) : 떨쳐서 일으킴. 또는 일어남. 자극을 주어 활기 있게 하거나 굳세어지게 하는 것.

과는 글의 뜻이나 구조가 다르게 된다. 따라서 수장(首章)의 신민을 명확하게 설명하려면 아무래도 '민을 작신한다.'로 새기는 편을 취해야 하고, 주자의 주도 그 시점에서 다시 생각할 수밖에 없게 된다.

그렇다면 강고의 1구(一句)를 따로 독립시켜서 읽을 것이 아니라 탕반(湯盤)의 첫 번째 구절과 결합시켜서 읽고 또 해석하는 것이 주자의 본뜻이며, 그 주도 그런 입장에서 했다고 보고 이해할 필요가 있다. 요컨대 첫 번째 구절에서는 일일자신(日日自新)하는 것을 정려(精厲)하는 군주가 상정되고, 당연히 명명덕의 발현이 기대된다. 그 강화(强化)가 이미 스스로 두 번째 구절에서 '그 자신의 민'의 뜻을 배태한다고 해석된다. 여기서 비로소 무리없이 주자의 주를 '자신하는 민을 작신한다.'고 해석하는 것이라 볼 수가 있을 것이다.

세 번째 구절에는 명확하게 첫 번째와 두 번째 구절에 의한 효험의 극치가 나타나고 있다. 주자도 "민을 새롭게 하는 극치, 천명을 화해서 또한 새롭다."고 말했다. 즉, 천명까지도 새롭게 했다는 뜻이다.

마지막 구절의 군자란 일반적으로 말한 것이며, 탕왕 등 특정한 성왕을 가리키는 것은 아니다.

이렇게 보면 본장에서는 신민에만 한정해서 해설되고 부연된 것이 아님을 알 수 있다. 신민이라는 실천적 과제도 직접 신민의 지향과 행위에 한정되는 것이 아니라는 주자의 해석을 짐작할 수 있다. 도리어 신민을 초점으로

발현(發顯) : 숨겨져 있던 것이 바깥으로 드러나 보임. 또 드러나게 함.
배태(胚胎) : ① 아이를 뱀. ② 사물의 시초. 싹틈.

하는 3대 강령 상호의 관계를 주자학적 시점에서 다시 부연한 일장(一章)이라고 볼 수 있다. 그러나 또 〈대학〉편에 대한 주자의 견해를 특징짓는 하나로서의 '신민'에 대해 〈대학〉편 내부에서 보는 해설의 빈곤성도 느끼게 한다.

제3장

이 장은 3강령 중 '지어지선'을 해석한다.

/

〈시경〉에 말하기를 "왕기(王畿) 천 리는 백성들이 머무르는 곳"이라 하였고, 또 〈시경〉에 말하기를 "지저귀는 저 꾀꼬리는 숲이 우거진 멧부리에 머물러 있구나."라고 하였다. 공자는 말하기를 "머무름에 있어 그 머무를 곳을 아나니, 사람으로서 새만도 못해서야 되겠는가."라고 하였다.
〈시경〉에 말하기를 "심원한 덕을 갖추신 문왕은, 아아 끊임없이 밝으시어 안온히 머무르셨다."라고 하였으니, 남의 임금이 되어서는 인(仁)에 머물렀고, 남의 신하가 되어서는 경(敬)에 머물렀고, 남의 아들이 되어서는 효(孝)에 머물렀고, 남의 아비가 되어서는 자(慈)에 머물렀고, 나라 사람들과 사귐에는 신(信)에 머물렀던 것이다.

| 풀이 | 〈시경〉 상송의 '현조(玄鳥)'에 있는 '방기천리 유

1// 詩云 邦畿千里여 惟民所止라 하다 詩云 緡蠻黃鳥여 止于丘隅라 하거늘 子曰 於止에 知其所止로소니 可以人而不如鳥乎아 詩云 穆穆文王이여 於緝熙敬止라 하니 爲人君에 止於仁하고 爲人臣에 止於敬하고 爲人子에 止於孝하고 爲人父에 止於慈하고 與國人交에 止於信하다

방기(邦畿) : 천자의 도읍을

중심으로 사방 500리를 왕기(王畿)라고 한다. 방기(邦畿)는 왕기(王畿), 즉 왕실의 직접 지배지역을 말한다.
면만(緡蠻): 새가 우는 소리. 〈시경〉 소아의 '면만'에서 인용한 것으로 면만(綿蠻)이라고도 표기한다.
구우(丘隅): 언덕의 한쪽이 높고 뾰족하게 솟고 초목이 무성한 곳.
목목(穆穆): 〈시경〉 대아의 '문왕'에서 인용한 것으로, 목목은 사람의 덕이 심원해서 측량하기 어려운 것.
즙희(緝熙): '즙'이란 계속되어 쉬지 않는 것, '희'란 광명.

민소지(邦畿千里 惟民所止)'란 시구는 '천 리인 왕기(王畿)의 지역이야말로 성택(聖澤)이 백성들 위에 가장 널리 빛나 덮이므로 백성들로서는 머물러 살 만한 가치가 있는 곳이다.'라는 뜻이다. 그것과 같이 물(物)에는 대개 각각 도리(道理)의 소재라는 점으로 보아 그 물건으로서 반드시 그곳에 머물러 굳게 끝까지 고수하지 않으면 안 되는 지선이란 위치가 존재한다는 것을 알아야 한다.

또 〈시경〉 '면만'의 '면만황조 지우구우(緡蠻黃鳥 止于丘隅)'라는 시구는 지저귀는 황조가 즐겨 언덕의 험한 한구석 수목이 무성한 곳에 날아드는 모양을 표현한 것으로, 그 지점이야말로 황조로서는 가장 머물러 살기 좋은 곳이기 때문이다. 공자는 이 시를 다음과 같이 해석했다. "머무른다는 점에 있어서는 무지한 황조까지도 자기가 머무를 곳을 잘 알고 그곳으로 모여들지 않는가? 하물며 만물의 영장인 인간으로서 머물러 살아야만 할 지선의 경지를 모른다면 새만도 못하다. 사람으로서 어찌 그래서야 되겠는가."

또 〈시경〉 대아의 '문왕'에는 다음과 같은 '목목문왕 오즙희경지(穆穆文王 於緝熙敬止)'라는 구절이 있는데, 그 뜻은 '저 덕이 높은 문왕은 참으로 마음의 아름다움이 언제나 밝게 빛나고 있고, 또 삼가는 마음이 극히 깊어 더할 나위 없이 훌륭한 입장에 계시는구나.'라는 것이다.

그와 같이 편안하게 머무를 수 있는 도덕적 입장이란 이를테면 인군(人君)이 되어서는 무엇보다도 인(仁)의 경지에 자리잡고 인정(仁政)을 펴야 하며, 인신(人臣)이 되어서는 무엇보다도 경(敬)의 경지에서 충성을 다해야 하며, 남의 자식이 되어서는 무엇보다도 효(孝)의 경지에 머물러서 애경(愛敬)의 뜻을 나타내야 하며, 남의 아버지가 되어서는 무엇보다도 자(慈)의 경지에 머물러서 사랑으로 길러 이끌어야 하며, 일반 국인(國人)들과 교제함에 있어서는 무엇보다도 신(信)의 경지를 굳게 지켜 거짓이 없는 진심을 토로하며 접해야 한다는 것이다.

문왕과 같은 성인은 그 때에 따르는 지위에 응해 능히 그 머무를 곳을 택했으나, 이것은 유독 성인에 한정되는 것은 아니다. 사람에게는 누구나 반드시 마음을 차분히 하여 고수해야 할 도덕적 입장, 즉 '지선의 경지'라는 것이 있는 것이다. 위에서 말한 인(仁)·경(敬)·효(孝)·자(慈)·신(信)도 각자의 지위나 사회적 상태에 응해서 실천하지 않으면 안 될 지선의 경지에 이르기 위한 그 주요한 항목이다.

모름지기 학문에 뜻을 두는 이상, 성인이 의거하는 바를 본받아 정미한 극치를 깊게 연구하고 또 유추해서 다른 도덕적 여러 항목이 무엇인가를 궁극한다면 마침내 천하만물에 걸쳐 그것들이 제각기 지니고 있는 지선의 소재를 명확하게 파헤칠 수가 있을 것이다.

2

〈시경〉에 이르기를 "저 기수(淇水) 굽이진 곳을 바라보

인신(人臣) : 신하.

국인(國人) : 한 나라의 사람. 국민.

2// 詩云 瞻彼淇澳한데

菉竹猗猗로다 有斐君子여 如切如磋하며 如琢如磨라 瑟兮僩兮며 赫兮喧兮니 有斐君子여 終不可諠兮라 하다 如切如磋者는 道學也요 如琢如磨者는 自修也요 瑟兮僩兮者는 恂慄也요 赫兮喧兮者는 威儀也요 有斐君子終不可諠兮者는 道盛德至善을 民之不能忘也니라

니 푸른 대숲이 눈에 띄게 우거졌네. 비연(斐然)히 문채 빛나는 군자가 있어 자르는 듯 깎는 듯하며, 쪼는 듯 가는 듯하네. 찬찬하고 꿋꿋함이여, 훤하고 뚜렷함이여, 문채나는 군자 있어 내내 잊지를 못하겠네!"라고 했다. '자르는 듯 깎는 듯하다.' 함은 배움을 말함이고, '쪼는 듯 가는 듯하다.' 함은 스스로 닦는 것이고, '찬찬하고 꿋꿋하다.' 함은 내심(內心)의 근엄이고, '훤하고 뚜렷하다.' 함은 위의(威儀)이고, '문채나는 군자를 내내 잊지를 못하겠다.' 함은 성덕과 지선을 백성들이 잊을 수가 없음을 말한 것이다.

기욱(淇澳): 〈시경〉 위풍(衛風)에 나오는 시의 제목. 기(淇)는 위나라의 강 이름, 욱(澳)은 강이 구부러지는 곳을 말함.

유비군자(有斐君子): 비(斐)란 안에 있는 덕이 용모나 언동에 나타나 그윽하고 훌륭한 상태를 말함. 비연(斐然)히 문채가 있는 군자라는 뜻.

절(切)·차(磋)·탁(琢)·마(磨): 고주(古註)에 "뼈에는 절(切)이라 하고, 상(象)에는 차(磋)라 하고, 옥(玉)에는 탁(琢)이라 하고, 석(石)에는 마(磨)라 한다."고 했으나, 주자의 주에 따르면 절(切)에는 칼과 톱을 쓰고, 탁(琢)에는 망치와 끌을 써서 소재를 잘라 세공을 하여 아름다운 모양의 상품을 만드는 것이고, 차(磋)에는

| 풀이 | 〈시경〉 위풍편에 보면 '기욱(淇澳)'이라는 제목의 시가 있다.

그 시는 원래 위(衛)나라 무공(武公)의 덕을 칭송하여 지은 것이라고 하는데, 여기 인용한 목적은 그렇지 않음은 이하의 하나하나의 시구에 대한 〈대학〉편 작자의 해석사(解釋辭)가 단적으로 나타내고 있다.

여기 노래된 '자르는 것 같고 깎는 것 같다.' 함은 강습하고 토론해서 나의 지(知)를 넓히고 연구하는 것을 비유하고, '쪼는 것 같고 가는 것 같다.' 함은 나의 마음속까지 깊게 돌아보아 불선(不善)을 제거하고 선(善)으로 나아가려는 내적 노력을 비유하는 것이다.

'슬(瑟)하고 한(僩)하다.' 함은 천리의 소재를 찾아 시종 나의 내심을 근엄하게 경계해 마지않는 것이고, '혁(赫)하

고 훤(喧)하다.' 함은 외모에 나타나는 태도나 풍채가 위엄있고 예절에 맞아 당당한 모습을 말한다. 그리고 '유비(有斐)의 군자를 내내 잊지를 못한다.' 함은 안과 밖의 양면에 걸쳐 정려해 마지않아 드디어는 지선의 경지에 도달하고 마는, 성덕을 몸에 지닌 군자를 백성들이 사모하여 망각하는 일이 없음을 말한다.

위에서 인용한 현조의 시, 면만의 시, 문왕의 시 등으로 '지어지선(止於至善)'에 대한 일반론은 이미 설명을 했으나, 지어지선에 도달하는 방법 빛 지어지선의 효과에 대해서는 아직 해설하지 않았었다. 그래서 이 기욱이라는 시를 인용함으로써 그 점을 명확히 하려고 한 것이다. 절·차·탁·마는 이른바 '선을 택해 굳게 잡고' 일취월장해서 지어지선을 얻는 그 과정과 방법이다. '순율', '위의'는 지어지선의 효과를 말하는 것이다. '성덕지선(盛德至善)을 백성들은 잊을 수 없다.'란 다음과 같은 것을 뜻한다.

즉, 성인이란 결코 일반인과 다르지는 않지만 오직 성인은 모든 인간이 이상으로 하는 성덕지선을 누구보다도 먼저 실현했고, 더구나 그 위의로서 나타나는 법은 이토록 대단했다. 따라서 백성은 다 이 성덕지선한 성인을 우러러보고 잊지를 못하는 것이다.

성덕(盛德)이란 군자가 몸에 지니게 된 것을 말하고, 지선(至善)이란 군자가 파악한 이(理)가 궁극적이었다는 것을 말한다. 절·차·탁·마는 요컨대 이에 이르기 위한 방법인 것이다.

줄이나 대패를 쓰고, 마(磨)에는 모래나 돌을 써서 소재의 요철이나 손상된 곳을 깎아 매끄럽게 하거나 갈아서 윤을 내는 것이다. 이를테면 동물의 뼈나 뿔에 손질을 가할 경우에는 절(切)한 다음에 차(磋)하고, 옥이나 돌 등 광물질 소재에 손질을 할 때는 탁(琢)한 다음에 다시 마(磨)해서 아름다운 윤을 내는 것인데, 이런 행위에는 다 손질을 할 때의 순서가 있게 마련이어서 절차에서 시작하여 탁마로 순서를 밟아 가공해서 소재를 정교하고 치밀한 물건으로 만드는 것이다.

한(僩) : 무의(武毅)의 모양. 무(武)는 용맹하여 힘이 있는 것, 의(毅)는 쉬지 않는 것.

혁혜훤혜(赫兮喧兮) : 혁(赫)과 훤(喧)은 모두 언동상에 발현한 상태가 아주 당당하고 훌륭한 것.

순율(恂慄) : 두려워 떨며 스스로를 깊이 경계하는 것. 정신면에서의 작용을 가리킨다.

위의(威儀) : 위(威)란 '두려워하다'의 뜻으로 본다. 요컨대 용모·태도·복장 등 전부에 걸쳐 아주 엄연해서 곁에서 보아 위엄에 차 있는 상태를 말한다. 의(儀)란 '형상을 본뜨다.'로 풀이한다. 진퇴 및 언어가 예의에 적중해서 틀림이 없는 상태.

3

3// 詩云 於戲라 前王不忘이라 하니 君子는 賢其賢하고 而親其親하며 小人은 樂其樂하고 而利其利하나니 此以沒世不忘也니라

〈시경〉에 말하기를 "아아, 앞서 가신 임금을 잊지 못하리로다!" 하였다. 군자들은 그 현성(賢聖)했음을 현성하게 여기며 그 친했음을 친하게 여기고, 소인들은 그 즐겁게 했음을 즐거이 누리며 그 이롭게 했음을 이롭게 누리었으니, 이 때문에 세상을 떠났는데도 잊지 못한 것이다.

오희(於戱) : 탄미하는 말.
전왕(前王) : 문왕과 무왕을 말한다.
기현(其賢)·기락(其樂)·기리(其利) : 기(其)는 모두 전왕을 가리킨다.

흠앙(欽仰) : 공경하여 우러러 사모함.
애육(愛育) : 사랑하여 기름. 귀엽게 양육함.

안거낙업(安居樂業) : 현재의 생활에 만족하면서 즐겁게 일을 함.

여택(餘澤) : 끼쳐 놓은 은혜. 떠난 뒤에 남은 은택.

| 풀이 | 여기서는 〈시경〉 주송(周頌)편의 열문(烈文)이라는 시에서 그 결구인 한 구만을 인용했다. 위에서 말한 바와 같은 성인군자가 출현해서 민을 새롭게 하여 지선에 머물게 하고, 천하 후세의 백성들 가운데 한 사람도 방황하는 자가 없게 한다. 문왕, 무왕의 자손인 후세의 군자들은 자기들의 현자(문왕, 무왕)가 어질었음을 전해 듣고 그 성덕을 흠앙한다. 또 자기들의 친족, 즉 문왕과 무왕의 자손들을 보호하고 애육해서 문왕·무왕의 은덕을 기린다.

이것이 '그 현을 현으로 한다.', '그 친을 친으로 한다.'이다. 한편 또 소인, 즉 일반 백성들은 '그 즐거움을 즐긴다.' 말하자면 안거낙업(安居樂業)의 즐거움을 만끽하고 '그 이(利)를 이로 한다.' 다시 말하면 밭을 갈고 우물을 파서 나날의 물질생활을 편안하게 향수하는 것이다. 그리고 그것은 다 선왕의 성덕지선의 여택으로, 그 선왕이 죽은 뒤에도 사람들은 사모해 마지않는다.

'위풍편' 기욱의 시를 인용한 전절과 '주송편' 열문의

시를 인용한 본절은 영탄(詠歎)의 정이 넘쳐흘러 실로 의미심장하므로 숙독하여 완미해야 한다. 기욱의 시는 명명덕이 머무를 곳을 얻는 점을 말함으로써 신민으로서의 전개를 보이고, 열문의 시는 신민이 머무를 곳을 얻는 점을 말함으로써 명명덕의 효과를 명시한 것이다.

영탄(詠歎) : 깊이 감동함.

제4장

이 장에서는 '물유본말 사유종시(物有本末 事有終始)'의 '본말'에 대해 해석하고자 한다. '본말'에 관한 전은 있으나 '종시'에 관한 전이 없는 것은 불가해한 일이다. 그 점에 대해 주자는 다음과 같이 말하고 있다. "고인(古人)이 경전에 주석을 달 때, 반드시 하나하나 필요 이상으로 주석하지는 않는다. 그리고 본장 바로 뒤에는 나중에 설명하듯 궐문(闕文)이 있으리라고 생각되므로 '종시'에 대한 전도 본래는 있었으나 일찍이 상실되었을지도 모른다."라고.

궐문(闕文) : 문장의 글귀나 글자의 일부가 빠져 있는 것.

공자가 말하기를 "송사를 듣는 일은 나도 남과 같지만, 반드시 송사 같은 것은 일어나지 않게 할 수는 없는가."라고 하였다. 진정이 없는 자가 그 변설을 다하지 못함은 크게 백성의 뜻을 두려워하기 때문이다. 이를 일러 근본을 아는 것이라고 한다.

子曰 聽訟이 吾猶人也나 必也使無訟乎아 하니 無情者가 不得盡其辭는 大畏民志니 此謂知本이니라

| 풀이 | 공자의 말은 이미 〈논어〉 안연편에 나오고 있다.

청송(聽訟) : 〈논어〉 안연편(顏淵篇)에 있는 유명한 문장이다.

유인(猶人) : 남과 다름이 없다는 뜻.	
무정자(無情者) : 정(情)은 실(實)이다. 즉 성실하지 않다는 뜻.	
기사(其辭) : 실이 없는 사람의, 사실과 다른 기만하는 말.	
심지(心志) : 무엇을 하려고 하는 의지. 마음으로 뜻하는 바.	
외복(畏服) : 두려워하며 복종함.	
청단(聽斷) : 송사(訟事)를 듣고 판단함.	

소송사를 듣고 그 시비곡절을 재판하는 것이라면 자기도 남와 같이 할 수 있다. 그러나 자기로서는 그보다 한 걸음 더 나아가 어떻게든 이 세상에서 소송 같은 상서롭지 못한 분쟁을 근절시켜 버리고자 한다. 즉 성인이 염원하는 바는, 충신(忠信)의 마음이 없는 경박한 자들이 사람을 속이는 것 같은 말을 뻔뻔스럽게 주장함이 없는 세상으로 만들고 싶다는 점이다.

그러기 위해서는 무엇보다도 군주 자신이 명덕을 밝힘으로써 그 덕화가 미치는 곳에 만민의 심지(心志)는 외복(畏服)되어 허위나 허언을 하는 자가 없어지고 기피해야 할 분규 같은 것도 자연히 근절될 것이다. 성인의 깊은 배려가 담긴 말이야말로 사물의 근본과 말초, 일의 선후를 알게 해준다는 점을 말한 것이다.

본(本)은 무엇이고 말(末)은 무엇인가에 대해 본장을 읽으면, 스스로 두 종류의 상태가 상기될 것이다. 먼저 공자의 말 자체에 대해서 보면, 백성의 소송을 청단(聽斷)하는 정부(正否)에 대한 것은 말초사로서, 그 근본사는 소송의 씨를 근절시키는 일이다. 사실 〈논어〉에서의 해석에 한정한다면 조금도 틀림이 없는데, 그러나 본장에 대한 주자의 주석에 의하면 그렇지가 않다.

'무정자(無情者)' 이하는 공자의 말을 증자가 해설한 것이라 보고, 그 해설 내용은 성인이 능히 성실치 못한 자들까지도 선도해서 거짓말을 하거나 거짓 행동을 하는 사태를 절멸시키는 데 이르는 것을 말한 것이라고 한다.

그 해설은 신민(新民)의 직접적인 효과를 말하는 것이라고 보기 쉽다. 그런데 주자의 주석은 계속해서 '나의 명덕은 이미 밝아 그 결과 자연히……' 하고, 명명덕이 근본이며 그 효과로서의 신민(이곳 주자의 주석에서는 신민이란 말을 직접 쓰지는 않았으나)이라고밖에 해석할 수 없다는 말투를 쓰고 있다. 주자의 뜻은 아마도 명명덕과 신민과의 본말 선후를 해명하는 데 있다고 여겨진다. 〈집소〉에 기재된 제가(諸家)의 해석은 다투어 그런 견해를 취하고 있다.

채허재는 말하기를 "무정자(無情者) 운운은 소송이 없는 것이다. 크게 민지(民志) 운운한 것은 백성들 사이에 소송이 없게 하는 소이이다. 소송이 없는 것은 민덕(民德)이 밝은 것이다. 백성들 사이에 소송이 없도록 하는 소이는 자신의 덕의 새로움이다. 따라서 소송을 듣는 것을 말(末)로 하고 백성들 사이에 소송이 없게 하는 것을 본(本)으로 하지 말아야 한다. 그것은 명덕과 신민으로써 본말을 나누어야 하기 때문이다. '반드시 소송이 없게 하고자(必也使無訟乎)'의 '사(使)'자는 깊이 음미해야 한다."라고 하였다.

모름지기 청송(聽訟)의 1구는 예외로 하더라도 오직 무송(無訟)의 구에 대해 본말의 뜻을 찾아야 한다. 대저 백성에게 소송이 없다면 민덕이 새로워진 것이며 그것은 말(末)이다. 백성들 사이에 소송이 없게 하는 것은 자기들의 덕이 밝아진 것으로 본(本)이 된다. 반드시 자기의 덕을 밝게 한 연후에 민덕을 새롭게 해야만 자연히 소송이 없다. 본말 선후는 뚜렷하다. 이 설은 주자의 주석의 본지를 해

제가(諸家) : 제자백가(諸子百家).

민지(民志) : 국민의 의사. 국민의 의지.

명하고도 남음이 있다.

제5장

이 장은 8조목의 최초의 두 항 '격물'·'치지'를 해석하는 곳이어야 하나, 최후의 결구 하나를 제외하고 나머지는 전부 소실되었다. 이것이 주자의 견해이다.

이것을 일러 근본을 안다 하고, 이것을 일러 지(知)가 극에 달했다 한다.

| 풀이 | 이상 10자가 '전' 제5장의 단편(斷片)이고, 처음의 '차위지본(此謂知本)'의 4자는 연문(衍文)에 지나지 않음은 이미 정자(程子)가 지적한 바와 같으므로, 결국 '차위지지지야(此謂知之至也)'의 6자만이 '전' 제5장의 남은 부분이 된다. 더구나 주자가 보는 바에 의하면 '격물치지'야말로 〈대학〉에 있어서 가장 중심적인 교설이므로 그것이 결여되어 있다는 것은 교본으로서의 〈대학〉의 치명적인 결함이라 하지 않을 수 없다.

그래서 주자는 정자의 의견을 참조하면서 대담하게도 이 망실(亡失)된 전(傳)의 문장을 보충하여 재현시키려고 했다. 그것이 유명한 격물치지에 대한 주자의 '보전(補傳)' 또는 '격물보전(格物補傳)'이라 부르는 것이다.

此謂知本이라 하고 **此謂知之至也**라 하다

연문(衍文): 문장 가운데 잘못 들어간 쓸데없는 말.

망실(亡失): 잃어버려서 없어짐.

즉 '이상은 전(傳)의 5장으로서, 대개 격물치지의 뜻을 풀었으나, 이제는 망실되었다. 근자에 시험삼아 은근히 정자의 뜻을 취해 그로써 이를 보충해 말하기를'이라는 서두에 이어 다음과 같은 134자가 그것이다.

이른바 지(知)를 투철히 함이 사물을 구명하는 데 있다는 것은, 나의 지를 투철하게 하려면 사물을 대하여 그 이치를 궁구함에 있다는 것이다. 사람 마음의 영에 지(知)가 있지 않음이 없고 천하의 사물에 이(理)가 있지 않음이 없건만 오직 그 이치에 미처 구명되지 못함이 있기 때문에 그 지에 부족한 곳이 있게 된다. 이로써 대학에서 비로소 가르침에 있어 반드시 배우는 자로 하여금 천하의 사물을 대하여 그 이미 알고 있는 이치에 따라 더욱 추구해가서 그 궁극에까지 도달하게 했는데, 오랫동안 힘쓴 연후에 하루아침에 확 트이는 경지에 이르면 모든 사물의 표리와 정조(精粗)가 드러나지 않음이 없게 되고, 내 마음의 전체와 대용(大用)이 밝혀지지 않음이 없게 되니, 이를 두고 '사물이 구명됨'이라 하며, 이를 두고 '지가 투철해짐'이라 하는 것이다.

| 풀이 | 이 '격물보전'이 주자학의 격물치지(궁리)의 이론을 가장 간결하게 서술한 훌륭한 문장이라는 것은 이미 잘 알려진 바이다.

주지하는 바와 같이 경(敬)과 격물치지는 주자학의 두

所謂致知在格物者는 言欲致吾之知인데 在卽物而窮其理也라 蓋人心之靈이 莫不有知요 而天下之物이 莫不有理이언만 惟於理有未窮故로 其知有不盡也라 是以로 大學始敎에 必使學者로 卽凡天下之物하여 莫不因其已知之理 而益窮之하여 以求至乎其極하니 至於用力之久 而一旦에 豁然貫通焉이면 則衆物之表裏精粗無不到하고 而吾心之全體大用이 無不明矣하리니 此謂物格이라 하고 此謂知之至也라 하다

인심지령(人心之靈) : 여기서는 지(知)와 이(理)와의 근원을 추구해서 마침내 인심의 영묘한 것으로 찾아든다는 뜻이다. 영(靈)이란 신명해서 어둡지 않다는 것인

데, 즉 인심 본체에 대해 말한 것이다.
일단(一旦): 위의 '용력지구(用力之久)'에 대해 말한 것으로, '어느 때 돌연히'라는 뜻.
활연(豁然): 환하게 시계(視界)가 열리는 모양.
중물지표리정조(衆物之表裏精粗): 중물이란 천하의 만물 및 만사를 말하지만 표리정조라고 계속되는 것으로 미루어 도리어 중물의 이(理)를 말한 것이라 생각된다. 표(表)는 이(理)의 외면에 있는 것, 이(裏)는 이의 내면에 있는 것, 정(精)은 정미(精微)로 이(理)가 시원하고 알기 어려운 것, 조(粗)는 정이 아닌 것을 말한다.

개의 대들보로서, 〈대학혹문〉에서 경에 대해 굳이 문식을 하면서까지 장황하게 해설을 가한 주자는 '격물치지'에 관해서도 역시 〈대학혹문〉 중에서 최대의 지면을 할애하여 설명하고 있다.

즉 첫째로 '차위지본(此謂知本)'을 연문(衍文)이라고 보는 까닭, 둘째로 '차위지지지야(此謂知之至也)'에 관한 구래(舊來)의 설의 비판, 셋째로 그 여섯 글자가 격물치지 앞의 결어(結語)이고 또 그 앞에 궐문(闕文)이 있었음에 틀림없다고 추정하는 까닭을 설명하고 있다.

또한 넷째로 주자의 '보전'의 전서(前書)에 '시험삼아 은근히 정자(程子)의 뜻을 취해서'라 말하고 있는 그 정자의 말을 열거해서 자기의 격물치지설에 근거가 없지 않다는 점을 증명하고, 다섯째로 격물치지를 중심으로 해서 본 주자학 체계의 제요(提要)라고도 말할 수 있는 것을 들고, 여섯째로 주자의 격물치지설은 안에서 찾지 않고 밖에서 찾아야 할 것이므로 '지리(支離)하다고 말할 수밖에 없지 않은가.' 하고 후에 왕양명이 제기한 것과 같은 의문을 스스로 제기한 다음 그것에 대답하고, 일곱째로 〈자치통감(資治通鑑)〉의 저자 사마온공(司馬溫公)의 격물설(格物說) 및 그 계(系)라고 볼 수 있는 것을 비평하고, 여덟째로 격물=궁리라 해석한 정자의 설에 대한 정문(程門) 학자들의 여러 설을 들어 이를 비판하고, 마지막으로 격물치지의 학과 세간에서 말하는 박학(博學)과의 차이를 설명했다.

이상 아홉 개의 항에 걸쳐 실로 간절하고도 친절한 해

설이 붙어 있는 것이다.

먼저 그 중에서 다섯째 항을 들어 가능한 한 충실하게 소개해보겠다. 왜냐하면 이 문장은 '격물보전'을 일일이 조항에 따라 해설한 것으로서, '보전'의 해설로는 더 이상의 것이 없다고 생각되기 때문이다.

나는 다음과 같이 듣고 있다. "천도(天道)가 유행하여 조화 발육(造化發育)한다."

'나는 다음과 같이 듣고 있다.'라는 서두는 불전(佛典)의 '여시아문(如是我聞)'과 비슷한 말투이나 반드시 불전에서 유래하는 것은 아니며, 오래 전부터 사용되어온 말투이다. 천도가 유행하여 자기를 우주적 생산 활동으로서 동적으로 전개하고 만물을 생육해간다는 말은 주자학에 있어 크거나 작거나 간에 제요적(提要的)인 서술에서 상투적으로 쓰는 말투라고 해도 좋다.

무릇 모습·형태·소리·빛깔을 지니고 천지 사이에 충만해 있는 것은 다 '물(物)'이다. 물이 있으면 그 물이 물다운 소이(所以)로서 스스로는 어찌할 수 없는 당연한 법칙이 각각 있다. 그것은 모두 하늘이 부여한 것으로서, 인간의 작위(作爲)와 관계되는 것은 아니다.

이제 우선 가장 손쉽고 또 절실한 것에 대해 말한다면, 먼저 '마음'이란 것은 몸의 주인이고 인·의·예·지라는 성(性)을 체(體)로서 지니며, 측은·수오·공경·시비라는 정(情)을 용(用)으로서 가지고 있다. 그런 것들이 마음속에 혼연히 섞여 있어 감(感)에 따라 응한다.

즉 외계로부터의 자극이 있을 때마다 반응하는 것이다. 그

여시아문(如是我聞) : 부처님의 가르침에 따라 제자 아난(阿難)이 불경(佛經)을 편찬할 때 모든 경의 첫머리에 붙였다는 말.

작위(作爲) : 마음먹고 벌인 짓이나 행동.

러나 그때 결코 각자 뿔뿔이 흩어지는 것이 아니라 마치 그 무엇이 지휘하고 있는 것 같다.

다음에 몸에 갖추어져 있는 것에 대해 말하면, 입·코·귀·눈·사지라는 용(用)이 있고, 다시 그 다음에 몸에 접하는 것으로 군신·부자·부부·장유·붕우라는 것이 있다. 이것들은 모두 스스로는 어떻게 할 수 없는 당연한 법칙인 것이다. 자기로부터 밖으로 나가면 우선 만나는 것이 사람(타인)이지만 사람의 이(理)도 자기의 이와 동일하다.

멀리 나가면 물(物)과 닿는데, 물의 이도 사람의 이와 동일하다. 지극히 큰 것으로 말하면 천지의 운행이나 고금의 변화도 역시 이에서 벗어날 수는 없다.

지극히 작은 것으로 말하면 한 개의 먼지(원자)라는 미세한 것, 한 번의 호흡, 일순간이라는 짧은 시간, 그것도 이에서 벗어날 수는 없다.

오직 기질에 청(淸)과 탁(濁), 정(正)과 편(偏)의 차이가 있고, 물욕에 얕음과 깊음, 얇음과 두꺼움의 차별이 있으므로, 거기서 인(人)과 물(物), 현(賢)과 우(愚)라는 절대적인 차이, 부동일(不同一)이 생기는 것이다. 즉, 이의 동일성이란 입장에서 보면 한 사람의 마음으로써 천하만물의 이를 아는 것은 가능하나, 기품의 차이란 것이 존재하기 때문에 이를 충분히 궁구하는 것이 때로는 불가능한 것이다.

이에 궁구되지 않는 점이 있으면 지(知)도 다하지 못하고 완성되지 않는 점이 있게 되고, 지(知)에 다하지 못한 점이 있으면 마음이 발하는 곳, 즉 의(意)도 순수하게 이의(理義) 그것으로 물욕이라는 사적인 것의 잠입이 없다고 말할 수는 결코 없다. 의(意)가 성실하지 않고 마음이 바르지 않고 몸이 수양되지 않고 천하가 다스려지지 않는 원인은 바로 여기에 있는

기품(氣稟) : 타고난 기질과 성품.

이의(理義) : 도리와 정의.

것이다.

　옛날 성인은 이 점을 염려해서 그 교화의 최초단계로서 소학(小學)을 만들어주고 거기서 성(誠)·경(敬)을 연습시켰다. 이렇게 해서 방심(放心:〈맹자〉의 말)을 거두고 덕성(德性:〈중용〉의 말)을 기르기 위해 모든 노력을 기울였다. 다시 대학으로 진학하면 사물에 따라서 이미 깨달은 이(理)를 실마리로 하여 추구해나가 각각 이의 극치에까지 도달하도록 했다. 그래서 자기의 지식도 유감없이 정밀·적당하게 되어 완벽에 가까워진다.

　그 실제 방법으로는 혹은 행동이라는 현저한 현상의 연구로서, 혹은 사유라는 은밀한 작용의 통찰로서, 혹은 문장 및 강론에서 추구하여 신(身)·심(心)·성(性), 정(情)의 덕·인륜·일상의 모든 것으로부터 천지귀신의 이변과 조수초목의 현상에 이르기까지 그 어떠한 물체 속에서도 당연히 그치지 못할, 또는 그렇기 때문에 바꿀 수 없는 것(이(理))을 보고서 어디까지나 그 표리정조(表裏精粗)를 다하고 또 그 순서를 차례로 추진시켜 유례(類例)를 넓혀가다가 드디어는 어느 날 홀연히 그 이치에 관통하게 된다. 그렇게 되면 천하 만물에 있어서 그 이의(理義)를 궁극까지 연구하고, 또 나의 총명예지도 남김없이 발휘되는 것이다.

　이상은 내가 전 제5장의 궐문을 보충한 취지이다. 모든 것이 정자의 설만을 따른 것은 아니나, 대체의 요지는 거의 합치하고 있으므로 부디 독자들은 깊이 연구하고 파악하기를 기대한다.

　주자는 '보전(補傳)'의 머리말에서 "은근히 정자의 뜻을

교화(敎化): 가르쳐 감화시킴.

극치(極致): 극도에 이른 경지. 그 이상 더할 수 없을 만한, 최고의 경지나 상태.

관통(貫通): ① 꿰뚫음. ② 조리가 정연함. 문맥 같은 것의 앞뒤가 통함.

초출(抄出): 골라서 뽑아냄.

무방(無妨): 방해될 것이 없음. 지장이 없음.

취해……."라고 쓰고 있다. 그 정자의 말의 몇 구절을 앞에 적은 〈혹문〉 제4항에 의해 다음에 초출(抄出)해보겠다. 이런 말에 대해 주자는 극히 충실한 조술자(祖述者)로서의 태도를 취하고 있으므로, 거의 주자 자신의 말이라고 보아도 무방할 정도이다.

성경(誠敬)은 원래 노력해서 실행하지 않으면 안 된다. 그렇지만 우선 그것이 무엇인지 알지를 못하면 노력해서 실행할 수도 없다. 따라서 〈대학〉의 순서는 치지(致知)를 먼저 하고 성의(誠意)를 뒤로 하는데, 그 순서를 넘어서는 안 된다. ……대저 사람의 성(性)은 원래 선하지 않음이 없다. 이(理)를 따라 행하면 어려움은 하나도 없다. 그런데 오직 철두철미하게 알지를 못하고 그저 힘으로 하려고만 들기 때문에 그 어려움에 고심을 하고 그 즐거움을 모를 뿐이다.

이것을 알고 시작하면 곧 그 이에 따르는 것을 즐거움으로 삼고, 이에 따르지 않음을 불쾌하게 여기게 된다. 그러니 무엇 때문에 이를 따르지 않음으로써 자기의 즐거움을 손상시키겠는가.

진지(眞知): 참된 지식.

또 다음과 같은 유명한 '진지(眞知)'에 대한 설이 있다. 어떤 사람이 호랑이의 이야기를 하자 전에 호랑이에게 혼이 난 적이 있는 사람만은 안색이 변했다. 호랑이가 무섭다는 사실쯤은 누구나 다 알고 있다. 그러나 그 아는 방법에는 진(眞)과 부진(不眞)이 있는 것이다. 다시 "불선(不善)을 해서는 안 된다는 것을 알면서도 때로는 불선을 범하는 것은 진지(眞知), 즉 궁극에까지 이른 지(知)는 아닌 것이다."라는 유명한 구절이 계속된다.

　이상은 격물치지가 무엇보다도 최초가 되지 않으면 안 된다는 말이다.

　　격(格)은 지(至)이다. 대체로 일물(一物)이 있으면 반드시 일리(一理)가 있어 그것을 연구해야만 비로소 이(理)에 이른다. 그것을 일러 이른바 격물이라고 한다. 그렇지만 결코 간단한 것은 아니다. 혹은 독서해서 도의를 규명하고, 혹은 고금(古今)의 인물을 논해서 그 시비(是非)를 분별하고, 혹은 사물에 응접해서 그 옳고 그름에 대처하는 것이 모두 궁리(격물)인 것이다.

고금(古今) : 옛적과 지금.

응접(應接) : ① 맞이하여 접대함. ② 사물에 접촉함.

　　우리는 격물을 지나치게 현대식으로 생각해서는 안 된다. 그것은 역시 '독서'—그것은 물론 경서(經書)를 읽는 일이다—또는 일상생활의 실천이라는 것이 어디까지나 중심이 되어 있었다. 이를테면 자연과학적 연구라는 식의 것은 그 관심의 주요부분을 이루고 있는 것이 아니다. "군자는 널리 전언왕행(前言往行)을 알고 그 덕을 기른다."〔〈역경〉 대축(大畜)〕는 사대부 및 독서인의 자세에 주자학은 조금도 저촉되는 것은 아니었다.

전언왕행(前言往行) : 전언은 옛사람이 남긴 말. 왕행은 옛사람의 덕행.

독서인(讀書人) : 중국에서 민간의 학자나 지식인을 일컫는 말.

　　일물(一物)이 이르러 만리(萬理)가 통하는 것은, 안연(顔淵)조차도 그 경지에 이르지는 못했다. 오늘 일물을 알고 내일 또 일물을 알아 그 적습(積習)이 많은 연후에야 비로소 관통

적습(積習) : 오랫동안 이루어진 버릇.

하게 될 뿐이다.

궁리(窮理)란 반드시 온 천하의 이(理)를 하나하나 궁극해간다는 것이 아니다. 또 다만 일리(一理)를 궁극할 수 있으면 곧 만사가 그것으로 끝난다는 것도 아니다. 오직 적습이 많은 연후에야 스스로 깨닫게 되는 것이다.

주자는 자기의 격물치지설(궁리설)이 받을 '지리(支離)'라는 비난— 일찍이 육상산(陸象山)이, 후에는 왕양명이 주자학에 대해 방언(放言)한 비난—을, "그대의 학문은 마음에서 찾지 않고 자취에서 찾으며, 안에서 찾으려 하지 않고 밖에서 찾는 것이 아닌가."라는 질문의 형식으로 선취(先取)해서, "격물치지의 학문은 물(物)이 이르는 것이기는 하지만, 오직 밖을 위주로 하고 많음을 자랑할 뿐인 세상의 이른바 박람다문(博覽多聞)의 학문과 결코 동일시해서는 안 된다. 그것은 어디까지나 '몸을 돌린다(反身)'는 점에 집약되어 있다."고 반박하고 있다. 그러나 그것보다는 주자의 격물설을 한층 정확히 이해하기 위해 주자 이외의 격물설을 소개해보기로 한다.

격물에는 72가(家)의 이설(異說)이 있다고 한다. 그 72가의 내용이 각각 어떠한 것인지는 분명하게 알 수 없다. 그러나 일반적으로 중국 사상사상(思想史上) 대표적인 격물설로는 한(漢)의 정현(鄭玄), 송(宋)의 주자, 명(明)의 왕양명 등 3대가의 설을 들고 있다.

가장 오래된 정현의 설은 '치지재격물(致知在格物)'을

방언(放言) : 거리낌없이 함부로 말을 내놓음. 또 그런 말.

선취(先取) : 남보다 먼저 가짐.

해석하여 "격은 내(來)이고, 물(物)은 사(事)이다. 그 선을 앎이 깊으면 곧 선물(善物)을 오게 하고, 그 악을 앎이 깊으면 악물(惡物)을 오게 한다. 사(事)는 사람이 좋아하는 바에 따라 오는 것을 말한다."고 하였고, 당(唐)의 공영달(孔穎達)의 소(疏)에 의하면 "선사(善事)는 사람이 선을 행함에 따라 찾아들어 이에 응하고, 악사는 사람이 악을 행함에 따라 역시 찾아들어 이에 응한다."고 하였는데, 이것은 '선악이 오는 것은 사람이 좋아하는 데 연유한다.' 는 의미라고 하였다. 우리들로서는 이 정현의 설을 어떻게 성격지으면 좋을지 모른다.

그러나 어찌되었든 송(宋)의 초엽까지 800년 동안 격물—대체로 이 기간에 있어서 '격물'이 사상계의 중심과제가 된 일은 전혀 없었다고 해도 좋다—에 대한 권위있는 해석은 이 정현의 설뿐이고, 정자와 주자의 격물설은 이 정현의 권위를 대신 차지한 것에 지나지 않았다. 그리고 그후부터 300년이 지나서야 주자학은 왕양명의 비판의 대상이 되었던 것이다.

왕양명에 의하면 '격물치지'는 다음과 같이 훈고(訓詁)되지 않으면 안 된다. 우선 '물(物)'이 사(事)라는 점에서는 주자와 견해를 같이하지만 왕양명은 그 사라는 것을 다시 한정해서 의(意)의 소재로 본다. 의가 어버이를 섬기는 데 있을 때는 어버이를 섬기는 것이 사, 즉 물(物)인 것이다. 격(格)은 〈맹자〉의 "대인(大人)은 군심(君心)을 격(格)한다." 의 격, 즉 바르게 한다는 뜻이며, 주자가 말하듯 지(至)가

공영달(孔穎達) : 중국 수(隋)나라 말기에서 당(唐)나라 초기의 학자. 자는 중달(仲達)이며 공자의 32대손이라 한다. 당태종(唐太宗)의 명으로 〈오경정의(五經正義)〉를 골라 엮어 고전 해석상 큰 공적을 남겼음.

훈고(訓詁) : ① 자구의 해석. ② 경서(經書)의 고증·해명·주석 등을 통틀어 이르는 말.

양지(良知) : ① 배우지 않고 알 수 있는 타고난 지능. ② 양명학에서 말하는 마음의 본체.

사사물물(事事物物) : 모든 사물. 모든 현상.

상제(喪祭) : 상례와 제례.

아니다. '지(知)'는 〈맹자〉의 이른바 양지(良知)로서 주자가 말하는 외연적인 지식은 아니다. '치(致)'는 〈논어〉의 "상(喪)은 슬픔을 치(致)한다."의 치(致)로서, 이 점만은 주자와 차이가 없다고 생각해도 좋다.

요컨대 〈대학〉의 "치지는 격물에 있다(致知在格物)."는, 양지(良知)를 극한점까지 밀고 나가도록 한다는 뜻, 양지를 완전하게 실현시키고자 한다면 물=사, 즉 의념(意念)의 발동을 바르게 잡지 않으면 안 된다는 뜻이 된다. '자기의 의념이 있는 곳, 즉 그 바르지 못한 것을 버리고 본래의 바른 것을 완전히 하여 모든 곳, 모든 시간에 있어 천리(天理)를 존재시키려고 한다.'는 것이 격물인 것이다.

'나의 이른바 치지격물은 내 마음의 양지를 사사물물에 이르게 하는 것이다. 내 마음의 양지는 이른바 천리이다. 내 마음의 양지의 천리를 사사물물에 이르게 한다면 곧 사사물물이 모두 그 이(理)를 얻는다. 이것이 마음과 이를 합쳐서 하나로 하는 것이다.' 이에 대해 주자의 입장은, 안인 마음과 밖인 사사물물의 이를 나누어 둘로 하는 것이라 말하지 않을 수 없다.

주자의 격물은 '물에 따라 그 이를 궁구한다.'이고, 그것은 곧 내 마음으로 이를 사사물물 속에서 찾는 것이기 때문이다. 이를 사사물물에서 찾는 것은 효(孝)의 이를 어버이에게서 찾는 것과 같은 것이다. 그 경우 어버이가 죽고 나면 효의 이가 없어져버리게 되지 않을까. 그리고 상제(喪祭) 같은 중대사는 전혀 무의미하게 되어버리지 않을까.

천하에는 마음 밖의 사(事)가 없고 마음 밖의 이(理)도 없다. 마음이 즉 이인 것이다〔〈전습록〉 중 답인론학서(答人論學書)〕. 도대체 주자가 말하듯 천하의 사사물물에 대해 그 하나하나에 이른다는 것이 실제문제로서 가능한 일일까? '일단활연(一旦豁然)히'란 과연 어느 때란 말인가? 가령 일목일초의 이(理)에 이르렀다고 해도 그것과 '의(意)를 성(誠)하게 한다.'와는 무슨 관계가 있는가?

주자가 아무리 자기의 격물설은 '내외가 없는' 것이라고 고집스럽게 강변해도 결국 '외'에 의해 '내'를 보태려는 것이며, 요컨대 '내'에 대한 불신을 표명하는 데 불과한 것이 아니겠는가.

다시 또 격물치지를 이와 같이 주지적(主知的)으로 해석하고 또 격물치지→의라는 단계적 순서를 고정시키면 도덕철학으로서 전혀 망망탕탕(茫茫蕩蕩)하게 되고, '경(敬)' 같은 사족(蛇足)을 끌어올 수밖에 없게 된다. '성의'를 주로 하면 이와 같은 부자연은 피할 수 있다. 우선 공문(孔門)의 철인(哲人)이라는 사람이 그토록 중요한 '경'이란 글자를 〈대학〉에서 누락시켰다는 것, 그리고 천 년 이상이나 지난 후에 그것을 남에게 보충받아야 한다는 것이 도대체 있을 수 있는 일일까〈전습록〉).

격물의 이설로는 물론 이밖에도 무수히 많이 있다. 〈혹문〉은 송대에 있어 정자 이전의 유력한 설로서 사마온공의 설을 들고, 계속해서 격물=궁리로 풀이하는 정자의 설을 근거로 하여 정자의 여러 문하생의 설을 열거하고 논

일목일초(一木一草): 한 그루의 나무와 한 포기의 풀. 극히 사소한 사물의 비유.

주지(主知): 이성·지성·합리성 따위를 주로 하는 일.

사족(蛇足): 육상산이 주자의 '경'을 평한 말.
공문(孔門): 공자의 문하.
철인(哲人): 학식이 높고 사리에 밝은 사람.

평하고 있다. 그러나 여기서는 후자를 생략하고 오직 사마온공의 "격(格)은 한(扞)이고 어(禦)이다. 능히 외물을 막고, 막은 연후에 능히 지도(至道)를 안다." 그리고 그 같은 계통에 속하는 어느 학자의 설로 "외물을 이끌어 막아 없애면 본연의 선(善)은 스스로 밝아진다."에 대한 주자의 비평을 소개해 둔다. 이 설이 중요하기 때문이 아니라 주자의 논평이 재미있기 때문이다.

하늘이 증민(烝民)을 내시니, 물(物)이 있으면 칙(則)이 있다 (《시경》). 물과 도는 결코 따로따로 분리되어 있는 것은 아니다. 만약 외물을 막아서 비로소 지도(至道)를 알게 된다고 말한다면, 부자(父子)의 관계를 떠난 후에 자(慈)·효(孝)를 알게 되고, 군신의 관계를 떠난 후에 비로소 인(仁)·경(敬)을 알게 되는데, 그와 같은 도리가 있을 리 없다. 또 만약 외물이 온다는 것은 불선(不善)이 이끄는 것으로 군신·부자와는 별문제라고 하면, 사람을 유혹하는 외물로서 음식 및 남녀의 욕(欲)만큼 심한 것은 없다〔식욕과 성욕이 외(外)로서 범주(範疇) 되어 있는 점에 주의〕.

그러나 그 근본을 따지면 이 두 가지의 욕은 물론 인간에게는 마땅히 있어야 할 것, 없어서는 안 될 것이다. 오직 그 사이에 자연히 천리와 인욕의 구별이 있으므로 그 변별은 정밀하게 해야 하지만, 그것은 어찌되었든 그저 물이 자기를 유혹하는 것을 미워해서 일체 그것을 막아 없애려고 한다면 요컨대 먹기를 중단하고 굶주린 뒤에야 비로소 음식의 바름을 얻었다 할 것이다. 그러므로 자손의 번식을 중단한 뒤에야 비로소 부부의 유별을 온전하게 하는 것이라고 말하지 않으면

증민(烝民) : 모든 백성. 만민(萬民).
칙(則) : 법. 도.

범주(範疇) : ① 분류. ② 사물의 개념을 분류할 때 그 이상 일반화할 수 없는 가장 보편적이고 기본적인 최고의 유개념.

안 된다.
 오랑캐들의 임금을 무시하고 어버이를 무시하는 가르침이라도 그런 설을 쓸 수는 없다. 하물며 그와 같은 것이 성인의 '대중지정(大中至正)'의 길이 될 수는 더욱 없는 것이다.

제6장

 이 장에서는 8조목 중 성의(誠意)를 해석한다. 〈중용〉의 첫장 제3절과 관련이 있고 〈대학장구〉로서는 제5장의 격물보전과 함께 가장 중요한 전(傳)이다. 격물은 꿈(夢)에서 각(覺)으로의 관문, 성의는 악(惡)에서 선(善)으로의 관문 등으로 설명되기도 한다(〈어류〉). 하기야 양명학과의 비교에서 말하면 주자학으로서는 제5장에 계속해서 중요하다고 할 수 있다.
 왜냐하면 왕양명은 〈대학〉의 요체는 성의뿐이라고 하는 데 대해 주자에게 있어서는 격물치지가 〈대학〉의 요체가 되고, 〈혹문〉에서는 그밖에 다시 경(敬)의 개념까지 등장하므로 성의의 위치는 상대적으로 가벼워지지 않을 수 없기 때문이다. 그렇게 말해 버리면 주자학자들은 크게 반대를 할지 모른다.
 그러나 이 장의 주자의 주석의 결어(結語)로서 한 번은 있었을지도 모르는 '이는 대학편의 추요(樞要)이다.'라는 구절이 결국 삭제되어 버린 사실은, 한편으로 격물치지에 대한 비상한 열의와 함께 생각할 때 역시 시사적(示唆的)이라 아니할 수 없다. 그리고 또 생각건대 주자학에 있어서의 성(誠)의 가장 보편적인 훈고는 실(實), 진실불망(眞實不妄)이 아닐까(〈중용〉 제20장 참조). 본절에서는 그것이 철두철미하게 주관적으로 논의되고 있다.
 경(經)에 "그 뜻을 성실하게 하려면 우선 그 지(知)를 이르게

요체(要諦) : ① 사물의 가장 중요한 점. ② 중요한 깨달음. 올바른 사리(事理).

결어(結語) : 끝맺는 말. 맺음말.
추요(樞要) : 가장 요긴하고 종요로움.

한다.", "지에 이른 후에 그 뜻이 성실하다."고 말했다. 이와 같은 성의(誠意) 앞에 치지(致知)를 내세우는 까닭은 무엇일까? 그것은 지가 아직 이르지 않고 마음의 본질이 되는 밝음이 아직도 완전하지 못하면 마음이 발해서 의의 단계로 나아가도 사실상 효과를 발휘할 수가 없고, 적당한 자기기만으로 얼버무려지게 되기 때문이다. 가령 밝음이 이미 완전해졌다 해도 반대로 다음 단계인 '성의'라는 점에 세심하지 않으면 그 밝음도 자기와 유리된 존재에 지나지 않고 덕의 진보를 위한 기초가 될 수 없다.

 요컨대 본장의 취지는 전장의 격물치지와의 맥락에 있어서 파악하지 않으면 안 된다. 그렇지 않으면 실천의 시점(始點)과 종점(終點) ― 치지에서 성의로의 불가역성(不可逆性)과 성의의 불가결성 ― 을 간취할 수가 없을 것이다(〈어류〉).

1// 所謂誠其意者는 毋自欺也라 如惡惡臭하고 如好好色이 此之謂自謙이니 故로 君子는 必愼其獨也니라

성기의(誠其意) : 그 뜻을 성실하게 하는 것. 수신의 제1보이다.
무자기(毋自欺) : 자기는 스스로를 속이는 것.
자겸(自謙) : 스스로 만족하다라는 뜻임.
독(獨) : 주자는 '남이 모르

 이른바 그 뜻을 성실하게 한다 함은 스스로를 속이는 일이 없어야 한다는 것이다. 악취를 싫어하듯, 호색(好色)을 좋아하듯 하는 것, 이것을 일러 스스로 만족한다고 한다. 따라서 군자는 반드시 그 독(獨)을 삼간다.

| 풀이 | '그 뜻을 성실하게 한다.' 함은 무엇을 말하는가? 성의·정심·수신으로 계속되는 일련의 사항은 모두 사람이 수신하는 행위를 말하는 것인데, 그런 여러 행위의 출발점이 되는 것이야말로 이 성의의 연구인 것이다. 즉 수신하고자 하는 사람에게 있어서 무엇보다 급한 제일

의(第一義)인 문제는, 선과 악이 무엇인가를 옳게 인식하고 선을 실천하도록 최대의 노력을 기울여야 하는 것임은 말할 나위도 없다.

그러나 그 선을 행하고 악을 제지하고자 함에 있어, 이를테면 이것은 반드시 해야 할 선이라고 이해하여 그것을 완전히 수행하면 그만큼 선이 아닌 부분을 감각할 수 있다는 것을 알면서도 그것을 실천하도록 전력을 경주하려 하지 않는다면, 그것은 이해한 바를 실천하는 데 방해가 되어 결과적으로 마음의 성실성을 결여하게 된다.

이런 태도를 스스로의 의지로써 철저하게 배제함과 동시에 선으로 인정한 그대로를 곧 실천에 옮기는 것이야말로 자기와 자기 마음을 속이지 않는 태도라고 하겠다. 이렇게 정려를 한다면 가령 사람인 이상 누구나 본능적으로 후각이 악취를 싫어하여 끝내 그것을 제거하는 것과 같이 악(惡)에서 떠나려 하고, 또 아름다운 여자를 좋아해서 그것을 획득하려고 하듯 선(善)을 행하려고 한다면 그것은 스스로 마음을 만족하게 하는 것이다.

이 '악취를 미워하듯, 호색을 좋아하듯'이란 말을 가장 즐겨 사용한 사람은 왕양명이었다. "사람이 오직 선을 좋아하기를 호색을 좋아하듯 하고, 악을 미워하기를 악취를 미워하듯 하면, 그것으로 이미 성인이다. ……따라서 성인의 학은 오직 이 하나의 성(誠)뿐이다."라고 그는 말했다. 그런데 성이란 요컨대 지행합일(知行合一)을 말하는 것이다. 〈대학〉의 '여오악취(如惡惡臭) 여호호색(如好好色)'

는 것으로서, 그리고 자기 혼자만이 아는 경지'라고 풀이했다.

지행합일(知行合一) : 주자의 선지후행설(先知後行說)에 대하여 왕양명이 '치지이란 지행(知行)의 진상을 설명하는 것이다. 대저 호색을 '좋아한다' 앞에 호색을 '본다'는 것이 논리적으로 없어서는 안 될지도 모른다. 호색을 '보는' 것은 지(知)에 속하고 호색을 '좋아하는' 것은 행(行)에 속할 것이다.

그러나 그 경우, 호색을 보았을 때 실은 이미 좋아하고 있는 것으로 우선 보고 그후에 다시 좋아한다는 것은 진상이 아니다. 지(知)와 행(行)은 나눌 수 없는 것, 그것이야말로 지행의 본체, 즉 '양지(良知)'로서 그 분리는 이 본체가 사욕에게 격단(隔斷)되는 곳에서 일어난다.

요컨대 '악취를 미워하듯, 호색을 좋아하듯'이란 양지의 성격을 말한 데 지나지 않는다. 왕양명의 양지는 지행의 통일과 자타의 통일이란 이중의 통일원리였었다고 생각되는데, 그 후자의 면을 나타내는 정식(定式)으로서 애용되던 것이 '만물일체의 인(仁)'이며, 전자의 그것이 '여오악취 여호호색'이었던 것이다.

2

소인이 혼자 있으면서 불선(不善)한 짓을 하되 이르지 않는 곳이 없이 하다가, 군자를 보고 난 후에는 하지 않은 척 그 불선을 가리우고 선을 나타내 보이려 하지만, 남이 자기를 알아봄이 마치 그 폐간(肺肝)을 뚫어보듯 하니 무슨 소용이 있겠는가. 이런 것을 일러 안에서 성실하면 밖으로 나타난다고 하는 것이다. 따라서 군자는 반드시 그

(致知)'의 '지(知)'는 '양지(良知)'라고 하여, 지식을 사물의 위에 두지 않고 내 마음에 구하고 지와 행(行)과는 병진(竝進)하여야 하는 것으로서, 알고 행하지 않음은 진실로 아는 것이 아니며, 진실한 지식은 반드시 실행을 예상하고, 지식과 행위는 항상 서로 표리(表裏)한다는 설.

격단(隔斷) : 사이를 막음. 멀리 떨어짐. 떨어져 있어 연락이 끊김.

정식(定式) : 방식이나 격식을 일정하게 정함, 또는 그 방식이나 격식.

2// 小人이 閒居에 爲不善하되 無所不至라가 見君子而后에 厭然揜其不善하고 而著其善하나니 人之視己가 如見其肺肝然이니 則何益矣리오 此謂誠於中이면 形於外라 하니 故로 君子는 必愼其獨也

독(獨)을 삼간다.

| 풀이 | 박덕(薄德)한 소인들은 남이 보지 않는 곳에서는 어떤 극단적인 악행도 서슴지 않고 하다가, 한번 군자의 모습이 보이면 갑자기 단정한 체하며 아주 선행을 실천하고 있는 듯한 태도를 보인다. 그렇지만 소인의 눈동자의 동요나 태도에 보이는 당황해하는 꼴을 감출 수는 없다. 특히 군자로서 보면 소인의 표면적인 행동거지가 아무리 훌륭해도 이 경우 충심에서 우러나오는 사실 그대로의 발현이 아님을 투시하는 안력(眼力)은 마치 자신의 폐와 간을 뚫어보는 것과도 같아서 곧 일의 진상을 간파해 버릴 것이다.

그렇다면 이렇게 그 순간만을 은폐하려고 해도 아무런 소득이 없다. 소인에게서 보는 이와 같은 내와 외와의 관련이야말로, 안에 성실이 있으면 그것이 밖으로 나타난다는 것을 반영한다. 따라서 소인뿐만이 아니라 군자라 해도 늘 남이 엿보아 알지 못하는 나의 심저(心底)의 움직임에 깊이 마음을 쓰는데, 소인의 이런 실제를 목격할 때마다 스스로를 더욱 경계하여 순간이라도 선에 대해 성실하도록 노력해 마지않는 것이다.

3

증자(曾子)가 말하였다. "열 눈이 보는 바요 열 손이 가

니라

염연(厭然) : 깜짝 놀라 덮어 감추는 모양.
엄(揜) : 덮어 가리는 것.
인지시기(人之視己) : 여기서 인(人)이란 군자를 가리킨다.
여견폐간연(如見肺肝然) : 몸 안의 내장을 들여다보듯 사람의 심중을 꿰뚫어본다는 뜻.

안력(眼力) : ① 눈으로 보는 힘. ② 사물의 참과 거짓, 옳고 그름 등을 분간하는 능력.

심저(心底) : 마음의 깊은 속.

3// 曾子曰 十目所視요

十手所指니 其嚴乎인저

엄(嚴) : 혹독한 것. 아무리 속이려고 해도 여러 사람의 시야를 벗어날 수는 없다는 점을 말한 것이다.

리키는 바이니, 그 엄함이여!"

| 풀이 | 이 증자의 말을 인용한 것은 위의 글이 뜻하는 바를 강조하기 위해서이다. 즉, 아무리 불선을 가려서 덮고 그 선을 나타내려고 해도 그것은 원리적으로 불가능하다는 사실을 강조한 것이다. 아무리 남이 모르는 곳에서, 또는 자기 혼자만이라는 상황 하에서도 그 행하는 선악은 결코 속일 수가 없다. '그 엄함이여'란 심히 두려움을 말한다.

아무리 은미한 곳에서의 행위라도 그것은 여러 사람의 눈에 띄게 되고 여러 사람의 손가락질을 받아 완전히 공개적이라는 이 사고(思考)는 극히 특징적이라고 생각된다.

4

4// 富潤屋이요 德潤身이라 心廣體胖하니 故로 君子는 必誠其意니라

반(胖) : 편안하고 한가로운 것. 오늘날 이 말은 보통 몸이 살찐다는 뜻으로 쓰이는데, 여기서도 아마 그런 뜻을 내포하고 있을 것으로 추측된다.

부(富)는 집을 윤택하게 하고, 덕은 몸을 윤택하게 한다. 마음이 넓어지면 몸도 편안하게 마련이니, 따라서 군자는 반드시 그 뜻을 성실하게 한다.

| 풀이 | 이 구절의 뜻은 부(富)가 가옥에 윤택함을 주듯, 즉 여러 가지 가구나 장식으로 가옥에 윤택함을 주듯, 덕은 몸에 윤택을 준다는 것이다. 마음에 부끄러움이 없으면 마음은 너그러워지고 편안해서 육체도 언제나 여유가 있고 편안하다. 그것은 몸이 덕으로 윤택해지는 결과이

다. 바꾸어 말하면 선이 안에 충실한 결과 외형에까지 나타난다는 것이다.

그래서 앞의 두 절은 '신독(愼獨)'으로 끝맺는 데 대해 여기서는 경(經)의 말을 인용해서 '그 뜻을 성실하게 한다.'고 말한 것이다. 신독(愼獨)이란 마치 사진의 원판과 같은 표현, 즉 불선을 하지 않는 방향인 데 대해 '성의'는 선을 행한다는 적극적인 방향의 표현이다. 이상을 간추려서 통론하면 다음과 같이 될 것이다.

천하의 길은 선과 악의 둘뿐이다. 그 중 선은 천명(天命)에 의해 부여된 본연인 것, 즉 본래적인 것인 데 대해 악은 요컨대 물욕(인욕)에서 생긴 우연적인 것이다. 그러므로 인간의 상성(常性)으로서는 선만이 있을 뿐이고 악은 없는 것이며, 인간 마음의 본래의 성격으로서는 반드시 선을 좋아하고 악을 미워하는 것이다.

그러나 육체라는 방해자가 있고, 또 기품(氣稟)에도 간섭을 받으므로─결국은 같은 말을 하고 있는 셈이나, 기품이란 심적 현상 또는 성격 같은 것, 즉 '기(氣)'의 현상 중 비교적 미세한 것을 말하는 것이다─그것을 물욕이라는 사적인 것이 천명의 본연적인 것을 덮어 나타나지 못하게 함으로써 그 결과 사물의 이(理)에 대해 전혀 선악의 소재를 모르는 것, 혹은 대략은 알고 있어도 선을 좋아해야 하고 악을 미워해야 한다는 것을 참으로 분간하는 능력이 없는 자가 나타나게 되는 것이다.

선을 참으로 좋아해야 한다는 것을 알지 못하고서는 아

통론(通論) : ① 사리에 통달한 이론. ② 전체를 통한 일반적이고 공통된 이론.

상성(常性) : 정해진 성질. 일반적인 성질.

미봉(彌縫) : (잘못된 것을) 임시변통으로 이리저리 꾸며 대어 맞춤.

심술(心術) : ① 온당하지 않고 고집스러운 마음. ② 동기나 목적 관념을 도덕적으로 선택·결정하는 지속적인 의지 방향.

금절(禁絶) : 금하여 근절함.

무리 선을 좋아하려 해도 자기 내부에 선을 좋아하지 않는 요소가 존재하게 되어 그로 인해 내측에서 거부되는 수가 있다. 또한 악을 참으로 미워해야 한다는 것을 알지 못하고서는 아무리 악을 미워하려고 해도 자기의 내부에 악을 미워하지 않는 요소가 존재하게 되어 그로 인해 내측에서 억제를 당하는 수가 있다.

그래서 결국 미봉적으로 자기기만에 빠지는 것을 면치 못하고 마음에서 발하는 뜻이 불성실해진다. 대저 선을 좋아하는 데 성실하지 않으면 참뜻에서 선을 행하지 못할 뿐 아니라 도리어 선을 해치는 점이 있을 것이다. 악을 미워하는 데 성실하지 못하면 참뜻에서 악을 버리기에 부족할 뿐 아니라 도리어 악을 증대시키는 원인이 될 것이다.

성인은 이 점을 염려해서 〈대학〉에서도 먼저 '격물치지'를 가르침으로써 그 심술(心術)을 열어 밝히고 선과 악의 소재 및 호오(好惡)의 필연성을 인식시킨 다음 비로소 '뜻을 성실하게 한다.'는 설에 의해 그를 전진시키는 것이다. 그 경우 사람의 눈이 미치지 않는 또는 인간 내부의 유독은미(幽獨隱微)한 점을 경계함으로써 그 미봉적 자기기만의 발생을 금절(禁絶)시키려고 했던 것이다.

그래서 마음이 발동하여 선을 좋아하는 경우 반드시 안에서 겉까지 좋아하지 않음이 없을 것이고, 악을 미워하는 경우 반드시 안에서 겉까지 좋아하지 않음이 없게 될 것이다. 즉 눈이 아름다운 색을 좋아하는 경우와 같이, 또는 코가 악취를 싫어하는 경우와 같이 결코 '남을 위해서'

좋아하거나 미워하는 것이 아니고, 오직 눈과 코가 자기의 부득이한 내면적 본성에 재촉을 받아 그 쾌감을 충족시키려고 한다는 것이다.

마음의 발동이 이처럼 실(實)하고, 그리고 또 순간순간의 미소의식(微小意識)에 있어서도 그것이 끊임없이 지속된다면 비로소 내외표리가 융합징철(融合澄澈)해서 마음은 바르고 몸은 완전히 수신된 상태에 무한히 다가서게 될 것이다.

그런데 저 소인들은 남이 보지 않는 곳에서는 불선을 행하면서도 선을 가장하고 외면을 꾸미려고 하는데, 그것은 선악의 소재를 전연 모르는 것이라고는 말할 수 없어도 오직 선을 좋아하고 악을 미워하는 것을 참된 뜻에서 알지 못하므로, 또한 혼자 있을 때를 근신해서 미봉적 자기기만의 맹아(萌芽)를 금절하지 못하고 또 그 점에 대해 자각하지 못하므로 결국 타락하는 것이다.

상술한 바와 같이 제6장에서 말하는 것은 자수(自修)에 있어서의 선결문제이며, 더구나 참된 지식을 획득해두지 않으면 그 호오(好惡)의 실을 거두기는—도덕의식을 말하자면 감각적 호오에까지 철저하게 하고 또 그 호오의 대상을 그르치지 않는—불가능하다. 그래서 경에도 "그 뜻을 성실하게 하려면 우선 그 지(知)가 이르도록 한다.", "지(知)가 이른 후에 뜻이 성실해진다."고 적혀 있는 것이다.

그리고 또 지(知)가 이미 이른 것을 근거로 하여 그 자기운동에 맡기는 일 없이 계속 이 전 제6장에서 '반드시 그

내외표리(內外表裏) : 안과 밖, 겉과 속.
융합징철(融合澄澈) : 융합은 여럿이 녹아서 하나로 합치는 것. 징철은 속이 들여다보이도록 맑은 것.

맹아(萌芽) : ① 식물에 새로 트는 싹. ② 사물의 시초가 되는 것.
자수(自修) : 스스로 몸이나 학문을 닦음.

뜻을 성실하게 하고', '반드시 그 혼자일 때를 삼가며', '스스로 속임이 없게 하라.'고 가르치고 있다. 〈대학〉의 공부가 시종일관 순서를 따라 이단적인 비유교적 요소를 섞고 있지 않는 것이 여기에 뚜렷하게 나타나 있다.

주자는 무엇이든 둘로 나누고, 양명은 무엇이든 하나로 합한다고 하는 말이 있는데, '격물치지'와 '성의'와의 관계는 그 전형적인 예라고 할 수 있다.

제7장

이 장은 8조목 중 정심(正心)·수신(修身)을 해석한다. 그 뜻이 성실하면 선은 있되 악은 없다. 마음을 보존하고 몸을 조절하는 일이 가능한 것은 그 점에 기인한다. 그러나 단순히 뜻을 성실하게 하는 것만을 알 뿐 이 마음의 존부(存否)를 감찰할 능력이 없다면 내부를 곧게 해서 수신하는 일도 불가능하다.

所謂修身이 在正其心者라 하니 身有所忿懥 則不得其正하고 有所恐懼 則不得其正하고 有所好樂 則不得其正하고 有所憂患 則不得其正이라 心不在焉이면 視而不見하고 聽而不聞하고 食而不知其味라 此謂修身이 在正其心이니라

이른바 수신은 그 마음을 바르게 하는 데 있다 함은, 마음에 노여워하는 바가 있으면 곧 그 바름이 얻지 못하고, 두려워하는 바가 있으면 곧 그 바름을 얻지 못하고, 호요(好樂)하는 바가 있으면 곧 그 바름을 얻지 못하고, 우환(憂患)하는 바가 있으면 곧 그 바름을 얻지 못한다는 것이다.

마음이 이곳에 있지 않으면 보아도 보이지 않고, 들어도 들리지 않고, 먹어도 그 맛을 모른다. 이를 일러 '수신은 그 마음을 바르게 함에 있다.'고 하는 것이다.

| 풀이 | 이 분치·공구·호요·우환은 마음의 작용으로서, 그것을 인간으로부터 제거할 수는 없다. 그러나 그것을 그저 있는 그대로 내버려 둘 뿐 감찰·음미의 대상으로 삼을 수가 없다면, 정(情)이 이기고 욕(欲)이 움직여ㅡ인간의 마음은 정적인 '성(性)'과 동적인 '정(情)'과의 통일체에서 정이 극에 달했을 때 '욕(欲)'으로 된다ㅡ제멋대로 활동하고, 마음의 용(用), 즉 마음의 현상면(現象面)은 중정(中正)을 잃게 될 것이다. 즉, 이 노여움, 두려움, 좋음, 근심의 넷이 존재할 때는 '마음을 바르게' 할 수가 없고, 따라서 수신에도 방해가 된다. 또 신유소분치(身有所忿懥)의 '신(身)'은 정자(程子)의 설에 따라 심(心)으로 고쳐 읽는다.

마음이야말로 몸의 주체이다. 마음이 존재하지 않으면, 즉 확립되어 있지 않으면 그 몸을 검속(檢束)하고 조절하는 것이 없어 시(視)·청(聽)·식(食)이란 신체의 기능도 작용하지 못하게 된다. 군자는 그 때문에 마음을 감찰의 대상으로 삼아 '경(敬)'에 의해 바로잡는다. 그러고 나서야 비로소 그 마음이 자리를 잡게 되고 수신도 가능해지는 것이다.

이 장에서는 수신(修身)과 정심(正心)과의 미묘한 관계가 설명되어, 우리의 마음이야말로 우리의 신체를 지배한다는 입장을 단적으로 나타낸 장이다. 그런데 주자에 의하면 사람의 마음이 외물(外物)과 외사(外事)에 속박되어 마음 스스로의 주체성을 상실할 경우로서 다음과 같은 3항

분치(忿懥) : 노여움.
공구(恐懼) : 두려움.

중정(中正) : 어느 쪽에도 치우침이 없이 곧고 바름, 또는 지나치거나 모자람이 없이 알맞음.

검속(檢束) : 자유 행동을 못하도록 단속함. 억제하고 구속함.

외물(外物) : ① 외계의 사물. ② 마음에 접촉되는 객관적 세계에 존재하는 모든 대상.

을 들고 있다.

　(1) 어떤 외사(外事)가 아직 현실적으로 발생되고 있지 않은데 내 마음에 기대감이 싹틀 경우.
　(2) 그 반대로 어떤 외사가 이미 지나가 버렸는데도 불구하고 아직 그것이 기억 속에 남아 있을 경우.
　(3) 그 외사가 현실화해서 그것과 자기가 작용을 하고 있을 때 자기의 뜻이 그 일에 경도(傾倒)되고 이끌려가는 상태가 되었을 경우.

　이것이 주자 일류의 정치(精緻)한 관찰임은 말할 나위도 없으나, 이런 인식은 자연히 이 구절의 해석과 표리적 관계를 맺는다고 할 것이다. 또 주자학에 있어서는 곧 일기(一己)의 실천과 결합되는 것이다.

제8장

　이 장은 수신과 제가, 특히 제가의 근본으로서의 수신을 해석한다.

　이른바 그 집을 바로잡는 것이 수신하는 데 있다 함은, 사람이 그 친애하는 데서 편벽되며, 그 천오(賤惡)하는 데

경도(傾倒) : ① 어떤 일에 열중하여 온 정신을 쏟음. 또는 어떤 인물이나 사상 따위에 마음을 기울여 열중함. ② 기울어 넘어짐.
정치(精緻) : 정교하고 치밀함.

1// 所謂齊其家 在修其身者는 人이 之其所親

서 편벽되며, 그 외경(畏敬)하는 데서 편벽되며, 그 애긍(哀矜)하는 데서 편벽되며, 그 오타(敖惰)하는 데서 편벽된다는 것이다. 그러므로 좋아하면서도 그 나쁜 점을 알아보고, 미워하면서도 그 좋은 점을 알아보는 사람이란 세상에 드물다.

愛 而辟焉하고 之其所賤惡 而辟焉하고 之其所畏敬 而辟焉하고 之其所哀矜 而辟焉하고 之其所敖惰 而辟焉이라 故로 好而知其惡하고 惡而知其美者는 天下鮮矣니라

| 풀이 | 경문(經文)에 '그 집을 바로잡는 것은 수신하는 데 있다(齊其家 在修其身).'란 무슨 뜻인가. 대체로 일시적인 감정에 지배되어 판단의 중정을 잃는 것은 사람이 곧잘 범하는 일이다. 이를테면 자기와 친하고 사랑하는 관계에 있는 자에 대해서는 누구나 과도한 애정에 빠지는 경향이 있어 그 과실을 못 본 체하거나 가져야 할 예의를 게을리 하기 쉽다. 반대로 업신여기거나 미워하는 상대에 대해서는 작은 허물을 발견하면 그것을 확대시키든가 그 활동을 무시하는 경향이 있다.

또 평소에 외경(畏敬)하고 있는 상대에 대해서는 역시 지나친 겸손을 보여 할말도 못하고 예의를 지키고자 하여 아부에 빠지기 쉽다. 혹은 또 언제나 불쌍하게 여기고 동정을 하고 있던 상대라면 이 역시 지나치게 은택을 베풀거나 그 부정을 용서하기 쉽다.

다시 자기의 입장이 우월하다 해서 그 우월감을 북돋워 대등한 상대에게는 자칫 가혹한 행위를 하거나 부당한 모욕감을 주는 경향으로 흐르기 쉽다. 그 뜻을 성실하게 해서 마음을 바르게 간직할 수 있는 독서궁리(讀書窮理)하는

벽(辟): 편벽된 것, 즉 판단이나 감정이 중정을 잃고 한쪽으로 기우는 것.
천오(賤惡): 천한 것을 미워한다는 뜻.
애긍(哀矜): 긍(矜)은 슬프게 여기는 것.
오타(敖惰): 오(敖)는 교만한 것, 타(惰)는 나태. 즉 해야 할 일을 미루며 게으름을 피우는 것.

사람이라 하더라도 자칫 싫고 좋음의 판단을 그르쳐 당연한 법칙에서 벗어남이 없다고 단언하기는 어렵다.

그러므로 좋은 감정을 품고 있는 상대라 하더라도 냉정한 판단을 잃지 말고 그 좋지 못한 행동이나 결점을 정확히 파악해야 하며, 혐오의 감정을 주는 상대라도 똑같은 객관적 판단에 의해 그 미점이나 장점을 정확하게 인정할 수 있어야 한다. 그런데 이 같은 사람은 이 넓은 천하에 극히 드물다.

이 구절에 대해 주자는 이렇게 해석한다. "이 다섯 항목은 사람에게 있어 당연한 법칙이다. 그렇지만 보통사람의 정으로서 오직 그 향하는 바에 따라 살피지 않으면 곧 반드시 한편으로 치우쳐 수신할 수가 없게 된다."고. 아무리 친애하는 사이라도 과당(過當)에 빠지지 말고 이 다섯 가지에 대해 당연한 준칙이 존재하고 있음을 깨닫는다면 마음의 판단을 그르치는 일은 없을 것이다.

그런데 보통 사람의 상정(常情)으로서 오직 감정이 움직이는 방향에 따라 그 시비를 성찰해서 그에 따르는 자기의 언동의 발현을 통어하지 않으면, 편파된 감정에 의한 좋고 싫음의 판단이 그대로 외모에 나타나고 마음의 지배가 신체에 미치지 않는 실상을 보이게 되어, 그것이 자기의 수신이 부족함을 천하에 폭로시키는 결과를 초래하게 되는 것이다. 이에 대해 〈집소(輯疏)〉는 "당연한 준칙이란 사위(事爲)에 대해서 말한다. 한편으로 치우친다 함은 심상(心上)의 병처(病處)를 말하는 것이며, 당연한 준칙을 잃

과당(過當) : 정도가 보통보다 지나침.

상정(常情) : 사람에게 공통적으로 있는 보통의 인정.

게 되면 수신이 되지 않았다고 한다."고 해설한다.

따라서 수신이 되지 않았다 함은 마음의 바름이 충분히 오체의 감정에 미치지 못하고 밖으로 나타나는 거동을 조절하지 못하는 상태를 가리키는 것이라 생각한 듯하다. 필연적으로 수신한다 함은 마음의 바름에 의해 안에 있는 판단과 밖으로 나타나는 거동이 완전히 지배된 상태라 할 수 있다. 그때야말로 안과 밖이 당연한 준칙에 합치된 상태가 상정된다. '당연한 준칙'이란 지선(至善)이라고 하는 호의제(胡宜齊)의 말도 수긍이 간다.

주자는 이처럼 수신이 되지 않은 상태에 있는 것은 '특별히 궁리나 거경(居敬) 등의 수련을 쌓지 않은' 보편적인 사람들이라고 주석하고 있다. 그런데 〈집소〉에서는 마음을 바르게 하는 단계를 끝낸 후라도 역시 아직 이 다섯 가지의 편벽됨이 없다고는 말하기 어려운 실정이므로 전문(傳文)이 '천하선의(天下鮮矣)'라고 했다는 육가서(陸家書)의 문장을 인용해서 '이는 가장 주자의 뜻을 체득한 것'이라고 평하고 있는 점은 간과하기 어렵다. 독서 강학하는 사람들은 이 편파와 무관한 존재라고 단언하는 것은 현사회의 실상에 맞지 않음은 물론 주자의 뜻에 따르는 소이도 아닌 것 같다.

그리고 여기 또 하나 문제가 되는 것은 친애(親愛)·천오(賤惡)·외경(畏敬)·애긍(哀矜)의 네 가지는 인간의 마음에 당연히 있어야 할 것이지만, 다만 '오타(敖惰)'만은 흉덕(凶德)이라는 점이다.

오체(五體) : 사람의 온몸.

거경(居敬) : ① 평소의 생활에 있어서 경건한 태도를 가지는 일. ② 정주학(程朱學)의 학문 수양의 방법의 하나. 항상 한 가지를 주로 하고 딴 것으로 옮기지 아니하면서 경(敬), 곧 심신이 긴장되고 순수한 상태를 유지함으로써 덕성(德性)을 함양하는 일.

마음에 본래적으로 이런 '당연한 준칙'이 내재해 있을 수 있겠는가.—〈혹문〉에서는 이 의문에 대해서 다음과 같이 대답한다. "오타가 흉덕이라 함은 미리 오만한 마음을 품고 이제 자기가 행동하는 대상이 누구인가를 생각하지도 않은 채 덮어놓고 거드름을 피우기 때문이다. 교만하게 대해야 할 대상에게 교만을 부린다면 이것은 정상적인 심리에 속하는 일이고, 사리(事理)로서는 당연한 일이다. 예를 들어 여기 다음과 같은 사람이 있다고 하자. 그 사람과는 특별히 친하지도, 잘 알지도 못한다. 그 지위도 덕도 '외경'할 만한 것이 아니며, 그 빈궁도 '동정'할 정도는 아니다. 그 악도 천시할 정도는 아니다. 즉, 그 말에는 찬부를 표명해야 할 정도도 아니고, 그 행위에는 비판을 가해야 할 정도도 아니다. 그렇다면 그 사람에 대해 그저 지나가는 사람을 대함과 같은 태도를 취하는 것은 당연할 것이다."라고.

그런데 〈어류〉에서는 이렇게 말한다. "오타란 그런 사람과 만나는 것이 혐오스러울 뿐이며, 결코 악덕은 아니다."라고. 그리고 또 이 장의 취지는 어느 한편으로 치우치지 않는 것을 주제로 해서 말하고 있다. '오타라는 점이 있으면' 하고 아주 단정적인 말투로 기술하고 있기는 하나, 그 뜻은 그런 점에 음미·반성을 가하라고 요구하고 있는 것으로, 가령 오타가 당연한 경우에라도 감히 오타심을 휘둘러서는 안 된다고 말하고 있다.

끝으로 〈집소〉에서 한 가지를 인용하겠다.

천시(賤視) : 천하게 여김.

혐오(嫌惡) : 싫어하고 미워함.

"전 제7장에 나오는 4개의 '유소(有所)'라는 글자와 이 장에 나오는 5개의 '벽(辟)'자는 실은 다 마음의 병인데, 다만 전자는 그저 자기 자신의 일이고, 후자는 남을 위한 행위상의 일이라고 한다. 〈대학〉에서 특히 주자의 장구(章句)가 여러 각도에서 인간의 마음의 병에 대해 예리하게 지적하고 그것을 도려내고 있는 사실에 주목해야 한다. 그것은 특히 주자의 학문이 지니고 있는 성격의 자연발로일 것이다."

2

그러므로 속담에 이르기를 "사람은 그 자식의 악(惡)을 아는 자 없고, 그 곡식의 싹이 자란 줄을 아는 자 없다."고 한 것이다.

| 풀이 | 여기서는 당시의 속담을 인용해서, 지나치게 사랑하는 자는 명확한 판단을 내릴 수 없고, 이익을 탐내는 자는 만족하는 일이 없으며, 자기 자식의 결점을 아는 자는 적고 자기 집 논의 싹이 남의 것보다 크다는 점을 인정하는 자도 많지가 않으니, 끝없는 욕심에는 남의 것은 크게 보이고 부럽게 생각된다는 것을 말하고 있다.

편파에는 늘 이와 같은 해독이 따르게 마련이므로, 물론 집안도 다스려지지 않는다. 이것은 수신과는 내용면으로 보아 인륜지도의 실천이라는 점에서 같다. 이제 제가

2// 故로 諺有之하니 曰 人이 莫知其子之惡하고 莫知其苗之碩이라 하다

언(諺) : 속어, 즉 세속에서 전해지고 있는 규구(規矩)의 뜻을 가진 말.
묘(苗) : 오곡이 나기 시작하는 것을 말한다.
석(碩) : 대(大)의 뜻.

(齊家)의 근원으로서의 수신하는 방법, 특히 공평하다는 것을 중심으로 해설되고 있는 점은 극히 흥미롭다.

이 제8장에서는 제가와 수신과의 관계가 설명되어 있는데, 주자에 의한 장절(章節)의 정리에서는 오로지 수신만이 정면에서 설명되고, 그것과 제가와의 관계는 말하자면 배후에서 짧게 언급하는 정도로 그치고 말았다. 더구나 그 배후에서 짧게 언급하고 있는 것을 추정하면 절대로 논리적이 아니고 다분히 상식적인 내용이라는 것을 느끼게 된다.

이 절에서 세상의 속담을 인용한 것도 앞절과는 별개로 제가를 해설한 것도 아니고, 앞절을 받아 감정에 지나치게 흘러 판단의 공정성을 잃는 사례를 반복해서 설명한 데 지나지 않는다. 그것도 스스로를 수신한다는 원시 유가사상 중에서 중대한 비중을 차지하는 문제를 오로지 감정 하나로 판단의 중정을 상실한다는 점에서만 취급하는 것은 크게 부족함을 금할 수가 없다.

그러나 숙고해보면 의(意)를 성(誠)스럽게 하고 마음을 바르게 하는 단계까지의 수련을 거쳐 강화된 정신적 통어력이 감정 및 그로 인해 생기는 연원으로서의 신체에 미치는 정도를 생각할 때 용이하게 강화되었다고 볼 수 없는 실상(實狀)인 점, 또 마음의 힘이 충분히 신체의 구석구석까지 이르렀을 때 수신이라는 8조목 중의 일단계가 비로소 터득되었다고 말할 수 있음을 표시하려고 한 것이 주자에 의한 본장의 주지가 아니었나 생각된다.

통어력(統御力) : 거느려서 제어하는 힘.
연원(淵源) : 사물의 깊은 근원. 사물이 성립된 바탕.

그렇게 보면 부족하기는 하나 상당히 중대한 윤리상의 문제, 즉 정신과 신체와의 관련이 취급되고 있다고 말할 수 있지 않겠는가. 적어도 이 〈대학〉편에서 말하는 '수신'이란 도대체 무엇인가에 대해 다시 생각할 계기가 본장에는 포함되어 있지 않는가 생각된다.

3

이것을 일러 '수신하지 않고서는 그 집안을 바로잡을 수 없다.'고 하는 것이다.

3// 此謂身不修면 不可以齊其家니라

제9장

이 장에서는 제가와 치국을 해석한다.

1

이른바 나라를 다스리려면 반드시 먼저 그 집안을 바로잡아야 한다는 것은, 그 집안을 가르치지 못하면서 능히 다른 사람을 가르치는 자는 없기 때문이다. 그러므로 군자는 집을 나서지 않고서도 교화를 나라에 편다. 효(孝)는 임금을 섬기는 길이고, 제(弟)는 윗사람을 받드는 길이고, 자(慈)는 백성을 부리는 길이다.

1// 所謂治國이 必先齊其家者는 其家不可敎하고 而能敎人者는 無之하니 故로 君子는 不出家 而成敎於國이라 孝者는 所以事君也요 弟者는 所以事長也요 慈者는 所以使衆也니라

덕목(德目) : 충(忠)·효(孝)·인(仁)·의(義) 등 덕을 분류하는 명목.

유순(柔順) : 성질이 부드럽고 순함.

| 풀이 | 경문(經文)에서 '그 나라를 다스리고자 하는 자는 먼저 그 집안을 바로잡는다(欲治其國者 先齊其家).'라고 한 것은 무슨 뜻일까?

그 집안을 가르치지 못하면서 다른 사람들을 가르친다는 것은 있을 수 없는 일이다. 따라서 자기의 명덕을 밝힐 수 있는 군자라면 먼저 가지 집안을 감화시키고 그후에 먼 곳까지 자기 덕에 의한 감화를 미치게 한다. 예컨대 군이 집밖으로 나가지 않더라도 명덕의 자연 감화는 금지할 수 없는 것이므로, 나중에는 널리 온 나라 사람에게까지 그 교화가 미치게 될 것이다.

그 교화를 위한 덕목(德目)에는 효(孝)가 있고 제(弟)가 있고 자(慈)가 있다. 부모에 대한 효는 사람들에게 효의 모범이 됨은 물론, 그것이 다시 범위가 넓혀져서 군(君)에 대한 도덕, 즉 충(忠)이 되기도 한다. 형을 대하는 제(弟)도 역시 그것을 넓히면 일반적으로 연장자를 대하는 유순(柔順)의 덕이 된다. 어버이가 늘 자식에게 하는 덕인 자(慈)도 그것을 일반 백성들에게까지 넓혀 가면 인애(仁愛)의 덕이 된다.

백성들이 전부 교화되고 도덕적으로 자각을 한다면, 다시 말해서 백성들이 새로워진다면 그것이 곧 나라를 다스리는 길이 된다. 이것이 '군자는 집밖에 나가지 않고도 가르침을 온 나라에 편다(君子不出家 而成敎於國).'는 뜻이다. 집안이 위로 다스려지면 그 가르침은 아래로 이루어지게 되는 것이다.

2

강고(康誥)에 말하기를 "갓난아이를 돌보듯 하라."고 하였으니, 마음으로 성실히 그것을 찾기만 하면 적중하지 못한다 해도 멀지는 않다. 아이 기르는 법을 배우고 나서 시집갔다는 사람은 아직껏 없었다.

| 풀이 | 이 절은 전절의 마지막 구인 '자(慈)는 중(衆)을 부리는 소이이다(慈者 所以使衆也).'를 풀이한다.

즉 대중을 부려 통치하는, 본질적으로 말하면 백성에게 도(道)를 가르쳐 스스로를 새롭게 하는 일의 근본은, 어머니가 어린아이를 기르고 사랑한다(전절에서는 아버지의 자식에 대한 자애)는 가정에 있어서의 자연적인 실천을 단서로 해서 그것을 널리 확대시켜 가는 것이라는 점을 설명했다. 그것은 즉 '자(慈)'를 한 보기로 해서 이 장 전체의 주제인 '집안의 도덕에서 나라의 도덕으로'라는 내용을 설명하는 것이기도 하다. 미리 아이를 낳아서 기르는 법을 배운 다음 시집가는 여자는 없지만, 그렇다고 아이를 양육하고 교화하는 데는 아무런 지장도 없다.

정자(程子)가 말하고 있듯이 어린아이는 그의 생각을 말로 표현할 수가 없지만, 그러나 그 어머니의 자애심이 지성에서 발하면 어린아이의 뜻이 있는 곳을 알게 되는데, 그것이 비록 적중하지는 않는다 해도 크게 어긋나지는 않는다. 배움으로써 비로소 잘하는 것은 아이이다. 물론 백

2// 康誥曰 如保赤子라 하니 心誠求之면 雖不中이나 不遠矣라 未有學養子而后에 嫁者也니라

적자(赤子) : 유아(乳兒).
중(中) : 적중한다는 뜻.

단서(端緒) : ① 일의 시초. ② 실마리. 끄트머리.

성은 어린아이처럼 자기 생각을 말할 능력이 없는 것은 아니다.

그러나 백성을 통치하는 자는 그 마음을 옳게 다스리지 못하는 수가 많은데, 그것은 원래 자애라는 내실이 결여된 탓에 통찰을 못하기 때문이다. 대중을 통치하기 위해서는 어머니가 어린아이에게 보이는 자애라는 것을 단서로 해서 거기서부터 추진해가는 것이 좋다. 유아에 대한 어머니의 자애는 외적으로만 존중하는 허식이 아니고, 또 의도적인 작위를 기다릴 필요도 없다. 임금을 섬기는 효(孝), 웃어른을 섬기는 제(弟)에 대해서도 역시 마찬가지인 것이다.

3

한 집안이 어질면 한 나라가 그 어짊에 흥기하고, 한 집안이 겸양하면 한 나라가 그 겸양함에 흥기하고, 한 사람이 탐욕하고 도에 어긋나면 한 나라가 난을 일으킨다. 그 동기가 이와 같으니, 이것을 가리켜 한마디 말이 일을 뒤엎고, 한 사람이 나라를 안정시킨다고 한다.

| 풀이 | 앞절에서 가르침을 세우는 근본을 설명한 데 대해, 이 절에서는 가르침이 한 나라에서 완성되는 (혹은 되지 않는) 경우의 효과를 설명한 것이다. 집안을 잘 가르친 결과 온 집안에 인(仁)의 도(道)가 실현되기에 이르면, 한

통찰(洞察) : 환히 내다봄. 꿰뚫어 봄.

허식(虛飾) : 실속 없이 겉만 꾸밈.

3// 一家仁이면 一國興仁하고 一家讓이면 一國興讓하고 一人貪戾면 一國作亂하니 其機如此하니 此謂一言이 僨事하고 一人이 定國이라 하다

일인(一人) : 여기서는 임금, 즉 통치자를 말한다.
탐려(貪戾) : 절도를 벗어난 터무니없는 욕심. 여(戾)는 도리에서 벗어나는 것으로, 엄청난 아욕(我慾)을 뜻한

나라 전체도 인으로 흥하고 인의 도라는 점에서 성하게 된다. 한 집안에 겸양지덕이 실현되면 국가 전체도 겸양지덕이 성해진다.

  반대로 만약 한 사람(국왕, 통치자)이 도리에 어긋나게 탐욕스러운 인간이라면 나라 전체도 탐욕·패덕하게 되어 난을 일으키게 된다. 치(治)든 난(亂)이든 그것이 발동되어 나오는 기(機)는 이러한 것이다. '(군자의) 한마디 말이 국가의 대사를 그르치고, 군자다운 단 하나의 인물이 국가를 안정시킨다.'는 말은 이러한 점을 말하는 것이다.

  인(仁)과 양(讓)의 경우는 집으로 말하고, 탐려의 경우는 사람으로 말하고 있는 것은, 반드시 쌓아올렸을 때 비로소 선은 완성되는 것인데 대해 악은 비록 미소하더라도 경계해야 하는 것이므로 고인(古人)은 그 점을 깊이 경계한 것이다. 또 천자나 국군(國君)의 일이라고 해석하면 쉽게 이해가 가는 부분이라도 결코 그렇게 명언(明言)하지 않고 가급적 군자 일반과 같이 주석하는 것이 주자의 태도였으나, 본절의 '일인탐려(一人貪戾)'의 일인에 대해서는 부득이 군주를 말한다고 했다.

기(機) : 빌미, 또는 일의 동기가 되는 단서.
분사(僨事) : 복패(覆敗). 실패해서 일이 파괴되는 것을 말한다.

국군(國君) : 한 나라의 군주. 국왕.
명언(明言) : 분명히 말함, 또는 그 말.

4

  요(堯)와 순(舜)이 천하를 거느림에 있어 인의로써 하니 백성들이 그것을 따랐고, 걸(桀)과 주(紂)가 천하를 거느림에 있어 포(暴)로써 하니 백성들도 그것을 따랐다. 그 내리

4// 堯舜이 帥天下以仁하니 而民從之하고 桀紂가 帥天下以暴하니 而民從之하고 其所令

이 反其所好면 而民不從이라 是故로 君子는 有諸己而後에 求諸人하고 無諸己而後에 非諸人하나니 所藏乎身不恕로 而能喩諸人者는 未之有也라 故로 治國은 在齊其家니라

이인(以仁) : 인(仁)은 1절과 3절의 효·제·자·인·양을 총괄하는 의미로 쓰여졌다.
무제기(無諸己) : 우선 자신에게서 제거해야 할 것으로는 앞절에서 말한 탐려(貪戾)이다.
서(恕) : 여기서는 동정하는 마음을 말한다.
유(喩) : 타이르는 것. 내 뜻을 잘 양찰시켜 순종하지 않음이 없도록 한다는 뜻.

정령(政令) : (정치상의) 명령이나 법령.

는 명령이 그들 자신이 실제로 좋아하는 바와 상반되는 것이면 백성들은 따르지 않는다.

그러므로 군자는 자신에게 있고 난 뒤에야 남에게도 있기를 요구하며, 자신에게 없고 난 뒤에야 남을 책망할 수 있으니, 제 몸에 간직한 것이 서(恕)가 아니고서 능히 남을 깨우칠 수 있는 사람은 없다. 그러므로 나라를 다스림은 그 집안을 바로잡는 데 있는 것이다.

| 풀이 | 이 절도 전절 끝의 '일인정국(一人定國)'을 받아 설명하고 있다. 자기 자신이 선을 지닌 다음에야 비로소 남에게 선을 권장할 수가 있고, 자기 자신이 악을 물리친 다음에야 비로소 남의 악을 바로잡을 수가 있다. 어느 경우에나 자신을 진전시켜 남에게 미치게 하는 것이며, 그것이 곧 '서(恕)'이다. 그런데 이렇게 하지 않고 군자의 명령이 군자 자신이 항상 지향(志向)하는 바와 서로 상반되어 있다면, 즉 평소에는 악을 즐겨 행하다가 백성들에게 선을 행하라고 명령한다면 그런 명령에는 백성들은 따르지 않을 것이다. 요·순이 천하를 다스림에 있어 인(仁)을 실천했으므로 백성도 그를 따라 인을 실천했다.

이에 반해 하의 걸왕과 은의 주왕 같은 폭군은 천하를 다스림에 있어 포학을 실천했으므로 백성들도 이를 따라 포학한 행위를 일삼았다. 요컨대 걸왕·주왕의 경우에는, 그 정령(政令)—물론 국가의 명령에 순종하라는 정령—은 그가 일삼던 포학과는 상반되는 것이었으므로 백성은

정령에 따르지 않고 포학한 행위를 일삼았다.

　이러한 까닭에 군자는 그 무엇인가를 자신이 획득한 뒤에야 비로소 남에게도 요구를 하고, 그 무엇인가를 주목해서 자신으로부터 제거한 뒤에야 비로소 아직 그것을 극복하지 못한 사람을 비난할 수 있는 것이다. '자기 안에 지니고 있는 것이 서가 아니면(所藏乎身不恕)', 곧 서의 덕을 안에 지니고 있는 사람이 아니고서는 남을 깨우칠 수가 없다. 선을 따라야 하고 악을 물리쳐야 한다는 것을 남에게 납득시킬 수가 없는 것이다.

　물론 '이것을 내 것으로 한 뒤에 남에게 구하고, 이것을 나에게서 없이 한 뒤에 남을 비난한다.'라는 말을, '윗사람의 행위를 아랫사람이 본받는 것은 자신도 모르게 그렇게 되는 것이다.'라는 이 장 전체의 문맥 속에서 읽는 것이 아니라 '구함', '비난함'에 중점을 두어 권하고 격려하고 감독한 뒤에 비로소 아랫사람이 본받게 한다는 뜻으로 읽어야 한다.

　또 자기가 수양을 함과 동시에 남에게도 자기가 수득한 것과 같은 덕을 지니라고 요구하거나, 자기가 겨우 그 어떤 결점을 면했을 뿐인데 그것을 가지고 바로 남에게도 반드시 그 결점이 없기를 요구하거나 해서는 안 된다. 그러고 보면 자기가 아직 선을 이루지 못했다 해서 남에게 선을 요구하지 않고, 아직 악을 버리지 못했다 해서 남의 악도 비난하지 않는다고 하면 어떻게 될까. 그것은 '서(恕)', 즉 '죽을 때까지 행해야 할'(《논어》 위영공편) 그 서라

수득(修得) : (학문이나 기예 따위를) 배워서 터득함.

고 할 수가 있겠는가.

　서(恕)란 '마음과 같이 한다.'는 것, 즉 자기 자신을 다스리는 것과 같은 마음으로 남을 다스리고, 자기 자신을 사랑하는 것과 같은 마음으로 남을 사랑한다는 것이다. 결코 임시적이고 가식적인 것으로써 하는 것은 아니다. 먼저 궁리(窮理)로써 마음을 바르게 하여 자기를 다스리고, 남을 사랑하는 지반을 바른 상태에 둔 연후에 비로소 서를 남에게 미치도록 함을 논하는 단계에 달하는 순서로 되어 있다.

　〈대학〉의 전(傳)에서도 끝부분인 제6장과 제10장에서 비로소 서에 대해 언급하고 있는 것을 보면 그 실천적 순서가 느낌을 알 수 있을 것이다. 자신을 다스리는(治己) 마음으로 남을 다스리려고(治人) 하는 취지인 본장에서도, 요컨대 자기를 다스리려고 노력하는(强於自治) 것이 근본이라는 것을 잊어서는 안 된다. 특히 자기를 다스리는 데 노력한다면, 나무가 곧으면 그 그림자도 곧고, 근원이 맑으면 그 흐름도 맑은 것과 같이 자기를 다스리고 남을 다스리는 길도 완전해질 것이다. '몸이 끝날 때까지' 부단히 노력해야 하는 까닭은 이에 있는 것이다.

　그런데 지금 그와는 반대로 자기의 불초(不肖)함을 곧 표준으로 삼아 당연히 자기가 다스리고 가르쳐야만 할 것을 고식(姑息)하게 취급하여 훈계하려고 하지 않는다면, 그것은 천하 사람을 다 자기와 같은 불초한 자로 만들고 똑같이 타락시키려고 하는 것과 다를 바 없다. 이와 같은

가식(假飾) : (말이나 행동을) 속마음과는 달리 거짓으로 꾸밈.

지반(地盤) : 일을 이루는 근거지.

불초(不肖) : 못나고 어리석음.

고식(姑息) : 우선 당장에 탈없이 편안함.

것은 대란(大亂)의 도(道)로서, 이른바 '죽을 때까지 행해야 할' 서는 아니다.

범중엄(范仲淹)의 아들 범순인(范純仁)—두 사람 다 북송(北宋)의 명신(名臣)—의 말에 "아무리 어리석은 사람이라도 남을 책망할 때는 총명하며, 아무리 총명한 사람이라도 자기를 용서할 때는 어리석다. 적어도 남을 책망하는 마음으로 자기를 책망하고, 자기를 용서하는 마음으로 남을 용서한다면 틀림없이 성인(聖人)이 될 수 있다."고 한 것이 있다. 이것은 독후(篤厚)에 가까운 말이라고 할 수 있으며, 세상에서도 이 말을 칭찬하는 사람이 많다.

그러나 서라는 말은 원래 '남을 대함에 있어 자기의 마음과 같이 대한다.'는 뜻이며, 바깥으로 남에게 미치도록 하는 것이지 안을 향해 거두어들인다는 뜻으로는 쓰지 못한다. 따라서 남에게는 적용이 되나 자기에게 적용시킬 수는 없다〔그 점에서 장횡거(張橫渠)의 "남을 책하는 마음으로써 자기를 책하고, 자기를 사랑하는 마음으로써 남을 사랑한다."라는 말이 훨씬 좋다.〕. 자기를 용서할 때는 어리석다고 말하고 있는 것은 그 점을 알고 있는 것이지만, 그래도 아직 '자기를 용서하는 마음으로 남을 용서한다.'고 말하고 있는 것은 자기의 어리석음을 극복하려 하지 않고 남까지도 자기와 같이 어리석게 만들려고 하는 데 지나지 않는다.

이와 같은 방법으로 성현의 반열에 이르려고 하는 것은 대단한 잘못이 아니겠는가. 만약 그 말이 그저 자기에 대한 마음을 되돌려(방향을 반대로 해서) 남에게 미치도록 하

명신(名臣) : 훌륭한 신하. 이름난 신하.

독후(篤厚) : 독실하고 극진함.

장횡거(張橫渠) : 이름은 재(載). 횡거는 호임. 그의 설은 예(禮)를 숭상하고 역(易)으로 종(宗)을 삼고 중용으로 체(體)를 삼았으며, 우주의 본체를 태허(太虛)라고 하였다.

려는 것뿐이라면 다음 제10장의 '남을 사랑한다.'(제15절)에서 해설해도 무관하겠으나, 본장과 같이 남을 다스리는 것을 취지로 하는 설 및 〈중용〉의 '사람으로써 사람을 다스린다(以人治人).'(제13장 제2절)의 설과는 맞지 않는다. '용서'라는 말은 같아도 하나는 남에게 미치게 한다는 데 중점이 있고, 하나는 자기를 다스린다는 데 중점이 있다. 이 양자 사이의 미묘한 차이야말로 학자들이 깊이 통찰·변별해야 할 부분이다.

후한(後漢)의 광무제(光武帝)는 확실히 현군(賢君)이었다. 그러나 무고한 그 아내 곽황후(郭皇后)를 폐해버렸다. 그 때 유학자인 신하 질운(郅惲)은 대의를 역설해서 광무제의 과실을 구한다는 일은 하지 못하고, 헛되게 말을 돌려 만류만 했을 뿐이었다. 광무제는 이 질운을 가리켜 "자기를 잘 용서해서 주(主)를 생각한다."고 했는데, 말하자면 그것은 이른바 "가장 중요한 3년상도 제대로 치르지 않는 주제에 시마(緦麻)나 소공(小功)의 상(喪)에 대해서는 자세하고, 많은 밥을 먹고 국을 흘려가며 마시는 주제에 말린 고기를 씹어 자르는 것을 무례하다고 비난한다."(〈맹자〉진심편)는 것과 같다.

질운은 신하의 자격으로 책난진선(責難陳善)—어디까지나 이상주의를 군주에게 요구하는—을 감행하지 않음으로써 군주의 죄를 방임했다는 죄악의 선례를 보인 것이라 하겠다. 단 한 자라도 그 뜻이 명확하지 않으면 이처럼 큰 화가 되는 것이다.

광무제(光武帝) : 중국 후한의 제1대 황제. 본명은 유수(劉秀). 왕망의 군대를 무찔러 한나라를 다시 일으키고 낙양에 도읍하였다.

시마(緦麻) : 가장 가는 누인 베로 만들어, 종증조(從曾祖)·삼종형제(三從兄弟)·중증손(衆曾孫)·중현손(衆玄孫)·외손·내외종 등의 상사에 석 달 동안 입는 상복.

소공(小功) : 오복(五服)의 하나. 소공친(小功親)의 상사에 다섯 달 동안 입는 복제. 가는 누인 베로 지음.

따라서 윗자리에 있는 군자가 일국을 참으로 통치하기 위해서는 우선 자신과 가장 가까운 일가(一家)를 남김없이 감화시키는 것이 전제가 되어야 한다. 만약 일가를 감화시키지 못할 경우에는 자기 심신에 효·제·자·인·양 등 여러 덕이 구비되어 있지 못하다는 사실의 반영이므로, 일국의 백성들에게 윤리적 요청을 한다는 것은 절대로 불가능한 일이다. 그리고 다음의 제5절은 이상 4절의 시종(始終)을 통해 간추려 매듭짓는 역할을 한다고 주자는 보았던 것이다.

윗자리에 있는 통치자─최종적으로 오직 한 사람인 국군(國君)─의 입장의 중대함, 다시 말하면 책임의 중대함을 제3절의 고어(또는 속담)를 들어 반복 설명한다. 여기서는 직접적으로는 자기 일가를 다스려야 함을 강조한 글은 보이지 않으며, 오직 치국이 얼마나 윗자리에 있는 군자에게 의존하고 있는가 하는 점이 상당히 구체적으로 강조되고 있다.

특별히 서(恕)의 도(道)를 들어 반복하여 군자가 당연히 지녀야 할 모습을 강조하는데, 원시 유교에 있어서의 정통적 윤리사상의 입장이 자신있게 나타나 있다. 그래도 윗자리에 있는 군자에 의한 실질적 영향 앞에는 형식적인 법령 등은 전혀 무력하다는 단적인 지적에서는 때와 장소를 초월하는 진리를 알아야 함과 동시에 배후시대, 세태를 이것저것 억측하기에 충분하다.

시종(始終) : ① 처음과 끝. ② 처음부터 끝까지.

고어(古語) : 옛사람이 한 말.

5// 詩云 桃之夭夭여 其葉蓁蓁이로다 之子于歸여 宜其家人이라 하니 宜其家人而后에 可以敎國人이니라 詩云 宜兄宜弟라 하니 宜兄宜弟而后에 可以敎國人이니라 詩云 其儀不忒하여 正是四國이라 하니 其爲父子兄弟가 足法而后에 民法之也니라 此謂治國이 在齊其家니라

도지요요(桃之夭夭) : 이것은 〈시경〉 주남(周南)편 도요(桃夭)의 한 절이다. 요요(夭夭)란 아주 젊고 아름다운 모양. 양춘을 만나 가지를 뻗고 잎이 나고 꽃을 피운 복숭아나무의 모습을 형용한 말인데, 직접 도화만을 가리키는 것이 아니다.
진진(蓁蓁) : 아름답고 성한 모양.
지자우귀(之子于歸) : 이 지자(之子)란 시자(是子)의 뜻이다. 우(于)는 '고주(古註)'에서는 왕(往)의 뜻으로 보나, 지금은 운율을 맞추기 위해 두는 조자(助字)로 특별한 뜻은 없다. 귀(歸)란 여기서는 시집가는 것.

5

〈시경〉에 이르기를 "복숭아나무의 요요(夭夭)함이여, 그 잎이 짙푸르구나. 이 아가씨 시집가는구나. 그 집안 사람 화목하게 하리."라고 하였으니, 그 집안 사람을 화목하게 하고 난 후에야 가히 나라 사람들을 교화시킬 수 있을 것이다.

〈시경〉에 이르기를 "형과 화목하게 하고, 아우와 화목하게 하는구나."라고 했으니, 형과 화목하게 하고 아우와 화목하게 하고 난 후에야 가히 나라 사람들을 교화시킬 수 있을 것이다.

〈시경〉에 이르기를 "그 의범(儀範)이 어긋나지 않으니 사방 백성을 바르게 한다."라고 하였으니, 그 아비와 아들, 형과 아우되는 자가 충분히 모범이 될 만한 뒤에야 백성들이 그를 모범으로 삼게 될 것이다. 이것을 일러 나라를 다스림이 그 집안을 바로잡는 데 있다고 하는 것이다.

| 풀이 | 첫절에 인용되고 있는 도요의 시는 꽃과 잎이 무성하여 젊음을 자랑하고 있는 복숭아나무를 젊고 아름다운 처녀에 비유한 것이다. 그런 처녀가 시집을 가면 틀림없이 시집 식구들에게도 온순하고 화순해서 화목한 가정을 이룩해갈 것이다. 이 처녀가 시집 식구들에게 하듯이, 군자는 가까이 있는 식구들을 화목하게 하고, 그런 연후에 점차 그 덕을 외부에 미치게 해서 온 나라 사람들을 교

화시켜 가는 것이다.

또 같은 〈시경〉의 육소에는 '의형의제(宜兄宜弟)'가 노래되고 있는데, 그와 같이 군자는 우선 자기 형제들과 조화를 이루고 화목하게 해서 집안을 바로잡은 다음 점차 온 나라 사람들을 교화·선도해 갈 수가 있다.

다시 시구의 '기의불특 정시사국(其儀不忒 正是四國)'이라는 구절은 군자의 덕에 의해 일가 사람들의 위의나 동작이 준칙에서 어긋나지 않고 그것이 모든 사람들의 의표가 되기까지에 이른 뒤, 마침내 나라의 사방이 감화되고 바르게 된다는 뜻이다. 이 시에서도 역시 세상의 군자가 이와 같이 덕화됨으로써 비로소 나라 사람들도 이 법에 따르게 된다는 것을 말하고 있다. 즉, 남이 보아 모범을 삼기에 충분하다면 백성도 그 군자를 모범으로 삼아 아버지나 아들, 혹은 형이나 아우로서 훌륭하게 행동하게 되리라는 것이다.

맨 끝에 있는 '차위(此謂)'의 '차(此)'는 위에 인용한 3수의 시를 가리킨다. 그것들은 다 그 전절(前節)이 의미하는 바를 노래한 것으로서 인용된 것이고, 그에 대한 마무리로서 이 '차위……' 이하 8자가 계속되고 있는 것이다.

또 이 장에서 후반에 시를 3수 인용한 것은 이미 그 앞에서 '고치국재제기가(故治國在齊其家)'라는 말로써 일단 매듭을 지은 후이므로 다소 중복되는 느낌이 없지도 않다. 그러나 반드시 중복이라고 볼 수만은 없다. 왜냐하면 그 어떤 설(說)을 말한 다음에는 반드시 〈시경〉에서 시구

의기가인(宜其家人) : 의(宜)는 주자의 주에 따르면 '화순'이라는 뜻이다. 시댁의 사람들과 화순해서 만족한 모양이라고 한다.
의형의제(宜兄宜弟) : 〈시경〉 소아(小雅) 육소(蓼蕭)의 한 구절인데, 여기서는 '그 집안 사람과 화목하라'라는 뜻으로 주자는 풀이하고 있다.
기의불특(其儀不忒) : 〈시경〉 조풍(曹風)편 시구(鳲鳩)의 한 구절. 의(儀)는 의표(儀表)로 일가에 대해서 말한다.
정시사국(正是四國) : 정(正)은 화(化)한다는 뜻에 가깝다. 즉 감화. 사국(四國)이란 사방의 뜻.

를 인용하여 결론을 짓는 것이 옛사람들의 저술체제이기 때문이다.

원래 시란 것은 지(知)로써 세세하게 캐는 성질의 것이라기보다는 한가롭게 그 경지에 잠겨 그 질서를 만끽해야 하는 성질의 것이다. 그렇게 함으로써 사람의 선심을 감발(感發)시키는 작용을 시는 가지고 있는 것이므로, 시를 인용하는 것도 그 점을 염두에 두고 있기 때문이다. 그런 깊은 목적 없이 그저 시의 문구를 가져다 자기 소설(所說)을 증명하기 위해서가 아닌 것이다.

사실 이 전(傳) 제9장에서 논하고 있는 제가치국은 문장이나 취지나 제5절까지에서 일단 종결되고 있다. 그런데도 다시 시 3수를 인용한 것은 무슨 색다른 논점을 제시하기 위해서가 아니다. 다만 그것을 읽고 반복해 음미하다 보면 뜻은 깊고 길게 도리(道理)가 펼쳐져 읽는 사람의 심정이 시의 철리(哲理)와 완전히 융합됨으로써 온몸이 자신도 모르게 흥겨움에 빠져 춤을 춘다는 문화적·도덕적 절정에까지 도달하기에 이른다는 것, 시의 인용에는 이와 같은 효과가 있다. 오직 이곳뿐만이 아니라 시를 인용하고 있는 곳은 모두 이렇게 생각해가면 인용자의 사상도 알 수 있고, 시의 효용도 터득할 수 있을 것이다.

이 3수의 시는 반드시 막연하게 배열되고 있는 것이 아니다. 최초의 시는 가인(家人)에 대해서, 다음의 것은 형제에 대해서, 마지막의 것은 나라 사방에 대해서 말하고 있다. 이것은 요컨대 〈시경〉 대아의 '사제(思齊)'라는 시에서

선심(善心) : ① 착한 마음. 선량한 마음. ② 남을 구제하는 마음.
감발(感發) : 감동하여 분발함.
소설(所說) : ① 주장하는 바. ② 설명하는 바.

철리(哲理) : 아주 깊고 오묘한 이치.

말하는 "과처(寡妻)에게 본을 보여 형제에 이르고, 그로써 가방(家邦)에 미친다(刑于寡妻 至于兄弟 以御于邦)."라는 뜻과 같은 것이다.

과처(寡妻) : 남에게 대하여 자기의 아내를 낮추어 일컫는 말.
가방(家邦) : 자기의 집안과 나라.

제10장

 이 마지막 장에서는 치국과 평천하에 대해 해석한다. 백성들과 호오를 같이하고 이(利)를 독점하지 않도록 노력한다는 것이 대략의 취지인데, 요컨대 혈구지도(絜矩之道)를 추진시킨 것이다. 능히 그것에 성공하면 현(賢)을 좋아하고 이(利)를 즐겨 각자가 다 그곳을 얻음으로써 천하는 태평해질 것이다. 본장의 특징은 혈구의 도를 '재용론(財用論)', 즉 경제론에까지 전개시켜서 해설하고 있다는 것인데, 그 점에서는 유교경전 중 특이한 성격을 지니고 있다.

/

 이른바 천하를 화평하게 함은 그 나라를 다스리는 데 있다는 것은, 윗자리에 있는 자가 노인을 노인으로서 대우하면 국민들 사이에 효성이 흥기하고, 윗자리에 있는 자가 어른을 어른으로 받들면 국민들 사이에 공경이 흥기하며, 윗자리에 있는 자가 외로운 이들을 불쌍하게 여기면 국민들도 저버리지 않는다는 것이다. 이러므로 군자에게는 '혈구지도'가 있는 것이다.

1// 所謂平天下가 在治其國者는 上老老면 而民興孝하고 上長長이면 而民興弟하고 上恤孤면 而民不倍하니 是以로 君子는 有絜矩之道也니라

노로(老老) : 노인을 노인으로서 대우하는 것.

혈구지도(絜矩之道) : 혈(絜)은 재는 동작, 구(矩)는 재는 기구. 여기서 혈구(絜矩)는 곡척(曲尺)을 가지고 재다, 또는 법에 의하여 재다. 자기의 마음을 척도로 하여 남의 마음을 추측해서 어떠한 경우에도 곡척처럼 방정(方正)하다는 것.

방형(方形) : 네모진 형상.

단서(端緖) : 일의 처음. 일의 실마리.

| 풀이 | 이 절의 뜻은 노로(老老)·장장(長長)·휼고(恤孤)라는 제가에 속하는 세 가지 사항에 있어 위에 있는 자가 행하는 것을 아래에 있는 자가 이어받는다는 것과 같은데, 그것은 형태에 대해 그림자가 생기고, 소리에 대해 울림이 발생하는 속도보다도 더 빠르고 민감하다. 이것은 윗사람이 그 집안을 바로잡아야만 나라가 다스려진다는 것을 가리키는데, 여기서 우리는 인간의 마음이란 지위의 고하를 막론하고 보편적으로 동일하다는 것, 그리고 제자리를 얻지 못하는 자가 단 한 사람이라도, 비록 천한 자들 속에라도 있게 해서는 안 된다는 것을 알 수 있다.

따라서 군자는 인간의 마음의 동일성이란 사실에 입각해서 자기 마음으로 미루어 남의 마음을 재고, 제가→치국에서 다시 한 걸음 나아가 널리 타인들이 각각 원하는 바를 성취하도록 해야 할 것이다. 그렇게 하면 자로 방형(方形)을 그리듯 사방이 다 바르고 각도도 정확해질 것이다. 이것이 곧 천하가 평탄해지는 길이다.

전장(前章)에서 제가·치국의 도(道)를 논할 때 이미 이 점에 대해 설명했다. 이제 본장에서 치국·평천하의 길을 논함에 있어 다시 한번 그것(노로·장장·휼고)을 제시하는 이유는 무엇인가. 이것은 이 삼자가 인간의 도의 단서 가운데 대표적인 것이고, 누구라도 마음속에 동등하게 갖추고 있는 것이기 때문이다. 전장에서는 오로지 자기의 마음을 확대시켜 그것을 남에게 미치도록 함으로써 남이 그것에 화하도록 만든다는 것을 주제로 했었는데, 이 장에서 그것을 다시 한번 반복함으로써 만인에게 동일하고 또 그칠 수 없는 인간의 마음의 성격을 보인 것이다.

그런데 여기서 주목해야 할 것은, 군자는 단순히 교화하는 수단을 갖는 데 그치지 않고 다시 아랫사람을 대하는 방법도 알고 있어야 한다는 점이다. 왜냐하면 인간의 마음의 본질은 결국 동일하기는 하나, 현실적으로는 지위에 귀천의 차별이 있고, 기품에는 현명함과 어리석음의 차별이 있기 때문이다. 적어도 위에 있는 군자가 진실한 인식 및 실천을 가지고 제창하는 것이 아니라면, 아무리 본질에서 군자와 같은 마음을 갖는다 해도 아래에 있는 자들이 감분하여 흥기하는 일이 없음은 당연하다.

설사 다행히도 제창하는 자가 있어 흥기한다 해도, 역시 그런 경우에도 윗사람이 그의 도의심을 통찰할 능력이 없어 그를 실제적으로 대하는 길을 그르친다면 이상에 불타 흥기한 마음도 결국 만족을 얻지 못하고 반대로 불균형을 한탄하게 될 것이다. 따라서 군자는 마음의 동일성의 통찰에서 혈구지도라는 것을 파악하여 대우할 방법을 세우고, 그렇게 해서 백성들이 흥기한 도의심을 어디까지나 마음껏 달성시켜 주는 것이다.

위에 있는 군자나 그 아래 있는 만인이나 그 마음속에 있는 윤리적 경향은 본래 다르지 않다는 것이 여기서 또다시 반복 강조된다. 그 구체적인 덕목으로서는 효(孝)와 제(弟)와 자(慈)가 제시된다. 〈대학〉의 기본적인 입장이 원시 유교사상 중에서도 가장 순수한 이른바 전도파(傳道派)

교화(教化) : 교도하여 감화시킴. 가르쳐서 착한 사람이 되게 함.

제창(提唱) : 어떤 일을 제시하여 주장함.

전도파(傳道派) : 안자, 증자, 자사, 맹자를 말함.

에 있다는 것은 명확하다.

2

윗사람에게 싫다고 느껴진 것으로써 아랫사람을 부리지 말 것이요, 아랫사람에게 싫다고 느껴진 것으로써 윗사람을 섬기지 말 것이요, 앞사람에게 싫다고 느껴진 것은 뒷사람보다 먼저 하지 말 것이요, 뒷사람에게 싫다고 느껴진 것은 앞사람을 따르지 말 것이요, 오른쪽 사람에게 싫다고 느껴진 것은 왼쪽 사람에게 전하지 말 것이요, 왼쪽 사람에게 싫다고 느껴진 것은 오른쪽 사람에게 전하지 말 것이니, 이것을 일러 혈구지도라고 한다.

| 풀이 | 이 절은 혈구의 도를 다시 한번 해석한 것이다. 만약 윗사람으로부터 예의에 벗어나는 일을 당했을 때는 그 마음을 기준으로 하여 자기보다 아랫사람의 마음을 헤아려 그런 무례로 아랫사람을 부려서는 안 된다. 또 아랫사람으로부터 불충한 대우를 받았다면 그것을 기준으로 윗사람의 마음을 헤아려 그런 불충으로 윗사람을 대해서는 안 된다.

이것은 누구에 대해서나 마찬가지인 것이다. 내가 바라지 않는 것은 어떤 사람에게도 행하지 않는다. 아무도 침범하지 않는다는 경지에까지 이르면, 나라고 하는 정방형을 둘러싸는 상하, 사방의 사람들은 제각기 분수를 얻어

2// 所惡於上으로 毋以使下하고 所惡於下로 毋以事上하고 所惡於前으로 毋以先後하고 所惡於後로 毋以從前하고 所惡於右로 毋以交於左하고 所惡於左로 毋以交於右니 此之謂絜矩之道也니라

소오어상(所惡於上) : '윗자리에 있는 자가 아랫사람인 자기에 대해 결례되는 태도를 취하는 것을 결코 희망하지 않는다면'의 뜻.

무이사하(毋以使下) : 자기보다 지위가 낮은 자의 기분을 충분히 생각해서 윗사람이 자기에게 대한 무례한 태도를 그대로 아랫사람에게 옮기는 짓을 해서는 안 된다는 뜻.

소오어하(所惡於下) : '지위가 낮은 자가 위에 있는 자기에 대해 불충한 태도로 나오는 것을 바라지 않는다면'이란 뜻.

오(惡) : 증오, 즉 마음속으

서로 침범함이 없이 그 점유하는 땅의 길이 및 넓이가 다 균형을 이루고 동일해서 정방형을 이루게 될 것이다. 이것이 이른바 혈구의 도이다.

　물론 천자, 제후, 사대부, 서인이란 신분의 구별이 있는 현실세계에서는 구(矩)로서 잴 만한 그런 획일적인 일은 불가능할지도 모른다. 그러나 혈구지도가 지향하는 바는 '상하의 분수를 균형 있게 하자는 것이 아니라 부모를 섬기는 일과 윗사람을 받드는 일을 균형 있게 해서 상하가 다 실행할 수 있도록 하자.'는 것이다.

　대저 천하를 다스림에 있어 마음의 자세와 일의 처리법이 이런 점에서 출발한다면 천지간의 모든 것이 그 처할 바를 얻게 될 것이고, 효·제·불배(不倍)를 실천하려고 생각할 정도의 인간이라면 모두 그 마음을 다할 수 있어 불균형은 없게 될 것이다. 이렇게 되는데도 천하가 평탄하지 않다고 할 수 있겠는가. 그러나 군자가 능히 이런 경지에 이를 수 있는 것은 결코 외면적·작위적 행위에 의해서가 아니다.

　요컨대 격물치지(格物致知)했기 때문에 자연히 천하 사람들이 심지(心志)에 통해 만민의 마음도 자기 한 사람의 마음과 다를 바 없음을 알게 된 것이고, 성의심정(誠意心正)했기 때문에 자기의 사사로움을 극복하고 한 사람의 마음을 만인의 마음과 일치시키는 데 성공한다는 것이다. 오직 그것뿐이다.

　만약 거기에 조금이라도 사의(私意)라는 것이 존재한다

로 바라지 않는 것.
교(交) : 전하다, 베풀다.

사의(私意) : ① 개인의 의사. ② 사욕(私慾)을 차리는 마음. 또는 사정(私情)이 섞인 공평하지 못한 마음.

내(內) : 자기의 마음.
외(外) : 남들의 마음.

왕숙(王肅) : 중국 삼국시대 위(魏)나라의 학자.

도척(盜跖) : 중국 춘추시대의 큰 도적의 이름. 수천 명을 이끌고 천하를 횡행(橫行)하며 포악한 짓을 하였다 함. 현인(賢人) 유하혜(柳下惠)의 아우로, 몹시 악한 사람을 비유하는 말로 쓰임.

면 그것이 이른바 엷은 막이 되어 중간에 개재해서 내(內)와 외(外)는 서로가 마치 무관한 것과 같이 되어버릴 것이다. 그리고 혈구하려고 생각해도 중간 막에 의해 방해되어 통하는 것은 불가능하게 될 것이다. 저 조유(趙由)가 군수가 되어서는 도위(都尉)를 업신여기고 도위가 되어서는 군수를 능가한 일 같은 것이나, 왕숙(王肅)이 상급자를 모실 때는 강직했지만 남이 아첨하는 것을 좋아한 일 같은 것은 바로 이 점에 유래한다.

그리고 그와 비슷한 것을 하나하나 열거해 가면 걸(桀), 주(紂), 도척(盜跖) 같은 무도한 행위에까지 도달할 것이다. 요컨대 혈구지도란 극히 집약적인 원칙이긴 하나 그 영향이 미치는 곳은 실로 넓어, 이야말로 천하를 평화스럽게 하는 요도(要道)인 것이다. 이 제10장의 내용은 전부 이 사실을 원점으로 하고 있다(〈혹문〉, 〈어류〉).

또 여기서 당연히 생기는 의문은 '혈구지도'와 '충서(忠恕)'이다. 아니, 그보다는 '서(恕)'라는 한 글자와는 같은 것인가 다른 것인가 하는 점이다. 이 점에 대해서는 오직 같은 것이라고만 말해두는 데 그친다(〈중용〉 제13장 참조).

단지 하나 '서(恕)'의 경우 "천지 변화하여 초목이 무성한 것은 천지의 서이고, 천지가 닫혀 현인이 은거하는 것은 불서(不恕)"라는 정자(程子)의 말도 있듯이 넓은 의미의 해석도 적지는 않으나, '혈구지도'에는 그런 용법은 그리 보이지 않는다는 점만을 지적해둔다.

3

〈시경〉에 이르기를 "즐거운 군자는 민중의 부모"라고 하였다. 민중이 좋아하는 것을 좋아하고 민중이 싫어하는 것을 싫어하니, 이것을 일러 백성들의 부모라 한다.

| 풀이 | 여기에 인용된 시는 〈시경〉 소아의 '남산유대(南山有臺)'라는 시에서 취한 것이다. 유화한 덕에 싸여 즐거워 보이는 저 군자는 백성들에게 있어서는 부모라고도 할 만한 사람이다. 왜냐하면 전절에서 말한 혈구의 도에 의거하여 백성 사랑하기를 내 자식같이 한다면 백성들도 그를 부모같이 사랑할 것이기 때문이다.

군자를 백성의 부모라 함은 〈맹자〉에 등장하는 표현인데, 군자란 천자를 가리키기도 하고 혹은 제후를 가리키기도 한다.

4

〈시경〉에 이르기를 "우뚝 솟은 저 남산이여, 바윗돌이 첩첩이 쌓여 있구나! 위세 당당한 태사(太師) 윤씨(尹氏)여, 백성들이 모두 우러러본다."라고 했다. 나라를 맡은 자는 신중하게 하지 않을 수 없으니, 편벽되면 천하 사람들의 주륙하는 바가 된다.

3// 詩云 樂只君子여 民之父母라 民之所好好之하고 民之所惡惡之하니 此之謂民之父母라 하다

4// 詩云 節彼南山이여 維石巖巖이로다 赫赫師尹이여 民具爾瞻이라 하니 有國者는 不可以不愼이니 辟則爲天下僇矣니라

절피남산(節彼南山) : 〈시경〉 소아의 '절남산(節南山)'에서 인용한 것이다. 절(節)은 높고 험한 모양.
암암(巖巖) : 바위가 첩첩이 쌓여 험한 모양.
혁혁(赫赫) : 위세가 당당한 모양.
사윤(師尹) : 주(周)왕조의 태사(太師)였던 윤(尹)씨를 말한다. 태사는 주왕조의 최고 관직이었던 3공의 필두직.
첨(瞻) : 우러러보다.
육(僇) : 육(戮)과 같다. 형륙(刑戮)이라는 치욕을 받는 것.

| 풀이 | 저 깎아 세운 듯 솟아 있는 남산은 마치 바위를 쌓아올린 듯하다는 눈앞의 광경에서 그 '흥(興)'의 수법으로 주왕조의 그 당시의 최고 권력자였던 사윤(師尹)에게로 화제를 돌렸다. '그 남산같이 혁혁한 위세를 보이고 있는 태사 윤씨여, 백성들은 모두 당신을 주목하고 있습니다.' 라는 시를 인용한 것은, 나라를 보지(保持)하는 자, 여기서는 아마도 천자 그 사람을 가리키고 있는 듯하나, 그 백성에게 첨앙(瞻仰)되고 있는 인군(人君)은 근신해야 한다는 점을 말했다.

만약 혈구의 도를 모르고 천하와 호오(好惡)를 같이하지 못한 채 편벽된 자기 일개인의 호오에 사로잡힌다면 그 몸은 주륙을 당하고 나라는 망해 하의 걸왕, 은의 주왕, 주의 여왕(厲王), 유왕(幽王)과 같이 천하의 웃음거리가 될 것이다.

5

5// 詩云 殷之未喪師에 克配上帝러니 儀監于 殷하라 峻命不易라 하니 道得衆則得國하고 失衆則失國이니라

〈시경〉에 말하기를 "은나라가 민중을 잃지 않았을 때는 상제에게 능히 필적할 만했으니 모름지기 은을 거울삼아 볼지어다. 대명(大命)을 보전함이 쉽지 않도다." 하였으니, 이는 민중을 얻으면 나라를 얻게 되고, 민중을 잃으면 나라를 잃게 됨을 말한 것이다.

시운(詩云) : 〈시경〉 대아

| 풀이 | 은(殷)이 아직 대중의 마음을 잃지 않고 대중에

게서 유리되지 않았을 때는 은의 천자는 하늘의 상제에 대한 땅의 은왕(殷王)이라는 대(對)를 만들기에 충분한 덕을 갖추고 있었다.

왕자나 천자가 된 자는 모름지기 은을 거울로 삼아야 한다. 왜냐하면 그런 은도 덕을 닦고 스스로를 반성하는 데 태만함으로써 결국 천자는 주륙을 당하고 나라는 망하는 운명을 맞게 되었기 때문이다.

진실로 하늘의 대명(大命)을 자기 위에 계속 보지하는 것은 그리 용이한 일은 아니다. 인군(人君)이 명덕한 마음을 계속 유지한다면 혈구의 도로써 백성들과 '욕망을 같이하려고' 하는 생각이 스스로 생길 것이다. 그렇게 되면 백성은 그를 부모로서 따르고 나아가서는 국민의 마음을 얻을 수 있으며, 마침내 나라까지 얻게 되어 은과 같은 운명을 맞는 일은 없을 것이다.

'문왕(文王)'에서 인용한 것이다.
사(師) : 중(衆), 즉 천하의 백성을 가리킨다.
극배상제(克配上帝) : 배(配)란 대하는 것, 상제(上帝)는 하늘의 주재자인데, 하늘의 절대성을 인격화한 것. 극배상제(克配上帝)란 천자로서의 자기의 덕용(德容)의 큼이 마치 상제와 필적할 만하다는 뜻이다.
의감(儀監) : 이곳의 의(儀)는 〈시경〉에는 의(宜)로 되어 있다. 감(監)은 보는 것.
준명불이(峻命不易) : 준(峻)은 〈시경〉에는 준(駿)으로 되어 있는데, 즉 크다는 뜻이고, 불이(不易)는 보수(保守)하기가 매우 어려움을 말한다.

6

그러므로 군자는 먼저 덕(德)을 삼가야 한다. 덕이 있으면 이에 백성이 있게 되고, 백성이 있으면 이에 국토가 있게 되며, 국토가 있으면 이에 재화가 있게 되고, 재화가 있으면 이에 쓰일 바가 있게 된다.

| 풀이 | 먼저 덕을 삼간다는 것은, 제4절의 '나라를 소유한 자는 삼가지 않을 수 없다.'를 받아서 그 근신해야 할

6// 是故로 君子는 先愼乎德이니 有德이면 此有人이요 有人이면 此有土요 有土면 此有財요 有財면 此有用이니라

유인(有人) : 만민의 마음을 얻음으로써 나를 위해 충성을 다하려는 자들이 많이

있다는 것.
유토(有土) : 충분하게 보지 할 수 있는 국토가 있음을 말한다.
유재(有財) : 국토가 광대하면 재용(財用)이 없는 데 대한 걱정은 생기지 않는다. 이 경우 재(財)란 국토에서 산출되는 세금에 의한 재물이고, 용(用)이란 재물에서 공급되는 국가로서의 유용한 경비를 말한다. 재물의 효용이라고 보아도 좋다.

것의 첫째는 덕이라고 한 것이다. 덕, 곧 명덕을 성실하게 한다는 것은 오늘날의 경우 격물(格物)·치지(致知)·성의(誠意)·정심(正心)·수신(修身)·제가(齊家)에 의해 삼가는 것이다. 유인(有人)이란 전절에서 설명한 이른바 대중을 얻는 것, 즉 백성의 마음을 얻는 것을 말한다. 덕을 성실하게 하면 민심은 그 사람에게 열복(悅服)하고, 민심이 열복하면 국토가 완전히 자기의 소유로 되며, 국토가 완전히 자기의 소유로 되면 동시에 세금 등에 의해 국고(國庫)에 재화가 풍부해지고, 재화가 풍부해지면 그것이 여러 곳에 사용되어 이른바 '이용후생(利用厚生)'이 성해진다. 이하 제10절까지가 이 구절과 일련의 관계를 갖는다.

7

7// 德者本也요 財者末也니라

덕은 근본적인 것이고, 재(財)는 말단적인 것이다.

정리(定理) : 이미 진리라고 증명된 일반적인 명제(命題). 곧 공리(公理)를 기초로 하여 증명된 일정한 이론적 명제.

| 풀이 | 물론 전절의 '먼저 덕을 삼간다.'를 받고 있는데, 유교적 경제론의 기초 정리(定理)이다. 이렇게 보면 모든 것은 윗자리에 있는 군자가 먼저 명덕을 성실하게 하는 데서 도래하는 것은 명백하다. 일국의 발전에 없어서는 안 될 재용도 전적으로 거기서 생겨나는 것이므로, 윗자리에 있는 사람 자신의 덕의 함양이야말로 무엇보다도 뛰어난 근본지도(根本之道)이고 재용은 어디까지나 말초라고 보아야만 할 것이다.

8

근본적인 것을 밖으로 하고 말단적인 것을 안으로 하면, 백성들을 서로 다투게 만들고 시탈(施奪)의 악풍을 퍼뜨리게 된다.

| 풀이 | 덕은 근본이고 재(財)는 말단인데도 불구하고 덕을 외적인 것(제2차적인 것)으로 보고 재를 내적인 것(제1차적인 것)으로 본다면 백성에 대해 가렴주구〔苛斂誅求 : 물욕주의(物慾主義)〕를 일삼게 되고, 나아가서는 물욕주의에 감화된 백성들은 재물을 둘러싸고 서로 다투기에 이른다. 재물에만 집착을 한다면 남의 재물을 약탈하는 법을 가르치는 결과가 된다. 재물이란 인간이면 누구나가 욕망하는 것이므로, 혈구의 도에 어긋나게 자기 혼자서만 그것을 전용하려고 한다면 백성들도 일어나 약탈을 일삼게 될 것은 당연한 일이기 때문이다.

이상 여러 절을 통해 무엇보다도 먼저 임금이나 천자 자신의 자세야말로 국가를 통치하고 천하 만민을 다스리기 위한 근본임을 반복 설명하여 유교의 정치사상이 뚜렷하게 현출된다. 그 요구되는 군자 자신의 자세란 명명덕의 일점에 대한 성찰과 사려를 실천하는 것이다.

원래 이 제1절에서 시작하여 제5절에 이르기까지 유교의 윤리로서는 없어서는 안 될 충서(忠恕)의 도와 혈구의 도가 정치상에서 다해야 할 역할이 얼마나 중대한 것인가

8// 外本內末이면 爭民施奪이니라

외(外)·내(內) : 이것을 도외(度外)에 두고 먼저 삼가는 바를 모르는 것이 외(外), 항상 마음에 있어 반드시 자기에게 전념하는 것이 내(內)이다. 요컨대 외란 소홀하게 하는 것이고, 내란 오로지 가까이하는 것을 말한다.

시탈(施奪) : 주자의 주에 "이것을 베풂에 있어 약탈을 가르쳐주듯이 한다."고 하였다.

하는 점이 반복해서 지적되고 있다.

그리고 그것은 백성의 마음을 얻어 천하를 태평하게 다스리기 위한 극히 중대한 요건이기는 해도, 혈구의 도가 무엇에 의해 길러지고 무엇에 의해 발현되느냐 하는 것이 문제되면 오로지 명명덕의 결과에 의한 작용에 지나지 않는다.

9

9// 是故로 財聚則民散하고 財散則民聚니라

따라서 재화가 모여들면 민심은 흩어지고, 재화가 흩어지면 민심은 모여든다.

취(聚) : 취적(聚積)하는 것. 여기서는 상부의 재정이 풍부해짐을 말한다.

신심(身心) : 마음과 몸. 정신과 신체. 심신(心身).

산일(散逸) : 흩어져서 일부가 빠져 없어짐.

| 풀이 | 본말(本末)이 전도되면 이런 상태가 야기된다는 것은 명백한 사실이므로, 정당하지 못한 방법으로 거둬들임으로써 재물을 일시적으로 통치자 앞으로 모을 수는 있어도 정작 중요한 백성들이 흩어지고 배반한다면 국토의 확보는 물론 모든 일이 성사될 수 없는 것이다.

만약 이와 반대의 길을 택한다면 그것은 통치자의 신심에 명덕을 밝혀 혈구의 도를 존중하는 일이므로, 일시적으로는 재물이 산일(散逸)하는 수가 있어도 만민이 흠모해서 모여들고 그 결과 반드시 유인(有人)·유토(有土)·유재(有財)를 이룰 것이다.

10

　그러므로 패역(悖逆)하게 나간 말은 또한 패역하게 들어오고, 패역하게 들어온 재화는 패역하게 나간다.

┃풀이┃ 재화(財貨)의 출입을 입에서 나가는 말과 뒤로 들어오는 말에 비유해서 말했다. 6절의 '군자는 먼저 덕을 삼간다(先愼乎德).'에서 여기까지의 일단은 요컨대 재화를 보기로 삼아 혈구의 도를 실천하는 자와 그것을 실천하지 못하는 자와의 득실(得失)을 설명했다.

　이 절에서 재용(財用)에 집착하면 백성을 잃는다고 강조해서 말하고 있는 것은 무엇 때문일까? 덕이 있고 사람이 있고 땅이 있으면 재용의 결핍을 걱정할 필요는 없다. 다만 그 경우 본말의 관계를 모르고 또 혈구의 마음이 없으면 반드시 그 백성을 다투게 하여 백성에게 약탈이라는 것을 가르치는 결과가 되고 만다.

　〈역경(易經)〉의 계사전(繫辭傳)에 "무엇으로써 사람을 모이게 하는가? 바로 재물이다."라는 구절이 있고, 또 〈국어(國語)〉에도 "남의 왕이 된 자는 문득 이(利)를 이끌어 이를 상하에 펴려는 자이다."라는 구절이 있다. 재물을 오로지 위로 모으면 아래의 백성은 제각기 흩어져버리고, 재물을 백성 사이에 흩어지게 하면 백성은 위에 귀복한다. 도리에 어긋나는 말을 내뱉으면 그 대답으로 도리에 어긋나는 말이 되돌아와 귀에 들려오듯, 도리에 어긋나게 나에게로

10// 是故로 言悖而出者는 亦悖而入하고 貨悖而入者는 亦悖而出이니라

패(悖) : 패역, 즉 이치에 어긋나는 것. 비리비도(非理非道)를 말한다.

역명(逆命) : 정도(正道)에서 벗어난 포악무도한 명령.

침반(侵叛) : 반역하여 침범함.

재화가 들어온다면 반대로 도리에 어긋나는 재화의 유출이 있는 것은 필연적인 사실이다.

정현(鄭玄)의 주에 "임금에게 역명(逆命)이 있으면 곧 백성에게 역사(逆辭)가 있고, 윗사람이 이(利)를 탐하면 아랫사람이 침반(侵叛)한다."는 것은 바른 해석이다. 정현의 주의 뜻은, 군주가 도리에 어긋나는 정령(政令)을 내리면 백성도 군주에게 거역하는 말을 내뱉어 군주를 거부하고, 위에 있는 자가 도리를 외면하고 이를 탐하면 아래에 있는 자도 윗사람을 배반하고 침범할 것이라는 말이다.

//

11// 康誥曰 惟命은 不于常이라 하니 道善則得之하고 不善則失之矣니라

명(命) : 천명을 말한다.
불우상(不于常) : 빠르게 전이(轉移)하는 것.
선(善)·**불선**(不善) : 여기서는 '혈구지도'를 다하는 것을 선이라 하고, 능히 그 도에 이르지 못하는 것을 불선이라고 말하고 있다.

강고(康誥)에 말하기를 "천명은 일정불변하는 것이 아니다."라고 하였으니, 선하면 천명을 얻고 불선하면 잃게 됨을 말한 것이다.

┃풀이┃ 위에서 문왕(文王)의 시를 인용하여 '민중을 얻으면 나라를 얻고, 민중을 잃으면 나라를 잃는다.'(제5절)고 한 그 뜻을 다시 한번 반복한 것이다. 천명에는 일정불변이라는 것이 없다. 덕을 근본으로 하여 그것에 따라 행동하면 곧 선이므로, 이른바 '덕이 있으면 사람을 얻을 수 있다(有德此有人).'는 말대로 민중을 얻을 수가 있다.

민중을 얻는다 함은, 다시 말해 백성들의 귀복을 얻는다는 것은 천명을 얻는 것과 같다. 명(命)이 일정불변의 것

이 아니라 함은(천명을 잃는 수가 있다 함은) 인위적인 것일 뿐이다.

그러니 어찌 삼가 성실하게 하지 않겠는가. 요컨대 문왕의 시를 인용한 구절의 취지를 이처럼 거듭 설명한 이유는, 그것이 천명이라는 중대한 주제와 관련되어 있기 때문이다. 또 천명은 중국의 사상사에서는 예로부터 논의되어온 중대한 과제이고, 주자도 〈어류〉의 여러 곳에서 그에 대해 언급하고 있다.

12

초서(楚書)에 말하기를 "초나라에는 보배로 삼을 만한 것이 없으며, 오직 선으로써 보배를 삼는다."고 하였다.

| 풀이 | 초나라에 보배로 삼을 만한 금옥(金玉)류는 별로 없으며, 오직 선인(善人)을 지상(至上)의 보배로 여긴다는 말이다. 다시 말해 금옥 같은 것을 보배로 삼지 않고 선인을 보배로 삼는다는 것이다. 이것은 바로 앞절에서 말한 것처럼 '선하면 곧 이를 얻을 수 있기' 때문이다.

13

구범(舅犯)이 말하기를 "망명 중에 있는 사람에게는 보배로 삼을 만한 것이 없고, 어버이를 사랑함을 보배로 삼

12// 楚書曰 楚國은 無以爲寶요 惟善以爲寶라 하다

초서(楚書) : 주자는 현행하는 〈국어(國語)〉 중의 '초어(楚語)'를 가리킨다고 말한다. 전하는 말에 이건 좌구명(左丘明)이 지은 것이라 하고 '춘추외전(春秋外傳)'이라는 별칭이 있다고 함.

13// 舅犯曰 亡人은 無以爲寶요 仁親以爲寶라 하다

는다."고 했다.

구범(舅犯) : 진(晋)나라 문공(文公)의 외숙인 호언(狐偃)을 말하는데, 자(字)는 자범(子犯)이며, 진(晋)의 공자였던 중이(重耳 : 훗날의 문공)의 신하였다. 이 이야기는 〈예기(禮記)〉 단궁편(檀弓篇)에 있다.
망인(亡人) : 달아나 국외에 있었으므로 망명이란 뜻으로 이렇게 말한다.

| 풀이 | 〈예기〉 단궁편에 기재되어 있는 유명한 이야기로, 진나라의 공자 중이가 그 아버지 헌공(獻公)의 애희(愛姬)인 여희(驪姬)의 참언을 피해 외국에 망명하고 있을 때의 일이다. 때마침 그 아버지 헌공이 죽자 진(秦)의 목공(穆公)이 중이에게 이 기회를 잃지 말고 고국으로 복귀해서 정당하게 군위(君位 : 군주의 지위)에 오를 것을 권했다.

그러자 가신인 구범이 중이에게 이러한 말로 목공의 권고를 거부하도록 했다. "본국에서 도망쳐 나온 나로서는 부귀를 얻는 것을 보배라고 생각하지 않습니다. 다만 부모에게 효도를 다하는 것만이 보배라고 생각합니다."라고. 구범의 본뜻은 친하게 해야 할 것, 즉 이 경우에는 부친에 대해 삼가 애도를 다하고 예를 다하는 것만이 보배로서 존경하는 마음의 표명이라는 것이었다.

다시 말하면 그런 덕이야말로 어떤 물질적 부귀보다도 한층 빛나는 귀한 것이라는 생각이다. 이 제12절과 제13절에서는 요컨대 근본을 밖으로 하고 말단을 안으로 하는 일이 있어서는 안 된다는 점을 거듭 설명하고 있다. 혈구지도에 의해 생기는 원천으로서의 군자의 명덕이야말로 근본으로 삼을 지중지보(至重之寶)이고, 세속적 영위나 물질적 이익 같은 것은 보배로 삼을 수 없는 말단적 존재에 지나지 않는다는 점을 설명한 것이다.

14

　진서(秦誓)에 말하기를 "만약 한 사람의 꿋꿋한 신하가 있어 성실하고 전일하기만 할 뿐 다른 재능은 없으나 그 마음은 너그러워 남을 포용할 도량이 있는 것 같다. 남의 재능 가짐을 마치 자기 자신이 가진 것과 같이 여기며, 남의 언성(彦聖)함을 그 마음에 좋아함이 그저 입으로만 칭찬하는 데 그치지 않고 진실로 능히 받아들여 그로써 우리 자손과 여민(黎民)을 안보할 수 있으니 역시 유익함이 있을 것이다. 남의 재능 가짐을 질투하여 증오하며, 남의 언성함을 기척(忌斥)하여 통하지 못하게 하면 진실로 능히 받아들일 수 없어 우리 자손과 여민을 안보하지 못하리니 역시 위태로울 것이다."라고 하였다.

| 풀이 | 진서는 〈서경(書經)〉 주서(周書)의 맨 마지막 편이다. 이 절은 전문이 진서에서 인용되고 있다.

　여기 한 신하가 있다고 가정하자. 그 사람은 성실하고 전일(專一)할 뿐 그밖에는 아무 쓸모도 없으나 그 마음은 남의 선을 받아들일 도량이 있는 듯 보인다. 남에게 무슨 특기가 있으면 그것의 가치를 인정하고 그것이 마치 자기 자신의 특기인 양 생각하여 질투하는 빛도 없이 곧 그것을 채용한다. 또 남이 언성[彦聖 : 정신에 아무런 응체(凝滯)함이 없이 밝고 아름다운 장부]일 때 진심으로 그 사람을 좋아하는 것은 입으로 그 사람을 칭찬하는 것보다 더하다.

14// 秦誓曰 若有一个臣이 斷斷兮요 無他技나 其心休休焉한데 其如有容焉이라 人之有技를 若己有之하고 人之彦聖을 其心好之하되 不啻若自其口出이면 寔能容之라 以能保我子孫黎民이니 尙亦有利哉인저 人之有技를 媢疾以惡之하고 人之彦聖을 而違之俾不通이면 寔不能容이라 以不能保我子孫黎民이니 亦曰殆哉인저

진서(秦誓) : 〈서경〉 주서(周書)의 편명.
단단혜(斷斷兮) : 단단은 성실하고 전일(專一)한 모양.
휴휴언(休休焉) : 너그러운 모양.
여유용(如有容) : 용(容)은 '받아들이는 바가 있다.'는 뜻. 받아들이는 바가 있다 함은 현사를 받아들일 만큼의 도량을 말한다.
언성(彦聖) : 뛰어나서 사리에 통달하는 것, 또는 그 사람을 뜻함.
불시(不啻) : '부단히'라는 뜻임.

식능(寔能): '실로 능히'의 뜻임.
자손여민(子孫黎民): 여민(黎民)이란 중인(衆人)으로 생각하면 된다.
모질(娼疾): 질투를 하여 미워하다. 즉, 재능을 질투하는 것.
태(殆): 위태로운 것. 여기서는 나라의 정세에 대해 말한다.

진실로 그 사람을 받아들여 그렇게 함으로써 결국 자기 자손이나 백성 대중을 보전(保全)한다.

그런 신하가 존재해서 임금을 위해서나 백성을 위해서 이익이 되어 주었으면 한다. 그런데 반대로 남에게 무슨 특기가 있으면 그것을 질투하여 싫어하고, 남이 응체함이 없이 밝은 지성을 가지고 있으면 그것을 방해하여 제대로 발휘할 수 없게 만든다.

이와 같이 남을 용납하지 못하면, 끝내는 자기 자손이나 백성들도 보전하지 못한다. 이와 같은 신하가 있다면 실로 위험하다고 아니할 수 없다. 이상은 오늘날의 〈서경〉과도 다소 같거나 다른 점이 있지만 특별히 말할 정도는 못된다. 그리고 이하 제17절까지가 일련의 것이다.

진성의 글을 인용함으로써 남의 재주에 대해 질투를 느끼는 사람과 그 마음이 너그러워 남의 재주를 칭찬하는 사람을 대비시켜 좋아해야 할 인간형과 미워해야 할 인간형을 보인 것이다. 무엇보다도 혈구지도를 중시해야 할 윗자리에 있는 군자로서는 어느 것을 택해서 중용해야 할 것인가, 그 착안점을 지적한 것이다.

15

15// 唯仁人放流之하여 迸諸四夷하여 不與同中國하나니 此謂唯仁人爲能愛人하고 能惡

오직 어진 이라야만 이런 사악한 자를 몰아내어 사방 야만족 속으로 축출함으로써 함께 중국에서 살지 못하게 할 수 있는 것이다. 이를 일러 '오직 어진 이만이 사람을 사랑할 수 있고, 사람을 미워할 수 있다.'고 하는 것이다.

| 풀이 | 병(迸)은 축출한다는 뜻이다. 요컨대 위에서 말한 바와 같이 남을 질투하는 인간이 있어 현인을 방해하여 나라에 손해를 주고 있을 때, 어진 이는 그것을 깊이 미워하여 통절하게 이를 끊는다. 즉, 그런 인간과는 철저하게 절연해버리는 것이다.

그와 같은 인간은 사방에 있는 오랑캐의 지역으로 쫓아버려 중국에서의 자기들과 공동생활을 하지 못하도록 한다. 어진 이만이 능히 사람을 사랑하고 또 능히 사람을 미워할 수 있다 함은 이것을 말하는 것이다. 유교의 최고덕인 인(仁)을 체득한 사람은 매우 공평무사하므로 이와 같이 호오(好惡)의 중정을 얻을 수가 있어, 단호한 행위가 필요할 때는 능히 그 행위를 감행할 수가 있다.

어진 이가 질투하는 사람을 이토록 미워하는 까닭은 단지 선인을 보전해서 해를 입지 않도록 하기 위해서일 뿐만 아니라 한 걸음 더 나아가 악인을 압복하여 그 악을 누설시키지 못하게 하기 위해서이다. 대상의 선악에 의해 좋아함과 미워함의 상위는 있으나, '인(仁)'을 행하는 까닭은 어디까지나 그곳에 관철되고 있다. 난을 막는 조치는 완벽해서, 난을 초래할 염려란 있을 수 없다.

여기서 난이라 함은, 질투하는 사람을 지나치게 미워함으로 말미암아 초래되는 난을 말한다. 어진 이에게는 사욕이라는 것은 처음부터 싹트는 일이 없고 천하의 '공

人이니라

병(迸) : 병(屛)과 같은 뜻으로 쓰이고 있다. 즉 쫓아버리는 것.
사이(四夷) : 이(夷)는 좁게는 동쪽에 있는 오랑캐족을 가리키지만, 넓게는 사위(四圍)에 있는 중국인종 이외의 민족을 총칭할 때 쓴다.

압복(壓伏) : 힘으로 눌러 복종시킴.

(公)', 즉 가장 크고 세계적인 공을 자기 마음속에 완비하고 있다. 공적이므로 시비를 판단함에 있어 그르침이 없고 행동도 사리에 맞는다.

그러므로 오직 어진 이만이 참으로 사람을 사랑하고, 참으로 사람을 미워할 수 있는 것이다.

16

현량(賢良)한 인재를 보고서도 등용하지 못하고, 등용해도 먼저 하지 못하는 것은 태만이다. 불선한 자를 보고서도 물리치지 못하고, 물리치더라도 멀리하지 못하는 것은 과실이다.

| 풀이 | 현인이 있어도 능히 등용하지 못하고 또 등용한다 해도 머뭇거리며 속히 결단을 내리지 못하는 것은 태만이다. 또 불선한 자가 있어도 이를 물리치지 못하고, 설사 물리친다 해도 완전히 그와의 관계를 끊지 못하는 것은 과실이다. 이것은 말하자면 무엇을 사랑하고 무엇을 미워해야 하는지 그 대상점은 잘 변별하고 있으나, 사랑하든가 또는 미워하는 방법을 충분히 옳게 실천하고 있지 못한 것이다. 결국 이러한 사람은 군자이기는 하나 그렇다고 인(仁)의 경지에까지는 미치지 못한 통치자라고 주자는 주석했다.

16// 見賢而不能擧하고 擧而不能先은 命也요 見不善而不能退하고 退而不能遠은 過也니라

거(擧) : 인재를 발탁해서 등용하는 것.
명(命) : 정현(鄭玄)은 만(慢)으로 해석하고, 정자(程子)는 태(怠)로 해석했다. 즉 '태만'의 뜻으로 보아야 할 것이다.
선(先) : 우선적으로 등용하는 것.

17

사람이 싫어하는 바를 좋아하고 사람이 좋아하는 바를 싫어하니, 이것을 일러 인간의 본성에 역행하는 것이라 하며, 반드시 재앙이 그 몸에 미치고 말 것이다.

|풀이| 선을 좋아하고 악을 미워하는 것은 인간의 본성인데, 그 본성에 순종하지 않고 거역하는 것은 어진 이가 할 일이 못된다. 그것은 극히 심한 불인(不仁)이라고 말하지 않을 수 없는 것이다. 즉, 여기서 사람이 싫어하는 것 또는 사람이 좋아하는 것이란, 타인이 싫어하는 것 또는 타인이 좋아하는 것이란 뜻이 아니고, 대개 인간인 이상 인간성의 본래의 요구로서 미워하든가 좋아하는 것이라고 주자는 풀이하고 있다. 그 경우, 인간이면서 인간의 본성에 어찌 역행할 수 있겠는가 하는 점에 대해서는 이렇게 설명할 수 있다. 질투하여 미워하기를 일삼아 자기의 마음을 함닉(陷溺)시킨다.

따라서 대상에 관한 호오(好惡)―물론 도덕적인 호오―의 점에 있어서도 좋아해서는 안 될 것을 좋아하고, 미워해서는 안 될 것을 미워함으로써 정상적인 인간성에 거역하게 된다. 그리고 백성이 좋아하는 바를 좋아하고 백성이 미워하는 바를 미워한다는 점에서 '백성의 부모'(제3절)란 것과는 상반됨으로써 마침내 재앙을 만나게 될 것이고, 천하는 극도로 혼란해질 것이다. 그렇게 되지 않

17// 好人之所惡하고 惡人之所好하니 是謂 拂人之性이라 菑必逮 夫身이리라

불인지성(拂人之性) : 불(拂)은 어긋난다는 뜻. 즉, 사람의 본성에 어긋남.
재필태부신(菑必逮夫身) : 재(菑)는 재(災)와 같으며, 즉 재앙, 태(逮)는 미치다. 재앙이 그 몸에 미친다는 뜻.

함닉(陷溺) : ① 물속으로 빠져 들어감. ② 주색(酒色) 같은 못된 것에 빠져 들어감.

기 위해서는 자신을 극복하고 혈구지도를 실천하는 일이 필요하다는 것이다.

흥미 있는 사실은, 이 절의 남을 미워하는 것 혹은 남을 좋아하는 것을 주자는 전술한 바와 같이 인간성의 본질이라는 방향으로 풀이하고 있으나, 〈혹문〉에서는 '백성의 부모가 능히 사람을 호오하는 것', 즉 본장 제3절에 의하면 '백성이 좋아하는 것을 좋아하고 백성이 싫어하는 것을 싫어한다.', 다시 말해 현실의 구체적인 백성이 현실에서 무엇을 좋아하고 무엇을 싫어하고 있다는 뜻으로 풀이하고 있다는 점이다. 이것은 주자가 해석을 고친 것이 아니라 자연의 추세라고 생각된다. 백성이 좋아하고 싫어하는 바란 원래 인간인 이상 좋아하고 미워하는 것이었다.

위의 진서의 인용(제14절)에서 여기까지는 모두 호(好)·오(惡)·공(公)·사(私)라는 것이 그 극한 상태에 있어 어떠한 결과를 야기하는가에 대해 중복 설명하고, 동시에 또 그 앞의 남산유대의 시와 절남산의 시를 인용한 취지를 다시 설명한 것이다.

추세(趨勢) : ① 세상일이 되어 가는 형편. ② 세력 있는 사람에게 붙좇아서 따름.

취지(趣旨) : 근본이 되는 종요로운 뜻.

18

18// 是故로 君子는 有大道하니 必忠信以得之하고 驕泰以失之니라

이러한 까닭으로 군자에게는 대도(大道)가 있으니, 반드시 충신(忠信)함으로써 얻게 되고, 교만함으로써 잃게 된다.

| 풀이 | 이 제18절은 주자의 주에 의하면 제5절에 인용

된 문왕편의 '민중을 얻으면 나라를 얻고 민중을 잃으면 나라를 잃는다(得衆則得國 失衆則失國).'와, 제11절 강고편의 '선하면 천명을 얻고 불선하면 잃는다(善則得之 不善則失之).'를 이어받는다고 한다. 그리고 이 절까지 제10장 안에서 세 번에 걸쳐 득과 실을 논하여 말이 더욱 절절하다고 했다.

윗자리에 있는 군자로서는 그 위의가 중대한 만큼, 그것을 확보하여 지키기 위해서는 중요한 도가 존재한다는 것을 알아야 한다. 군자 자신이 충신(忠信)스러운가, 교태(驕泰)한가 등이 그것이다.

충신스러우면 반드시 통치자의 지위를 확보할 수 있으나 교태하면 반드시 그것을 상실하게 되는데, 그것은 통치자 자신의 덕의 유무(有無)가 근본이 된다. 치세(治世)의 대도로서 혈구지도가 발생할 수 있는가 없는가 하는 것도 오로지 덕의 여하에 관계되고 있으므로, 충신스럽다면 혈구지도를 기할 수 있지만 교태해서는 그 도(道)는 생각할 수 없는 것이다.

이 대도가 곧 혈구지도라고 생각해서는 안 된다. 그것이 대도의 중요한 일익(一翼)임에는 틀림이 없지만, 이 절에서 논하는 대도란 충신인지 교태인지에 따라, 그것이 통치자 자신의 명덕의 함양 정도와 가장 밀접하는 덕목을 말하는 것이다. 대도란 윗자리에 있는 군자가 의당 수득해야 할 정치기술이라고 하기에는 너무나도 그 말의 울림이 무겁다. 주자가 이에 대해 '천리존망(天理存亡)의 기(幾)

군자(君子) : 이 경우에는 유덕(有德)이란 점에서 말한 것이 아니고 사회적 또는 정치적인 지위에 있어서의 군자를 말한다.
대도(大道) : 도(道)는 그 지위에 있어서 자기를 닦고 남을 다스리기 위한 방법이다.
교태(驕泰) : 거만하여 자기 멋대로 하는 것.
득지(得之)·**실지**(失之) : 여기서는 백성을 얻든가 혹은 백성을 잃는다는 뜻이다.

일익(一翼) : 한쪽 부분. 한 소임(所任). 한 구실.

가 결정된다.'고 단언한 것도 이해가 간다.

기(幾)란 존망의 분기점이다. 구체적인 천하의 존망(왕조의 흥폐)은 천리의 존망 여하에 달려 있는데, 그것이 앞에서 나온 문왕편이나 강고편에서 이미 설명하고 있고 정치의 요도(要道)를 논술한 〈대학〉에 채록된 까닭이다(이것이 주자의 견해이다.).

그러나 본절에서 명쾌하게 군자란 말을 내세워 천리존망의 갈림길이 오로지 천자라는 중위(重位)에 있는 군자―단적으로는 오직 천자 한 사람의 마음가짐 및 그것이 발현하는 방법 여하에 있다는 것이 강조되고 있다.

천자의 마음과 몸에 걸치는 이 중책은 천자에게 기대하는 것이 큼을 보이는 동시에 실존하는 천자의 치적 여하를 측정해야 할 오직 하나의 척도가 된다. 그 척도를 이를테면 원시 유가들 중 누가 바르게 적용하려고 했던가. 거기에는 뛰어난 견식과 신명을 내거는 용기가 있어야 한다. 원시 유가의 교설은 그저 지배계층을 위한 일반적인 그것은 아니었을 것이다.

중위(重位) : 중요한 직위. 책임이 중한 자리.

치적(治績) : 정치상의 공적.
척도(尺度) : ① 자로 잰 길이. ② 계량의 표준.

19

19// 生財有大道하니 生之者衆하고 食之者寡하며 爲之者疾하고 用之者舒하면 則財恒足矣리라

재물을 생기게 하는 데는 대도(大道)가 있으니, 이것을 생산하는 자는 많고 받는 자는 적으며, 이것을 생산하는 자는 신속하고 받는 자가 여유 있으면 재물은 언제나 풍족하게 될 것이다.

| 풀이 | 치국을 위한 대도, 평천하를 위한 대도가 통치자가 충신스러운가 그렇지 못한가에 관계되기는 하지만, 현실문제에 있어서는 천하 만민의 의식주 등 생활의 안정과 그 향상을 배려하는 것이야말로 반드시 결여해서는 안 될 요소이다.

무릇 천하를 위해 재물을 산출하고, 부하고 윤택하게 하기 위해 반드시 갖추어야 할 대도가 있다. 평소 무위도식하는 자들을 가능한 한 시골로 보내 농경에 종사하도록 하고, 한쪽으로는 조정에 있는 백관의 수를 가급적 줄여서 급여하는 녹의 양을 절약하도록 한다. 이처럼 농경에 종사하는 사람의 수를 증가시킴과 동시에 농한기 이외에는 가급적 그들 농민을 농경이 아닌 다른 부역을 위해 징발하지 않도록 하면 그들은 마음 놓고 농경에 전념할 수 있을 것이다. 그리하여 자연 파종에서 수확하기까지에 소요되는 일정을 단축할 수 있을 것이다.

다음에는 연간 수지의 분량이나 그 시기 등에 대해 충분한 계획을 세워 수입과 지출계획을 만들어둔다면, 막대한 분량이 일시에 방출됨으로써 그후 갑자기 공핍(空乏)에 빠져 고통받게 되는 일은 없어지고, 따라서 재물의 사용에 절도가 있게 되므로 자연히 재물이 언제나 충족해서 만민의 생활이 안정될 것이다.

요컨대 재물의 주체가 농업에 있는 이상 농경에 종사하는 자를 극력 증가시키고, 관리의 감소에 의한 녹식(祿食)의 감소를 꾀하며, 여러 가지 노역에서 농민을 해방시켜

재(財) : 재물. 여기서는 국토에서 산출되는 것으로서 나라의 세금의 대상이 되는 생활필수품.
생지자중(生之者衆) : 나라 안에서 농민 이외의 모든 무위도식하는 자들을 모아다 경작을 시키면 수많은 세금의 대상이 될 농작물이 생산될 것이라는 뜻.
식(食) : 관리들의 녹봉.
질(疾) : 신속한 것. 농번기에는 농민들에게 다른 부역을 시키지 말고 한 사람이라도 더 농사에 전념하도록 하면 경작 또는 수확이 신속하게 되리라는 말.
용(用) : 국군(國君)이 필요로 하는 비용.
서(舒) : 가급적 계획적으로 절약해서 쓰면 경비가 소모되는 속도도 완만해진다는 뜻임.

방출(放出) : ① 한꺼번에 확 내놓음. ② 쟁이어 두었던 물품을 일반에게 제공함.
공핍(空乏) : ① 축나서 모자람. ② 다 써서 없어짐. ③ 있어야 할 것이 없음.

녹식(祿食) : 녹봉으로 주는 쌀. 녹미(祿米).

농경에 전념할 수 있도록 하여 수확의 시일을 단축한 후 다시 예산에 바탕을 둔 계획적 지출에 의해 언제나 국고에 어느 정도 재물을 저장해두어야 한다. 이것이 일국의 또는 천하의 재물을 언제나 준비해서 재용에 결핍이 없도록 하는 대도가 된다.

이에 대해 주자는, 이 대도란 제6절에서 말한 '국토가 있으면 재화가 있다(有土有財).'는 말을 바탕으로 하여 다시 이런 구체적인 방법을 제시한 것이고, 이로 인해 국가의 재용을 충족시키는 길이 농산물의 생산량을 증대시키기 위한 모든 수단을 강구하는 것을 기본으로 하고, 아울러 그 지출을 절감시키는 방법을 취하는 데 있음을 말하고 있다. 그리고 앞에서 보인 바와 같은 군덕(君德)의 함양을 뒤로 돌리고 오직 눈앞에 보이는 재물을 모으려고만 한다면 결코 국가의 재용을 충족시킬 수 없다는 점을 명시한 것이다.

요컨대 재용과 관계되는 문제이기는 하나, 그 요점은 근본인 덕에 노력해서 가능한 한 소비를 억제하는 데 있는 것이다.

제9절에서 재물이 모이면 백성을 잃는다는 점을 심각하게 설명하고 있는데, 지금 다시 재(財)를 낳는 길을 설명하는 이유는 무엇인가? 이것이 곧 '국토가 있으면 재화가 있다.'는 것이다.

〈서경〉 홍범 팔정(洪範八政)에도 식(食)과 화(貨)가 맨 앞에 와 있고, 자공(子貢)이 정치에 대해 물었을 때 공자의

자공(子貢) : 춘추시대 위(衛)나라의 유학자. 성은 단목(端木), 이름은 사(賜). 자공은 그의 자. 공자의 제자로 십철(十哲)의 한 사람.

대답은 역시 '식(食)을 족하게 하는 것'을 제일로 하고 있었다. 백성들이 살아가기 위해서는 하루도 없어서는 안 되는 것, 그것을 성인이 경시할 수는 없다. 나라를 다스리는 자가 그저 이익만을 추구하고 다른 것은 돌보지 않는다면 그 결과 틀림없이 백성을 착취해서 자기 생활에 소비함으로써 "부정하게 들어온 것은 부정하게 나간다."는 재앙에 빠질 것이다.

따라서 그 해로움을 지적해서 경계를 한 것이다. 근본(덕)을 숭상하고 용(用)을 절약하는 것은 나라를 가진 자로서는 고금을 통해 변함이 없는 근본정책이나, 그것은 결코 아랫사람에게 두터운 혜택을 주고 백성의 생활을 충족시키기 위한 재물을 무시하는 것을 뜻하지는 않는다.

유약(有若)이 "백성이 넉넉한 것은 군주가 넉넉한 것이다."〔〈논어〉 안연편(顏淵篇)〕라고 말한 것과, 맹자가 "정사(政事)를 소홀하게 하면 재용은 부족해진다."〔〈맹자〉진심편(盡心篇)〕라고 말한 것은 틀림없는 이 뜻이다. 물론 맹자가 말한 '정사'란 결코 후세의 정치와 같이 나와 나의 구복(口腹)을 만족시키기 위해 끊임없이 착취를 자행해서 백성을 괴롭히는 그런 것을 가리키지는 않는다.

경시(輕視) : 가볍게 봄. 깔봄.

구복(口腹) : 생명을 이어가기 위해 음식물을 섭취하는 입과 배.

20

어진 자는 재화로 몸을 일으키고, 어질지 못한 자는 도리어 몸으로 재화를 일으킨다.

20// 仁者는 以財發身하고 不仁者는 以身發財니라

발(發) : 일으키다. 〈집소(輯疏)〉에서는 "존영과 생식의 두 뜻을 겸한다."고 했는데, 그 쌍방을 일으키는 뜻으로 본 것이다.

위망(危亡) : 위태로워 망하려 함.

21// 未有上好仁이나 而下不好義者也니 未有好義나 其事不終者也며 未有府庫財가 非其財者也니라

| 풀이 | 어진 자는 재물을 쓰는 방법에 있어서도 어질다. 그 윗자리에 있으면서도 아무런 사욕이 없이 재물을 천하의 이익을 위해 사용함으로써 한층 민심을 얻고 드디어는 국가의 실익(實益)과 일신의 존영을 다시 더하게 된다. 이에 반해 불인한 자는 오직 탐내는 마음에서 거둬들이기를 일삼아 백성들의 원망의 대상이 되어 도리어 몸을 해치는 불행을 초래한다.

불인한 자의 '이신발재(以身發財)'를 주자는 '몸을 망치는 것으로써 재화를 늘린다.'라는 뜻으로 해석하고, 다시 "불인한 자는 오직 재물을 모으는 데만 힘을 쓸 뿐 몸의 위망(危亡)에는 마음을 쓰지 않는다."라고 말하고 있다. 불인한 자라도 결코 재물을 쓰지 않는 것은 아니나, 말하자면 탐욕한 마음의 이(利)를 추구하는 데 지나지 않는다. 그리고 '발(發)'에 대해서는, '재물을 공평하게, 그리고 인애의 정을 담아주는 데 힘쓰면 그 결과는 한층 일신을 일으켜서…….'라고 풀이된다.

21

윗사람이 인(仁)을 좋아하는데도 아랫사람이 의(義)를 좋아하지 않는 경우는 없다. 의를 좋아하는데도 그 꾀하는 일이 성공을 거두지 못하는 경우는 없으며, 부고(府庫) 속의 재화가 그의 재화로 되지 않는 경우는 없다.

| 풀이 | 무릇 윗자리에 있는 사람이 인덕으로써 아랫사람들을 대하고 취렴(聚斂) 같은 착취를 행하지 않는데도 아랫사람이 의(義)를 좋아하지 않아 은혜를 느끼지 못하고 윗사람의 덕을 갚기에 노력하려고 하지 않는 일은 고래로 있어본 일이 없다. 이미 의를 좋아하는 성격인 이상 성의를 다해 일에 열중할 것이다. 그리고 그 일이 성취되지 않아 통치자에게 불리를 가져오는 일은 결코 생기지 않는다. '그 일이 식산흥업(殖産興業)에 관계된 것이라면 훌륭하게 성공시켜 군(君)의 신총에 보답하고 만민의 생활을 풍족하게 한다는 뜻을 포함시켜 보아야 한다.'

따라서 재물도 자연히 많이 모이게 되어 부고가 바닥날 염려가 없고, 그들 재물은 정당한 수단에 의해 얻어진 것인 이상 경우에 닿지 않는 여탈(與奪) 등을 걱정할 필요도 없이 오래 통치자의 사용에 이바지하게 될 것이다.

만약 윗사람이 인(仁)을 좋아하지 않으면 아랫사람도 의(義)를 좋아하지 않고, 백성이 의를 좋아하지 않으면 일은 결코 완수되지 않는다. 그렇게 되면 천하는 순식간에 파탄을 일으켜 웃음거리가 될 것이다. 하물며 부고 안에 쌓여 있는 재화가 어찌 자기의 안정된 재화가 되겠는가.

은나라의 주왕이 거교(鉅橋)와 녹대(鹿臺) 두 창고에 재물을 가득 채우자 그것은 (백성의 반란으로) 자기 몸을 소사(燒死)시키는 원인이 되었다. 당나라의 덕종(德宗)도 두 개의 큰 창고를 가득 채웠는데, 그것 역시 (반란군의 공격을 받아) 궁전에서 달아나는 비참사와의 교환조건이었다. 이

기사부종(其事不終) : 종(終)이란 이른바 처음과 끝을 다하는 것을 말한다. 사(事)란 하위자(下位者)가 직책으로서 맡아 하는 만사로서, 반드시 재물의 생산에 한정시켜서 볼 필요는 없다.

식산흥업(殖産興業) : 생산을 늘리고 산업을 일으킴.
신총(信寵) : 믿음과 사랑.

여탈(與奪) : 주는 일과 빼앗는 일.

소사(燒死) : 불에 타서 죽음.

주안(主眼) : 주되는 목표. 중요한 점.

것들은 다 '이신발재'한 때문인 것이다.

이 절은 마지막 구에 주안(主眼)이 있는데, 인자(仁者)가 재물을 흩으면 한층 민심을 얻고, 그 덕망의 결과로 재물은 다시 부고로 모여들어 도리어 이전보다도 재물이 풍부해진다는 뜻을 말하고, 그 근본은 통치자의 덕에 있다는 것을 보이려는 것이다.

오직 '그 재화로 되지 않음이 없다.' 운운하는 한 구절을 주자는 '무패출지환야(無悖出之患也)'라고 말하는데, 그 글자가 통치자만을 가리킨다고 보아도 윗대에 있어서의 국가재정 및 왕실재정의 관계가 해명되어 비로소 문의(文意)가 선명해질 것이다.

22

22// 孟獻子曰 畜馬乘은 不察於鷄豚하고 伐氷之家는 不畜牛羊하고 百乘之家는 不畜聚斂之臣하나니 與其有聚斂之臣인데 寧有盜臣이라 하니 此謂國은 不以利爲利요 以義爲利也니라

맹헌자(孟獻子) : 노(魯)나라 3대 가문 중의 하나로, 현대부(賢大夫)였던 중손멸

맹헌자(孟獻子)가 말하기를 "마승(馬乘)을 기르게 된 자는 닭이나 돼지 등을 살피지 아니하고, 얼음을 채벌하는 집은 소나 양을 기르지 않는다. 백승(百乘)의 집은 취렴(聚斂)하는 신하를 부리지 않나니, 그 취렴하는 신하를 두기보다는 차라리 도둑질하는 신하를 둘 것이다."라고 하였다. 이것을 일러 '나라는 이(利)로써 이로움을 삼지 아니하고 의(義)로써 이로움을 삼는다.'고 하는 것이다.

| 풀이 | 마승(馬乘)을 집에서 기르게 되면 더 이상 닭이나 돼지 등을 사육함으로써 얻어지는 이익을 추구하여 백

성과 이익을 다투는 짓은 하지 않는다. 또 장례식이나 제사 때 얼음을 쓸 수 있는 경대부 이상의 집에서는 소나 양을 길러서 백성들과 이익을 다투는 짓은 하지 않는다.

또 전거(戰車) 100승을 내야 할 의무를 지고 있는 집, 다시 말하면 영지(領地)를 주군에게서 받고 있는 경(卿)의 집안에서는 물론 가신(家臣)을 부리고 있으나, 단 백성들에게서 세금을 짜내는 그런 신하는 부리지 않는다. 백성들로부터 가혹하게 거둬들이는 그런 신하를 부리기보다는 주인집의 재화를 훔치는 신하를 부리는 편이 낫다.

이것은 현인 맹헌자의 말인데, 군자란 도리어 자기 자신의 재산을 잃는 한이 있더라도 차마 민력(民力)은 손상시키지 못하는 것이다. 의(義)야말로 나라를 위한 진정한 이익인 것이다.

닭·돼지·소·양 등은 백성들이 사육해서 그 이익을 취하는 것이다. 이미 신하가 되어 주군의 녹을 먹고 있다는 것은 요컨대 백성의 세금으로 생을 유지하고 있는 것이므로, 자기들을 길러주고 있는 백성과 이(利)를 다툰다는 것은 있을 수 없는 일이다. 노나라의 명재상 공의휴(公儀休)가 자기 집 밭의 채소를 뽑아버리고 자기 집의 베 짜는 여자를 내보낸 이유는, 그것으로써 생계를 세우고 있는 백성의 이익을 침범할 수가 없었기 때문이다.

전한(前漢) 때의 대학자인 동중서(董仲舒)가 "하늘은 날개를 달아준 것에게는 다리를 두 개만 주었다."고 하였는데, 이 역시 같은 뜻으로서 모두 혈구지도의 원리에 의한

(仲孫蔑)을 말한다.

축마승(畜馬乘) : 승(乘)이란 네 필의 말이 끄는 수레. 사(士)의 신분이었다가 대부(大夫)가 되면 수레를 상용하므로 승(乘), 즉 수레를 끌기 위한 네 필의 말을 기르게 된다.

벌빙지가(伐氷之家) : 벌빙(伐氷)은 얼음을 잘라 들이는 것. 상제(喪祭) 때 얼음을 쓸 수 있는 집안, 경대부(卿大夫) 이상의 집안을 가리킨 것이다.

백승지가(百乘之家) : 병거(兵車) 100승을 낼 만한 채지(菜地)를 가지고 있는 집안, 즉 경(卿)이다.

취렴지신(聚斂之臣) : 백성의 고혈을 짜내는 가혹한 중세(重稅)를 사정없이 징발하는 비도(非道)한 신하.

진상(進上) : 임금이나 높은 벼슬아치에게 바침.

송학(宋學) : 중국 송(宋)나라 때의 유학(儒學). 한학(漢學). 곧 한(漢)·당(唐)의 훈고학(訓詁學)을 배척하고, 철학적인 사색으로써 인성(人性)과 우주와의 관계 등 만물의 이법(理法)을 밝히려는 학문. 주돈이(周敦頤) 등이 선구가 되고 정호(程顥)·정이(程頤)가 계승, 주희(朱熹)가 대성(大成)하였음.

23// 長國家로 而務財用者는 必自小人矣니 彼爲善之하여 小人之 使爲國家면 菑害竝至하여 雖有善者라도 亦無如之何矣리니 此謂

것이다. 취렴하는 신하는 백성들로부터 가혹하게 거두어 들여 위에 진상하므로 백성은 그 해를 직접적으로 받는데, 도신(盜臣)은 주군의 창고에서 훔쳐내어 자기 품안에 넣으므로 그 화가 아래에까지 미치지는 않는다.

　인자(仁者)의 마음은 지성지애(至誠至愛)하기 때문에, 차라리 자기 자신의 재화를 잃는 한이 있더라도 민력을 손상시키지는 않는다. 취렴하는 신하를 두기보다는 차라리 도둑질하는 신하를 두는 것이 낫다 함은 거기서 유래된 것으로, 이 역시 혈구의 도를 바탕으로 한다.

　'나라는 이(利)로써 이를 삼지 않고 의(義)로써 이를 삼는다.' 함은, 이로써 이를 삼으면 '상하가 번갈아 이를 취할 것' 〔〈맹자〉 양혜왕편(梁惠王篇)〕이기 때문이다. 정자(程子)가 "성인은 의(義)로써 이(利)를 삼는다. 의가 안주하는 곳에 바로 이가 존재한다."고 말한 것은 틀림없이 이 점을 말한 것이고, 또 맹자가 의와 이를 엄격히 구별한 이유도 모두 여기에 기인하는 것이다. 정자의 말은 송학적(宋學的)인 '이(利)'의 정의로서 늘 인용된다.

23

　국가의 장(長)으로써 재용(財用)에 힘쓰는 것은 반드시 소인들 때문이다. 그가 소인들이 행하는 바를 도리어 가상히 여기고 소인들로 하여금 국가를 맡아 다스리게 하면, 끝내는 재해가 한꺼번에 닥쳐와 비록 유능한 자가 있다 하더라도 역시 어찌할 수 없는 사태에 이르고 말 것이다. 이것을 일러 '나라는 이로써 이로움을 삼지 않고 의로써 이로움을 삼는다.'고 하는 것이다.

國은 不以利爲利요 以義爲利也니라

| 풀이 | 국가의 장(長)이 되어서 재화를 모으기에만 힘쓰는 자가 있다면 틀림없이 소인이 그렇게 인도하고 있기 때문일 것이다. '피위선지(彼爲善之)'의 네 글자는 뜻이 분명하지 않다. 이 구절의 앞이나 뒤에 문장이 탈락되어 있든가 혹은 오자(誤字)가 있든가 둘 중의 하나일 것이라고 주자는 생각하고 있다.

만약 소인을 신임해서 국가의 정치를 맡긴다면 자연재해와 인간에 의한 재앙이 나란히 찾아들 것이다. 이미 그렇게 된다면 비록 선인을 등용한다 해도 수습할 수가 없을 것이다. 이로써 이를 삼는 해를 심각하게 지적하고, 나라는 이로써 이를 삼지 말고 의로써 이를 삼아야 한다는 앞절의 말을 반복하는 것으로 결론을 짓고 있다.

반복 설명을 수고롭게 생각하지 않는 전(傳)의 작가의 "정(情)이 정말 절절하다(其丁寧之意切矣)."고 감탄하는 것이 〈대학장구〉에서 주자가 주석한 최후의 말이다. 다음에 〈혹문〉에서 인용한다.

재해가 함께 이르러 어떻게도 할 수 없다고 하는 것은, 백성의 마음에 원한이 맺히면 도저히 일조일석에는 풀 수가 없다는 것이다. 성인인 공자, 현인인 증자는 그 현실을 깊게 파

자소인(自小人) : 자(自)는 말미암는다는 뜻. '소인이 이를 다스림으로 말미암아'라고 해석된다.
피위선지(彼爲善之) : 주자는 이 말의 앞뒤에는 아마도 누락된 글이나 오자가 있을 것이라고 한다. '그는 이를 잘한다고 하지만'이라고 풀이하는 정현의 주도 문맥이 통하지 않는 것은 아니나, 여기서는 주자의 설을 따르기로 한다.
재해병지(菑害竝至) : 재해가 한꺼번에 이르다.
선자(善者) : 사물의 도리를 터득한 사람.

헤쳐 어떻게도 할 수 없다고 극언했다. 그것은 사람들로 하여금 일이 발생하기 전에 사리를 충분히 파악하게 해서 일이 잘못된 다음에 후회하는 경우가 없도록 해야 한다는 것이다.

여정헌공(呂正獻公)도 "소인이 백성들에게서 거두어들여 인주(人主)의 욕망의 만족을 돕는데 이를 인주는 깨닫지 못하고 나라에 이(利)가 있는 줄로 믿고, 실제로 종국에 가서는 나라에 해를 끼친다는 것을 모른다. 그 소인이 자기에게 충성스럽고 절의가 있다고 칭찬하나, 사실은 대단히 불충하다는 것을 모르는 것이다. 그 소인이 백성의 원한을 풀어 주는 것이 좋으나, 실제로 그 원한은 나중에 위에 있는 자기에게로 돌아오게 된다는 것을 모르는 것이다."라고 말하고 있다.

이 말은 이 전 제10장의 취지를 깊이 파악한 말이라 볼 수 있다. 따라서 국가를 소유하고 있는 자는 깊이 반성하지 않으면 안 된다.

이상 제10장은 1절부터 23절까지가 모두 치국과 평천하와의 관련 여하보다는 도리어 치국과 평천하의 길에 대해 윗자리에 있는 군자가 지녀야 할 자세를 교시(敎示)하고 있다.

이토록 예방조치가 이미 강구되어 있음에도 불구하고 역사상 상홍양(桑弘羊), 공근(孔僅), 양긍(楊矜), 진경(陳京), 우문융(宇文融), 배연령(裵延齡)―상홍양은 한(漢)나라, 나머지는 당나라의 재무관료―등을 등용함으로써 그로 말미암아 나라를 망쳐버린 군주가 역시 출현했다.

그래서 육선공(陸宣公)은 말하기를 "백성은 나라의 근본이요 재물은 백성의 마음이니, 그 마음이 상하면 곧 그 근

여정헌공(呂正獻公) : 송나라의 명신 여공저(呂正著).
인주(人主) : 임금을 달리 이르는 말.

교시(敎示) : 가르치어 보임. 또 가르침.

본도 상한다. 그 근본이 상하면 곧 그 지엽이 시든다."고 하였다.

이처럼 근저(根底)가 무엇이며 끝이 무엇인지의 변식(辨識)을 강조하고, 인재의 등용이나 통치의 요도(要道)로서의 윗사람에 대한 충신(忠信)을 역설했으며, 그리고 장의 끝에서는 현실적인 재용에 대해 논급하는 것으로 결론을 맺고 있다.

비록 혈구지도로 시종일관했다고 볼 수는 없으나 그것이 충서(忠恕)이며 가족→민중→만민에 대한 동정심인 이상, 충신을 말하고 현신(賢臣)의 등용을 말해 모든 것에 걸쳐 의(義)의 판단을 중요시할 것을 강조하고, 다시 파고들어가 천하 흥망의 기(幾)로서 윗자리에 있는 사람의 명명덕을 풀이하는 일장(一章)의 논지는 멀리 첫장과 대응해서 일관되어 있다고 볼 수 있다.

육선공(陸宣公) : 당나라의 명재상인 육지(陸贄).

지엽(枝葉) : ① 가지와 잎. ② 본체에서 갈라져 나간 중요하지 않은 부분.

근저(根底) : ① 사물의 밑바탕. 사물의 밑바탕이 되는 곳. ② 근본.

변식(辨識) : 분별하여 앎.

2

중용(中庸)

중용장구 서(中庸章句序)

중용(中庸)

중용장구 서(中庸章句序)

〈중용〉을 지은 이유는 무엇인가? 자사자(子思子)가 도학(道學)이 그 전통을 잃을까 우려하여 지었다.

|풀이| 〈대학장구〉의 서문이 그러했듯이 이 〈중용장구〉의 서문도 매우 힘을 들여 쓴 것으로서, 〈논어집주〉, 〈맹자집주〉의 서문이 그저 간단한 해설, 그것도 선학(先學)의 설을 나열하는 데 그친 것과는 달리 주자의 사상적 입장을 정면으로 제시한 당당한 문장으로 되어 있다. 이 두 편의 문장은, 특히 이 '중용장구 서'로 말하자면 주자학 개론(槪論)과 같은 일장(一章)이라고 볼 수 있는 것이다.

이 서문은 먼저 〈중용〉이 어떤 목적으로 저작되었는가를 묻는다. 그리고 그에 대답하는 형식으로 이른바 '도통(道統)'의 이론을 전개한다. 주자의 문장 중에서 도통에 관한 설을 가장 정리된 형태로 말하고 있는 것이 이 '중용장구 서'라고 해도 좋다. 〈중용〉이란 책은 공자의 손자인 자

1// 中庸은 何爲而作也오 子思子가 憂道學之失其傳而作也니라

도학(道學): 송(宋)나라의 유학자들이 성명(性命)과 의리, 곧 도(道)를 연구한다는 뜻에서 성리학을 도학이라고 불렀다.

사(子思)가 도학(道學)의 전통이 단절되어 버릴 것을 걱정한 나머지 저작한 것이다.

'도학'이라는 말은, 말 그 자체로 보면 물론 이전에도 없었던 것은 아니었으나, 송(宋)에서는 그것에 특수한 의의를 부여하여, 처음에는 정명도(程明道)와 정이천(程伊川), 즉 이정자(二程子)의 계통을 따른 학문을 말하고, 후에는 주렴계(周濂溪)·이정자·장횡거를 거쳐 주자에 이르러 대성된 학문체계의 칭호로서 주자에 의해 자각적으로 쓰이게 되었다. 그것이 이제는 멀리 자사 및 자사 이전에까지 거슬러 올라가 적용되고 있는 것이다.

2

2// 蓋自上古에 聖神이 繼天立極으로 而道統之傳이 有自來矣라 其見於經으로 則允執厥中者는 堯之所以授舜也요 人心惟危하고 道心惟微하니 惟精惟一이라야 允執厥中者는 舜之所以授禹也니라

상고(上古)에 성신(聖神)이 하늘을 이어 만인의 준칙을 세우면서부터 도통(道統)의 전승이 시작되었으니, 그 경서에 나타나 있는 것으로 '진실로 그 중(中)을 잡으라.'고 한 것은 요(堯)가 순(舜)에게 전수한 것이요, '인심(人心)은 위태하고 도심(道心)은 미묘하니 정밀히 하고 한결같이 하고서야 진실로 그 중을 잡으라.'고 한 것은 순(舜)이 우(禹)에게 전수한 것이다.

성신(聖神): 성인이며 신통한 사람.

윤집궐중(允執厥中): 〈논어〉 요왈편(堯曰篇)에, 요임금이 순임금에게 자리를 물

| 풀이 | 자사(子思)가 그 잃게 될 것을 염려했다는 도학의 전통이란 것은 먼 고대의 성인이 하늘의 도를 계승하여 극(極), 즉 도덕적인 표준법칙을 백성들을 위해 건립해

서 보인, 말하자면 천명(天命)을 받아 천자가 되었다는 것에 기원한다. 성신(聖神)이란 말은 맹자의 이른바 '미(美)·대(大)·성(聖)·신(神)'의 성신(聖神)으로서, 신(神)은 성(聖)보다 더 깊은 극치, 요컨대 성인(聖人)을 말한다. 성인은 천자를 시원으로 하고 도의 전통은 거기서부터 출발했다는 생각은, 주자학과 같이 성인을 '성천자'로부터 분리해버린 후에도 완전히 없어지지 않았던 유교의 본래적인 관련의 하나였다.

일반적으로 말하는 도통(道統)은 한유(韓愈)의 〈원도(原道)〉이래 요(堯)에서부터 헤아리기 시작하게 되어 있는데, 여기서 말하는 상고의 성신이란 다음에 나오는 요·순 이전의 이를테면 복희(伏羲), 신농(神農) 등을 가리키는 것으로 생각된다. 이곳에서의 뜻은 아마도 도를 성인과 혼동하여 이해하는 것은 역사와 같이 오래이고, 그것이 경전에서 언어의 형식으로 기재되기에 이른 것이 요(堯) 이후의 일이라는 말이 아닌가 한다. 즉 〈논어〉의 '윤집궐중(允執厥中)'이란 말이 그것으로, 이와 같은 형태로 요는 순에게 물려준 것이다. 그 다음의 4구(句)는 요에게서 받은 한 구를 순이 다시 주도한 표현으로 바꾸어 우(禹)에게 준 것이다. 이 주었다(授)는 내용은 제1차적으로는 '천하'였을 것이다.

그래서 '수수(授受)하는 소이(所以)'라는 표현을 한 것인데, 천하를 물려줌에 있어 '윤집궐중' 또는 '인심…… 궐중'이라는 방법을 취했으리라는 것이다. 특히 '우정(虞庭)

려주면서 "아아, 순이여! 하늘의 역수가 그대의 몸에 있으니 진실로 그 중(中)을 잡을지어다!"라는 말을 했다는 내용이 보인다.

시원(始原) : 사물이나 현상 등이 시작되는 처음.

주도(周到) : 주의(注意)가 빈틈없이 두루 미침.

위작(僞作) : 다른 사람이 그 작자(作者)가 만든 것처럼 본떠서 비슷하게 만듦. 또 그 작품.

일탈(逸脫) : ① (어떤 사상이나 조직·규범 등에서) 벗어남. 빠져나감. ② 빠뜨림. 빠짐.

집일(執一) : 자기 일만을 고수하고 거기에 집착함.
육조시대(六朝時代) : 중국 육대(六代)의 왕조가 있던 시대. 삼국(三國) 이후 당(唐) 이전, 곧 위진(魏晉)·남북조시대(南北朝時代)에 해당하는 육조 및 수(隋)의 존속 기간으로, 특히 문화 사상의 시대 구분에 쓰여짐.

의 전심결(傳心訣)' 등과 같은 뒤의 네 구는 먼 옛날 성인 이래 전해진 도의 내용을 명확하게 표현한 말로, 송학(宋學)에서는 근본적인 중요성을 갖는 성구(聖句)이다. 그래서 이 말이 실려 있는 〈서경〉이 실은 요순시대의 기록도 다른 그 무엇도 아니라 훨씬 후세의 위작(僞作)이라는 것을 청조(淸朝)의 고증학자가 증명했을 때, 그것이 송학으로서는 치명적인 타격이었다는 말을 듣는다.

이런 것들에 의하여 도통의 내용을 아주 요약해서 말하면 '진실로 그 중(中)을 굳게 잡으라.'로서, 요컨대 중(中)이란 것에 지나지 않는다. 그것을 보다 주도하게 말하면 뒤의 네 구가 되는 것이다. 이 네 구의 뜻은 '인심'이란 인욕(人欲)이 섞인 마음이며, 그래서 끊임없이 일탈(逸脫)할 위험성을 내포하고 있다.

도심(道心)이란 도(道) 그 자체와 같은 마음이고, 따라서 '미(微)'는 현(顯)의 반대개념으로 너무나도 미세하고 은미해서 감각과 지각으로는 파악하기가 어렵다. 인간의 마음은 한편에서 보면 '인심'이면서도 다른 한편에서는 또 어디까지나 '도심'이라고 할 수 있다.

그래서 인간은 감각적·지각적 능력을 작용시키는 이상으로 정세한 통찰력과 집일적인 도덕성을 가지고 '중(中)'이라는 원리, 중용의 도를 유지해나가야 한다. '정(精)'은 '조(粗)'의 반대개념으로 섬세함과 같으나 이 역시 '미(微)'와 같이 초감각적이고 형이상학적인 철학용어로서, 육조시대 이래 즐겨 사용되어 왔다.

3

요(堯)의 한 마디가 지극하고 극진하였는데 순(舜)이 다시 그것에다 세 마디를 더한 것은, 요(堯)의 한 마디는 반드시 그렇게 하고 나서야 해낼 수 있음을 밝힌 것이다.

| 풀이 | 원래 요의 그 '윤집궐중'이란 한 마디는 빈틈없는 궁극적인 말이다. 일체의 철리(哲理)는 완전히 이 한 구속에 포함되어 있다. 그런데 순이 그 위에 다시 '인심유위·도심유미·유정유일'이란 세 마디를 추가한 것은 무슨 까닭일까? 그것은 그런 문맥으로 해석해야 올바르게 이해될 것이라고 생각했기 때문이다.

3// 堯之一言이 至矣盡矣러니 而舜復益之以三言者는 則所以明夫堯之一言이 必如是而後에 可庶幾也니라

삼언(三言) : '인심유위(人心惟危)·도심유미(道心惟微)·유정유일(惟精惟一)'의 세 마디 말.
서기(庶幾) : '~하기를 바라다.'

4

대개 이 문제를 논해본다면, 마음의 허령지각(虛靈知覺)은 하나일 뿐이다. 그러나 그래도 인심(人心)과 도심(道心)의 분별이 있게 되는 것은 곧 그것이 어떤 경우에는 형기(形氣)의 사(私)에서 생겨나고, 어떤 경우에는 성명(性命)의 정(正)에 바탕을 둠으로써 그 지각되게 하는 바가 같지 않기 때문이다. 그러므로 혹은 위태롭기도 하고 불안하기도 하며 혹은 미묘하기도 하여 나타나기 어려울 뿐이다.

| 풀이 | 이상으로 〈중용〉이 저작된 목적과 도통에 있어

4// 蓋嘗論之컨대 心之虛靈知覺이 一而已矣로되 而以爲有人心道心之異者는 則以其或生於形氣之私하며 或原於性命之正하여 而所以爲知覺者不同이라 是以로 或危殆而不安하고 或微妙而難見耳니라

허령지각(虛靈知覺) : 허령

은 마음이 비어 있고 또 신령하게 움직일 수 있는 그 '체(體)'를 뜻하며, 지각은 알고 깨달을 수 있는 마음의 '용(用)'을 뜻한다.

서의 '도(道)'의 내용을 가장 집약적으로 말하면 '중(中)'이고, 그것을 부연하면 '인심(人心)·도심(道心)·정(精)·일(一)·중(中)'이라는 항목이 된다는 점을 설명하였다. 이하 시험 삼아 논해보겠다는 형식으로 주자학의 이른바 근본이론이 설명되어가는 것이다.

허령지각의 마음이란 어디까지나 하나일 뿐이지만, 그러나 하나 속에 인심과 도심의 구별이 있음을 이해하기 위해서는 다음과 같은 두 가지 전제를 인정해야만 한다. 첫째, 모든 존재는 기(氣)로 되어 있는데, 기가 있다 함은 곧 이(理)가 있다는 것과 같다는 점이다. 둘째, 심(心)은 기(氣), 즉 형(形)의 원리(그것은 이에 대해 말하며 사적인 것이다.)에 서 있는 것이라는 점이다.

심(心)은 기형(氣形)으로 되는 것(심적 현상은 기의 작용이다.)이지만, 그 기가 탁한 기일 경우에는 이〔理 : 명성(命性)〕의 발현을 방해하고〔흐린 물과 그 밑에 있는 보주(寶珠)와의 관계〕, 맑은 기일 경우에는 중정(中正)한 이(그것은 기에 대해 통제력을 갖는다.)의 발현을 방해하지는 않는다. '기형'의 원리와 '명성'의 원리 중 그 어느 쪽이 우월한가에 따라 마음이 지각으로서의 작용을 하는 방법에 상위가 생기게 되는 것이다.

5

5// 然이나 人莫不有是

그러나 사람으로서 이 형(形)을 갖지 않을 수 없는 까닭에 비록 가장 지혜로운 사람이라 해도 인심(人心)이 없을 수 없고, 또 이 성(性)을 갖지 않을 수 없는 까닭에 비록 가장 우매한 사람이라 해도 도심(道心)이 없을 수 없다. 이 두 가지가 마음속에 섞여 있는 데도 그것을 다스릴 바를 모르면 위태한 것은 더욱 위태해지고 미세한 것은 더욱 미세해져서, 천리(天理)의 공(公)이 끝내 인욕의 사(私)를 이겨내지 못할 것이다.

形故로 雖上智나 不能無人心이요 亦莫不有是性故로 雖下愚나 不能無道心하니 二者雜於方寸之間이나 而不知所以治之면 則危者愈危하고 微者愈微하며 而天理之公이 卒無以勝夫人欲之私矣리라

| 풀이 | 인간이 육체라는 것을 지니고 있는 한 비록 가장 지혜로운 사람이라도 기형의 원리에 입각하는 인심이라는 것이 존재하지 않을 수 없고, 반대로 또 사람이 성품이라는 것을 지니고 있는 한 비록 가장 어리석은 인간이라도 명성(命性) 또는 이성(理性) 위에 성립하는 도심이라는 것이 존재하지 않을 수 없다.

이 인심과 도심, 다시 말해서 마음의 기적 부분(氣的部分)과 이적 부분(理的部分)이 사방 한 치의 공간(심장·마음) 속에서 뒤섞인다면, 그리고 그것을 다스리는 법을 모른다면 '위태로운' 것(인심)은 더욱 위태로워지고, '미세한' 것(도심)은 더욱 미세해져서 제어하고 인식할 수 없게 될 것이다. 그리하여 저 천리(天理)라는 공적(公的)인 것도 드디어는 인욕(人欲)이라는 사적(私的)인 것에 굴복하고 말 것이다. 즉 성인이 되는 일이 불가능해지는 것이다. 상지(上智)와 하우(下愚)라는 인간 분류법이 〈논어〉에 유래한다는 것은 주지하는 바이고, 또 오늘날 우리들이 뇌(腦)의 작

방촌지간(方寸之間): 사방 한 치밖에 안 되는 사람의 마음.
유(愈): 더하다.

용이라고 생각하는 기능이 심장의 작용으로 생각되어 그 심장(마음)이 언제나 방촌(方寸)으로 표현되고 있다.

6

6// 精則察夫二者之間하여 而不雜也요 一則守其本心之正하여 而不離也니 從事於斯하여 無少間斷하고 必使道心으로 常爲一身之主하고 而人心으로 每聽命焉하면 則危者安하고 微者著하여 而動靜云爲가 自無過不及之差矣리라

청명(聽命) : 명령에 순종하는 것.
동정운위(動靜云爲) : 동정은 행동, 운위는 말하는 것.

정밀하면 곧 그 둘 사이를 살펴 섞이지 않게 하고, 한결같으면 곧 그 본심(本心)의 정을 지켜 떠나지 않게 한다. 이에 종사하여 끊임이 없게 함으로써 반드시 도심(道心)으로 하여금 항상 일신을 주재하게 하고 인심(人心)을 항상 이에 순종하게 하면, 곧 위태한 것은 안정되고 미세한 것은 나타나서 그 행동과 말씨에 스스로 과부족이 없게 될 것이다.

| 풀이 | 정밀하면 도심과 인심을 잘 살펴 구별하여 양자가 혼란되지 않게 하고, 마음의 본래적인 상태―인간의 마음에 있어서는 본래 '도심'이 지배적이다―를 어디까지나 고수하여 그것에서 떠나지 않게 한다. 이것을 조금도 시간적인 틈을 주지 말고 실천하여 도심이 언제나 나의 몸 전체의 주(主)가 되고 인심은 언제나 그 명령에 따르도록 한다면, 위태한 것은 안정되고 미세한 것은 뚜렷이 나타나 쉽게 인식할 수 있어서 기거·동정·언어·동작의 말단에 이르기까지 지나치거나 모자라는 등의 오류는 당연히 없어질 것이다. 즉 '집중(執中)'이란 것이 실현되는 것이다.

7

무릇 요·순·우는 천하의 대성(大聖)이요, 천하를 가지고 서로 전하는 것은 천하의 큰일이다. 천하의 대성으로서 천하의 큰일을 행하되 그 주고받음에 있어 정중하고 간곡하게 고계(告戒)한 것이 이와 같았으니, 천하의 이치가 어찌 이에 더할 것이 있겠는가.

| 풀이 | 요·순·우는 모두 천하의 대성인이다. 천하를 한 사람이 다른 한 사람에게, 또는 한 왕조가 다른 한 왕조에게 전하는 것은 천하의 중대사이다. 그런데 천하의 대성인이 천하의 중대사를 행함에 있어 반복하여 경계해서 가르쳤다는 것은, 요임금이 순임금에게 전한 경우의 '중(中)을 잡으라.'는 단 한 마디, 또는 그것을 부연한 순이 우에게 전한 경우의 네 마디에 지나지 않았다.

그렇다면 이 간결한 말 속에는 실은 심원한 의미가 함축되어 있는 것이며, 천하의 이(理)로서 이 이상의 이는 있을 수 없다. 그래서 정치와 역사와의 원리는 극도로 내적인 것으로 파악하게 되었다.

또 요는 당왕조, 순은 우왕조의 천자였으나 모두 자기 한 대에서 그치고 다른 사람에게 선양했으며, 자손대대로 전한 참된 의미로서의 왕조는 우나라를 세운 하왕조부터 시작된다.

7// 夫堯舜禹는 天下之大聖也요 以天下相傳은 天下之大事也니 以天下之大聖으로 行天下之大事하되 而其授受之際에 丁寧告戒가 不過如此니 則天下之理가 豈有以加於此哉리오

이천하상전(以天下相傳): 왕위를 선양하는 것.

8

8// 自是以來로 聖聖相承하니 若成湯文武之爲君과 皐陶伊傅周召之爲臣이 旣皆以此而接夫道統之傳이라 若吾夫子는 則雖不得其位나 而所以繼往聖하고 開來學하니 其功이 反有賢於堯舜者라

성탕(成湯) : 하나라의 걸왕을 쳐부수고 상나라를 세운 성군인데, 위대한 공을 이루신 탕임금이란 뜻에서 흔히 성탕이라고 부른다.
고요(皐陶) : 순임금의 신하.
부자(夫子) : 공자(孔子)를 말한다.

그 이래로 성인과 성인이 서로 이어져 성탕(成湯)·문왕(文王)·무왕(武王) 같은 이의 군주됨과 고요(皐陶)·이윤(伊尹)·부열(傅說)·주공(周公)·소공(召公) 같은 이의 신하됨은 이미 다 이것으로써 도통의 전승을 접하였다. 우리 부자(夫子) 같은 분은 비록 그만한 지위는 얻지 못하였으나 왕성(往聖)을 잇고 내학(來學)을 열어주었으니, 그 공이 도리어 요·순보다 현명하심이 있다.

| 풀이 | 순이 우에게 전한 네 마디—요가 순에게 전한 한 마디는 그 속에 들어 있다—는 이후로 성인에게서 성인으로 계승되어갔다. 예컨대 임금으로 말하면 은나라의 탕왕 및 주나라의 문왕과 무왕이, 신하로 말하면 고요, 이윤(은나라 탕왕의 명신), 부열(은나라 고종의 명신), 주공(주왕실의 명신), 소공(역시 주왕실의 명신)과 같은 성인이 모두 그 네 마디에 의해 도통의 전승에 참가했다.

그런데 우리 공자는 천자도 아니고, 혹은 재상으로서 천자를 보필하여 큰 수완을 떨친 것도 아니다. 성인으로서 당연히 차지해야 할 지위를 얻지는 못했으나 과거의 성인을 뒤이어 그 도를 인계해서 장래의 학자를 위해 도를 전했다는 점에서 보면 그 공적은 도리어 요나 순보다 더하다고 해야 할 것이다.

9

　그러나 당시에 있어 보고서 안 자는 오직 안씨(顏氏)·증씨(曾氏)의 전승이 그 정통을 얻었고, 증씨를 거쳐 다시 전해져 또 부자의 손자 자사(子思)를 얻음에 이르러서는 성인의 시대에서 멀어져 가 이단이 일어났다.

| 풀이 | 공자가 생존해 있을 당시 공자와 직접 접촉하여 그 사상에 통해 있던 자 중에서는 오직 안회(顏回)와 증삼(曾參)이 전승해서 그 근본을 파악하고 있었는데, 그 증삼의 제자로서 자사(子思)가 출현했다. 자사는 공자의 손자이다. 자사라는 훌륭한 사상가가 나타나기는 했으나, 그 때는 성인 공자가 죽은 지 이미 오랜 세월이 흐르고 있었으므로 성인의 도가 아닌 사적인 설을 세우는 이단이 일어나기 시작했던 것이다. 시대는 바야흐로 이른바 제자백가의 시대로 접어들고 있었다.

9// 然이나 當是時에 見而知之者는 惟顏氏曾氏之傳이 得其宗하고 及曾氏之再傳하여 而復得夫子之孫子思하니 則去聖遠而異端起矣라

안씨(顏氏): 공자의 수제자로서 덕행이 뛰어났던 안회(顏回)를 말한다.
증씨(曾氏): 역시 공자의 수제자로서 효행이 뛰어났던 증삼(曾參)을 말한다.
이단(異端): 유학 이외의 제자백가들을 말한다.

10

　자사는 그것이 오래면 오랠수록 더욱 그 도통의 진수를 잃게 될 것을 두려워하여 이에 요·순 이래 전승되어온 뜻을 미루어 근본으로 하고, 평소에 들어왔던 부사(父師)의 말씀으로써 바로잡고 다시 서로 연역하여 이 책을 지어 후세의 학자들에게 알렸다.

10// 子思가 懼夫愈久而愈失其眞也하여 於是에 推本堯舜以來相傳之意하고 質以平日所聞父師之言하여 更互演繹하여 作爲此書하여 以詔後之學者하니 蓋其憂之

也深故로 其言之也切하고 其慮之也遠故로 其說之也詳하니 其曰 天命率性은 則道心之謂也요 其曰 擇善固執은 則精一之謂也요 其曰 君子時中은 則執中之謂也니 世之相後가 千有餘年이로되 而其言之不異가 如合符節이라 歷選前聖之書하여 所以提挈綱維하고 開示蘊奧가 未有若是之明且盡者也라

갱호연역(更互演繹) : 다시 서로 뜻을 풀어나가는 것.
택선고집(擇善固執) : 〈중용〉 제20장 17절에 나오는 말로서, 즉 선을 택하여 굳게 쥔다는 뜻.
군자시중(君子時中) : 〈중용〉 제2장 2절에 나오는 말로 군자는 시기에 알맞게 응한다는 뜻.
부절(符節) : 나무 혹은 가죽조각에 글을 쓰고 증인(證印)을 찍은 후에 두 쪽으로 나누어 한 쪽은 상대방에게 주고 다른 한 쪽은 자기가 보관하였다가 후일에 서로 맞추어 증거로 삼는 것을 말함.
강유(綱維) : 강령과 같은 말임.
온오(蘊奧) : 학문 같은 것의 심오한 이치.

그런데 대개 그 우려함이 깊은 까닭에 그 언설이 절실하고, 그 염려가 먼 까닭에 그 언설이 상세하다. 거기서 '천명과 솔성'이라고 한 것은 도심을 말한 것이요, '선을 가려 굳게 잡는다.'고 한 것은 정밀하고 한결같음을 말한 것이요, '군자는 시기에 알맞게 응한다.'고 한 것은 중을 잡음을 말한 것이다. 세기의 상거가 천여 년이었음에도 그 말의 다르지 않음이 부절(符節)을 합한 것과 같으니, 전대의 성인의 글을 역선(歷選)하여 강유(綱維)를 끌고 온오(蘊奧)를 열어 보인 바가 이처럼 분명하고 자세한 것은 없다.

| **풀이** | 제자백가의 시대로 접어들면서 도가(道家)·법가(法家)·묵가(墨家) 등의 사상가의 학단이 각각 자기 사상을 주장함으로써 중국사 최고의 '대사상시대'를 현출하고 있었다. 그것은 오늘날에는 사상의 자유경쟁의 활기 넘치는 시대로서 인정되고 있지만, 그러나 유교에서 보면 도리어 진리의 소재가 명확하지 않고 속임수의 해설이 횡행하던 시대, 실로 개탄해야 할 암흑시대였다.

아무튼 자사는 성인으로부터 시간적 거리가 크면 클수록 성인의 도(道)의 진상이 그만큼 상실될 것을 두려워했다. 그래서 요·순 이래 차차 전해져오던 도의 의미와 내용을 추론하고, 다시 일생을 통해 사부로부터 가르침을 받아온 말에 따라 그것을 검토하고 그 양방에서 연역해가서 이 〈중용〉이란 책을 저작하여 후세의 학문자에게 보였던 것이다.

그런데 그 우려가 심히 깊었던 까닭에 말이 통절하고 그 염려가 먼 까닭에 그 설이 자세하다. 대체로 '하늘이 명한 것을 성(性)이라 하고 성에 따르는 것을 도(道)라고 한다.'고 한 것은 바로 순임금이 말한 '도심'을 말한다. 또 '선을 택해 굳게 잡는다.'고 한 것은 순임금이 말한 '유정유일(惟精惟一)'의 '정일(精一)'을 말한다. '군자는 시기에 알맞게 응한다.'고 한 것은 요임금이 말한 '윤집궐중(允執厥中)'의 집중(執中)을 말한다.

　요순시대부터, 또는 더 세밀하게 말하면 순이 우에게 이 네 구절을 준 시대부터 자사의 시대에 이르기까지 천년 이상이나 지나고 있는데 두 사람의 말은 조금도 다름없이 일치하고 있다. 이전의 성인의 책을 하나하나 골라내 보아도, 도(道)의 대강(大綱)을 잡아서 그 깊은 뜻을 열어 보인다는 점에서는 이 〈중용〉이란 책만큼 명확하고 또 완전한 것은 없다.

통절(通切) : 뼈에 사무치게 절실함.

대강(大綱) : 일의 가장 중요한 부분, 또는 그 부분만 따낸 줄거리.

// 11

　이에서 또다시 전해져 맹씨(孟氏)가 나와 능히 이 책을 부연·구명하여 앞선 성인들의 도통을 계승했는데, 그가 세상을 떠남에 이르러 그 전승이 끊어지고 말았다. 이에 우리 도(道)가 기탁된 곳이라고는 언어와 문자의 범주를 넘어서지 못하는데 이단의 주장은 날로 새로워지고 달로 성해져, 노(老)와 불(佛)의 무리가 출현함에 이르러서는 더

11// 自是而又再傳하여 以得孟氏하여 爲能推明是書하여 以承先聖之統이나 及其沒而遂失其傳焉이라 則吾道之所寄는 不越乎言語文字之間하고 而異端之說은 日新月盛하여 以至於老佛之徒出하여

는 則彌近理而大亂眞
矣라

맹씨(孟氏) : 맹자.
언어문자지간(言語文字之間) : 글이나 책.
노불(老佛) : 노자(老子)를 대표로 하는 도교(道敎)와, 불교(佛敎)를 말한다.
미근리이대란진(彌近理而大亂眞) : 도교와 불교의 설이 이단 중에서는 더욱 이치에 가까운 듯하여 참된 것이 무엇인지 잘 모르게 되었다는 뜻.

12// 然이나 而尙幸此書之不泯故로 程夫子兄弟者出하여 得有所考하여 以續夫千載不傳之緒하고 得有所據하여 以斥夫二家似是

욱 이치에 가까운 듯하여 크게 진리를 어지럽히게 되었다.

| 풀이 | 자사로부터 다시 또 전해져 맹자가 나타났는데, 맹자는 자사의 제자이다. 맹자는 이 〈중용〉이란 책을 추구해서 밝힘으로써 그 이전의 성인들의 전통을 계승했던 것이다. 그런데 그의 죽음과 함께 그 전통은 맥이 끊어지고 말았다. 그리하여 우리 성인의 도(道)는 그저 문자와 언어 사이에, 즉 책 속에 적혀 있을 뿐이나, 이에 대해 제자백가로부터는 계속 새로운 설이 나오고, 드디어는 이단의 극치라고 할 만한 도교와 불교가 출현하게 되었다. 도교와 불교의 설은 한편으로는 더욱더 진리에 다가서는 듯하였지만, 사실 그것은 진리를 매우 교란하는 것이었다.

이상 요순에서 맹자까지의 사이에 '도통(道統)'의 존재를 구상한 것이 한유(韓愈)의 〈원도(原道)〉이고, 지금 여기서 말하는 것이 그 계승임은 이미 말했다. 단, 그 도통의 '도(道)'의 내용으로서 저 요순의 네 구를 생각한 것은 송학의 독창(獨創)이다.

12

그러나 다행히 이 책이 소멸되지 않았기 때문에 정호와 정이 형제가 나와 상고(想考)한 바가 있어 저 천 년 동안이나 전해지지 못했던 통서(統緒)를 잇게 되었고, 근거하는 바가 있어 도교와 불교의 이단성을 물리칠 수 있게 되었다. 자사의 공은 이에서 위대해진 것이니, 정호와 정이가 아니었더라면 역시 그 말에 의거하여 그 마음을 인득(認得)해 나가지는 못했을 것이다.

| 풀이 | 제자백가에 이어 도교와 불교에 의해 성인의 도는 대단한 혼란에 빠지면서도 다행히 〈중용〉이란 책은 완전히 소실되어 버리지 않고 〈예기〉 중의 한 편으로서 전해 내려왔다. 그래서 마침내 우리 송왕조가 서고 도의 학문이 다시 일어나기 시작하자 정호와 정이가 나타나 이 책을 연구하여 그 무엇인가를 얻는 데 성공하였다.

그리하여 맹자 이후 천 년에 걸쳐 단절되었던 도의 전통의 실마리를 다시 잇게 되었고, 또 뚜렷한 근거에 의해 불교나 도교의 이단성을 배척할 수 있게 되었다. 자사의 업적의 위대함은 이 점에 있다. 자사가 후세를 위해 이 〈중용〉을 편집해서 남겨두었다는 공적은 확실히 매우 크다. 그러나 한편 정부자 형제와 같은 대철학자가 출현하지 않았더라면 〈중용〉에 기재된 말을 단서로 하여 그 말의 마음, 즉 도의 전통을 바르게 해설하고 있는 자사의 마음에 도달하는 일은 아마 불가능했을 것이다.

13

애석하게도 그 논술한 것은 전하지 않고, 석씨(石氏)가 집록(輯錄)한 것이 그 문인의 기록에서 겨우 나왔을 뿐이

之非하니 蓋子思之功이 於是爲大하니 而微程夫子면 則亦莫能因其語하여 而得其心也리라

불민(不泯) : 없어지지 않다는 뜻임.
정부자형제(程夫子兄弟) : 정호(程顥)와 정이(程頤) 형제를 가리킨다.
고(考) : 연구하다.
미(微) : 아니다.

13// 惜乎라 其所以爲說者不傳하고 而凡石氏之所輯錄이 僅出於

其門人之所記하니 是以로 大義雖明이나 而微言未析하고 至其門人所自爲說하여는 則雖頗詳盡而多所發明이나 然이나 倍其師說而淫於老佛者가 亦有之矣라

석씨(石氏) : 석돈(石墩)을 말한다. 주자와 친교가 있고 일찍이 송유(宋儒)들의 〈중용〉에 관한 논설을 모은 일이 있다.
미언(微言) : 조그만 일에 언급된 미묘한 진리가 숨겨져 있는 말.
음(淫) : 빠져들다.

다. 그래서 대의는 비록 밝혀졌으나 미묘한 말은 해석되지 못하였고, 그의 문인이 스스로 논설한 바에 이르러서는 자못 상세하게 설명함으로써 현명한 바가 많기도 하나, 그 스승의 학설에 위배되게 도교와 불교의 설에 영향을 받은 것도 또한 있다.

| 풀이 | 정호·정이 형제의 설의 바탕을 이루는 〈중용〉의 주석은 애석하게도 주자의 시대에는 이미 전해지고 있지 않았다. 왜냐하면 정호의 경우에는 끝내 저술되지 않은 듯하고, 정이의 경우에는 한 번 저술되었으나 후에 그 원고를 태워버린 것으로 알려지기 때문이다. 그리하여 주자의 제자인 석돈이 이정자와 그 제자들의 〈중용〉의 주석 또는 연구한 것들을 모아 〈중용집해〉 두 권을 지었는데, 그 이정자의 설은 물론 직접 정자의 〈중용〉의 주석에서 취할 수가 없었으므로 문인들의 기록에서 집록했던 것이다. 따라서 근본원리는 파악되고 있었지만 자세한 점에 있어서는 분석이 불충분할 수밖에 없었다. 이정자의 문인들의 설은 상당히 자세하기는 하나 여러 가지 점에서 그들의 창견(創見)이 많고, 또 한편으로는 그 스승의 설에 어긋나게 불교나 도교의 설에 빠져든 점도 없지는 않다.

창견(創見) : 처음으로 생각해낸 의견.

14

14// 熹自蚤歲로 卽嘗

주자가 일찍이 그것을 받아 읽어보고 혼자 의문을 품어

깊이 연구하여 반복하기를 또한 여러 해가 되었는데, 하루는 황연히 그 요령을 터득함이 있는 듯했다. 그리고 난 뒤에야 감히 중설(衆說)을 모아 절충해서 〈중용장구〉 1편을 지어 후세의 군자들을 기다렸다. 그리고 한두 명의 동지가 다시 석돈의 글을 취해 그 번거롭고 난해한 부분을 삭제하여 〈중용집략〉이라 이름하고, 다시 논변·취사한 뜻을 기록해 별도로 〈중용혹문〉을 만들어 여기에 붙였다.

그리고 난 후에야 이 책의 내용은 그 단락이 분명해지고 맥락이 연결되며, 상세한 곳과 간략한 곳이 서로 관련을 가지게 되고, 큰 것과 작은 것들이 다 나타나게 되었다. 또한 제가들의 설의 동이(同異) 및 득실도 이로써 소상하게 밝혀져 각각 그 취지를 남김없이 나타낼 수 있게 되었다. 비록 도통의 전승에 있어서는 함부로 논의할 수 없으나 초학자인 선비가 혹 이에서 취함이 있다면 역시 고원한 경지로 나아가는 데 도움이 될 것이다. 순희(淳熙) 기유 봄 3월 무신(戊申)에 신안의 주희는 서(序)한다.

| 풀이 | 나는 어릴 때부터 이 〈중용〉을 공부하고 마음속에 여러 가지 의문이 생기는 것을 어찌할 수 없어 그것에 몰두해서 다년간 연구를 계속하던 중 어느 날 돌연 그 핵심을 파악한 것 같은 생각이 들었다. 그래서 많은 사람의 설을 모아 그 타당한 것을 골라 우선 결정판으로서 〈중용장구〉를 저술하여 후세의 식자들이 읽고 비판해주기를 기다렸다.

受讀하고 而竊疑之하여 沈潛反復이 蓋亦有年이러니 一旦恍然하여 似有以得其要領者然後에 乃敢會衆說而折其中하여 旣爲定著章句一篇하여 以竣後之君子라 而一二同志가 復取石氏書하여 刪其繁亂하여 名以輯略이라 하고 且記所嘗論辯取捨之意하여 別爲或問하여 以附其後然後에 此書之旨는 支分節解하고 脈絡貫通하여 詳略相因하고 巨細畢擧하여 而凡諸說之同異得失이 亦得以曲暢旁通하여 而各極其趣하니 雖於道統之傳에 不敢妄議나 然이나 初學之士가 或有取焉하면 則亦庶乎行遠升高之一助云爾라 淳熙 己酉 春三月 戊申에 新安 朱熹序하다

희자조세(熹自蚤歲) : 희(熹)는 주자의 이름이고, 조(蚤)는 '일찍이'라는 뜻. 즉, '주자가 어린 시절에'라고 풀이된다.
침잠(沈潛) : 여기서는 '깊이 연구한다.'는 뜻으로 본다.
황연(恍然) : 정신이 흐리멍덩한 모양. 무엇을 깨달았을 때 번뜻하는 것.

서호(庶乎): 서기(庶幾), 즉 '~하게 될 것이다.'

그런데 한두 명의 친구가 다시 석돈의 〈중용집해〉를 가지고 그 번잡하고 난해한 부분을 삭제하여 〈중용집략〉이란 책으로 만들고, 또 이제까지 내가 여러 선배의 설을 취사선택하고 비평·논평한 것을 기록해서 그것을 〈중용혹문〉이라 이름 지어 〈집략〉 뒤에 부록으로 달아주었던 것이다.

그래서 비로소 〈중용〉이란 책의 사상은 마치 사지와 관절이 해부되듯 분석되고, 동시에 또 육체의 모든 부분을 관통하고 있는 경락이 끄집어내어져 상세와 간략이 서로 의지하고 거대한 세소가 빠짐없이 지적되며, 제설의 이동(異同)과 득실도 역시 자세하게 전개되고 설명되어 각기 그 지향하는 바가 궁극까지 추구되었다. 즉, 온갖 이설도 그 취지를 전개할 수 있는 한도까지 충분히 전개시킬 수가 있었던 것이다.

물론 이 보잘것없는 〈중용장구〉에 의해 저 '도통(道統)'이 전하는 바에 적당한 이론을 펴려는 생각은 조금도 없으나, 그래도 학문에 뜻을 두는 여러분이 만약 이 책을 읽어준다면 다행이겠다. 이것은 주자가 60세가 되던 해의 3월 무신, 즉 3월 18일의 서문인데, 〈대학장구〉의 서문과 불과 1개월의 차이가 있을 뿐이다.

중용(中庸)

중(中)이란 불편불의(不偏不倚)하고 과부족이 없다는 뜻이며, 용(庸)은 평상(平常)이다.

이 책의 제목인 〈중용〉이라는 두 자의 해석에 대해 〈중용혹문〉이나 〈주자어류〉에서는 실로 세세한 의론이 있으나 중(中)을 불편(不偏), 즉 '치우치지 않는 것'으로 해석한 사람은 정자(程子)이고, '지나치거나 미치지 못함이 없는 것'으로 해석한 사람은 여대림(呂大臨)이었다.

그런데 주자는 이 두 설을 묶어 이와 같이 주석한 것이다. '중(中)'이란 중국철학에서는 극히 중요한 근본개념으로서 요→순→우의 그 1구(句), 4구(句)에서 시작되어 이에 대한 의론은 면면히 이어져 왔다. 중(中)과 권〔權 : 권은 경상(經常)의 길에는 위배되더라도 '도(道)'에는 합하고 있다.〕을 결부시켜서 논한 '맹자'의 설은 그 중 가장 유명한 것이다. 중(中) 또는 중용(中庸)에 대해 우선 두 점만을 예비적으로 지적해두고 싶다.

첫째, 중용이란 단지 우(右)도 아니고 좌(左)도 아닌, 소극적인 것은 결코 아니고 극히 적극적인 개념, 이를테면

여대림(呂大臨) : 중국 북송(北宋)의 학자. 자는 여숙(與叔). 여대균(呂大均)의 아우. 처음에는 장재(張載)에게서 배웠으나 후에 정이(程頤)의 문하에 들어가, 정문(程門) 사(四)선생의 한 사람으로, 특히 예(禮)에 조예가 깊어 저서에 〈고고도(考古圖)〉가 있음.

방벌(放伐) : 악정을 행하는 군주를 쳐서 내쫓는 일. 중국의 역성혁명관(易姓革命觀)에 의한 것임.

용(庸)이 '평상(平常)'이라고 주석될 때 그 평상이란 '군신 부자 일용의 상(常)에서 미루어 요순의 선양, 탕무의 방벌(放伐) 등 무한한 변례(變例)에 이르기까지 무엇 하나 정상이 아닌 바가 없다.'라고 하는 것과 같은 거의 뜻밖이라고 할 만큼의 사태까지 포함하고 있다는 점인데, 왜냐하면 평상이란 '사리가 의당 그래야 할 것'을 뜻하기 때문이다.

둘째, 중(中)은 '시중(時中)의 중(中)'(제2장)과 '미발(未發)의 중(中)'(제1장 제4절)으로 분류할 수 있다. 후자가 체(體)에 대한 중, 즉 대본(大本)이라면 전자는 용(用)에 대한 중, 즉 달도(達道)이고, 후자가 불편불의라면 전자는 과불급이 없는 것이다. 이와 같이 중이란 본래 어디까지나 실체(實體)가 아니라는 점에 유의해야 하는 것이다. 또 〈대학〉에서도 그러했듯이 표제 다음 본문 앞에 다음과 같은 소개문이 붙어 있다.

子程子曰 不偏之謂中이요 不易之謂庸이니 中者는 天下之正道요 庸者는 天下之定理라 此篇은 乃孔門傳授心法이니 子思恐其久而差也故로 筆之於書하여 以授孟子하다 其書는 始言一理하고 中散爲萬事하고 末復合爲一理하여 放之則彌六合하고 卷之則退藏於密하여 其味無窮하니 皆實學也라 善

자정자(子程子)가 말하기를, "치우치지 않는 것을 중(中)이라 하고, 바뀌지 않는 것을 용(庸)이라 한다. 중이란 천하의 정도이고, 용이란 천하의 정리(定理)이다. 이 편은 곧 공문(孔門)에서 전수한 심법(心法)으로, 자사가 그 오래됨으로써 차질이 생길 것을 염려하여 이를 책으로 엮어서 맹자에게 전했다. 그 책은 처음에 일리(一理)를 말하고 중간에서는 갈라져 만사가 되며, 마지막에 가서는 다시 합해 일리가 된다. 이를 펼치면 곧 육합(六合)에 걸치고, 이를 말면 곧 깊숙이 숨어버려 그 맛에 다함이 없다. 이것은 실학(實學)이니, 선독하는 자가 완삭(玩索)해서 얻음이 있으면 곧 종신토록 이를 써도 다하지 못함이 있을 것이다."라고 하였다.

讀者가 玩索而有得焉하면 則終身用之라도 有不能盡者矣리라

| 풀이 | 이 문장은 주자가 가장 숭배하는 정호와 정이 형제의 말을 결합시켜 〈중용〉 전체의 소개사(紹介辭)로 만든 것이다.

'정도(正道)'란 권위가 있는 도(道)이고, '정리(定理)'란 일정불변하는 도리이다. 이 〈중용〉이란 책은 공자학파에서 전승된 '심법서(心法書)', 즉 인간의 마음의 문제를 중심으로 한 실천철학서이다. 그것이 이와 같이 책의 형식을 갖추게 된 것은, 앞으로 이 점에 관해 잘못된 견해가 생길 것을 염려한 자사가 미리 이런 형식으로 정리하여 꾸며서 맹자에게 전하면서부터인데, 실제로 〈맹자〉는 〈중용〉과 많은 공통성을 갖고 있다.

이 〈중용〉이란 책은 처음에는 먼저 단 한 가지의 이치〔理〕, 즉 우선 '천명(天命)은 곧 성(性)이다.'라는 것을 설명하고, 중간에 가서 그 한 가지 이치의 전개로서의 모든 사상(事象)을 취급하며, 마지막에는 다시 합해서 단 하나의 이치가 된다. 즉 '소리도 없고 냄새도 없는'(제33장 6절) 초감각적 · 형이상학적 원리에 대한 언급으로 끝을 맺고 있다.

사상(事象) : 여러 가지 사물과 현상.

이것을 자유롭게 방임하면 육합(六合), 즉 우주의 구석구석까지 퍼져나가고, 이것을 말아들이면 축소되어 투시

육합(六合) : 천지와 사방. 곧 하늘과 땅과 동서남북.

할 수 없는 깊음 속에 숨어버린다. 그리고 읽으면 읽을수록 맛이 나서 철두철미한 실학(實學)이다. 적어도 참된 독서력을 갖춘 자가 자세히 읽고 깊이 생각하면 반드시 수확이 있을 것이고, 그 수확의 풍부함은 평생을 두고 써도 남음이 있을 것이다.

여기서 유의할 것은 실학이란 말이다. 일반적으로 실학이라고 하면 철학적인 학문에 대비되는 실증적인 학문, 인문과학적인 학문에 대비되는 자연과학적·기술학적, 혹은 법제·경제적인 학문을 가리키는 것으로 되어 있다. 그런데 중국어로서의 본래의 용법은 반드시 그렇지만은 않은 듯하다.

예컨대 주자나 주자학에 반대한 왕양명도 자기의 학설을 '실학', 즉 참된 내용의 학문이라고 주장했고, 주자나 왕양명의 형이상학에 반대하여 일어난 청나라의 고증학도 역시 실학이라고 주장했던 것이다. 이로써 보면 '실학'이라는 말은 시대에 따라 각기 다른 양상으로 받아들여졌음을 알 수 있는 것이다.

고증학(考證學) : 중국 명말(明末)에 일어나 청대(淸代)에 발전한 학문. 또 그 학풍. 송(宋)·명(明)의 유학자들이 너무 공리(公理)·공론(空論)을 일삼았음에 반하여, 옛 문헌에서 확실한 증거를 찾아 경서(經書)를 설명하려 하였음.

제1장

이 제1장의 중요성에 대해서는 이미 말했다. 주자에 의하면 이 제1장은 자사가 자기의 독창적인 사상을 말한 것이 아니라 가르침을 받고 전해 받은 그대로를 충실하게 조술(祖述)해서 포괄적인 주제로 한 것이다. 처음에는 '도(道)'는 하늘로부터 주어진 것이고 그 때문에 만고불역(萬古不易)이란 점, 그리고 또 하늘에 근거하는 것이면서 개개의 인간 내부에 완전무결한 본질(본체)로서 내재해 있는 것이어서 인간은 일순간이라도 그것을 떠날 수 없다는 점을 말한다.

다음에는 존양(存養 : 계신공구(戒愼恐懼)와 같은 천리(天理)와 도덕성의 배양)과 성찰(省察 : 신독(愼獨)과 같은 도덕적 반성 및 인욕의 극복)의 필요성을 말하고, 결론에 가서는 성인의 덕화(德化)가 어느 정도의 규모에 달하는가를 말하고 있다. 유교, 특히 주자학에서는 학문의 궁극 목적은 성인이 되는 것이다. 천명의 성을 자각하고 철학적 사색과 도덕적 수양을 쌓는다면 결국 성인이 될 수 있고, 그때 그 덕화는 천지만물에까지 미치게 되는 것이다.

〈중용〉이 그 첫장에서 우선 이와 같은 자기 철학의 강요(綱要)를 내린 것은, 학문하는 자가 원리를 자기 내부에서 찾고 파악함으로써 외적이고 사적인 것을 배척하여 그 본래의 선에 충실하도록 하려는데 커다란 목적이 있는 것이다. 이것은 정자의 제자인 양귀산(楊龜山)이 말한 〈중용〉 전편에 걸친 요점이다. 〈대학〉의 경우와 마찬가지로 이 첫장만은 주자의 주의 충실한 새김을 달기로 한다.

강요(綱要) : 강령이 될 만한 요점. 제일 중요한 부분.

/

하늘이 명한 것을 일러 성(性)이라 하고, 성에 따르는 것을 일러 도(道)라 하며, 도를 닦는 것을 일러 교(敎)라 한다.

1// 天命之謂性이요 率性之謂道요 脩道之謂敎니라

◆ 주자의 주
命猶令也 性卽理也 天以陰陽五行化生萬物 氣以成形 而理

亦賦焉 猶命令也 於是人物之生 因各得其所賦之理 以爲健
順五常之德 所謂性也

　　명(命)은 오히려 영(令)과 같다. 성(性)은 곧 이(理)이다. 천
(天)은 음양오행으로써 만물을 화생한다. 기(氣)로써 모양을
만들고, 이(理)도 역시 이에 보태는 것이 오히려 명령과 같
다. 이에 있어 인(人)과 물(物)과의 생(生)이 각기 그 보탬을
받는 바의 이(理)를 얻음으로써 건순오상(健順五常)의 덕을
이룬다. 이것이 이른바 성(性)이다.

| 풀이 | '하늘이 내린 명령, 그것이 성(性)이다.'라고 하
는 성(性)은 좀더 일반적인 말로 하면 이(理) ― 만물은 이
(理)와 기(氣)로 이루어진다는 이(理) ― 이다. 만물이 하늘
에서 생겨날 때 만물의 모양(육체), 즉 물질적인 방면을 형
성하는 것은 음양오행, 즉 기와 다를 바 없다. 모든 존재
하는 것은 기(氣)에 의해, 기의 응집으로서 존재하고 있다.
그러나 중요한 것은, 있는 것은 그저 있는 것이 아니라 있
어야만 하도록 되어 있는 것이라는 점이다. 하늘은 높고
땅은 낮게 있는 것이다. 하늘이 높은 것은 높기 때문이고,
땅이 낮은 것은 낮기 때문이다.

　　모든 것을 있어야 할 곳에 있게 하는 것이 기라면, 있어
야 할 곳에 틀림없이 있도록 하는 것은 무엇인가? 그것은
이이다. 즉 기에 의해 물이 물질적·육체적 존재로서 있
다는 것은 무엇보다도 그곳에는 이도 역시 마치 명령이라
도 받은 듯 부여되고 있다는 것인데, 물(物)에 부여되고 있
는 그 개개의 이는 특히 성(性)이라고 부르는 것이다. 소

응집(凝集) : ① (분산 또는
용해되어 있던 물질이) 한
데 엉김. ② 사물이 한데 모
임.

〔牛〕에 있는 이가 소의 성이고, 개〔犬〕에 있는 이가 개의 성이다. 하늘 또는 천적(天的)인 것〔〈역경〉에서 말하는 건(乾)〕이 '건(健)'의 덕을 지니고, 땅 또는 지적(地的)인 것인 곤(坤)이 '순(順)'의 덕을 지니고, 인간이 '인·의·예·지·신'이라는 이른바 오상(五常)의 덕을 지니는 것도 천지인(天地人)이 각각 이를 내재하고 있기 때문이다. 즉, 각각 성(性)을 받고 있다는 점에 기인되고 있는 것이다.

이가 사람과 물에 자기를 할당하는 것은, 주자의 비유를 인용하면 달이 크고 작은 갖가지 그릇에 담긴 물에 자기 모습을 비추는 것과 같다. 이는 어떤 사람·물체·사건에 있어서는 그 전부를 내맡기고 있는 것이다. 주자학에서는 곧잘 '천지만물의 이를 종합한 그 통체(統體)'를 태극(太極)이라 부르는데, 그때 그 하나하나의 물체는 각자 하나의 태극을 완전히 구유하고 있다. 요컨대 전형적인 '대우주 → 소우주'설인 것이다.

오상(五常) : 사람으로서 마땅히 지켜야 할 도리.

태극(太極) : 우주만물이 생긴 근본 원인이라고 보는 본체. 하늘과 땅이 아직 나뉘기 전의 세상만물의 원시 상태. 역학(易學)에서 시작하여 송나라 때 대성한 철학사상임.

◆ 주자의 주

率循也 道猶路也 人物各循其性之自然 則其日用事物之間
莫不各有當行之路 是則所謂道也

솔(率)은 순(循)이다. 도(道)는 오히려 길〔路〕과 같다. 사람과 물체가 각기 그 성의 자연에 따르면 곧 그 일용사물 사이에는 각각 마땅히 가야 할 길이 있지 않음이 없다. 이것이 이른바 도(道)이다.

| 풀이 | 솔(率)은 따른다는 뜻이고, 도(道)는 길과 같다.

사람 또는 물건이 각기 하늘에서 명령을 받은 그대로, 즉 각자에게 부여된 성의 자연성이 있는 그대로에 따른다면 나날의 생활의 실천 및 사물과의 접촉에 있어 마땅히 지나가야 할 길이라는 것이 각각 존재하고 있음을 발견(자각)하게 될 것이다. 그것이 이른바 도(道)이다.

◆ 주자의 주

修品節之也 性道雖同 而氣稟或異故 不能無過不及之差 聖人因人物之所當行者而品節之 以爲法於天下 則謂之敎 若禮樂刑政之屬是也

　수(修)는 이를 품절(品節)하는 것이다. 성과 도는 같다고 해도 기품(氣稟)은 다른 까닭에 지나침과 미치지 못함의 차이가 없을 수 없다. 성인은 사람과 물체가 의당 가야 할 곳에 의해 이를 품절함으로써 법을 천하에 펴니 곧 이를 교(敎)라고 하며, 예악형정(禮樂刑政)에 속한 것이 이것이다.

| 풀이 | '수(修)'란 품절하는 것이다. 이를테면 친족관계에서 친등에 의해 관혼상제에 있어서 후하고 박함 및 경중의 차별을 짓는 것이 품절이다. 도를 품절한다 함은, 인간은 형이상학적으로, 즉 이(理)를 근거로 해 성품과 도가 만인에게 동일하게 주어지며, 동시에 형이하학적으로는 기(氣)를 근거로 하여 천차만별의 형이 주어지고 있다는 것이다. 즉 기를 받고 있는 점에서는 상위가 없는 것이다.

　앞에서 성을 물에 비치는 달에 비유했는데, 그때 물은 기품이다. 아니, 물 밑의 보석과 물─탁한 물인지 맑은

친등(親等) : 친족 간의 멀고 가까움을 구별하는 등급.

물인지 ― 과의 관계에 비유하는 편이 좀더 뚜렷하게 들릴지도 모른다. 아무리 빛나는 성, 본연의 성이라도 기품을 통하지 않으면 나타날 수가 없다(기질의 성). 그 기품의 상위에 따라 지나침과 미치지 못함이 생기는 것이다. 그래서 성인은 기품의 차이에 따라 사람과 물체의 당위로서의 길을 갖가지로 품절하여 법도적인 것과 실천 규칙적인 것을 만들었다. 그것이 '교(敎)', 즉 예악·형정 등인 것이다.

이것이 여기에 나오는 세 구절의 뜻이다. 이런 것에서 중용을 설명하기 시작한 이유는 다음과 같다. 대체로 인간은 자기에게 성이라는 것이 내재하고 있음은 알아도 그것이 하늘로부터 주어진다는 것을 모르고, 또 일상생활의 실천에 있어서는 각각 '도(道)'가 존재하고 있음은 알아도 그것이 성에 유래한다는 것을 모르고 있다. 또한 성인이 '교(敎)'를 세운 것은 알고 있어도 그것이 실은 우리들 고유의 성에 근거하면서 그것에 손질을 가한 데 지나지 않는다는 것을 모른다. 성·도·교는 그 근본이 다 하늘에서 나오는 것이나, 실은 나에 지나지 않는 것이다. 그래서 자사는 우선 그 점을 지적하는 데서부터 시작한 것이다.

당위(當爲) : 마땅히 있어야 하는 것. 반드시 해야 할 일이라고 요구되는 것.

◆ **주자의 주**

蓋人 知己之有性 而不知其出於天 知事之有道 而不知其由於性 知聖人之有敎 而不知其因吾之所固有者裁之也 故子思於此 首發明之 而董子所謂道之大原 出於天亦此意也

무릇 사람은 자기에게 성품이 있음은 알아도 그것이 하늘로부터 부여된 것임을 알지 못하고, 일에 도가 있음은 알아도 그것이 성품에서 비롯되는 것임을 알지 못하며, 성인의 가르침이 있음은 알아도 그것이 나에게 본래부터 있는 바를 따라 만든 것임을 알지 못한다. 그러므로 자사가 여기서 첫장에 펴서 밝혔으니, 동중서(董仲舒)의 이른바 "도의 큰 근원이 하늘에서 나왔다."는 것도 역시 이러한 뜻이다.

| 풀이 | 사람이 사람다운 까닭, 도가 도다운 까닭, 성인이 가르침을 만든 까닭의 근원을 찾으면 하늘에 근원을 두고 나에게 갖추어지지 않음이 없다. 학문자가 이 점을 안다면 학문의 대상이 명확하게 파악되어 학문에의 지향(志向)은 그치지 않는 것(내적 필연성에 뿌리박은 것)이 될 것이다. 동중서(董仲舒)가 이른바 "도의 대원은 하늘에서 나온다. 하늘도 변하지 않고 도도 변하지 않는다."고 말한 것도 같은 뜻이다.

또 '천명지위성(天命之謂性)'에 대해 정현(鄭玄)의 주는 "천명이란 하늘이 생인(生人)에게 명한 것이니 그것을 일러 성명(性命)이라고 한다. 목신(木神)은 인(仁), 금신(金神)은 의(義), 화신(火神)은 신(信), 토신(土神)은 지(智)이다."라고 말하고 있다. 이것은 청조의 고증학자들이 반가워할 조항인데, 역시 주자도 크게 흥미를 보이고 있다.

생인(生人) : 살아 있는 사람.

2

2// 道也者는 不可須臾離也니 可離면 非道也라 是故로 君子는 戒愼

도(道)란 잠시도 떠날 수 없는 것이니, 떠날 수 있다면 도가 아니다. 이러한 까닭에 군자는 그 보이지 않는 바를 삼가고, 그 들리지 않는 바를 두려워한다.

◆ **주자의 주**
道者 日用事物 當行之理 皆性之德而具於心 無物不有 無時不然 所以不可須臾離也 若其可離則豈率性之謂哉 是以 君子之心 常存敬畏不見聞 亦不敢忽 所以存天理之本然 而不使離於須臾之頃也

도(道)라는 것은 일용사물이 마땅히 가야 할 이(理)이다. 그것은 모두 성(性)의 덕으로서 마음에 갖추어져 있어, 물체로서 있지 않음이 없고, 한때도 그렇지 않음이 없다. 또한 도는 잠시도 떠날 수 없는 것이니, 만약 떠날 수 있다면 어찌 성품을 따른다고 하겠는가. 이로써 군자의 마음은 언제나 경외를 지니고 있어서 보고 듣지 않더라도 역시 감히 소홀히 하지 않고, 그로써 천리의 본연을 지녀 잠시라도 떠나지 않는 것이다.

| 풀이 | 도는 이미 설명한 바와 같이 일상생활에서의 실천 및 사물과의 접촉에 있어 사람이 마땅히 지나가야만 할 길, 즉 이(理)이고 성품의 덕으로서 마음에 갖추어져 있는 것이다. 또한 어떠한 물체에도, 어떤 때도 존재하지 않음이 없어서, 한순간이라도 도에서 떠난다는 것은 생각할 수 없다.

만약 도라는 것이 그 무엇에 의해 원래대로의 그 무엇으로서 계속 존재할 수 있는 것이라면, 그런 것은 사람의 힘이나 사적인 지혜에 의해 만들어진 것일 뿐 성을 따르는 것이라고는 할 수 없다. 그것은 외물(外物)이지 도는 아

乎其所不睹하고 恐懼乎其所不聞이니라

수유(須臾) : 순간이라는 뜻.
계신(戒愼) : 삼가고 조심한다는 뜻.
부도(不睹) : 남에게 보여지지 않는 것, 남이 안 본 것.

니다. 군자는 마음에 언제나 도에 대한 경외심을 갖는다. 도는 눈에 보이고 귀에 들리는 것이 아니므로 보다 더 스스로를 경계하고 근신하며 두려워하지 않으면 안 된다. 이렇게 해야만 자각적으로 본래 그대로의 천리(天理)를 유지하고 단 한순간도 도(천리)에서 떠나지 않는(반대로 말하면 인욕을 발생시키지 않는) 일이 가능한 것이다.

경외심(敬畏心) : 존경하고 두려워하는 마음.

3

숨겨진 곳보다 나타나는 것은 없고, 희미한 것보다 드러나는 것은 없으므로 군자는 그 홀로 있을 때를 삼간다.

3// 莫見乎隱이요 莫顯乎微니 故로 君子는 愼其獨也니라

◆ 주자의 주

隱暗處也 微細事也 獨者人所不知 而己所獨知之地也 言幽暗之中細微之事 跡雖未形而幾則已動 人雖不知 而己獨知之 則是天下之事 無有著見明顯 而過於此者 是以君子 旣常戒懼 而於此尤加謹焉 所以遏人欲於將萌 而不使其潛滋暗長於隱微之中 以至離道之遠也

은(隱)은 어두운 곳이고 미(微)는 사소한 일이다. 독(獨)은 사람이 알지 못하는 곳이며 자기 혼자만이 아는 곳이다. 말하는 바는 유암(幽暗)의 속, 세미한 일은 비록 그 자취가 아직 나타나지 않았다 해도 기(幾)는 곧 이미 움직여, 남이 모른다 해도 자기 혼자 이를 알면 곧 이는 천하의 일이니, 나타나 보이고 밝게 드러남으로 이보다 더한 것은 없다. 이로써 군자는 이미 언제나 경계하고 두려워하며 이에 있어 더욱더 삼간다. 그로써 인욕이 장차 싹트려 하는 것을 막고,

유암(幽暗) : 그윽하고 어둠 침침함.

그것이 은미한 가운데 붙어서 나고 몰래 사람으로서 도에 서 떠남이 멀지 않게 한다.

| 풀이 | 이 절의 뜻은, 어둠 속 또는 사소한 사건 등은 모두 '일(사적)'로서는 아직 명확하게 형태를 취하고 있지 않으나 '도를 떠나지 말 것'을 강조하고 있다. 도가 존재하지 않는 곳과 때는 없으며, 따라서 거기에도 이미 기(幾)란 것은 움직여, 아무리 타인에게는 지각되지 않아도 자기만은 그것을 알고 있다. 자기가 알고 있으므로 천하의 일로서 이처럼 현저하고 명백한 사상(事象)은 없다.

그러므로 군자는 이 '독(獨)'에 대해서는 매우 신중해야 한다. 그렇게 함으로써 인욕이 싹트려고 하는 그 지점에서 인욕을 억압하고, 그것이 은미한 사이에 생장하여 드디어는 도(道)에서 멀리 떠나는 상황이 일어나지 않도록 방지하려는 것이다. 이 신독(愼獨)은 전절(前節)의 '보이지 않는 바를 삼가고 들리지 않는 바를 두려워한다.'는 말을 달리 설명한 것이다. 여기서 독(獨)은 부도불문(不睹不聞)이고, 신(愼)은 계신공구(戒愼恐懼)라는 해석은 극히 알기 쉬운 것이나, 주자는 이것을 단호히 반대한다. 그에 의하면 계신공구에는 천리가 존재하고, 신독은 인욕을 막는 것이다.

또한 '능히 천리가 존재한다면 그것으로 족하지 않은가. 신독이란 필요 없지 않은가.'라는 의문도 제기될 수 있는데, 그러나 이를테면 천리가 있어서 그것이 발하게 될

지각(知覺) : ① 느껴 앎. 감각기관을 통해 외부의 사물을 인식함. 또는 그 작용에 의해서 머릿속에 떠오른 것. ② 사물의 이치를 분별하는 능력.

성찰(省察) : 자신이 한 일을 돌이켜 보고 깊이 생각함.

범주(範疇) : ① 같은 성질의 것이 딸려야 할 부류 또는 범위. ② 사물의 개념을 분류할 때 가장 기본적이고 보편적인 최고의 유개념.

4// 喜怒哀樂之未發을 謂之中이라 하고 發而皆中節을 謂之和라 한다 中也者는 天下之大本也요 和也者는 天下之達道也니라

때는 역시 점검하지 않으면 안 된다. 그 점에까지 설명이 미치고 있는 것이 〈중용〉의 면밀한 점이지만, 천리가 존재하는 것만이라면 '중(中)' 뿐이며 화(和)가 없다. 또한 이렇게도 말한다. '계구(戒懼)'는 희로애락이 발해지기 이전에 함양하는 것이고, 신독은 희로애락이 이미 발해졌을 때 '성찰'하는 것이다.

이때 조금이라도 긴장을 풀면 인욕으로 흐르고 만다. 의(義)와 이(利)와의 판별은 실로 이 순간에 달려 있다. 한편은 정적인 것이고 한편은 동적인 것이다.'(〈대학〉 전 제6장 참조)라고. 현(顯)과 미(微)는 이곳 주자의 주에서는 어디까지나 연속적이어서 그저 감각적 파악의 가능성, 이를테면 미라는 것도 극히 곤란하기는 하지만 어디까지나 감각적 파악이 가능한 것으로 생각되고 있는데, 그러나 일반적으로는 주자학에서 현과 미라는 말은 범주적 대립을 나타내는 말로서, 즉 현은 감각으로 잡을 수 있는 '형이하학적' 현상인 사건, 미는 초감각적인 '형이상학적' 본체계적(本體界的)인 사건에 대해 쓰이고 있는 것이다.

4

희로애락이 아직 발해지지 않은 것을 일러 중(中)이라 하고, 발해져서 모두 절도(節度)에 맞는 것을 일러 화(和)라 한다. 중이라는 것은 천하의 대본(大本)이고, 화라는 것은 천하의 달도(達道)이다.

◆ **주자의 주**

喜怒哀樂情也 其未發則性也 無所偏倚故 謂之中 發皆中節 情之正也 無所乖戾故 謂之和 大本者 天命之性 天下之理 皆由此出 道之體也 達道者 循性之謂 天下古今之所共由 道之用也 此言性情之德 以明道不可離之意

희로애락은 정이다. 그 아직 발해지지 않은 것은 곧 성이다. 치우치는 바가 없는 까닭에 이를 중(中)이라 한다. 발해져서 모든 것이 절(節)에 맞음은 정(情)의 정(正)이다. 괴려하는 바가 없는 까닭에 이를 화(和)라고 한다. 대본(大本)이라는 것은 천명의 성으로서, 천하의 이(理)가 이에 의해 나오는 도의 체이다. 달도라는 것은 성에 따르는 것을 말하며, 천하고금이 다같이 연유되는 도의 용(用)이다. 이는 성정의 덕을 말함으로써 도의 떠날 수 없는 그 뜻을 밝힌다.

절(節) : 절도(節度)와 같은 뜻임.
달도(達道) : 달(達)이란 사통팔달(四通八達)의 뜻으로, 때와 장소를 초월해서 통용되는 도(道)를 말한다.

편의(偏倚) : 치우침. 기울어짐.
괴려(乖戾) : 사리에 어그러져 온당하지 않음.

| 풀이 | 잘 알려진 '미발(未發)의 중(中)'을 설명한 절이다. 이 절에 유래하는 '미발(未發)'과 '이발(已發)'의 개념은 주자학의 독특한 범주로서, 유교에 있어서의 철학적 사변(思辨) 및 심화(深化)에 큰 공헌을 했다.

주자가 '전박불파(顚撲不破)'란 형용구를 달아 언급한 두 개의 주제, 즉 정자의 '성즉리(性卽理)'와 장횡거의 '마음은 성(性)과 정(情)을 통괄한다.' 중 이제는 특히 후자를 상기해 주기 바란다.

하기야 그 뜻은 결코 고정적인 성과 고정적인 정이 모여 결합해서 마음을 구성한다는 것은 아니다. 희로애락은 '정'이기는 하나 성이 아직 '정'으로서 현상(現象)하기 이전(논리적인 뜻에서의 이전), 마음은 조용한 본체적인 '성'

사변(思辨) : 생각으로써 도리를 가려냄.
전박불파(顚撲不破) : 두들겨도 결코 부서지지 않음.

현상(現象) : 형상을 나타냄, 또는 그 형상.

의 상태에 있다. 이 조용한 '성'은 불편불의(不偏不倚)이므로 '중(中)'이라 불린다. 하기야, 가령 정이 현상·발동해도(성이 정이라는 현상을 일으키지 않는다고는 단언할 수 없다.) 능히 절도에 들어맞아 과(過) 또는 불급(不及)에 빠지지만 않으면 그것은 정의 정상적인 상태로서, 이(理)나 도(道)에 위배되는 것은 아니다.

이 점이 '화(和)'라고 불리는 것이다〔마음을 물이라고 하면 성은 물의 잔잔함, 정은 물의 흐름, 욕(欲)은 물의 파란이다.〕. 중은 천하의 대본이라 함은 이른바 천명의 성으로, 모든 이(理)는 여기서 나온다. 즉 도의 체(體)인 것이다. 달도란 성에 따르는 도로서, 달이라고 한 것은 공간적으로는 천하, 시간적으로는 고금을 통해 그 무엇도 도를 거치지 않음이 없기 때문이다. 체용(體用)의 범주 안에서 말한다면 도의 '용(用)'이라 할 수 있다. 이 일단은 '마음은 성과 정과의 통일체'라는 주자학의 근본주제에 입각해서 생각하면, 중이라는 성의 덕과 화라는 정의 덕을 지적함으로써 도의 결코 떠날 수 없는 성질을 설명한 것이다.

요컨대 '미발의 중'이란 사려가 아직 싹트지 않고 추호의 사욕도 없으므로 자연의 결과로서 어떠한 치우침도 없는 이른바 '완연한 부동'인 것을 말하는 것이다. 치우치지 않는다는 것은 시중(時中)의 중(中)이 '지나치지 않고 미치지 않음이 없는' 것에 대응하는 말로서, 사방 그 어느 쪽으로도 기울지 않는 바로 중앙이라는 공간적·정적인 이미지이다.

체용(體用) : 사물의 본체와 그 작용.

사려(思慮) : 여러 가지로 신중하게 생각함, 또는 그 생각.

미발의 중이란 그러한 '재중(在中)'의 중인데, 그러나 오해해서는 안 되는 점은 미발·이발·재중·시중이 뚜렷하게 별개의 고정적인 두 영역을 형성하고 있는 것은 아니라는 사실이다. 그것은 언제나 서로 섞여 있는 것이다.

5

중(中)과 화(和)에 이르면 천지가 제자리를 찾고 만물이 육성된다.

◈ 주자의 주

致推而極之也 位者安其所也 育者遂其生也 自戒懼而約之 以至於至靜之中 無少偏倚而其守 不失則極其中 而天地位矣 自謹獨而精之 以至於應物之處 無少差謬 而無適不然則極其和而萬物育矣 蓋天地萬物 本吾一體 吾之心正則 天地之心亦正矣 吾之氣順 則天地之氣亦順矣 故其效驗至於如此 此學問之極功 聖人之能事 初非有待於外 而修道之敎 亦在其中矣 是其一體一用雖有動靜之殊 然必其體立而後 用有以行 則其實 亦非有兩事也 故於此 合而言之 以結上文之意

치(致)란 미루어 이를 끝까지 구명하는 것이고, 위(位)란 그 있을 바를 안정시키는 것이고, 육(育)이란 그 생을 다하는 것이다. 계구(戒懼)에 의해 이를 간략하게 해감으로써 지정(至靜)의 중(中)에 이르기까지 조금도 치우침이 없이 그 지킴을 잃지 않으면 곧 그 중을 다하여 천지는 자리잡을 것이다. 근독(謹獨)으로 이를 정밀하게 함으로써 물(物)에 응하는 곳에 이르기까지 조금의 차류(差謬)도 없고 가는 곳마다 그렇지 않음이 없으면 곧 그 화(和)를 다하여 만물은 육

5// 致中和면 天地位焉하고 萬物育焉이니라

치(致) : 사물의 극점까지 추진시켜서 넓히는 것.
위(位) : 위치가 안정되는 것을 말함.
육(育) : 생의 전과정을 완수하는 것.

성될 것이다. 대개 천지만물은 근본이 나와 일체이니, 나의 마음이 바르면 천지의 마음도 바르고, 나의 기(氣)가 순하면 천지의 기도 순하다. 그러므로 그 효험이 이와 같음에 이르는 것이다. 이는 학문의 지극한 공이고 성인이 능히 하는 일로서, 처음부터 밖에 기다리고 있는 게 아니며 수도(修道)하는 가르침도 또한 그 중(中)에 있다. 이는 그 일체일용(一體一用)에 비록 움직임 및 고요함의 다름이 있다고 해도, 그러나 반드시 그 체가 서고 난 후에야 용으로써 행해짐이 있는 것이다. 즉, 실제로는 두 가지 일이 있는 것이 아니다. 그러므로 합해서 이를 말함으로써 윗글의 뜻을 맺는다.

| 풀이 | 계신공구(戒愼恐懼)에서 간략화해 가서 정(靜)의 극치인 치우치지 않는 중에까지 도달하여 중을 보수(保守)하는 데 능히 성공한다면 그때 중은 그 극도에 달하고, 그 효과로서 하늘은 높고 땅은 낮다는 천지의 질서는 움직일 수 없는 것이 될 것이다. 어떠한 경우에 있어서도 능히 그런 경지에 있을 수 있다면 나중에는 화(和)는 극치에 달하고 그 효과로서 만물은 성장하는 것이다.

그리고 그 제각기 지니고 있는 자기 고유의 생을 완전히 실현한다. 즉 우주적인 규모에 있어서의 성과가 이루어지게 되는 것이다. 그것은 결코 의심할 바 없는 사실로서, '천지만물은 원래가 나와 일체인 것'이므로, 내게 중이 이루어지고 내 마음이 바르게 된다면 천지의 마음도 바르게 되어 천지는 제자리를 찾고, 내게 화가 이루어지면, 즉 나의 기가 순조롭게 조화를 이루면 만물은 길러지

보수(保守) : 오랜 습관·제도·방법 등을 소중히 여겨 그대로 지킴.

극치(極致) : 극도에 이른 경지. 그 이상 더할 수 없을 만한 최고의 경지나 상태.

는 것이다.
　이와 같은 효험도 요컨대 학문의 궁극적인 가치이고 학문에 의해 도달된 성인이 능히 하는 일이지만, 그것은 어디까지나 '내(內)'적인 원리에 입각한 것이며 '외(外)'에 의한 보완을 필요로 하지는 않는다. 이상 성(性)·도(道)·교(敎)의 삼자 중 오로지 '성'과 '도'의 두 개념만을 취급했는데, 그러나 그것은 '교'를 무시한 것이 아니며 '도를 닦는 것을 교라고 한다.'는 교도 실은 그 속에 포함되고 있는 것이다.
　한쪽은 체(體)와 정(靜), 다른 한쪽은 용(用)과 동(動)이라는 상위는 있어도, 우선 체가 선 후에야 용은 작용할 수 있으므로 그 양자가 서로 무관한 두 개의 일이 아님은 말할 나위도 없다. 그리하여 여기서 서로 관련시켜 논함으로써 이 장을 끝맺는다.

상위(相違) : 서로 어긋남. 서로 틀림.

제2장

　이하 제11장까지의 총 10장은 모두 '중용(中庸)'이라는 것을 주제로 하여 제1장의 사상을 부연 해석한다. 장에서 장으로 이어지는 것은 문장으로서는 반드시 능숙하다고는 볼 수 없지만, 그러나 그 내용은 훌륭하게 연결되고 있다. 첫장에서는 '중(中)'·'화(和)'로서 논해지고 있는데, 이 제2장 이하에서는 '중용'이란 말로 바뀌고 있다.
　그것은 정자(程子)의 문인인 유정부(游定夫)가, '중화(中和)'라

부연(敷衍) : (어떤 설명에 대하여) 덧붙여서 자세히 설명함.

덕목(德目) : 충·효·인·의 등 덕을 분류하는 명목.

고 할 때는 성정면(性情面)에서, 즉 '중은 성(性)이고 화는 정(情)'이라는 철학적 원리론의 방면에서 말한 것이고, '중용'이라고 할 때는 덕행, 즉 실천적 덕목의 면에서 말한 것이라고 설명한 것이 정당하다.

즉 중용이라고 할 때의 '중'은 중과 화라는 뜻을 모두 포함하고 있는 것이다. 그런데 첫장에 의하면 중화의 '중'이란 도의 체를 가리키는 말이므로, 결국 중용의 중이 중과 화의 뜻을 겸비하고 있다 함은 도의 체와 용과의 양면을 통일적으로 표현하는 말에 지나지 않는다.

책의 제목을 '중화'라고 하지 않고 '중용'이라고 한 것도 이런 의미에서 나온 것이다. 이때 용이란 자는 요컨대 중을 강조한 말이라고 생각하면 좋을 것이다. 이 점은 주자가 인(仁)·의(義)·예(禮)·지(智)·신(信)의 오상(五常) 중 최후의 '신'을 다른 넷과 대등하게 독립된 덕목이라 보면서도 한편으로는 다른 넷의 진실성을 보다 많이 보증하는 원리로 보고, 목(木)·화(火)·토(土)·금(金)·수(水)의 오행(五行)에 대해서도 그 중 '토'를 다른 넷의 원리로 보는 것과 마찬가지가 아닐까 생각된다. 중용의 용은 중의 중성(中性)을 보증하는 것이라고 생각하는 것이 아닐까.

1// 仲尼曰 君子는 中庸이요 小人은 反中庸이니라

중니(仲尼)가 말하기를 "군자는 중용을 지키지만 소인의 중용에 반한다."고 하였다.

| 풀이 | 중용이란 치우침이 없고 지나치거나 미치지 못함이 없는 보편적인 도리(道理)를 말하는데, 그것은 천명

이 의당 그래야 할, 즉 하늘이 만물에게 그 실현을 명한 규범으로서 정미(精微)의 극치라고 주자는 말했다. 그리고 정미는 물론 군자—여기서는 유덕한 사람, 좋은 사람이라는 뜻—만이 그것을 체득 실천하는 일이 가능하며, 소인은 중용의 덕에 위배되는 행동을 하는 것이다.

정미(精微): 자세하고 치밀함.

2

군자의 중용은 군자로서 때에 알맞게 하고, 소인의 중용은 소인으로서 꺼리는 바가 없는 것이다.

2// 君子之中庸也는 君子而時中이요 小人之(反)中庸也는 小人而無忌憚也니라

| 풀이 | 공자의 말은 제1절의 두 구절뿐이고, 다음의 네 구절은 그에 대해 자사가 내린 해석이라는 설이 있으나, 주자는 그렇게 생각하지 않았다. 제11장까지의 여러 장과 같이 여기서도 전체가 인용된 것이라 생각해야 한다. 이 글 중 '소인지중용야(小人之中庸也)'는 위(魏)나라의 왕숙(王肅)이 본 책에서는 '소인지반중용야(小人之反中庸也)'라고 하고 있고 정자도 그것을 인정하고 있으므로 주자도 반(反)자를 넣어서 읽는다. 군자가 중용을 실천하고 소인은 중용과 반대되는 것을 실천한다 함은, 군자는 군자다운 덕을 지니고 그 위에 다시 때에 응해 알맞게 할 수가 있기 때문이고, 소인은 소인 특유의 마음을 가지고 있으며 더구나 꺼리는 바, 즉 도덕과 법칙에 대해 어려워하는 일이 없기 때문이다.

시중(時中): 때에 알맞게 하는 것. 그때그때의 사정에 알맞게 적절히 행동하는 것을 말함.
무기탄(無忌憚): 염치도 체면도 돌보지 않고 거리낌 없이 행동하는 것.

군자는 중에는 일정한 실체가 없고 그것은 오로지 나 자신에 의해 결정된다는 것을 알고 있으므로, '보이지 않는 바를 삼가고 들리지 않는 바를 두려워하여' 어떠한 경우라도 '중'이 되지 않음이 없도록 노력한다. 소인은 그와 같은 도리의 존재를 알지 못하기 때문에 마음이 내키는 대로 욕심을 부리고 행동을 하면서도 조금도 꺼리거나 부끄럽게 생각하지 않는다.

제3장

子曰 中庸은 其至矣乎아 民鮮能久矣니라

공자께서 말씀하시기를 "중용은 실로 지극한 것이로다. 백성들 가운데 능히 오래 지키는 자가 적다."고 하였다.

민선능구의(民鮮能久矣) : 여기서 선(鮮)은 적다는 뜻. 즉, 능히 오래 지키는 자가 적다.

| 풀이 | 중용의 덕이란 결코 쉬운 것이 아니다. 조금이라도 지나치거나 부족해서는 '중'에 도달할 수가 없는 것이다. 그러므로 중용의 덕은 '지극한' 것, 궁극적인 덕이라고 일컬어지는 것이다. 그러나 그것은 모든 인간이 본래 하늘로부터 받은 것으로서, 그것에 도달하고 그것을 유지하는 일이 그렇게 어렵다고만은 말할 수 없다.

다만 학문—본래 그것은 성인이 되기 위한 것이었다—이 쇠퇴하고 백성이 도덕적으로 타락함으로써 대다수의 사람들이 중용에의 능력을 상실한 상태에 오랫동안 빠져 있었기 때문이다. 그러한 까닭에 백성들을 올바르게 가르

쳐 중용의 길로 이끌도록 해야 한다고 공자는 말했던 것이다. 그러나 공자는 교육이 올바로 이행되지 못하고 있는 것을 한탄하고 있는데, 이와 같은 말은 〈논어〉 옹야편(雍也篇)에도 나와 있다.

제4장

공자께서 말씀하셨다. "도가 행하여지지 않음을 내가 안다. 지혜로운 사람은 이를 지나치고, 어리석은 사람은 이에 미치지 못한다. 도가 밝혀지지 않음을 내가 안다. 어진 사람은 이를 지나치고, 불초한 사람은 이에 미치지 못한다."

1// 子曰 道之不行也를 我知之矣로다 知者過之하고 愚者不及也니라 道之不明也를 我知之矣로다 賢者過之하고 不肖者不及也니라

| 풀이 | 이 구절은 앞절의 '능히 오래 지킬 수 있는 자가 적다.'에 이어서 공자가 말씀하신 것이다. 오래 전부터 '도'가 사람들에 의해 실천되지 않고 인식되고 있지 않는데, 자신은 이유를 알고 있다. 그것은 지자(知者)와 현자(賢者)는 과(過)라는 잘못을 범하고, 우자(愚者)와 불초자(不肖者)는 불급(不及)이라는 잘못을 범하기 쉽기 때문이다.

'도'라는 것은 천리에 합당한 중(中)인 것이다. 이상 네 종류의 사람이 과 또는 불급이라는 잘못을 범하는 것은,

불초(不肖) : ① 못나고 어리석음, 또는 그러한 사람. ② 어버이의 이름을 더럽힐 만큼 어리석고 못난 자식.

기인(起因) : 무슨 일을 일으키는 원인이 됨, 또는 그 원인.

과도(過度) : 정도에 지나침.

진언(進言) : 윗사람에게 자기의 의견을 말함, 또는 그런 말.

안회(顔回) : 공자(孔子)의 수제자. 자는 자연(子淵). 노(魯)나라 사람. 공자의 제자 가운데 학력이 가장 높아 스승의 총애를 받았음. 집이 가난하고 불우하였으나, 이를 괴로워하지 않았고, 무슨 일에 성내거나 과오를 저지르지 않았음. 십철(十哲)의 한 사람. 안연(顔淵).

그들이 타고난 '기(氣)'에 과와 불급의 차이가 있는데 기인한다. 그래서 '중'을 상실하게 되는 것이다. 지자는 안다는 사실 때문에 과도(過度)에 빠지는데, 즉 인식만이 지나치게 발달한 결과 실천을 경시하게 되는 것이다. 우자는 그 앎이 부족한 까닭에, 즉 인식함이 불충분한 까닭에 그것을 실천할 방법을 알지 못하고, 또 어째서 실천해야 하는지 그 이유도 알지 못하는 것이다.

도가 실현되지 못하는 이유는 바로 이 점에 있다. 또 현자는 행하는데 있어 지나친 점이 있으므로 도를 알아도 쓸데없는 것이라고 생각하게 되고, 불초자는 행하는 데 있어 미치지 못하는 점이 있으므로 어째서 알아야 하는지에 대해 탐구하려고 하지 않는다. 도가 명확하게 인식되지 않는 까닭은 여기에 있다.

물론 지자와 현자가 언제나 그와 같은 과오를 범한다고는 할 수 없다. 순(舜)의 경우를 예로 들더라도 몸은 성인, 즉 지자이면서 "묻기를 좋아하고 진언받기를 좋아했다."고 하였으니 이는 지자의 지나침과는 무관하며, "두 끝을 잡고 그 중간을 쓴다."고 하였으니 우자의 미치지 못함은 아니다.

또한 안회(顔回)가 현자라는 것은 누구나 다 아는 사실인데, 그가 능히 '중용을 선택했기 때문에' 현자의 지나침은 아니며, 마음속에 간직하여 잃지 않는다는 점을 보면 불초자의 미치지 못함도 아니다. 그러므로 현명하고 지혜로운 사람이라면 반드시 과오에 빠지고, 도에 누를 끼친다고 생각해서는 안 되는 것이다.

2

사람으로서 마시고 먹지 않는 이는 없지만 능히 맛을 알 수 있는 이는 드물다.

2// 人莫不飮食也이언만 鮮能知味也니라

| 풀이 | 무릇 사람인 이상 먹고 마시지 않을 수는 없는데, 그러나 그 참맛을 아는 자는 드물다. 그와 마찬가지로 사람인 이상 일상생활에 있어 걸어가지 않으면 안 될 중용의 도가 있는데, 그 길을 참으로 자각해서 가는 자는 극히 적다. 인간에게는 선천적으로 성이 내재하고 있고, 또 단 한순간이라도 그 성에 따르는 도(道)에서 벗어날 수는 없다. 그러나 인간은 그 사실을 자각하지 못하고 있으며, 또 반성조차 하는 일이 없다. 여기서 지나침 혹은 미치지 못함의 오류가 불가피하게 생기는 것이다.

제5장

공자께서 말씀하셨다. "도는 결코 행해지지 않을 것이로다."

子曰 道其不行矣夫인저

의부(矣夫) : 감탄의 어휘.

| 풀이 | 이 구절은 제4장을 이어받아 '도가 행해지지 않

즉 의(矣)는 단정, 부(夫)는 감탄의 기운을 나타낸다.

고 있다.'는 것을 강조한 글이다. '사람으로서 먹고 마시지 않는 자가 없으나 능히 그 맛을 아는 자가 적다.'라는 말은, 명확히 알지 못하고 파악되지 않음으로써 도가 행해지지 않음을 나타낸 것이다. 결국 자각이 없다는 것과 그 '맛'을 알지 못한다는 사실에 그 이유를 둔 것이다. 그 알지 못한다는 사실에서 '행해지지 않는다.'는 사실이 나오고, 그 행해지지 않는다는 사실을 단서로 하여 다음 제6장에서는 '안다'는 사실이 나오게 되는 것이다.

제6장

子曰 舜其大知也與인저 舜好問而好察邇言하고 隱惡而揚善하고 執其兩端하여 用其中於民하니 其斯以爲舜乎아

공자께서 말씀하셨다. "순임금은 큰 지혜를 가지신 분이다. 순임금은 묻기를 좋아하셨고 가까운 말을 살피기를 좋아하셨으며, 나쁜 점은 숨기시고 좋은 점은 드러내셨다. 그 양극단을 잡으시고 그 중간을 백성에게 쓰셨으니, 이것이 바로 순임금이 된 까닭이다."

| 풀이 | 순임금이 위대한 지자(知者)였음은, 자신의 지를 믿고서 자만에 찬 행동을 하지 않고 남의 지를 흡수해서 사용한, 즉 천하의 지를 합해서 한 사람의 지로 했다는 점 때문인 것이다. 순임금은 남에게 묻는 것을 부끄럽게 생각하지 않았으며, 또 남의 그다지 도리(道理)가 담겨 있지 않은 말이라도 끝까지 음미·고찰하였다.

따라서 순임금은 남의 선을 결코 놓치는 일 없이 누구의 어떠한 선이라도 전부 자기 것으로 받아들였다. 남의 허물은 덮어주고, 장점은 널리 드러내었다. 그의 덕은 이와 같이 광대하고 밝게 빛나는 것이었으므로 누구라도 순에게는 선을 전하려고 원치 않는 자가 없었다. '양단(兩端)'이란 또 많은 사람의 논의가 서로 상위될 때 결국 그것을 간략화한 형태로 파악하면 한쪽과 다른 한쪽의 양단으로 귀착하는 것을 말한다.

무릇 모든 것에는 양단, 즉 서로 상반되는 것이 있게 마련인데, 그 상반되는 것 사이의 올바른 지점, 그것을 중(中)이라 한다. 순임금이 모든 수단을 써서 흡수하여 취하려고 했던 선, 이 선에도 역시 양단이 있을 것이므로, 그 양단을 잡고 계량해서 중을 발견하면 그것을 백성에 대해 적용한다.

그렇게 하면 선택―중을 드디어 선택했다고 하는 것―은 극히 타당하고 그 결과로서의 실천은 아주 완벽할 것이다. 오직 그 경우 우리들에게 있어서는 이른바 계기(計器)가 정밀하고 틀림없어야 한다는 것이 절대로 필요하다. 그래야만 비로소 지는 지나침 혹은 미치지 못함을 면하고 도는 참으로 행해진다. 순이 순다운 까닭, 성인다운 까닭은 여기에 있다.

이 장의 논의는 유교적인 사유방법의 특징을 완벽하게 나타내고 있다. 즉, 순의 성인다운 소이로서 세론의 존중, 또 남의 악을 숨기고 선을 밝힌다는 이른바 처세술적인

양단(兩端) : ① 두 끝. ② 처음과 끝. 본말(本末).

계기(計器) : 길이·면적·무게·양 따위나 온도·속도·시간·강도 따위를 재는 기계와 기구를 통틀어 이르는 말.

소이(所以) : 어떤 행위를 하게 된 까닭.

논외(論外) : 논의(論議)의 범위 밖. 논의할 가치도 없는 것.

직정경행(直情徑行) : 생각한 것을 꾸밈 없이 행동에 드러내는 일. 생각한 대로 행하며, 예의범절을 돌아보지 않음.

융적(戎狄) : 오랑캐라는 뜻으로, 옛날 중국에서 서쪽과 북쪽의 이민족을 얕잡아 이르던 말.

마음씨 등은 논외로 하고라도 선에서만도 양단이라는 것이 상정된다는 한 가지만을 특히 지적해 두고 싶다.

선에서만도 양단을 인정하고 그 '중'—이 중도 결코 고정적인 것이 아니고 이른바 '시중(時中)'이다—을 선택하려는 태도로서 가장 주목할 만하다. 〈예기(禮記)〉에 "직정경행(直情徑行)은 융적(戎狄)의 길이다."라는 말이 있는데, 선의 실천에 있어서조차 열광적인 이상주의가 아니고 양단을 계량해서 그 중을 잡는다는 냉정한 태도를 주장하고 있는 것이다.

이 장은 중용의 도가 확실치 않은 실상을 한탄한 전장을 받아, 위아래와 선과 악을 정확히 파악하여 중용의 도를 잘 지킨 유덕한 군자의 표본이라고도 할 순임금의 위대함을 말한 것이다.

제7장

子曰 人皆曰予知로되 驅而納諸罟擭陷阱之中이라도 而莫之知辟也요 人皆曰予知로되 擇乎中庸하여 而不能期月守也니라

고(罟) : 그물의 통칭.
획(擭) : 붙잡다.
기월(期月) : 한 달.

공자께서 말씀하셨다. "사람들은 모두 나는 지혜롭다고 말하지만, 그물이나 덫 혹은 함정 속으로 몰아넣어도 그것을 피할 줄 모른다. 사람들은 모두 나는 지혜롭다고 말하지만, 중용을 택하여 능히 한 달도 지켜내지 못한다."

| 풀이 | 이 장은 전장의 '순은 큰 지혜를 가진 사람이다(舜其大知也與).'라는 '대지(大知)'를 받고 있다. 여기서는

대지라고 방향을 바꾸었다고 자칭하면서도 참된 지가 되기 위한 조건이 결여되어 있는 예를 들었다. 또한 동시에 불명(不明)하다는 주제를 제시함으로써 다음 장으로 이행하는 단서로 삼고 있다.

새나 짐승을 몰아 그물이나 덫이나 함정에 빠지도록 할 때, 새나 짐승은 피할 길을 모른다. 인간은 누구나 자기는 화(禍)라는 것이 무엇인지, 또 그것이 닥쳐오리라는 것을 알고 있다고 믿는다. 그러나 화에 대해 아무리 많은 지식을 가지고 있어도 그 화를 피할 방법을 모른다면 화를 피할 수 없고, 따라서 참된 지라고는 말할 수 없다. 이것은 물론 다음과 같은 말을 하기 위한 비유이다.

즉, 아무리 스스로를 지자라고 생각하고 있어도, 또 지나침과 미치지 못함의 양단에서 중용을 유지할 만한 지능이 있어도 그 중용을 한 달 동안도 지속시키지 못한다면 그것은 지라고는 말할 수 없다. 지란 궁극적으로는 중용과 관계되는 것으로서, 어떠한 지도 중용의 실천이란 점에서 결여되는 점이 있으면 참된 지는 될 수 없는 것이다.

제8장

공자께서 말씀하셨다. "회(回)의 사람됨은 중용을 택하여 한 가지 선을 얻으면 받들어 가슴에 꼭 지니고 그것을 놓치지 않았다."

子曰 回之爲人也는 擇乎中庸하여 得一善하면 則拳拳服膺하여 而弗失之矣니라

권권복응(拳拳服膺): 극히 중요한 물건을 가슴에 지니고 놓지 않는 것.

| 풀이 | 회(回)가 공자의 제자 안회(顔回)를 가리킨다는 것은 이미 말한 바 있다. 안회란 어떤 인물이었을까. 한마디로 말하면 선택할 수 있는 능력을 가진 사람이었다. 중용을 선택한다는 것은 이미 말한 바와 같이 매우 어렵고 곤란한 일이지만, 안회의 경우에는 중용을 선택할 수 있는 능력을 가졌을 뿐만 아니라 그것을 가슴 깊이 꼭 지니고 있었다고 했다.

여기서 '한 가지 선'이라고 하는 것은 단순히 하나의 선행만을 가리키는 것이 아니라 궁극적인 선, 즉 중용을 말하는 것으로 생각할 수 있다. 여기서 중용을 선택할 능력을 가졌다는 것은 현자가 범하기 쉬운 지나침을 면하고 있다는 뜻이고, 이것을 잃지 않도록 잘 지킨다는 것은 불초자가 범하기 쉬운 미치지 못함을 면하고 있다는 뜻이다.

안회는 단지 선했을 뿐만 아니라 또한 그것을 잘 지켰다는 것이다. 이 잘 지킨다 함은 곧 지나침과 미치지 못함을 겸한 중용의 실천이며, 그러므로 도는 밝혀지고 그것은 참된 의미로 파악되는 것이다.

제9장

子曰 天下國家可均也
요 爵祿可辭也요 白刃
可蹈也로되 中庸不可
能也니라

공자께서 말씀하셨다. "천하의 국가도 고루 다스릴 수 있고, 작록도 사양할 수 있으며, 시퍼런 칼날도 밟을 수 있지만 중용은 능히 할 수 없다."

| 풀이 | 앞장에서 안회와 같은 거의 성인에 가까운 인물을 내세워 중용의 어려움을 논했는데, 이 장에서는 그 뒤를 이어 중용이 '평상(平常)의 도리'이지만 그것을 인식하고 실천하는 것은 실로 곤란한 일임을 강조한 것이다.

균(均)이란 평치(平治), 즉 공평하게 다스리는 것이다. 유교의 입장에서는 이것이 이상적인 정치인데, 그것은 불가능한 일이 아니라 가능한 일이다. 작위나 봉록을 사양하는 것 역시 불가능한 일은 아니다. 시퍼런 칼날 위를 맨발로 걷는 것도 가능한 일이다. 그러나 중용이라고 하는 것만은 행하기가 실로 어려운 것이다.

여기서 국가, 작록, 시퍼런 칼날 등은 제20장에 나오는 유형으로 말하면 지(知)·인(仁)·용(勇)에 각각 적용될 수 있다. 그리고 그것들이 천하에서 가장 어려운 일이라는 것도 명백하다.

그러나 그것들이 가장 어려운 일이라고는 하지만 중용에 합치하는 데 반드시 필요한 요소는 아니며, 그 천성이 지·인·용의 어느 것에 근접해 있기만 하면 노력에 의해 공평하게 다스리는 일도, 작록을 사양하는 일도, 시퍼런 칼날을 밟는 일도 가능한 것이다.

그런데 '중용'이라는 것도 앞서 말한 것과 마찬가지로 인식하거나 행하는 것이 가능하다고 생각될지 모르지만, 실제로 인(仁)이 성숙하고 의(義)가 정밀하지 않다면, 다시 말해 인욕(人欲)이라는 나의 존재가 완전히 무화(無化)되지 않는다면 불가능하다는 것이다.

균(均) : 주자는 평치(平治), 즉 고루 잘 다스린다는 뜻으로 풀이했다.
백인가도(白刃可蹈) : 백인(白刃)은 시퍼런 칼, 도(蹈)는 밟다. 즉, 시퍼런 칼날을 밟고 갈 수 있을 만큼 용기가 있다는 뜻.

작록(爵祿) : 벼슬과 녹봉.

사의(私意) : ① 자기 개인의 의견. ② 자기만의 욕심을 채우려는 마음.

왜냐하면 거기에 조금이라도 사의(私意)가 개입되어 있다면 반드시 지나침 혹은 미치지 못함이 생기기 때문이다. 그렇기 때문에 정자도 "스스로를 이긴다 함은 가장 어려운 것이며, 따라서 중용을 능히 할 수 없다고 하는 것이다."라고 말하였다. 즉, 균(均)·사(辭)·도(蹈)의 세 가지는 어렵고도 쉽고, 중용은 쉽고도 어려운 것이다. "백성 가운데 능히 할 수 있는 자가 드물다."라고 한 말은 이 점에 연유한다.

중용을 능히 할 수 있기 위해서는 강자(强者)가 아니면 안 되는데, 다음 제10장에서는 강(强)에 대하여 설명할 것이다.

그런데 이와 같은 설명에서 오해해서는 안 될 점은, 중용이 이 세 가지 이외에 따로 특별한 것이 있는 것은 아니라는 사실이다. 다만 이 세 가지를 적절히 알맞게 행하는 것, 그것이 곧 중용이라는 것이다.

제10장

1// 子路가 問强이라

자로(子路) : 공자의 제자 중 한 사람으로, 성은 중(仲), 이름은 유(由)인데 계로(季

자로(子路)가 강(强)에 대해서 물었다.

| 풀이 | 전장에서는 중용을 택하여 지키는 일이 극도로 곤란함을 설명하고, 그 곤란을 극복하고 중용의 실천자가

되기 위해서는 강자(强者)가 되어야만 한다는 점을 시사했는데, 이 장에서는 그것에 이어 강(强)의 여러 가지 상태와 참된 강에 대해서 설명한 것이다.

이 구절은 공자의 제자 중에서도 용(勇)을 좋아한 인물로 유명한 자로(子路)의 '강이란 무엇인가.'라는 질문으로 시작된다. 이것은 마치 서양의 철인(哲人) 소크라테스가 제자로부터 힘에 대해서 질문을 받은 장면을 연상시킨다.

路)라고도 한다. 자로는 그의 자. 십철(十哲)의 한 사람.

2

공자께서 대답하셨다. "남방(南方)의 강함인가, 북방(北方)의 강함인가, 아니면 너의 강함인가?"

2// 子曰 南方之强與아 北方之强與아 抑而强與아

| 풀이 | 강(强)이라고 해서 모두 같은 것은 아니다. 남방, 즉 중국 남쪽의 강과 중국 북쪽의 강은 다른 것이다. 예를 든다면 남방은 부드럽고, 북방은 견고하다. 공자가 남방인가 북방인가를 묻고 이어서 '너의 강인가'를 물었는데, 이 점이 중요한 것이다.

억(抑) : 어조사로서 '그렇지 않으면'의 뜻.
이(而) : 여(汝)와 같은 뜻으로 '너의'라고 해석된다.

즉, 자로 자신의 과제로서의 강은 곧 학자, 말하자면 참된 인간이 되기 위하여 자각적으로 사색하고 실천하는 자를 가리킨다고도 볼 수 있다.

3// 寬柔以敎하고 不報無道는 南方之强也니 君子居之니라

3

너그럽고 부드러운 것으로써 가르치고, 무도(無道)한 행위에도 보복하지 않음은 남방의 강함이니, 군자가 이렇게 산다.

| 풀이 | 관유(寬柔)란 남을 너그럽게 포용하고 겸손하며 유순하게 대한다는 것이다. 그것으로써 가르친다 함은 타인의 미치지 못함을 가르쳐서 올바르게 이끄는 것을 말한다. 즉, 교도하고 감화시키는 것이다. 무도에 대해서도 보복하지 않는다 함은 도리(道理)에 어긋나는 행위를 할 때 결코 폭력으로써 보복을 하지 않는다는 것이다.

중국의 남방은 기풍이 유약해서, 포용력과 인내심으로 사람을 대하는 것을 강한 것으로 여긴다. 군자(이 경우의 군자는 제5절의 군자와는 달리 단순한 호인, 선인을 말한다.)가 가져야 할 태도는 이와 같이 남방적 강함이 아니면 안 된다는 것이다.

기풍(氣風) : 어떤 사회나 집단의 사람들이 공통으로 가지고 있는 전통적인 기질.

4

4// 袵金革하여 死而不厭은 北方之强也니 而强者居之니라

창과 검과 갑옷을 깔고 누워 죽어도 한탄하지 아니함은 북방의 강함이니, 강포한 자가 이렇게 산다.

임(袵) : 밑에 깔다.

| 풀이 | 남방의 강에 대해서 기풍이 강건한 북방 중국의

강은 싸움에서 죽는 것도 두려워하지 않는 용감한 힘을 나타낸다. 즉 강력한 힘으로 사람을 누르는 것이 북방의 강인데, 이 강은 단순한 힘의 강에 지나지 않는다. 이 양자는 모두 '이의(理義)의 강'이 되지 못한다.

　남방의 강은 이른바 미치지 못함이며, 북방의 강은 지나침에 속하는 것이다. 지나침과 미치지 못함이 없는 이의의 강―단순한 기풍에 의해 규정되거나 기질에만 좌우되는 강이 아니라 도리에 입각한 강(학문에 의해서 도달되는 강)을 참으로 과제로 삼아야 함을 공자는 역설하고 있는 것이다.

금(金) : 창검 등의 무기를 말한다.
혁(革) : 가죽으로 만든 갑옷을 말한다.

5

　그러므로 군자는 화(和)하여 흐르지 않나니, 강하도다 그 꿋꿋함이여! 중(中)에 서서 기울지 아니하나니, 강하도다 그 꿋꿋함이여! 나라에 도가 있으면 그 색(塞)을 변치 않나니, 강하도다 그 꿋꿋함이여! 나라에 도가 없으면 죽음에 이르러서도 그 절조를 변치 않나니, 강하도다 그 꿋꿋함이여!

5// 故로 君子는 和而不流하나니 强哉矯여 中立而不倚하나니 强哉矯여 國有道면 不變塞焉하나니 强哉矯여 國無道면 至死不變하나니 强哉矯여

| 풀이 | 이 절에서는 사람이 마땅히 지녀야 할 강함에 대해서 설명하고 있다. 제3절의 '군자가 이렇게 산다(君子居之).'에서의 군자는 단순히 호인 또는 선인을 의미한 데 비해 이 구절의 군자는 유교에 있어서의 가장 이상적인

강재교(强哉矯) : 교(矯)는 굳세다, 꿋꿋하다.
색(塞) : 이루지 못하다, 즉 도달하지 못하는 상태를 말한다.

호신(虎臣) : 용맹한 신하.

인격자로서의 군자를 말하고 있다. '강하도다, 그 꿋꿋함이여!'의 '꿋꿋하다(矯)'는 〈시경〉 노송(魯頌) 반수(泮水)의 '교교(矯矯)한 호신(虎臣)'이라는 구절에 나오는 그 교로서, 강한 의미를 나타낸 것이다.

　군자로서의 강은 북방의 강이나 남방의 강이 아니라 화(和)하면서도 흐르지 않는 강이어야만 한다. 이 '화하면서 흐르지 않는다.' 함은 〈논어〉 '자로편'의 '화하면서 동화되지 않는다.'는 표현과 유사한 말이다. 사람이 사상적 생활을 영위하는 이상 타인과의 화라는 것은 극히 중요한 것이지만, 화가 자기 입장을 불안정하게 하는 그런 화라면 경계해야 한다는 것이다.

　다시 말하면 남과 화하면서도 자기의 주체성을 잃지 말아야 하는 것이다. 화하면서도 흐르지 않기 위해서는 상당한 인간적 노력이 필요하다. '중(中)에 서서 기울지 않는다.'는 표현이 바로 그것을 말하고 있다. 이 구절은 일단 문자 그대로 해석한다면 '가장 중간에 선다.', 즉 전후·좌우의 가장 중간에 서서 원만함을 지키는 것이다.

　계속 이 중간의 위치에 선다는 것은 앞서 말한 바와 같이 강한 정신력을 필요로 한다. 사람인 이상 감정과 정서에 기울어지는 것은 당연하다. 그러나 이 중간에 확고히 위치한다는 것은 감정과 정서의 조화를 의미하는 것이다. 사람인 이상 이 감정과 정서를 초월할 수는 없지만, 그것을 잘 조절해서 원만함을 지키는 것이야말로 군자의 군자된 가치인 것이다.

초월(超越) : ① 어떤 한계나 표준을 뛰어넘음. ② (능력이나 지혜 따위가) 초인간적으로 탁월함. ③ 인간으로서는 절대 경험할 수

'나라에 도(道)가 실현된다면 색(塞)을 변치 않는다.'에 대해 풀이한다면, 여기서 '색'이란 막히어 이르지 못한다는 뜻을 갖는다. 즉, 높은 지위에 올라 부귀영화를 누리게 되더라도 아직 그 지위에 오르지 못했을 때의 그 절조를 변치 않고 지켜간다는 것이다.

또한 나라에 도가 행해지지 않을 때, 가령 난세(亂世)라 하더라도 절조를 잃지 않고 꿋꿋이 강함을 지켜간다는 것이다. 나라 혹은 천하에 도가 있다든가 없다든가 하는 등의 표현은 유교의 경전에 무수히 나오는 말로서, 그때그때를 당해 처세를 달리해야 한다는 뜻인데, 유교적인 인간론을 연구할 때는 극히 주목해야 할 점이다. 결국 공자가 말한 '강(强)'이라 함은 현실에서 가장 현명하게 살아가는 처세를 말하고 있다.

평화스러운 때보다는 난세가 더 많았던 중국에서는 인간이 어떻게 몸을 보존해갈 것인가 하는 일이 곧 인간의 수양을 의미했던 것이다. 여기에 유교적인 독특한 인간론이 성립된다.

맹자는 이렇게 말하고 있다. "천하에 도가 있으면 도를 가지고 몸에 따르게 하고, 천하에 도가 없으면 몸을 가지고 도에 따르게 할 것이다. 나는 아직까지 도를 가지고 남에게로 떠나간다는 말은 들어보지 못하였다." 천하에 도덕이 실현된 시대에는 벼슬을 하여 도의 실현에 적극 참여해야 하지만, 천하에 도덕이 실현되지 않는 난세에는 벼슬을 단념하고 오직 자기만이라도 도를 지켜가야 한다

없는 영역을 이르는 말. ④ 세상의 명리(名利)에서 초탈함.

절조(節操) : 절개와 지조.

난세(亂世) : 어지러운 세상. 정치가 문란하고 질서가 흐트러져 전쟁 따위가 그치지 않는 세상.

는 것이다. 맹자의 이 말은 바로 이 구절의 의미를 가장 이해하기 쉽게 나타낸 말이라고 볼 수 있을 것이다.

제11장

1// 子曰 素隱行怪를 後世有述焉이나 吾弗爲之矣리라

공자께서 말씀하셨다. "은밀한 것을 찾고 괴이한 행동을 하면 후세에 그것을 말하는 일이 있겠으나, 나는 그런 행동을 하지 않을 것이다."

| 풀이 | 중용의 도가 어렵다고는 하지만, 그것이 은밀한 일 혹은 괴이한 일은 아니다. 어떤 의미에서는 보편성을 지닌 평범함이다. 그러한 뜻에서 공자는 말하고 있는 것이다.

은밀하고 괴이한 행동이란 지(知)라는 점에서 본다면 지의 과도함이고 선을 선택하지 않음이며, 또한 행(行)이라는 점에서 본다면 행의 과도함이고 중에 서지 않음이다. 다시 말하면 지식에서 벗어난 이치를 찾는 것이고, 세상의 이목을 집중시키기 위한 괴이한 언동이 되는 것이다. 그것이 후세에 이름을 남기는 일이라 해도 중용이 아니라면 결코 행하지 않겠다는 것이 공자의 말의 취지이다.

소은(素隱) : 〈한서(漢書)〉의 예문지(藝文志)에 인용한 일절에는 색은(索隱)이라고 되어 있는데, 색(索)자를 모양이 비슷한 소(素)자와 혼동한 것이라고 한다. 즉 상도(常道)에서 벗어난 지적(知的)인 탐색 같은 것.
행괴(行怪) : '괴이한 일을 행함으로써 공명을 세워 후세에 이름을 남기는 것'으로 해석한다. 그러나 주자는 다만 궤이(詭異)한 행위를 하는 것으로 풀이했는데, 뜻은 거의 같다.
유술(有述) : 지적인 탐색이나 괴이한 행동으로 후세에 칭술(稱述)을 받는다는 뜻.

2

군자가 도를 따라 행하다가 중도에서 그만두고 마는데, 나는 능히 그만두지는 않을 것이다.

| 풀이 | 은벽(隱僻)한 행동과 괴이한 행동이 지나침이라면, 이 구절의 '중도에서 그만둔다.' 함은 미치지 못함이 된다. 세상의 군자들은 도를 따라 행하며 그 도를 실천하고 있다. 즉, 능히 선을 택하고 있는데, 중도에서 그만두고 마는 것이다. 그것은 힘의 부족에서 오는 결과이다. 그런데 지적(知的)인 면에서 본다면 충분히 그 도에 미치고 있다.

그러나 힘이 부족한 까닭에 행함에 있어서는 불충분하여 오히려 미치지 못하는 것이다. 다시 말하면 지성의 움직임은 활발하면서도 행동의 지속성을 유지 못하고 있는 상태이다. 그래서 공자는 보통 '군자가 도를 행하다가 중도에서 그만둔다.'고 한 것이다. 그러나 공자 자신은 '나는 능히 그만두지 않을 것이다.'라고 부언했다. 그런데 공자의 경우, 중도에서 그만두지는 않는다고 한 그 말은 의식적인 노력으로 그것을 강화시킨다는 뜻은 아니다.

3

군자는 중용에 의지하여 세상으로부터 숨어 있어 알아

2// 君子가 遵道而行이라가 半塗而廢하나니 吾弗能已矣리라

준(遵) : 따르다.
반도(半塗) : '중도'를 말한다.
은벽(隱僻) : 사람의 왕래가 드물고 구석짐.

3// 君子는 依乎中庸하

여 遯世不見知而不悔하나니 唯聖者라야 能之니라

둔세(遯世) : 세상으로부터 숨어 산다는 뜻.
불견지(不見知) : 세상 사람들이 알아주지 않는다는 뜻.

자인(自認) : 스스로 인정함.

인성(人性) : 사람의 성품.

주지 않는다 해도 후회하지 않으니, 이는 오직 성자(聖者)만이 능히 할 수 있는 일이다.

| 풀이 | 은벽한 것을 찾지 않고 괴이한 짓을 하지 않을 때 군자는 중용을 좇아 중용을 표준으로 삼게 된다. 그러나 군자임에도 불구하고 중도에 그치는 자가 있는데, 그러한 군자는 중용의 도를 알고는 있으나 그 능력이 부족한 자, 즉 그 행(行)에 있어 미치지 못하는 자이다.

그런데 중용의 도를 끝까지 실천하면 완성은 보겠지만, 그러나 공자 자신은 그 점을 자인(自認)하려고는 하지 않았다. '오로지 성인만이 이를 능히 할 수 있다.'라고 자신을 낮추어 말했던 것이다.

앞에서는 중용이라는 인간의 근원적인 존재방식을 제시했다고 볼 수 있다. 가장 이상적인 군자는 이 세상에 도가 없어 중용을 실천할 수 없을 때는 깊이 은거하는 한이 있더라도, 그리고 자기의 행위를 세상 사람들이 알아주지 않더라도 후회하지 않고 중용을 지켜나가야 하는 것이다. 이것이야말로 중용의 덕의 완성이며 지식의 극치이고 인(仁)의 지극함이다. 이는 공자 자신의 인성이 아니고서는 어찌 가능하겠는가!

이 제2장부터 11장까지의 요지는 지(知)·인(仁)·용(勇)의 세 가지 덕의 완성에 의해 도에 들어갈 수 있음을 나타낸 것이다. 즉, 순임금의 그것은 지, 안회의 그것은 인, 자로의 그것은 용을 나타낸 것이다. 그러므로 이 세 가지 중한 가지라도 결여되면 도에 도달할 수도 없고 덕을 완성할 수도 없다. 그리고 이 제2장에서 제11장까지에 연관되는 것은 제20장이고, 그것은 전자의 보유 또는 완성으로 읽을 수 있다.

　이상으로 자사가 공자의 말을 인용하여 제1장의 설명을 해온 것은 일단 끝을 맺게 된다.

제12장

　이 장은 자사 자신의 말로서, 첫장의 '도는 잠시도 떠날 수 없는 것이다.' 하는 점을 해명한 것이다.

　군자의 도는 광대하면서도 은미(隱微)하다.

1// 君子之道는 費而隱이니라

│풀이│ 비(費)란 쓰임의 광대함이고 은(隱)이란 체(體)의 미세함이라는 것은 주에서 말한 대로이다. 물론 여기에서 체용(體用)이라고 한 것은 도(道)의 체용으로서, 군자가 밟고 가야 할 도는 은(隱)임을 말한다. 또한 체가 미세하다는 것은, 은(隱)은 현(見)의 반대이고 미(微)는 현(顯)의 반대로서 도(道)의 본질 및 본체가 감각에 의해서는 파악될 수 없는 형이상학적 존재임을 말하고 있다. 즉, 현(顯)은 감각적

비이은(費而隱) : 주자의 주에 의하면 비는 용(用)의 넓이, 은(隱)은 체(體)의 미(微)이다. 즉 쓰임이 넓고 그 본체는 극히 미세하다는 뜻이다. 그런데 이 말에는 여러 설이 있다. 예컨대 공영달(孔穎達)의 주에는 "군자는 난세를 만나 도와 덕이 어긋나면 벼슬을 버리고 은거한다."라고 했다. 여기

서는 주자의 해석을 따른다.

으로 포착할 수 있는 형이하학적인 것이고, 미는 초감각적인 형이상학적·본체적인 것임을 말하는 것이다.

2

부부의 어리석음으로도 함께 알 수 있는 것이지만 그 지극함에 이르러서는 비록 성인이라도 알지 못하는 바가 있고, 부부의 불초함을 가지고도 능히 행할 수 있지만 그 지극함에 이르러서는 비록 성인이라도 행할 수 없는 바가 있는 것이다.

천지의 큰 것으로도 사람에게는 오히려 불만스러운 것이 있다. 그러므로 군자가 그 크기를 가지고 말하면 천하도 능히 그것을 실어낼 수 없고, 그 작음을 가지고 말하면 천하도 능히 깨뜨릴 수가 없는 것이다.

2// 夫婦之愚로도 可以與知焉이로되 及其至也하여는 雖聖人이라도 亦有所不知焉하고 夫婦之不肖로도 可以能行焉이로되 及其至也하여는 雖聖人이라도 亦有所不能焉이라 天地之大也로 人猶有所憾이니 故로 君子가 語大면 天下莫能載焉이요 語小면 天下莫能破焉이니라

부부(夫婦) : 필부필부(匹夫匹婦)의 약자. 정현(鄭玄)의 주석으로는 비천한 남자와 여자로 되어 있으나, 주자는 부부가 함께 생활하는 것으로 해석하고 있다.
어대(語大) : 큰 도리를 말한다는 뜻.
감(憾) : 한(恨). 즉 불만스러운 것을 말한다.

┃풀이┃ 도의 역설성(逆說性)을 여기서 다시 강조하고 있다. 부부의 어리석음으로 능히 함께하여 알 수 있는 것이지만 성인이라도 역시 알지 못하는 바가 있다고 했는데, 즉 도란 가장 구체적인 부부생활의 단순함에도 그 현상으로 나타나 있으므로 무지하고 어리석은 부부라도 알 수 있고 그 인식에도 참가할 수 있다는 것이다. 말하자면 우매한 부부가 알 수 있는 것을 그 지극함에 이르러서는 성인이라도 알 수 없다는 일종의 역설이다.

그런데 그와 같은 도는 용(用) ― 현상면(現象面) ― 의 전

개의 극치에 있어서는 성인도 완전히 인식할 수 없다는 것이다. 도라는 것은 아무리 불초하고 우매한 부부라도 그것을 실천할 가능성이 있다. 그러나 성인이 능히 해낼 수 없다는 것은 현상적 전개의 극치를 의미하고 있다. 즉, 도의 전체를 두고 말하는 것이다. 도의 무한성에 비하여 인간은 유한적인 존재로서, 그 인식의 제약성을 갖는다는 것이다.

여기에서 '군자의 도는 광대하면서도 은미하다.'고 한 것이다. 즉, 중용의 도는 그 크기를 가지고 말하면 이 세상의 무엇보다 크다고 하겠으나, 또 다른 방면으로는 이 세상의 무엇보다 미소(微小)하다고 한 것이다. 이 말은 도가 전우주를 포용하면서도 가장 미소한 사물 속에조차 존재해 있다는 것을 의미하기도 한다. 그러므로 '군자는 그 크기를 가지고 말하면 천하도 능히 그것을 실을 수 없고, 그 작음을 가지고 말하면 천하도 능히 깨뜨릴 수가 없는 것이다.'라고 했다.

도의 현상 혹은 작용으로서의 도의 존재양식은 이와 같이 광대무변한 것이다. 참으로 도를 파악하고 있는 군자의 눈으로 보면 도의 현상적인 광대함은 외부로서는 가히 측량할 수 없는 극대(極大)이며, 이 세상에서 그것을 실을 수 있는 것은 없다. 반대로 도의 현상의 미소함으로 말한다면 거기에는 그 이상 더 내부가 있을 수 없는 극소로서, 이 세상에서 그것을 깨뜨릴 수 있는 것은 역시 없다.

이 극대에서 극소에 걸쳐 전개되고 있는 현상, 작용의

은미(隱微) : ① 희미하여 나타나지 않음. ② 속이 깊어서 알기 어려움.

미소(微小) : 아주 적음.

다양성이야말로 비(費)이며 도의 쓰임의 광대함인 것이다. 이것을 이루는 도는 누구에게나 눈에 띄는 것이 아니고 감추어져 있으나, 이 광대무변한 현상계 어디에나 존재하고 있는 것이다.

3

3// 詩云 鳶飛戾天이요 魚躍于淵이라 하니 言其上下察也니라 君子之道는 造端乎夫婦로되 及其至也하여는 察乎天地니라

시운(詩云) : 〈시경〉 대아의 한록(旱麓)에 있는 구절.
여(戾) : 지(至)의 뜻.
찰(察) : 저명(著明)의 저(著)로서 드러난다는 뜻.

〈시경〉에 말하기를 "솔개가 날아 하늘에 이르고 고기는 못에서 뛰어오른다."라고 했는데, 이것은 도가 위아래로 드러남을 말한 것이다. 군자의 도는 부부에서 발단이 되지만 그 지극함에 이르러서는 하늘과 땅에 드러난다.

| 풀이 | "솔개는 날아서 하늘에 이르고 고기는 연못에서 뛰어오른다."는 시구를 인용하여 앞구절에서 설명한 바를 요약한 것이다.

도, 즉 천리(天理)가 우주간을 지배하여 만물을 화육하는 모습은 '감추어짐 없이' 천지간에 명백하게 발현되고 있다. 그것은 바로 도의 용이고 이른바 비(費)인 것이다. 여기서 '솔개가 날아 하늘에 이른다.'는 것은 도가 공간상에 내재함을 뜻하고, 그 내재의 질서를 의미하는 도의 체(體)가 있는 것이다. 그런데 그것은 시각적으로 파악할 수 없는 숨겨진 상태에 있다 함은 이미 형이상학적인 의미에서 설명한 대로이다.

'중용의 도는 어리석고 무지한 부부로서도 알아보고 행

할 수 있는 면이 있으나, 만사에 통달한 성인으로서도 알아보기 힘들고 행하기 어려운 면이 있다.' 이 말은 즉, 도는 하늘에도 있고 땅에도 있으며, 솔개에게도 있고 물고기에게도 있으며, 필부에게도 있고 성인에게도 있다는 뜻이다. 말하자면 중용의 도는 언제 어디에나 존재하고 있으며, 또한 무슨 일에나 적용이 되는 것이다. 그런데 여기에서 주의할 것은, 하늘에 나는 솔개나 물에서 뛰노는 물고기가 도 그 자체는 아니며, 그것은 도의 나타남에 지나지 않는다는 점이다.

그러므로 '솔개는 날아 하늘에 이르고 고기는 못에서 뛰어오른다.'는 이 평범한 시 속에는 우주적인 대긍정(大肯定)의 기분이 단적으로 표현되어 있는 것이다.

'군자의 도는 부부에게서 발단되는 것이지만 그 지극함에 이르러서는 하늘과 땅에 드러난다.'는 이 마지막 구절은 이 장을 총괄하는 말이다. 군자의 도는 부부생활에서 발단되고 형성되는 것이다.

'부부라고 하는 것은 인륜 속에서도 가장 친밀한 것으로서, 그 부형(父兄)에게 차마 하지 못할 말이라도 부인에게는 말한다.' 그와 같이 인간적으로 가장 가깝고 밀접한 사이이므로 도 역시 먼저 거기에서 발현되는데, 그 전개의 극(極), 즉 상(上)은 천(天)이고 하(下)는 지(地)로서 전우주에 충만되는 현상인 것이다. 여기서 말하는 '지극함'이란 제2절의 그것과 같이 '양극'을 말하는 것이다.

인륜(人倫) : ① 사람으로서의 떳떳한 도리. ② 군신(君臣)·부자·형제·부부 등 상하 존비(尊卑)의 인간관계나 질서. 또 그같은 인간관계를 유지하는 도덕·윤리. 전하여 인간의 도리. 사람으로서의 윤리.

제13장

　전장의 서두에서도 말한 바와 같이 앞으로 잠시 도의 불가리성(不可離性)이 여러 모로 설명되는데, 주자가 그것에 주석을 가할 때 전장의 '비(費)하고 은(隱)하다.'라는 규정을 이용하는 예가 많다. 본장에서는 도가 '사람에게서 떠날 수 없고 멀리할 수 없는 것'이란 점을 '비'의 면에서 설명하는 것이다.

/

1// 子曰 道不遠人하니 人之爲道而遠人이면 不可以爲道니라

위도(爲道) : 도를 행하다. 여기서 말하는 '도'란 군자의 도, 즉 중용의 도를 가리킨다.
원인(遠人) : 사람에게서 멀리하다.

　공자께서 말씀하셨다. "도는 사람에게서 멀리 있지 않으니, 사람이 도를 행하되 사람에게서 멀리한다면 도가 될 수 없는 것이다."

| 풀이 | 주자의 주에 따르면 이 구절도 전장의 비(費)의 면에 관해서 설명한 것으로 되어 있다. 도란 앞서 말한 성(性)을 따르는 것을 말한다. 성은 하늘로부터 주어진 것으로 인간에게 내재하는 것이기 때문에 인간에게 있어서는 가장 가깝고 친근한 것이며, 대중이 능히 알 수 있고 능히 행할 수 있는 것이다. 그러한 까닭에 도는 어떠한 경우에도 인간으로부터 떠날 수가 없다. 그러나 사람은 도에 너무 가까이 있기 때문에 그것을 도로서 인식하지 못하는 것이다.

2

〈시경〉에 말하기를 "도끼자루 찍는구나, 도끼자루 찍는구나, 그 법은 멀지 않다."라고 했다. 도끼자루를 잡고 도끼자루를 찍어내면서 눈으로 이를 가늠해보고 오히려 멀다고 생각한다. 그러므로 군자는 사람으로서 사람을 다스리다가 고치면 이에 그치는 것이다.

| 풀이 | 여기에 인용된 시의 의미는, 도끼자루를 만들려고 도끼로 나무를 자르고 있는 사람이, 자기 손에 도끼자루가 쥐어져 있으므로 그것을 표준으로 하면 되는데 그것을 깨닫지 못하고 그 길이나 만드는 법칙을 먼 데서 구한다는 뜻이다. 이 말은 바로 도가 자기 주변에 있는데도 먼 곳에 있는 것으로 생각한다는 것이다.

인간의 경우를 예로 든다면, 만인에게 해당되는 보편적인 법칙은 이미 내 속에 있으며, 그렇기 때문에 도에 있어서 인간들 사이에는 거리나 구별이 없다. 그리하여 군자는 사람을 다스림에 있어 그 사람에게 있는 도 바로 그것을 가지고 다스리는 것이다. 즉 사람으로서 사람을 다스린다는 뜻이 된다.

다시 말하면 누군가를 책망할 때, 그 사람이 능히 알 수 있고 능히 행할 수 있는 바를 책망한다는 것이며, 인간으로부터 멀리 떨어진(인간성을 무시한) 곳에 도를 상정하는 것이 아님을 말하고 있다. 어떤 의미에서는 인간의 보편

2// 詩云 伐柯伐柯여 其則不遠이라 하니 執柯以伐柯하되 睨而視之하고 猶以爲遠이라 故로 君子는 以人治人하다가 改而止니라

시(詩) : 〈시경〉 빈풍 벌가(伐柯)에 나오는 한 구절로, 가(柯)는 도끼자루라는 뜻. 즉, 도끼자루로 쓸 나무를 벤다는 말이다.
예(睨) : 눈을 비스듬히 뜨고 가늠해보는 것.
유이위원(猶以爲遠) : 먼 곳에 있다고 생각하는 것.
개이지(改而止) : 죄과를 고침을 뜻한다.

성 그것이 도임을 말하고 있다. 그러므로 도는 인간의 속성이기도 하다. 이 속성, 즉 도를 펴간다는 것이 군자의 일이며 사람을 다스리는 일이 된다.

　도란 곧 대중의 도이다. 왜냐하면 대중이 알고 행할 수 있는 것이기 때문이다. 이 도에 의해 도를 편다면 사람은 누구나 따르게 되는 것이다.

3

3// 忠恕는 違道不遠하니 施諸己而不願을 亦勿施於人이니라

위도(違道) : 도에 어긋나다라는 뜻임.

　충(忠)과 서(恕)는 도에서 어긋남이 멀지 않으니, 나에게 베풀어짐을 원치 않는 것이라면 남에게도 베풀지 말라.

| 풀이 | 충(忠)과 서(恕)는 〈논어〉 이인(里仁)편에 나오는 유명한 말로서 충은 자기 마음을 다하는 것, 서는 자기를 미루어 사람에게 미치는 것을 말하고 있다. 즉 남을 책하기에 앞서 자신을 먼저 책한다는 뜻이다. 도에 어긋난다 함은 도에서 멀리 가버렸다는 의미가 아니고 '이것'과 '저것'과의 거리를 나타내는 것이다. 즉 도와의 거리가 멀지 않다는 것이다.

　'나에게 베풀어짐을 원치 않는 것을 가지고 남에게 베풀지 말라.' 는 말은 〈논어〉의 위영공(衛靈公)편에 나오는 말과 동일한 것이다.

　그런데 여기서는 충서(忠恕)로 되어 있는 것이다. '충' 자는 가볍게 취급하고 '서'에 중점적인 의미를 부여하고

있음은 여기에서도 알 수 있다. 자기의 마음을 가지고 남의 마음을 미루어 헤아릴 경우, 상호간에 어떤 상위점도 찾을 수 없다 함은 도가 사람으로부터 멀지 않다는 증거가 된다.

그러므로 자기가 원하지 않는 바는 다른 사람에게 행하지 말아야 한다는 사실도 역시 인간으로부터 멀리 떨어진 곳에서 도를 생각할 수 없다는 또 다른 의미인 것이다. 장횡거가 "자기를 사랑하는 마음을 가지고 다른 사람을 사랑하면 인(仁)을 다할 수 있다."라고 한 것도 바로 그 의미인 것이다. 장횡거가 여기에서 '인을 다한다.'고 하면서 '인'자를 내세우고 있는 것은, 충서는 '도에서 멀지 않다.', 즉 도와의 사이에 다소간의 거리가 있는 것이지만 실천에 의해서 다음 단계인 인에 들어섬으로써 여기에 '인을 다한다.'는 사실이 가능해지는 것이다.

성인의 '충서'라면 오직 성(誠)과 인(仁)만을 들 수 있어서, '다한다'든가 자기를 미루어 다른 사람에게 '미친다'든가 하는 말은 쓸 수가 없다. 그러나 아직도 성인이 못된 학자에게 있어서는 '다한다', '미친다' 하는 단계를 거치지 않을 수 없을 것이다.

여기에서는 충서와 중용의 도와의 관계를 나타내고 있다고 보겠는데, 〈논어〉에 있어서의 충서는 인(仁)에 도달하는 첩경이고 여기에서는 중용에 도달하는 첩경이라고 볼 수 있는 것이다. '충서'는 그것을 위한 최량의 방법이고, 최종목표가 중용의 도임은 말할 것도 없다.

장횡거(張橫渠) : 중국 송대(宋代)의 철학자 장재(張載)를 이름. 횡거는 호.

첩경(捷徑) : ① 지름길. ② 어떤 일에 이르기 쉬운 방법.

4

4// 君子之道四에 丘未能一焉이러니 所求乎子로 以事父를 未能也하고 所求乎臣으로 以事君을 未能也하고 所求乎弟로 以事兄을 未能也하고 所求乎朋友로 先施之를 未能也니라 庸德之行하고 庸言之謹하여 有所不足이어든 不敢不勉하고 有餘이어든 不敢盡하여 言顧行하고 行顧言이니 君子胡不慥慥爾리오

군자의 도는 넷인데 구(丘)는 능히 하나도 다하지 못하였다. 자식에게 바라는 것으로써 아버지 섬김을 다하지 못하였고, 신하에게 바라는 것으로써 임금 섬김을 다하지 못하였으며, 아우에게 바라는 것으로써 형 섬김을 다하지 못하였고, 벗에게 바라는 것으로써 먼저 베풀기를 다하지 못하였다.

용덕(庸德)을 행하며 용언(庸言)을 삼가서, 부족한 바가 있으면 감히 힘쓰지 않을 수 없고 남음이 있으면 감히 다하지 아니하여, 말은 행동을 돌아보고 행동은 말을 돌아보니, 군자가 어찌 부지런히 행하지 않겠는가.

구(丘): 공자의 이름.
용덕(庸德): 용(庸)은 평상(平常)의 뜻으로, 언제나 변함이 없는 덕을 말한다.
용언(庸言): 언제나 변함없는 말.
유소부족(有所不足): 덕행이 부족함을 뜻한다.
군자호부조조이(君子胡不慥慥爾): 정현의 주에는 '실(實)'을 지켜서 말과 행동이 어울리는 모양'이라고 했으나, 주자는 '독실한 모양'이라고 해석했다.

| 풀이 | 군자의 도가 넷이 있는데 자기는 그 하나조차 충분히 실천할 수 없었다는 공자의 탄식이다. 요컨대 공자는 인간관계에 있어서 가장 기본적이고도 보편적인 당위를 열거한 것이다.

즉, 첫째로 자식들에게 바라는 것으로써 아버지를 극진히 섬기지 못했다는 점, 신하들에게 바라는 것으로써 임금을 극진히 섬기지 못했다는 점, 아우에게 바라는 것으로써 형을 극진히 섬기지 못했다는 점, 친구에게 바라는 것으로써 먼저 그에게 베풀어주지를 못했다는 점이다.

도는 사람으로부터 멀리 떨어져 있는 것이 아니라 인간에게 내재하고 있는 것이다. 자기가 남에게 요구하는 바

는 모두 도에 합당한 것, 즉 인간으로서의 이상적인 규범인 것이다. 그러므로 사람에게 향하는 바를 거꾸로 자기에게 요구하고 자기를 수양하는 것이다. 그러나 이것이 쉽사리 행해지는 것은 아니다.

〈논어〉 헌문(憲問)편에서도 공자는 "군자가 행하는 도에 세 가지가 있는데 내가 다할 수 있는 바가 하나도 없다."고 말했던 것이다. 그러면서도 공자는 계속하여 "용덕(庸德)을 행하고 용언(庸言)을 삼가서 부족한 바가 있으면 감히 힘쓰지 않음이 없고 남는 바가 있으면 감히 다하지 아니하여 말은 행동을 돌아보고 행동은 말을 돌아본다."라고 말했다. 즉 용덕을 실천하고 잡다한 말 속에서 용언을 택하여 그것을 참되게 지키는 데 노력해야 한다고 한 것이다.

만일 덕이 불충분한 것이라면 반드시 그것을 보충하려는 노력이 있어야 하는 것이다. 다음으로 말의 지나침이 있으면, 즉 말이 행동보다 앞서는 일이 있으면 말을 삼가서 행동을 돌아보아 행동과 일치되도록 하고, 반면에 행동은 과격함을 피해서 말을 돌아보고 언행일치를 이루어야 한다는 것이다.

전체적으로 이 구절은 사람이 도를 멀리 있는 것으로서 생각지 않는다는 사실을 기록한 것이다. 장횡거가 "사람을 책하는 마음을 가지고 자기를 책하면 도를 다할 수 있다."고 말한 것은 바로 이를 뜻하고 있다.

원래 유교사상의 한 특징으로서 비근성(卑近性)의 강조와 고집이 있다고 생각되는데, 이 장은 그 대표적인 것이

비근(卑近) : (늘 보고 들을 수 있을 정도로) 흔하고 가까움.

다. 비근성이란 주자학과 양명학에서 즐겨 사용하는 용어로 말하면 '일용(日用)', '백성의 일용'으로서 언제나 구체적·실천적인 반면 단순한 상식주의와 세속주의에 그치려고 하는 유교의 장단점을 동시에 나타내고 있는 것이다.

제14장

1// 君子는 素其位而行이요 不願乎其外니라

군자는 그 자리에 따라 행하고 그밖의 것은 원하지 않는다.

소기위이행(素其位而行) : 소(素)에 대해서는 이설이 분분하다. 그러나 여기서는 주자의 설에 따라 '현존(現存)'으로 해석한다.
기외(其外) : 그가 처한 자리를 벗어남을 가리킨다.

| 풀이 | 이 장은 '자왈(子曰)'이 없이 시작됨으로써 자사 자신의 말임을 나타낸다. 군자란 그때그때 당면하는 현실을 중시하면서 중용의 도를 실천하는 것이 중요하며, 앞의 일을 관념적으로 공상하는 것은 삼가야 할 것이다.

그러기 위해서는 주변에서 접촉하는 사람들에 대한 충서(忠恕)의 실행이야말로 중용의 도에 접근하는 길임을 나타내고 있다. 다시 말하면 자신의 처지를 알고 그곳에 만족할 줄 알아야 한다는 것이다. 그리고 외적인 환경에 구애되지 않고 유유히 살아가는 태도를 말하는 것으로 '군자에게는 들어가 자득하지 못할 데가 없다.'(제2절)고 한 것이다.

〈논어〉에도 그와 비슷한 의미를 갖고 있는 "군자는 생각하는 그 자리를 벗어나지 않는다."라는 말이 있는데, 그것은 이른바 '분(分)'의 사상(思想)인 것이다. 그것이 한편으로는 대단히 적극적인 의미를 가질 수 있다는 것은 〈대학〉에서도 많이 나왔다.

2

부귀에 처하여서는 부귀를 행하고, 빈천에 처하여서는 빈천을 행하며, 이적(夷狄)에 처하여서는 이적을 행하고, 환난에 처하여서는 환난을 행하는 것이니, 군자는 들어가 자득(自得)하지 못하는 것이 없다.

| 풀이 | 이 절은 '그 자리에 처해서 행한다.'는 말을 부연한 것이다.

이제 가령 자기가 부귀한 입장에 있다고 하면 부귀의 입장에 따르면서 충서를 행하고, 만약 빈천한 입장에 서게 된다면 그것에 따르면서 충서를 행한다. 혹은 이적(夷狄)에 있게 된다면 역시 그 현실을 좇아 행해야 할 충서의 길이 있을 것이고, 또 환난에 빠지더라도 그 환난 때문에 지켜야 할 도리를 잃는 일 없이 그에 적응하는 충서의 길은 있을 것이다.

군자란 어떠한 상황, 어떠한 입장에 처하더라도 자신 안에 있는 활력에 의해 자기의 자세를 바르게 파악할 수

2// 素富貴하여는 行乎富貴하고 素貧賤하여는 行乎貧賤하고 素夷狄하여는 行乎夷狄하고 素患難하여는 行乎患難하니 君子는 無入而不自得焉이니라

행호부귀(行乎富貴) : 부귀에 알맞게 행동한다는 뜻.
행호이적(行乎夷狄) : 이적(夷狄)은 오랑캐. 즉 오랑캐 땅에 알맞게 행동하다.

있는 존재이며, 놓여진 외적 상황에 좌우되어 지켜야 하고 걸어야 할 길에서 벗어날 염려 같은 것은 절대로 있을 수 없는 것이다.

다시 말하면 어떤 경우에 처하게 되더라도 자득(自得)하지 않으면 안 되는 것이다. 자득, 즉 스스로 얻는다는 것은 자기가 어떤 불행한 상태에 빠졌다고 여겨질 때, 그것을 원망하면서 억지로 그 상태에서 고생하기보다는 그 상태를 자기가 스스로 택한 것으로 생각하여 만족하는 것을 말한다.

3

윗자리에 있어서는 아랫사람을 업신여기지 않으며, 아랫자리에 있어서는 윗사람에게 아첨하지 않는다. 스스로를 바르게 하여 남에게 구하지 않으면 곧 원망함이 없으리니, 위로는 하늘을 원망하지 않고 아래로는 사람을 탓하지 않는다.

| 풀이 | 앞절이 '그 자리에 따라 행한다.'의 부연인데 대해 이 절은 '그밖의 것을 원치 않는다.'의 부연이다. 그밖의 것을 원치 않는다고만 말하면 그저 자기보다 지위가 높은 사람에 대한 원망을 삼가라는 뜻으로 받아들여질지 모르나, 그것은 반드시 그렇지는 않다는 것을 이 첫 번째 구는 말하고 있다.

3// 在上位하여 不陵下하고 在下位하여 不援上이라 正己而不求於人이면 則無怨이니 上不怨天하고 下不尤人이니라

능(陵) : 업신여기다.
원(援) : 끌어당겨서 붙잡다. 즉 아첨한다는 뜻이다.
천(天) : 여기서는 운명으로서의 하늘을 말한다.
우(尤) : 탓하다.

아랫사람을 업신여기고 윗사람에게 아첨하는 것도 '그 밖의 것을 원치 않는다.'는 원칙에서 이탈되는 것이다. 오로지 자기를 바르게 하여 모든 것을 자기의 책임으로 돌리고 타인에 대해 구하는 바가 없으면 남을 원망할 필요도 없다. 이것은 사람에 대해서뿐만이 아니라 가장 궁극적인 대상인 하늘에 대해서도 마찬가지인 것이다.

이탈(離脫) : 떨어져 나가거나 떨어져 나옴. 관계를 끊음.

4

그러므로 군자는 평이(平易)함에 처하여 명(命)을 기다리고, 소인은 위험한 일을 행하여 요행을 바란다.

4// 故로 君子는 居易以俟命하고 小人은 行險以徼幸이니라

| 풀이 | 군자가 평이함에 처한다는 것은, 자기 분수에 넘치지 않는 가장 알맞은 자리를 말한다. 요약해서 말한다면 윗자리나 혹은 아랫자리의 그 무엇에도 이해관계를 맺지 않는 '중용'의 자리인 것이다. 여기에서는 그것을 일러 천명을 기다리는 자리라고 했다. 그러므로 천명을 기다린다 함은 제1절에 나오는 '그밖의 것은 원하지 않는다.'에 해당된다고 하겠다.

이(易) : 평이하다, 평탄하다의 뜻.
사(俟) : 기다린다는 뜻.

그런데 군자가 이처럼 평이한 데 처해 있음에 반하여 소인은 위험을 행한다. 즉 현재의 위치에 만족하지 못하고 부자연스러운 행위를 함으로써 요행을 바라게 되는 것이다. 이것은 소인의 탐욕을 뜻하고 있는 것으로, 오늘날의 입장으로 말한다면 투기나 사행심을 나타내고 있다.

사행심(射倖心) : 우연한 이익을 얻고자 요행을 바라는 마음.

공자는 이렇게 말했다. "군자의 마음은 늘 평정하면서도 넓고, 소인의 마음은 항상 근심에 차 있다."〔〈논어〉 술이편(述而篇)〕라고. 이 말은 그 전체적인 의미를 요약하는 데 아주 적절한 것이다.

5

5// 子曰 射有似乎君子하니 失諸正鵠이면 反求諸其身이니라

공자께서 말씀하셨다. "활쏘기는 군자의 도와 비슷함이 있으니, 그 정곡(正鵠)을 맞히지 못하면 돌이켜 그 자신에게서 원인을 찾는다."

정곡(正鵠) : 과녁의 뜻인데, 정(正)이나 곡(鵠)은 모두 활의 표적이다. 그러나 품질이 같지 않아 사용하는 경우가 다르다. 정현의 주에 따르면 '정'은 천으로 만든 것이고 '곡'은 가죽으로 만든 것이라고 한다.

| 풀이 | 활 쏘는 태도가 군자의 도와 비슷하다는 점을 말하고 있다. 활을 쏘아서 만일 과녁에 적중하지 못하면 그 원인을 다른 데서 찾는 것이 아니라 바로 활 쏘는 사람 자신에게서 찾는다는 반성적 태도를 말한다.

여기서는 활 쏘는 사람은 자기를 바로잡고 난 다음에야 비로소 활을 쏜다고 한 맹자의 말을 다른 식으로 설명하고 있다.

자사는 여기서 공자의 말을 인용하여 '그 자리에 따라서 할 뿐 그밖의 것을 원하지는 않는다.'는 그 취지를 요약하고 있는 것이다. 군자의 도를 활에다 비유한 사실은 〈논어〉에서도 볼 수 있다.

제15장

군자의 도는 비유컨대 먼 곳을 가고자 하면 반드시 가까운 곳에서부터 시작하고, 또한 높은 곳에 오르고자 하면 반드시 낮은 곳에서부터 시작하는 것과 같다.

〈시경〉에 말하기를 "처자(妻子)가 잘 화합함이 거문고를 타는 듯하고, 형제가 이미 화목하여 즐겁고 기쁘니, 온 집안을 화친(和親)케 하고 처자를 즐겁게 하리라."고 했다.

| 풀이 | 도는 사람으로부터 멀지 않다는 사실과 어떠한 도도 반드시 가까운 곳에서부터 실행해야 한다는 것을 〈시경〉 소아의 상체(常棣)에서 인용하여 설명한 것이다.

한 가정의 아내와 자식이 서로 화목한 것이 마치 비파와 거문고가 서로 조화를 이루는 것 같고, 형제도 화목한 가운데 서로 즐거워한다. 그러므로 가정의 평화는 이루어지는 것이다.

'먼 곳에 가려면 반드시 가까운 곳에서부터 시작한다.'는 이 구절은, 가정의 경우 아랫사람으로부터 화목함이 있어야 가정의 평화를 이룰 수 있다는 비유로 적용이 되는 것이다. 또한 한 나라의 평화를 이룩함에 있어서도 그 아랫사람들로부터 시작하는 상하(上下)의 윤리가 존재하게 된다.

1// 君子之道는 辟如行遠必自邇하고 辟如登高必自卑니라 詩曰 妻子好合이 如鼓瑟琴하고 兄弟旣翕하여 和樂且耽이니 宜爾室家하며 樂爾妻帑라 하다

비(辟) : 비(譬)와 같은 뜻으로, 즉 비유하다.
이(邇) : 가깝다.
흡(翕) : 화합하다, 화목하다의 뜻.
노(帑) : 처자.

같은 뜻에서 '수신제가치국평천하(修身齊家治國平天下)'는 '먼 곳을 가려면 가까운 곳에서부터 시작한다.'가 그 모범이 되는 것이다.

2

2// 子曰 父母는 其順 矣乎인저

순(順) : 여기서는 순종한다는 뜻이 아니라 마음에 아무런 장애도 없어서 순탄하다는 뜻이다.

공자께서 말씀하셨다. "부모는 안락하시리라."

| 풀이 | 공자께서 전절에 인용한 시(詩)를 읊으시고 그 시의 의미를 칭송해서 하신 말씀이다. 즉 처자가 화목하고 형제가 뜻이 맞아서 가정이 평화스러우면 부모가 안락해질 것이라는 말이다. 자사는 이 시와 공자의 말을 인용하여 '먼 곳을 가려면 반드시 가까운 곳에서부터 시작하고, 또한 높은 곳에 오르려면 반드시 낮은 곳에서부터 올라가야 한다.'고 설명한 것이다.

먼저 가정에서부터라는 사실은 유교사상과 도덕의 근본이다. 즉 가정을 다스리는 것이 치국과 평천하의 근본이며, 그 가정의 부모에게 효도하는 것은 모든 일의 근본이라는 것이다.

그래서 공자는 〈논어〉에서 이렇게 말했던 것이다. "군자는 먼저 근본되는 일에 힘쓰거니와, 근본이 서야 도가 생겨난다."

제16장

 이 장은 〈중용장구〉에서 첫장과 아울러 특히 유명한 장이고, 주자학으로서도 대단히 중요한 장이다. 왜냐하면 이 장의 주석으로서 주자의 귀신에 관한 이론이 간략되어 있기 때문이다. 그리고 이 귀신의 이론만큼 주자학의 특징을 발휘하고 있는 것도 드물기 때문이다.
 이 제16장의 본문을 대략 읽어만 보아도 귀신은 이른바 신 또는 혼령—보통 귀신이라고 하면 사람이 죽은 뒤의 영혼을 말하고, 신이란 이른바 천신지기(天神地祇), 즉 신령—을 말한다고 생각되는데, 그것을 주자는, 특히 송학에서는 철저하게 합리적으로 해석하려고 한다. 이하 우선 충실하게 주자의 주석을 직역하고 다음에 그것을 해결해가겠다.

 공자께서 말씀하시기를, "귀신의 덕됨은 성(盛)하기도 하구나." 하였다.

1// 子曰 鬼神之爲德은 其盛矣乎인저

| 풀이 | '귀신은 천지(天地)의 공용(功用)이며 조화의 자취'라고 한 것이 정자의 설이고, '귀신은 이기(二氣)의 양능(良能)'이라고 한 것은 장자(張子)의 설이다. 그런데 주자의 견해에 의하면, 이기라는 면에서 볼 때 귀(鬼)는 음(陰)의 영(靈)이고 신(神)은 양(陽)의 영이며, 일기의 면에서 볼 때는 '다하여 펴는 것'이 신이고 '반대로 돌아오는 것'이

귀신(鬼神): 신(神)이란 천신(天神)과 지신(地神), 귀(鬼)란 인간의 영혼인데, 이 삼자를 총괄해서 귀신이라고 한다.
성(盛): 위대하다, 널리 퍼지다.

성정(性情) : 사람의 성질과 심정. 타고난 성질. 성품.
공효(功效) : ① 보람. 효험. 효력. ② 도움이 됨. 쓸모가 있음.

귀이다. 그러나 실제로는 동일한 것이다. 이 경우 '덕(德) 됨'은 성정(性情)과 공효(功效)를 말한다.

이 주자의 귀신론을 알기 위해서는 우선 그 기(氣)의 설의 개요를 알아두지 않으면 안 된다. 주자에 의하면 세계는 기(氣)에 의해 성립된다. 존재는 전부가 기의 응집·결합이다.

기에 대해서는 두 가지 해석이 있는데, 하나는 이것을 원자론적(原子論的)으로 미립자라고 생각하는 것이고, 다른 하나는 이것을 기체 모양으로 생각하는 것이다. 그런데 여기서는 기체 모양의 것으로 해둔다. 이 기체 모양의 기는 끊임없이 선회하며 운동을 계속하고 있는데, 그 운동은 어느 부분에서는 매우 심하고, 어느 부분에서는 완만하다.

기가 심하게 운동하는 상태에 있을 때 그것은 동(動)이라 부르고, 상대적으로 운동 정도가 약할 때 그 상태를 정(靜)이라고 부른다.

기가 동의 상태에 있을 때 혹은 동의 상태에 있는 부분이 '양(陽)'이고, 정의 상태에 있는 기가 '음(陰)'이다. 음양은 보통 음양의 이기라고 불리는데, 그것은 오직 하나의 기 이외에 따로 음·양이라는 이기가 있는 것이 아니고 일기가 있는 어느 부분 혹은 어떤 상태가 관점에 따라 음한 기 또는 양한 기라 불리는 것이다.

그 사이에 결코 차원의 상위라는 것은 존재하지 않는다. 위에서 지적한 바와 같이 주자가 이 장의 주석에서

'이기로써 말하면', '일기로써 말하면'이라고 쓰고 있는 것은 요컨대 이 점이다. 즉 그것은 '음양이라는 말을 써서 말하면', '음양이라는 말을 쓰지 않고 말하면' 하고 말하는 것과 같다.

주자의 입장에서 보면 귀신이란 요컨대 음양의 또 다른 명칭에 지나지 않는다.

기(氣)는 그것이 일기이면서 이기이다. 즉, 둘이면서도 하나, 하나면서도 둘이라는 점에도 이미 단적으로 나타나 있듯이 오성(悟性)의 상식으로는 잡을 수 없을 만큼 정묘한 성격·작용을 가진다. 즉 '영(靈)'적인 존재인 것이다 (영적이란 이와 같이 본래는 물질적인 것의 속성에 지나지 않는다.). 음은 귀(鬼)이고 양은 신(神)이라고 앞에서 말한 것을 조금 더 자세히 말한다면 '음의 영', 즉 영적인 면을 강조해서 얻어진 음은 귀이고, '양의 영', 즉 영적인 면을 강조해서 얻어진 양은 신이라 할 수 있다.

장횡거의 이른바 이기의 양능(良能)이란 정통으로 그 점을 포착하고 있다. 능은 공능(功能)·능력·작용을 말하고, 정자의 '천지의 공용(功用)'이란 그 천지도 요컨대 음양의 또 다른 명칭에 지나지 않으므로 역시 같은 뜻이다. 이 음양이기의 입장을 다시 거슬러 올라가 일기의 입장에서 보면 어떻게 되는가? 앞에서도 말한 바와 같이 우주, 즉 존재계는 '기―그것은 끊임없는 운동 상태에 있다―의 바다' 로, 어느 부분은 완만하게 어느 부분은 격하게 끊임없는 운동을 계속하고 있다.

오성(悟性) : 사람의 다섯 가지 성정. 즉, 기쁨, 노함, 욕심, 두려움, 근심.

공능(功能) : ① 공적과 재능. ② 공들인 보람을 나타내는 능력.
공용(功用) : 공효(功效).

농밀(濃密): 진하고 빽빽함.

    〈역경〉에서 말하는 천행건(天行健)이란 우주가 끊임없이 운동을 하고 있다는 것이며, 그런 뜻에서 적극성을 그 근본성격으로 삼고 있음을 나타낸다. 천지, 즉 기의 바다의 영구운동을 목적론적으로 풀이하여 만물을 낳게 하는 과정이라고 볼 때, 기는 그 운동과정에서 자기 내부의 도처에 크건 작건 농밀화(濃密化)를 생기게 하는데, 그것이 즉 물(物)이다. 물을 낳게 하는 전 과정을 '조화'라고 부른다면 조화의 작용은 묘(妙) — 묘는 영(靈)과 거의 같은 의미로서, 즉 감각이나 오성으로는 파악할 수 없는 신비함을 갖는 것 — 이다.

    그러나 그 초감각적 — 이(理)가 그렇듯 원리적인 뜻에서의 초감각적이 아니라 사실적인 뜻에서의 초감각적 — 인 조화의 묘를 우리들이 파악할 수 있도록 해주는 것이 곧 귀신이다. 귀신이라고 하는 자취, 즉 현상이 없다면 우리는 조화의 작용을 파악하지 못한다.

    '덕되다'에서의 덕은 성정 및 형태(보아도 보이지 않고 들어도 들리지 않음이 바로 귀신의 성정)와 공효, 즉 작용과 효과(이기의 양능, 천지의 공용이라는 것이 작용이고, 천하 사람으로 하여금 목욕재계하고 제사를 지내도록 하는 것이 효과)이다. 이 성정과 공효를 합쳐서 덕이라고 하는 것이다. 아주 대략적으로는 음양의 별명이라고 해도 좋으나, 좀더 엄밀하게는 양태(樣態)·작용·효과의 점을 주로 해서 말할 때 특히 귀신이라고 명명하는 것이다.

양태(樣態): 상태. 양상.

2

이를 보려 해도 보이지 않고 들으려 해도 들리지 않으나 만물의 체(體)가 되어 있으므로 버릴 수가 없는 것이다.

| 풀이 | 귀신에게는 형체도 소리도 없지만 만물의 본체(本體) 속에 그 근본이 되어 있으므로 버릴 수가 없는 것이다. 즉 물(物)의 체(體)인 것이다. '물이 체한다.' 함은 만물의 근본이 되는 것이다.

 앞구절에서 언급한 바와 같이 귀신은 초감각적인 것—그 사실은 반드시 '귀신'이 '형이상학'적인 존재임을 뜻하는 것은 아니다—으로서 물(物), 즉 존재—감각으로 파악할 수 있는 물을 주로 생각한다—는 모두가 음양이기가 응집함으로써 태어나고 이어서 존재를 계속한다. 그리고 그것이 재차 확산되어 사멸하고 존재를 끝내는 것이다. 물의 체를 이루고 있는 것은 귀신이기 때문에, 그 귀신으로부터 어떠한 '물'이라도 버릴 수가 없다.

 그러나 '물'이 있음으로 해서 '귀신'이 있는 것이 아니라 귀신이 있음으로 해서 '물'이 있게 되는 법칙성을 말하고 있다. 쉽게 말하면 '귀신'을 주로 삼고 물을 그 부속물로 보는 방법이다.

 이와 같이 '귀신'이란 것은 '물'의 체를 이루고 이른바 물의 본질이라고도 할 수 있게 되는 것이다. 모든 존재에 '실(實)'이라고 하는 내용적인 성격을 주고 있는 것이 다름

2// 視之而弗見하고 聽之而弗聞이로되 體物而不可遺니라

불견(弗見) : 보이지 않다.
체(體) : 만물의 본체(本體)를 말한다. '물(物)에 체(體)한다.'고 할 때는 〈역경〉에서 말한 '사물에 대해 근간(根幹)이 되는 것'을 말한다.

아닌 '귀신'인 것이다. 제5절에서 이 16장 전체를 총괄하여 '성(誠)의 가리울 수 없음이 이와 같다.'라고 끝맺고 있는 것은, '귀신'에 의해 지탱되고 있는 이 세계가 실이며 결코 허망이 아님을 의미하고 있다.

3

3// 使天下之人으로 齊明盛服하여 以承祭祀하니 洋洋乎如在其上하고 如在其左右하다

제명(齊明) : 제(齊)는 재계(齋戒)하다, 명(明)은 깨끗하다는 뜻.
성복(盛服) : 제사의 예복을 갖추어 입는 것.
양양(洋洋) : 유동충만(流動充滿)의 뜻으로, 사물의 흐름이 가득 찬 상태.

천하의 사람들로 하여금 재계하고 성복(盛服)해서 제사를 받들게 하니, 양양히 그 위에 있는 듯하며 그 좌우에 있는 듯하다.

| 풀이 | 이 구절은 제사의 대상으로서의 측면을 나타낸 것으로서, '귀신'의 보편성을 실증한 것이라고 간주된다. 여기에서 제사를 지낼 때 재계하고 성복한다는 그 의미는, 어지럽고 어수선한 마음을 가다듬고 정신을 하나로 한 다음에 제복을 완전히 갖추어 입는다는 것이다. 그렇게 하고 선조의 제사를 지낸다면 선조의 혼은 양양히 공간 안에 충만하여 흐르다가 의심 없이 명백하게 그 확실한 존재를 나타내는 것이다.

귀신이 온갖 존재의 본질이며 그 존재를 형성하고 있다는 사실은 제사의 행위에 의해 실증되기에 이르는 것이다. 공자가 '귀신'을 설명하며 "죽으면 뼈와 살은 흙으로 돌아가지만 그 기(氣)는 위로 올라가 밝게 빛난다……."라고 한 것은 이상과 같은 의미에서 '귀신의 발현'을 말한

것이다.

또한 〈논어〉에 "공자는 제사를 지낼 때 선조가 제상(祭床)에 와 계시는 듯이 모시고, 신을 제사지낼 때 신이 제사 자리에 와 계시는 듯이 하였다. 공자가 말씀하시기를 '제사에 참여하지 않으면 제사를 지내지 않음과 같다.'고 하셨다."는 구절이 있는데, 현실적인 의미에서는 제사의 경건한 태도로서 그 뜻을 나타냈다.

4

〈시경〉에 이르기를 "신이 이르는 것을 헤아릴 수 없는데 하물며 싫어할 수 있겠는가."라고 했다.

| 풀이 | 인용된 시는 〈시경〉 대아 '억(抑)'에서 취한 것으로, 그 뜻은 '신의 강림하심을 사람으로서는 예측할 수 없는 일인데 어찌 그것을 꺼리거나 싫어할 수 있겠는가.' 라는 것이다. 말하자면 제3절에 있는 제사에 의해서 귀신을 접하고, 정신을 집중해서 존재의 근본인 귀신을 파악한 것을 시(詩)에 의해서 재확인한 것이다. 우리들이 존재에 대해서는 겸허한 태도를 지켜가야 한다는 것을 말해주고 있다.

계로(季路)가 공자에게 귀신을 섬기는데 대해 물었다. 그때 공자는 이렇게 대답했다. "산 사람도 섬기지 못하면서 어찌 귀신을 섬길 수 있겠는가." 이 말은 시의 뜻을 명

4// 詩曰 神之格思를 不可度思이어늘 矧可射思아

격(格) : 이르다, 강림하다.
탁(度) : 헤아리다.
신(矧) : 황(況)과 같다. 하물며.
역(射) : 꺼려하다, 싫어하다의 뜻.

계로(季路) : 자로(子路)를 달리 이르는 말. 성은 중(仲), 이름은 유(由). 자로는 그의 자. 공자의 제자로 십철(十哲)의 한 사람임.

확히 대변해준다. 인간의 지성으로는 선을 판단할 수 없다는 경고인 것이다. 계로가 다시 묻기를 "그렇다면 죽음이란 무엇입니까?" 하니 공자의 대답은 극히 겸손했다. "아직 삶도 모르는데 내 어찌 죽음을 알겠는가."

즉 인간 자신도 모르는데 어찌 죽음의 문제(귀신)를 알 수 있겠는가 하는 자기 반성의 태도인 것이다.

5

5// 夫微之顯이니 誠之不可揜이 如此夫인저

대저 은미함이 나타나는 것이니, 성(誠)의 가리울 수 없음이 이와 같은 것이다.

미(微) : 은미한 것. 즉 초감각적인 것을 말한다.
현(顯) : 나타나다. 즉 가감각적(可感覺的)인 것을 말한다. '미'와 '현'은 반대개념이다.
성(誠) : 주자학에서는 진실무망(眞實無妄)이라고 정의한다.
엄(揜) : 가리다, 은폐하다의 뜻.
부(夫) : 감탄을 나타내는 조사.

| 풀이 | 모든 우주적인 과정은 결코 허망(虛妄)이 아니며 진실무망(眞實無妄)이다. 즉 성(誠)인 것이다. 그러므로 미(微)에서 현(顯)으로의 발현을 결코 은폐하거나 저지할 수는 없다. 성(誠)—주자학에서는 성은 언제나 '진실무망'이라고 정의한다—이란 본래가 그런 뜻으로서, 그것은 유교에 있어서의 윤리적인 개념이라기보다는 존재론적 개념이었다.

만물의 참된 상은 무망(無妄)이고 무망은 곧 성(誠)이며 성은 천도(天道)이다(제20장 제17절). 하늘이 만물을 화육하는 점이 생생(生生)해서 끝이 없고, 각기 그 성명(性命)을 바로잡는다. 즉 개(犬)는 개의 성을 지니고, 소(牛)는 소의 성을 지닌다. 이것이 무망이다. 요컨대 인간의 성은 이 천

중용 • 289

도와 합치하려고 하는 노력에서 생기는 것이다. 유교의 이상주의는 근본적으로 자연주의이다.

이상으로 제16장의 해설은 끝나게 되는데, 이 '귀신'이라는 문제는 주자학의 이론에 커다란 모순을 일으킨 난문(難問)으로, 주자는 결국 그에 대해 명확한 해결을 짓지 못하고 말았다.

주자에 의하면 기(氣)가 모이는 것을 '신(伸)'의 작용에서 포착한 것이 '신(神)'이고, '굴(屈)'의 작용에서 포착한 것이 '귀(鬼)'인데, 만물의 형상은 모두 '귀신'의 작용일 뿐이라는 것이다. 여기에서 문제가 되는 것은 물(物)이 괴멸하거나 생물 혹은 인간이 사멸해서 기가 흩어질 때, 그 흩어진 기는 어떻게 되는가 하는 점이다. 바꾸어 말한다면 물이 생장하는 경우, 혹은 인간이 태어날 경우 응집하는 기는 반드시 새로 태어나는 기일 것인가, 아니면 한번 사용했던 기가 다시 재사용될 수 있겠는가 하는 매우 난해한 문제인 것이다.

만일 흩어졌던 기가 다시 뻗어온다고 하면 천지간에는 단지 다수의 동일한 기가 왕래하고 있을 뿐이라고 말해야만 하는데, 이는 불교의 윤회설과 같은 것이며, 유교의 생성사상(生成思想)은 아닌 것이다. 또한 흩어져서 아주 공무(空無)가 되어버린다면 조상의 기가 강림하는 '성(誠)'의 사상을 이해할 수 없게 된다. 즉, 주자의 기의 이론은 이 난문제의 궁지를 벗어나지 못했던 것이다. 그렇다고 주자학을 공격할 수 있는 어떤 새로운 이론이 대두된 바도 없

난문(難問) : ① 대답하기 어려운 질문. ② 해결하기 어려운 문제. 난문제.

괴멸(壞滅) : 파괴되어 멸망함.
사멸(死滅) : 죽어 없어짐.

윤회설(輪廻說) : 불가(佛家)에서 말하는 윤회의 설. 윤회는 수레바퀴가 끝없이 돌듯이, 중생의 영혼은 해탈을 얻을 때까지는 육체와 같이 멸하지 않고 전전(轉轉)하여 무시무종(無始無終)으로 돎을 이르는 말.

다. 아니 그것은 결국 영원히 해결하지 못할 철학적 주제가 아닐까. 다만 그것은 중국 고래의 학문적·통속적인 전통사상을 정리한 것일 뿐이며, 제사라고 하는 것도 생활에 밀착된 '대사(大事)'로서, 그것이 반드시 주자학의 체계적인 설명을 필요로 하지는 않는 것이다.

"하늘이 무엇을 말하느냐? 그래도 사계절이 운행하고 모든 것이 생겨난다. 하늘이 무엇을 말하느냐?"〔〈논어〉 양화(陽貨)편〕 이것은 공자의 말씀이다. 결국 어떤 사상이든 진리를 완전히 표현하지는 못하는 것이다.

제17장

이 장은 효(孝)라는 매우 평범한, 그러나 항상 있는 행위— '용행지상(庸行之常)'이라고 주자는 표현하고 있다—에서 출발하여 그것을 그 극치에까지 추진시켜 간다. 이렇게 해서 '도(道)의 용(用)'이 넓은 것, 즉 '비(費)'가 큰 것을 보이려고 하는 것이다. 물론 그때 도의 용이 넓은 것은, 그 배후에 '그러해야 할 까닭'인 '도의 체(體)'라는 '미(微)'가 존재하고 있음을 잊어서는 안 된다. 제18장과 제19장도 같은 취지이다.

1// 子曰 舜은 其大孝也與인저 德爲聖人이요 尊爲天子요 富有四

공자께서 말씀하셨다. "순(舜)은 대효(大孝)이셨다. 덕으로는 성인이 되셨고, 존귀함으로는 천자가 되셨고, 부(富)

로는 사해(四海)의 안을 가져 종묘를 향(饗)하고 자손을 보존하셨다."

海之內하여 宗廟饗之하고 子孫保之라 하다

| 풀이 | 순(舜)이 대효(大孝)였다는 것은, 덕(德)의 관점에서 말하면 성인이고, 지위의 존귀함으로 말하면 천자이며, 부(富)의 입장에서 말하면 사해(四海) 안, 즉 천하를 소유하고 있었다는 것이다. 그리하여 종묘(宗廟)에 안치되어 있는 조상들은 순의 제사를 받아주었으며, 자손은 순의 후예가 된 영예를 지켜왔다는 것이다.

효(孝)의 극치가 천자라는 것은 중국의 전통적인 사상이다. 공자도 순임금을 가리켜 효를 극진히 한 사람이라고 격찬했던 것이다. 이 문장 중에서 끝부분의 두 구절에는 두 가지의 해석이 있다. 첫째는 순이 자기의 자손 대(代)에 종묘에서 자손들의 제사를 받는다는 것이다. 향(饗)이란 구체적으로 신이 제사의 공물을 먹는다는 것 혹은 신에게 대접하는 것 등 어느 의미도 다 갖고 있지만, 여기서는 큰 차이가 없는 말이다.

순 자신이 제사를 받는 것이 순의 효라는 것은 이해할 수 없는 바이지만, 순이 제사를 받는다면 반드시 그 조상도 제사를 받기 때문에 그 의미로서 효라고 한 듯하다.

또 하나의 해석은 종묘가 천자인 순의 제사를 기꺼이 받는, 즉 조상에게 제사를 지내는 것이기 때문에 물론 효가 된다는 것이다. 주자 자신이 어떻게 해석했는지는 분명치 않으나 대개 후자의 해석을 취하고 있다.

종묘(宗廟) : 여기서는 중국 제왕가(帝王家)의 조상의 위패를 모신 묘를 이름. 주(周)나라 이후는 천자는 7묘(廟), 제후는 5묘를 베풀었음.

또한 '자손을 보존하셨다.'에서 말하는 자손은 물론 순의 자손을 말하고 있다. 〈좌전(左傳)〉에 보면 우사(虞思)라는 인물이 하(夏)나라 시대에 우(虞) 땅에 봉해지고, 호공(胡公)이라는 인물이 주(周)나라 시대에 진(陳) 땅에 봉해졌다는 기록이 있는데, 이들은 모두 순의 자손이었다고 한다. 가정을 잘 다스리는 것이 천하의 근본이라는 사상을 지닌 유교에서 효의 문제는 매우 중요한 것이다. 그래서 공자는 말하기를, 효를 지키고 가정을 다스리는 것은 군자가 나라를 다스리는 것과 같다고 하였던 것이다.

〈맹자〉에 나오는 말대로 순은 매우 마음씨 나쁜 계모 밑에서 자랐으나, 그 효는 지극해서 후세에 모범으로 삼는 것이다.

2

2// 故로 大德은 必得其位하고 必得其祿하고 必得其名하고 必得其壽니라

그러므로 대덕(大德)은 반드시 그 지위를 얻고 반드시 그 녹(祿)을 얻으며, 반드시 그 이름을 얻고 반드시 그 수(壽)를 얻는다.

| 풀이 | 순임금과 같이 위대한 덕을 지닌 사람은 반드시 그 덕에 합당한 천자의 지위를 얻게 되고, 반드시 그 덕에 합당한 녹(祿), 즉 부(富)를 얻게 되며, 그 덕에 합당한 성인이라고 하는 명성을 얻게 되고, 또한 그 덕에 합당한 수명을 누리게 된다는 것이다.

〈서경〉의 '순전(舜典)'에는 순임금이 110세까지 살았다는 기록이 있다. 이 절은 이른바 중용의 행위가 그 극치에 달해서 이루게 되는 덕의 결과를 말해 주고 있다.

3

그러므로 하늘이 만물을 낳음은 반드시 그 재질에 따라 두텁게 해준다. 따라서 심은 것은 이를 북돋우어주고 기울어진 것은 이를 쓰러뜨린다.

3// 故로 天之生物이 必因其材而篤焉하나니 故로 栽者培之하고 傾者覆之니라

| 풀이 | 대덕이 있는 자가 반드시 성인이 되고 천자가 되는 것이 하늘의 공평한 이치임을 밝힌 것이다. 하늘은 반드시 물(物)을 생기게 하며, 그것이 본래의 성격이다. 그렇지만 그 경우 물을 생기게 하는 그 작용은 무차별적이고 평등한 성격의 것만은 아니라는 점에 주의해야 한다.

'물' 그 자체의 소질에 따라서 '후한 배려'를 해주어야만 한다. 즉, 잘 자라는 것은 북돋우어주고 기울어진(자라지 못하는) 것은 쓰러뜨리는 것이다. 여기에 하늘의 공평무사한 의지가 작용하고 있는 것이다. 기울어진 것을 쓰러뜨리는 것도 역시 그 소재에 의해 후하게 하는 일로서, 다만 방향이 거꾸로 되어 있을 뿐이다.

어느 주석에 의하면, 가령 같은 비라도 뿌리가 튼튼한 것에 대해서는 북돋우어주는 역할을 하고, 뿌리가 튼튼하지 못한 것에 대해서는 쓰러뜨리는 역할을 한다고 한다.

재(材) : 질(質), 즉 소질(素質)을 뜻한다.
독(篤) : 두텁다. 후(厚)와 같다.
재(栽) : 심다(植).
배(培) : 북돋우다, 성장시키다의 뜻.

북돋우어주는 것도 애정에 의해서가 아니고 또 쓰러뜨리는 것도 미워하는 마음에 의해서가 아니며, 다만 '이치의 필연'에 의해서라고 말하고 있는 것이다.

결국 이 구절은, 인간은 자연의 이치에 지배를 받으면서도 인간 스스로의 노력을 중히 여긴다는 것을 말하고 있다. 인간의 노력 여하에 따라 자기의 운명을 개척할 수도 있다는 여운을 남기고 있는 것이다.

4

〈시경〉에 이르기를 "훌륭한 군자의 밝고 아름다운 덕이 백성들을 잘 다스리고 관리들을 잘 이끌어 녹을 하늘에서 받으셨도다. 보우(保佑)하고 명하기를 하늘은 거듭하도다."라고 했다.

｜풀이｜ 공자는 이 시를 인용하여, 순임금에게 대덕이 있음은 하늘의 뜻에 의한 것으로서, 자라는 것을 북돋우어준 그 명백한 증거이고 이(理)의 필연임을 설명한다. 그래서 순임금은 하늘로부터 백성을 잘 다스리도록 명을 받았고, 하늘은 그를 보호하고 도와서 천자의 자리를 준 것이다.

여기에는 민(民)은 백성이고 인(人)은 사(士) 이상의 지위에 있는 관리를 뜻하는 것으로 주자의 〈시집전(詩集傳)〉에 씌어 있다. 이 '민'과 '인'을 구별하는 훈고(訓詁)는 고전(古典)에서 광범하게 쓰여지고 있는데, '민(民)은 명(冥)이

필연(必然) : 반드시 그렇게 됨. 반드시 그렇게 되는 수밖에 다른 도리가 없음.

4// 詩曰 嘉樂君子의 憲憲令德이 宜民宜人이라 受祿于天이어늘 保佑命之하고 自天申之라 하다

시(詩) : 〈시경〉 대아 가락편(假樂篇).
헌헌(憲憲) : 〈시경〉에는 현현(顯顯)으로 되어 있는데, 〈시경〉의 기록이 옳을 것이다. 즉 밝음을 나타낸 말.
영덕(令德) : 아름다움 혹은 착함의 덕.
보우(保佑) : 보살펴 도움.
신(申) : 거듭하다.

고 인(人)은 인(仁)이다.'라고 한 훈고도 이 점과 관계가 있을 것으로 생각된다.

5

그러므로 대덕을 가진 자는 반드시 명을 받는다.

5// 故로 大德者는 必受命이니라

┃풀이┃ 제1절부터 시작된 공자의 말이 어디까지 인용되어 있는지 각 장을 봐도 명백하지 않다. 〈어류(語類)〉나 〈혹문(或問)〉 등을 찾아봐도 명확하지 않고, 또한 주자도 명확히 기술한 적이 없다. 원칙적으로 '자왈(子曰)'로 시작해서 〈시경〉의 인용으로 끝나는 예는 고서(古書)에 많기 때문에 이 장에서 앞절까지는 공자의 말을 인용한 것으로, 그리고 이 끝구절은 자사의 평가로 생각해둠이 좋을 것이다.

명을 받는다는 것은 천명을 받아 천자가 됨을 말하는데, 순임금이 그 전형적인 예이다. 단지 여기서 문제가 되는 것은 공자이다. 공자에게 대덕이 있었다는 것은 누구라도 인정하는 바이다. 그러나 공자는 명을 받지 못했다. 즉, 천자가 되지 못한 것이다.

이 모순은 어떻게 해결할 것인가? 여기에 대한 답변은, '이(理)의 상(常)'이 아니라 '기수(氣數)의 변(變)'이라는 것이다. 우리들은 우주간의 현상에 대해서 단순히 '이(理)'라고 하는 불변의 정리(定理)만을 생각할 것이 아니라 하

기수(氣數) : 저절로 돌아가는 그 몸의 길흉(吉凶)·화복(禍福)의 운수.

변이(變異) : 매우 괴이한 일. 이변.

나의 '수(數)' 혹은 '기수(氣數)'라고 하는 변이(變異)의 정리도 고려하지 않으면 안 된다.

'이치'로서 합당한 일이라도 천지의 수 앞에서는 '이치'의 그 필연성이 관철되지 않는 경우가 많다. 어느 학자는 이렇게 말하고 있다. "공자의 덕과 순임금의 덕은 동일했지만 그 벼슬이나 수명이나 복록은 동일하지 않았다. 그것은 순임금의 경우 덕에 대해서 그 대응물이 반드시 따른 것은 '이의상'이었으며, 공자의 경우 덕에 대해서 그 대응물이 따르지 못했던 것이 '이'가 그 '상'을 얻지 못했기 때문이다."

대수(大數) : 큰 운수.

원래 성인의 출현이라는 것은 '천지의 대수(大數)'와 관계가 있다. 복희(伏羲)에서 요순(堯舜)까지는 천지의 기가 장성(長盛)했던 시기에 해당되었고, 그래서 큰 기를 얻을 수 있었던 것이다. 그러나 주(周)나라가 쇠퇴하면서 춘추시대로 접어들자 천지의 '기수'도 따라서 쇠약해져 갔다. 그래서 공자는 청명(淸明)의 기를 가지고 뿌리를 내렸으나 '기수'가 쇠약해진 시기를 맞아서 북돋움을 받지 못했던 것이다. 그것이 바로 그 상을 얻지 못했다는 사실이다.

제18장

이 장도 이른바 '비은(費隱)' 중의 비(費)에 대해 말하고 있다. 즉, 주나라의 문왕·무왕·주공의 3대(代)에 걸친 사적을 말하고, 군자의 도의 용이 넓음을 보이려고 하는 것이다.

공자께서 말씀하셨다. "걱정이 없는 사람은 오직 문왕(文王)이로다. 왕계(王季)를 아버지로 삼고 무왕(武王)을 아들로 삼았으니, 아버지는 그 업(業)을 일으켰고 아들은 그것을 계승하였다."

│풀이│ 이 구절에서는 문왕(文王)의 사적을 기술하고 있다. 문왕의 아버지 왕계(王季)는 문왕의 조부(祖父)인 태왕(太王), 즉 고공단보(古公亶父)가 왕자로서의 사업의 기초를 닦은 것을 계승하여 그 왕업을 주(周)왕조의 사업으로 삼고 노력한 것이다.

또한 그 아들인 무왕은 은(殷)왕조의 마지막 천자로서 폭군인 주왕(紂王)을 제압하고 실질적인 천자가 되어 새로운 주왕조를 세워서 그 개조(開祖)가 된 것은 다 아는 사실이다. 즉, 문왕은 업을 일으킨 왕계를 아버지로 두고 그것을 계승한 무왕을 아들로 둔 것이다. 그래서 '걱정이 없는 이는 문왕'이라고 한 것이다.

문왕의 아버지 왕계는 이름을 계력(季歷)이라고 하며 주나라 태조(太祖)의 셋째 아들인데, 태왕이 그에게 왕위를 물려주려고 하자 그의 형들은 오(吳)나라에 몸을 숨기고 말았다고 한다.

1// 子曰 無憂者는 其惟文王乎인저 以王季爲父하고 以武王爲子하니 父作之하고 子述之니라

무우자(無憂者) : 아버지가 그 업(業)을 일으키고 아들이 그것을 계승했다는 문왕이야말로 세상에 걱정이 없는 사람이라고 본 것이다.
작지(作之) : 지(之)는 주소(注疏)에서는 천하의 예악(禮樂)으로 보고, 주주(朱註)에서는 공을 쌓아서 인(仁)을 더하는 것이라고 보고 있다.

무왕은 이름을 발(發)이라고 하며 문왕의 아들임을 이미 말한 바이다.

2

2// 武王이 纘大王王季文王之緒하여 壹戎衣而有天下하되 身不失天下之顯名하여 尊爲天子요 富有四海之內하여 宗廟饗之하고 子孫保之하다

찬(纘) : 계승한다는 뜻.
서(緒) : 유업(遺業).
일융의(壹戎衣) : 융(戎)은 군복(軍服). 즉 '한번 군복을 입다.'의 뜻으로, 한번 전쟁을 한다는 것이다.
현명(顯名) : 이름이 드러나다. 즉, 명성을 말한다.

무왕이 태왕, 왕계, 문왕의 뒤를 계승하여 한번 융복(戎服)을 입자 천하를 다스렸고 몸은 천하에 드러난 명성을 잃지 않아, 존귀함으로는 천자가 되고 부(富)로는 사해의 안을 가져 종묘를 향(饗)라고 그 자손을 보존하였다.

│풀이│ 이 절은 무왕에 대해서 말하고 있다. 무왕도 성인이라고 할 만한 사람으로서 태왕, 왕계, 문왕의 유업을 계승할 수 있었던 것은 말할 나위도 없다. 무왕의 '한번 군복을 입다.'라는 말은 〈서경〉 무성편(武成篇)에도 나오는 구절로서, 은(殷)나라를 제압하고 천하를 다스리게 된 일을 말하는데, 그 다음의 유천하(有天下)가 그것을 의미하고 있다.

그러나 무왕은 어디까지나 성인이었으므로 천하에 드러난 그 명성을 잃지 않았다는 것이다. 그 이하에 나오는 '그 존귀함으로는 천자가 되고 부로는 사해의 안을 가져……'의 구절은 순임금의 경우와 같은 것을 되풀이하고 있다. 다만 순임금의 경우는 '덕으로는 성인이 되었다.'라고 했으나, 이 무왕의 경우는 '몸은 천하의 명성을 잃지 않았다.'라고 되어 있어서 표현이 다른 것은 역시 순임금

과 무왕의 차이점을 나타내고 있는 것이다. 이것은 〈논어〉의 팔일(八佾)편에서 공자가 음악에 대해 한 다음과 같은 말을 예로 들어보면 알 수 있을 것이다.

"소(韶)는 미(美)를 다 갖추고 선(善)을 다 갖추었는데, 무(武)는 미는 다 갖추었으나 선은 다 갖추지 못했다." 여기서 '소'는 순임금을 말하고 있다. 공자는 여기서 음악에 비유하여, 무왕이 주왕을 제압함에 있어 무력을 사용한 그 정의(正義)보다는 순임금의 덕치(德治)를 더 높이 평가했음을 알 수 있다.

또한 〈맹자〉 진심(盡心)편 상(上)에서 "요순은 이를 성(性)으로 하고 탕무(湯武)는 이를 몸으로 한다."고 말한 사실에서도 알 수 있는 것이다.

3

무왕이 말년에 명을 받으니 주공(周公)은 문왕·무왕의 덕을 이루어 태왕·왕계를 왕으로 추존하고 위로 선공(先公)들을 천자의 예로써 제사 드렸다. 이 예가 제후와 대부 및 사와 서민들에게까지 적용되니, 아버지가 대부이고 아들이 사라면 장례는 대부의 예로써 하고 제사는 사의 예로써 했으며, 아버지가 사이고 아들이 대부라면 장례는 사의 예로써 하고 제사는 대부의 예로써 하였다. 기년상(期年喪)은 대부에게까지 이르고 3년상은 천자에게까지 이르지만, 부모의 상은 귀천(貴賤)이 없이 하나인 것이다.

3// 武王이 末受命이어늘 周公이 成文武之德하여 追王大王王季하고 上祀先公以天子之禮하니 斯禮也가 達乎諸侯大夫及士庶人하니 父爲大夫요 子爲士면 葬以大夫하고 祭以士하며 父爲士요 子爲大夫면 葬以士하고 祭以大夫하며 期之喪은 達乎大夫하고 三年之喪은 達乎天子하니 父母之喪은 無貴賤一也니라

수명(受命) : 천명을 받다.
추왕(追王) : 왕으로 추존하는 것.
대부(大夫) : 제후 밑의 높은 벼슬.
사(士) : 대부 밑의 벼슬.
기지상(期之喪) : 1년 동안 상복을 입는 것. 아내나 형제나 조부모 등에 대한 복상(服喪)이 곧 이것이다.
삼년지상(三年之喪) : 부모, 임금, 남편, 자식을 위한 복상의 기간은 3년이다.

왕업(王業) : 임금이 나라를 다스리는 대업, 또는 그 업적.
섭정(攝政) : 임금이 나이가 어리거나 병 또는 그밖의 사고로 직접 정치를 할 능력이 없는 경우, 임금을 대신하여 정치를 함. 또는 그 사람.

| 풀이 | 끝으로 이 절은 주공에 대해 말하고 있다. 주공은 무왕의 아우인데, 무왕이 죽은 후 어린 성왕(成王)이 즉위하자 주공이 섭정하면서 주나라를 부흥시켰다. 본장의 1절에 '아버지는 업을 일으키고 아들은 이를 계승했다.'고 하면서 무왕을 계승자의 순열에 넣은 것으로 보아 동생인 주공도 그 계승자 속에 포함시킬 수 있을지도 모른다.

그런데 유교의 교의(敎義)로서는 예로부터 주공은 업을 일으킨 성인의 전형적인 인물로 삼고 있다는 점에 주의해야 할 것이다. 성인을 두 가지 유형으로 분류한다면 업을 이룬 성인, 즉 예악제도의 창시자로서의 성인이 있고, 도덕적 완성자로서의 성인이 있는데, 전자를 주공, 후자를 공자라고 하는 것이 유교의 상식인 것이다.

무왕은 천명을 받고 곧 천자가 되어 주왕조를 이룩했다. 그러나 그는 만년에 하늘의 명을 받아 천자는 되었지만 왕업은 완성하지 못했다. 그가 93세로 죽자 그 뒤를 이어 성왕(成王)이 즉위했다. 그런데 나이가 어렸기 때문에 숙부인 주공이 섭정을 하면서 무왕의 덕을 계승해서 문화의 꽃을 피게 했다. 태왕 이래의 주나라 선조들의 사업의 전통을 집대성해서 주왕조의 예악제도를 완성한 것이다.

더욱이 태왕과 왕계를 제사지낼 때는 천자의 예로써 했는데, '선공을 제사지낼 때 천자의 예로써 했다.'는 것은 그와 같은 의미이다.

예로부터 부모에 대한 상(喪)은 인간으로서 가장 중대한 것이었다. 그러므로 부모의 상은 천자의 귀함이나 서인의 천함에 상관없이 동일하게 작용되는 것이다.

　이와 같은 예가 정해진 것은, 주공이 부모에 대한 자기의 지극한 정을 타인에게 미치도록 한 서(恕)라고 할 수 있는 것이다.

제19장

　공자께서 말씀하셨다. "무왕과 주공은 효도에 통달한 분이다."

1// 子曰 武王周公은 其達孝矣乎니라

| 풀이 | 여기서 공자는, 무왕과 주공의 효는 천하의 백성에게 미쳤기 때문에 그것을 통달했다고 말한 것이다. 즉, 천하의 모든 사람이 무왕과 주공의 효는 지극하다고 말하는 것이다. 이 절에 대한 주자의 해석은 이상과 같은데, 주자는 다시 '달(達)'이 '통달'이라고 말한 바로 밑에 '앞장을 이어받아 무왕, 주공의 효를 말한 것이다.'라고 덧붙이고 있다.

　그런데 '달효(達孝)'가 단순히 자기 가족에게 한정된 것이 아니라 천하 전체에 걸쳐 어디서나 당연히 실천해야 할 '효'라고 이것을 풀이하는 학자도 있다. 그러나 현실적으로는 천자가 되고 사해를 소유한 그 효가 만인에게 타

당할 수 없다는 것은 사실이다. 그러므로 엄밀히 말해서 만인에게 미쳤다는 것은 그 제도가 아니고 '효'의 충심일 것이다. '효'란 그 의식이나 제도에 있는 것이 아니라 마음에 달려 있기 때문이다.

2

무릇 효도라는 것은 선인(先人)의 뜻을 잘 계승하고 선인의 일을 잘 이룩하는 것이다.

2// 夫孝者는 善繼人之志하고 善述人之事者也니라

인지지(人之志)·인지사(人之事) : 여기서 인(人)은 선인(先人)을 가리킨다. 즉, 선인의 뜻과 선인의 사업.

| 풀이 | 제18장에서 설명된 사실들은 곧 선인(先人)의 뜻을 잘 계승하고 그 사업을 잘 발현시켰다는 것을 나타내고 있다. 이 구절의 선인의 사업을 발전시킨다는 술(述)은 앞장에 나오는 작(作)·술(述)과 관련되어 있다. 즉 '계승한다'는 의미를 내포하고 있는 것이다.

3

봄과 가을에는 조묘(祖廟)를 수리하고 종기(宗器)를 진열하며, 의상(衣裳)을 갖추고 제철의 음식을 바친다.

3// 春秋에 脩其祖廟하고 陳其宗器하고 設其裳衣하고 薦其時食이니라

춘추(春秋) : 봄과 가을에 지내는 제사를 말한다. 그러나 실제로는 봄가을뿐만

| 풀이 | 종묘(宗廟)의 제사는 네 계절에 행해지는데, 특히 천자를 제사하는 경우 봄의 제사를 사(祠), 여름의 제사를 약(禴), 가을의 제사를 상(嘗), 겨울의 제사를 증(烝)이라

중용 · 303

고 한다. 이것은 〈주례(周禮)〉 춘관 대종백(春官大宗伯)에 보이는데, 여기서는 봄과 가을에 대해서만 대표적으로 예를 들었다.

'봄가을로는 종묘를 수리하고 선조들이 사용하던 중요한 기구들을 진열하며 선조들이 입던 의상을 갖추어 놓은 다음 제철에 난 음식들을 차려서 바친다.'는 이 내용도 역시 선조들의 뜻을 계승하고 선조들의 사업을 발전시키는 구체적인 사실이 된다. 우선 선조들의 뜻을 잊지 않는다는 의미에서 철마다 제사를 드림으로써 선조들의 행적을 기억하게 되는 것이다. 선조들이 쓰던 기구 및 옷들을 갖추어놓는다는 것은 바로 이 뜻을 나타내고 있다.

조묘(祖廟)에 대해서는, '천자는 7묘(廟), 제후는 5묘, 대부는 3묘, 사는 1묘이며 서인은 묘를 둘 수 없다.'〔〈예기〉 왕제편(王制篇)〕고 하는 것이 일반적인 학설이다. 그런데 정현은 '천자오묘설(天子五廟說)'을 주장하고 있어서 경학상(經學上)의 유명한 문제가 되어 있다.

종기(宗器)에 대해서는, 〈서경〉 고명편(顧命篇)에 적도(赤刀)·대훈(大訓)·천구(天球)·하도(河圖) 등을 진열한 것이 보이는데, 아마 그러한 것들을 지칭하는 듯하다. 적도는 붉은 장식이 달려 있는 보도(寶刀), 대훈은 삼황오제(三皇五帝)의 책이나 칙어(勅語), 천구는 하늘색의 옥(玉), 하도는 복희(伏羲) 때 용마(龍馬)의 등에 실린 채 황하(黃河)에서 출현했다는 신비한 도면(圖面)인데 모두가 주왕실의 보물이었다.

아니라 춘하추동 네 계절에 제사를 드린다. 종묘의 제사는 4시(時)로 되어 있기 때문이다.
종기(宗器) : 제사의 기구. 주자의 주에 따르면 조상들이 쓰던 중요한 보물이라고 한다.
상의(裳衣) : 선조들이 남긴 의복.
천(薦) : 바치다.
시식(時食) : 각 계절에 맞는 음식.

조묘(祖廟) : 선조의 묘(廟).

칙어(勅語) : 임금이 몸소 타이르는 말, 또는 그것을 널리 공포하는 일.

시동(尸童) : 옛날 제사 지낼 때 신위(神位) 대신으로 그 자리에 앉히던 어린아이.

주석에 쓴 대로 상의(裳衣)는 선조들이 입던 의복인데, 상(裳)은 하의로서 일종의 치마(옛날에는 남자도 주름이 없는 치마를 입었다.)이고, 의(衣)는 상의를 가리킨다. 제사 때 그것들을 꺼내서 시동(尸童)에게 입힘으로써 선조의 기(氣)가 그곳으로 옮겨지도록 했던 것이다.

여기서 시식(時食)이라고 한 것은 사철에 맞는 음식인데, 이것을 제사상에 올려놓는다. 〈주례〉의 천관 총재(天官冢宰)의 포인조(庖人條)에 "봄에는 양과 돼지를 올리되 향유(香油)로 만든다."고 했는데, 즉 봄에는 어린 양과 새끼 돼지가 풀을 먹고 살이 찌기 때문에 그것을 요리의 재료로 하고, 그때 향기가 좋은 기름으로 볶아낸다는 말이다.

이렇게 제사상을 차려놓으면 선조의 기(氣)가 시동에게로 옮겨져 그 공물을 먹는다는 것이다. 그래서 천(薦)은 음식을 바친다는 뜻이 된다.

4

4// 宗廟之禮는 所以序昭穆也요 序爵은 所以辨貴賤也요 序事는 所以辨賢也요 旅酬下爲上은 所以逮賤也요 燕毛는 所以序齒也니라

종묘의 예는 소목(昭穆)의 차례를 세우기 위한 것이고, 작(爵)의 차례를 세우는 것은 귀천을 분별하기 위해서이다. 일의 차례를 세우는 것은 현(賢)을 분별하기 위해서이고, 여수(旅酬)에 있어 아랫사람이 윗사람을 위하는 것은 천한 사람에게로 미치도록 하기 위해서이며, 연모(燕毛)는 나이의 차례를 세우기 위해서이다.

중용 • 305

| 풀이 | 종묘의 구조는 먼저 제일 앞쪽에 태묘(太廟), 즉 첫째의 선조가 자리잡고, 태조로부터 남쪽을 향해 왼쪽으로는 소(昭)가 자리잡고 오른쪽으로는 목(穆)이 자리잡아 선조의 묘가 두 줄로 나란하게 되어 있다.

소는 명(明), 목은 암(暗)의 뜻을 갖고 있는데, 이 '소'와 '목'의 배열은 부자(父子)의 관계와 혈통의 관계를 나타내기 위한 예법인 것이다. 다시 말하면 조부(祖父) 또는 조부의 동렬(同列), 부(父) 또는 부의 동렬, 자(子) 또는 자의 동렬, 손(孫) 또는 손의 동렬의 순서로, 가령 조부가 '소'라면 부는 '목'이 되고, 자가 '소'라면 손은 '목'이 되는 것이다.

이러한 소·목의 구별은 중국에 있어서는 아주 중요한 의미를 가지고 있다. 예를 들면 부친의 제사를 지낼 때 신위(神位)에 앉는 자는 아들이 아니고 손자였다. 이와 같이 소·목의 관계는 엄격히 지켜진 것이다. 이렇듯 종묘의 제사가 단순히 죽은 사람을 위한 의식일 뿐만 아니라 살아 있는 가족의 질서·단결·친화를 도모한다는 뜻도 가지고 있다는 것이다.

작(爵)이란 공(公)·후(侯)·경(卿)·대부(大夫) 등과 같은 계급에 따른 칭호를 말한다. 종묘의 제사에 참가한 사람의 작위의 서열을 중히 여긴 것은, 같은 대가족 속에서도 귀천의 관계를 분명히 하기 위한 것이다.

일의 차례를 세운다는 것은—여기서 '일'이란 가장 전형적으로는 군사(軍事)와 제사를 뜻하는데, 이 경우에는 제사를 말한다—즉 제사를 진행시키는 데 있어서 여러

소목(昭穆) : 종묘 제사의 차례.
여수(旅酬) : 여(旅)는 무리〔衆〕, 수(酬)는 술을 권한다는 뜻. 즉, 제사 후에 아랫사람이 술을 권하는 것을 말한다.
체(逮) : 미치다.
연모(燕毛) : 연회시 좌석의 차례를 모발의 빛, 곧 연령순으로 정하는 예(禮).

신위(神位) : 죽은 이의 영혼이 의지할 자리. 곧 신주나 지방 같은 것.

군사(軍事) : 군대·군비(軍備)·전쟁 따위에 관한 일.

내빈(來賓) : 회장이나 식장 같은 곳에 공식으로 초대를 받아 찾아온 손님.

직책의 수행을 나타내는 것이다.

종묘의 제사에는 같은 혈족이 아닌 내빈도 참가하는데, 그 내빈들에게 술을 권하는 것이 이른바 여수(旅酬)이다. 이것은 제사가 다 끝난 다음에 아랫사람이 윗사람에게 권하는 의식이다. 술을 권하는 것도 제사에 있어서는 중대한 직무인 것이다. 이와 같이 해서 참가자 모두에게 술을 권하는 의식으로 제사에 참여하도록 함으로써 비천한 사람이라도 제사에 대한 겸허한 마음을 불러일으킬 수 있게 하는 것이다.

마침내 제사가 끝나 내빈들이 모두 돌아가고 나면 같은 혈통의 사람들이 모여서 간단한 연회를 베푼다. 이때 모발(毛髮)의 색깔에 따라, 머리가 흰 사람과 검은 사람으로 장유(長幼)를 구분하여 앉게 한다. 그러므로 그것을 연모(燕毛)라고 한다. 그러한 행사는 일족간에 나이에 따른 서열을 재확인하기 위한 의식일 것이다. 때문에 연령의 뜻을 나타내는 치(齒)가 붙는 것이다.

이 구절은 소묘와 목묘로 나누어 제사를 지내는 조상의 순서를 바로잡는 동시에 제사를 지내는 인간관계의 질서를 바로 갖추려는 중요한 의식을 뜻한다. 이러한 제사의 의식은 유교의 사상으로 전해져서 의식에 다소의 변화가 가해졌지만 오늘날까지 그 영향을 미치고 있다. 그런데 효(孝)를 중히 여기는 이러한 조상숭배사상은 하나의 보수성(保守性)을 띠고 있어서 사회윤리의 발달을 저해한 면도 없지 않았던 것이다.

5

그 자리에 올라 그 예(禮)를 행하고, 그 음악을 연주하고, 그 높았던 바를 공경하고, 그 친하던 바를 사랑하며, 죽음 섬기기를 삶을 섬기듯 하고, 죽은 사람 섬기기를 살아 있는 사람 섬기듯 하는 것이 효(孝)의 지극함이다.

5// 踐其位하여 行其禮하고 奏其樂하고 敬其所尊하고 愛其所親하고 事死如事生하고 事亡如事存이 孝之至也니라

| 풀이 | 여기서 기(氣)는 선왕 또는 선인(先人)들을 가리킨다. 그 조상들이 처했던 자리에 올라 조상들이 행하던 예를 따라서 행하고 조상들이 연주하던 음악을 연주하며, 또한 그 조상들이 존경하던 부조(父祖)를 존경하고 선왕이 친애하던 자손 및 신하들을 사랑한다. 주(註)에서 설명한 것처럼 사(死)는 죽은 직후, 즉 장례를 치르기 전을 말하고, 망(亡)은 장례를 치른 후부터 이르는 말이다.

이와 같이 장례를 치르기 전까지는 아직도 죽은 것으로 간주하지 않는 이 엄격한 예식은 효(孝)의 극치를 나타내고 있다. 부모의 장례를 치르고 완전히 '망(亡)'이 된 후에도 3년 동안이나 복(服)을 입는다는 것도 이러한 '효'의 일면을 나타내고 있다.

이 구절은 종묘의 제사를 기록한 제3절과 제4절을 매듭짓는 내용으로, '뜻을 계속하고' 그 업적을 이어받는 것이 '효'임을 나타내고 있다. 선조가 행한 바를 그대로 지키고 변형하지 않는 이 보수적인 태도가 곧 '효'임은 이미 말한 바와 같지만, 그것은 한편으로 사회의 발전을 저

천기위(踐其位) : 주소(註疏)에서는 효자(孝子)가 그 선조의 자리에 올라서 제사의 예를 행하는 것이라고 했다. 그러나 제사의 예에만 국한할 필요는 없을 것이다.
사(死) : 죽은 직후를 말하며, 아직 장사를 지내기 전이다.
망(亡) : 죽어서 장사를 지낸 다음에야 망(亡)이라고 한다.

해해왔다는 사실도 전항에서 지적한 바 있다. 그러나 그러한 '효'의 관념은 대가족제도를 이루는 사회에서는 어쩔 수 없는 기본윤리가 되는 것이다.

6

6// 郊社之禮는 所以事上帝也요 宗廟之禮는 所以祀乎其先也니 明乎郊社之禮와 禘嘗之義면 治國은 其如示諸掌乎인저

교사(郊社)의 예는 상제(上帝)를 섬기는 소이(所以)이고, 종묘의 예는 그 조상을 제사하는 소이이다. 교사의 예와 체상(禘嘗)의 뜻에 밝으면 나라를 다스리는 것은 마치 손바닥을 보는 것같이 쉬운 것이다.

교(郊) : 하늘에 제사지내는 것을 말함.
사(社) : 땅에 제사지내는 것을 말함.
상제(上帝) : 천신(天神)을 가리킨다.
체상(禘嘗) : 임금이 종묘에 새로 수확한 곡식을 올리는 제사.

|풀이| '상제를 섬기는 소이'라는 것은 정확히 말해서 상제(上帝)와 후토(后土)를 동시에 섬기는 일인데, 여기서는 후토를 생략한 것이다. 후토란 토지를 주관하는 신을 말한다. 교(郊)는 천신(天神)에게 제사를 올리는 것인데, 이는 백성을 대표해서 천자가 올린다. 이 교제는 해마다 동지(冬至)에 남쪽 근교에 설치된 천단(天壇)이라는 제단에서 행해진다.

사(社)는 지신(地神)에게 제사를 올리는 것으로서, 하지(夏至)에 도성의 북쪽 근교에 설치된 지단(地壇)이라는 제단에서 거행된다. 이 제사는 천자의 특권으로서 청(淸)나라가 멸망하던 해인 1912년까지 북경(北京)에 있는 '천단'과 '지단'에서 엄숙히 거행되어왔던 것이다.

종묘의 제사가 조상을 기리는 의식임은 여러 차례 언급

한 바이지만, 천자의 경우에는 그 나라 백성 전체를 대표하는 것으로 하나의 엄숙한 의무였던 것이다. 춘하추동 사계절 중에서 가을의 제사가 대표적이었다고 하는데, 그것을 상(嘗)이라고 한 것이다. 이에 대해서 체(禘)라고 하는 것은 나라의 큰 제사로서 5년마다 한 번 거행되었다. 즉 천자가 그 조상인 태조(太祖)를 추모하는 것으로, 주(周)왕실에서는 '후직(后稷)'이 태조가 되고 '곡(嚳)'이 강림하는 곳이다.

만일 이러한 각종 제사에 대해서 잘 알고 그 의미를 확실히 파악하고 있는 사람이 있다면, 그와 같은 사람에게 있어서는 나라를 다스리는 일이 마치 손바닥을 들여다보듯 쉬울 것이다. 이는 〈논어〉 '팔일편(八佾篇)'에 나오는 얘기로서, 어떤 사람이 체에 관해서 묻자 공자는 다음과 같이 말했다.

"나로서도 알 수 없습니다. 그것을 잘 설명할 줄 아는 사람이 있다면 천하의 일을 다룸에 있어 이것을 보는 것과 같이 쉬울 것입니다."

그러고는 손바닥을 펴 보였다고 한다. 이것은 체제(禘祭)가 그 뜻이 깊고 이해하기 어려움을 나타낸다. 보통 예(禮)라는 것에는 반드시 그 의(義), 즉 그 의미가 포함되어 있으므로, 그 의미를 파악하는 일이 무엇보다도 중요한 것이다.

제20장

 이 장의 시작도 공자의 말을 인용해서 순(舜), 문왕(文王), 무왕(武王), 주공(周公)이 행한 바 있는 그 도의 선상에 공자를 올려놓고 공자의 도(道) 자체가 선인들의 도와 본질적으로 다르지 않다는 사실을 나타내고 있다.

 즉, 이 장 전체는 '비(費)'와 '은(隱)'을 포함해서 소(小)와 대(大)를 겸비하고 있는 것으로, 결과적으로는 제12장의 내용(군자는 그 자리에 따라 행한다.)을 완결시킨 것이다. 특히 이 장은 성(誠) — 성이야말로 이 〈중용〉의 근본을 이루는 것이다 — 에 대해서 본질적인 논술을 시작하고 있다.

문왕(文王) : 기원전 12세기경, 중국 주(周)나라를 창건한 왕. 무왕의 아버지. 이름은 희창(姬昌). 태공망(太公望)을 모사로 삼아 국정을 바로잡고 융적(戎狄)을 토벌하여 천하의 3분의 2를 통일하였다. 성인 군주의 전형이라 불린다.

1

1// 哀公이 問政이라

애공(哀公)이 정치에 대해 물었다.

애공(哀公) : 공자 시대의 노(魯)나라 임금으로서 이름은 장(蔣)이다.

2

2// 子曰 文武之政이 布在方策하니 其人存이면 則其政擧요 其人亡이면 則其政息이니라

공자께서 말씀하셨다.

 "문왕과 무왕의 정치는 목판(木板)과 죽간(竹簡)에 실려 있으니, 그러한 사람이 존재하면 그러한 정치가 이루어지고, 그러한 사람이 없으면 그러한 정치는 소멸된다."

방책(方策) : 방(方)은 목판이고, 책(策)은 죽간(竹簡)이다.

| 풀이 | 이하 제6절까지 계속되는 문장이다.

정치의 근본은 인간, 결국 수신(修身)에 있으며, 수신은 인(仁)에 입각해야 하고 궁극적으로 하늘에 근본을 두고 있음을 나타내고 있다.

방책은 종이가 발명되기 전에 나무판이나 대쪽에다가 글을 쓴 다음 가죽끈으로 매어두던 것을 말한다. 나무판으로 만든 것을 방(方), 대쪽으로 만든 것을 책(策)이라고 했는데, 이것을 후세에 와서 전적(典籍)이라고 했다.

애공(哀公)이 정치의 근본 뜻을 물었을 때 공자는 다음과 같이 대답했다. "문왕과 무왕의 정치는 문헌상으로 기록이 되어 있으므로 그것을 연구하고 배우면 누구라도 훌륭한 정치를 할 수 있다고 생각될지 모르겠지만, 그러나 그리 용이한 일은 아니다. 정치는 요컨대 인간의 문제이다. 즉, 훌륭한 인물이 군자가 되고 신하가 되어야만 훌륭한 정치를 할 수 있으며, 그러한 인물이 없다면 그와 같은 정치는 소멸되고 말 것이 분명하다. 이는 아무리 문헌에 기록되어 있다고 해도, 또한 그것을 배운다고 해도 뜻대로 되는 것은 아니라는 뜻이다."

결국 훌륭한 지도자가 필요하다는 말이 된다. 〈논어〉의 '자로편(子路篇)'에서 공자는 말하기를 "윗사람의 몸가짐이 바르면 명령하지 않아도 백성은 행하고, 그 몸가짐이 부정하면 비록 호령하여도 백성은 따르지 않는다."라고 했다. 즉 이상적인 지도자상을 말했던 것이다.

인데, 이것들은 모두 종이가 없었던 시절에 종이 대신 사용했던 것이다.

3

3// 人道는 敏政하고 地道는 敏樹하니 夫政也者는 蒲盧也니라

민(敏) : 빠르다, 민첩하다. 정현(鄭玄)은 면(勉), 즉 '힘쓰다'는 뜻으로 본다.

포로(蒲盧) : 부들과 갈대. 주자의 주에서는 갈대는 잘 나고 잘 자라므로 그것을 정치의 빠른 효능에 비유한 것이라고 했다. 그러나 정현은 토봉(土蜂), 즉 나나니벌의 뜻으로 봤다.〈시경〉소아의 소완(小宛)에 "뽕나무 벌레에 새끼가 있는데 나나니벌이 그것을 물어다가 길러서 자기 새끼를 만든다."고 하였다. 이와 같이 백성을 능히 교화하는 것이 정치의 첫째라고 했다.

사람의 도(道)는 정치에 민감하고, 땅의 도(道)는 나무가 자라는 데 민감하다. 따라서 정치라는 것은 창포와 갈대 같은 것이다.

| 풀이 | 사람의 도는 정치에 민감하다는 것이다. 즉 사람의 도를 무시한다면 정치는 이루어질 수 없다. 그러므로 정치는 모든 인간학의 종합인 것이다. 백성 없이는 정치는 이루어질 수 없기 때문이다.

공자의 말씀은 결국 수신치인(修身治人)의 도를 가르치고 있는 것이다. 정치를 하는 사람이 수양을 하고 스스로 몸을 닦아 경건한 덕을 쌓으면 백성도 그와 같이 따른다는 점을 공자는 강조하고 있다.

자로가 군자됨을 공자에게 물은 적이 있었는데, 공자는 다음과 같이 대답했다.

"경건한 마음으로 자기 수양을 해야 한다."

자로가 다시 물었다. "그것뿐인가요?"

"수양을 한 다음에 그로 인해서 남을 평안하게 하는 것이다."

"그것뿐인가요?"

"수양을 하고 그 힘으로 온 백성을 평안하게 하는 것이다. 온 백성을 평안하게 해주는 일은 요·순도 하기 어려웠던 바이다."

이와 같이 공자는 정치를 도의 실현인 가장 궁극적인 것으로 보았던 것이다.

그러므로 이 구절에서는 정치라는 것이 빨리 자라는 물가의 부들이나 갈대와 같이 사람들의 교화에 가장 효과가 크다고 하였다. 정치는 유교사상의 큰 주축(主軸)을 이루게 하고 있는 것이다. 즉, 정치는 도를 그 근본으로 삼는 것이기 때문이다.

주축(主軸) : ① 전체 가운데서 중심이 되어 영향을 미치는 존재나 세력. ② 주되는 축.

4

그러므로 정치를 행하는 것은 사람에게 달려 있으니, 사람을 취하는 데는 몸으로써 하고, 몸을 닦는 데는 도로써 하며, 도를 닦는 데는 인(仁)으로써 할 것이다.

4// 故로 爲政在人하니 取人以身이요 修身以道요 修道以仁이니라

| 풀이 | '사람의 도는 정치에 민감하다.'라는 제3절의 말을 계속해서 설명하고 있다. 이 구절에서 '정치를 행하는 것은 사람에게 달려 있다.'라는 말은 〈공자가어(孔子家語)〉에서 "정치를 행하는 것은 사람을 얻는데 달려 있다."고 한 말과 상통하고 있어서 그 의미를 명확히 해주고 있다.

정치를 하는 데는 사람, 즉 어진 신하를 발견해서 등용하는 것이 중요한 일이다. 현신(賢臣)을 구하는 데는 이른바 '몸으로써' 해야 하는데, 군자 자신이 스스로 몸을 닦음으로써 현신을 얻게 된다는 것이다.

그런데 몸을 닦는다는 것은 무엇을 어떻게 한다는 말일

재인(在人) : 사람에게 달려 있다는 뜻.
이신(以身) : '몸으로써 한다.'의 이 몸이라는 것은 군자의 몸을 가리킨다. 즉, 군자가 훌륭한 몸을 닦아야만 비로소 어진 신하와 어진 사람을 얻을 수 있다는 뜻이다.

까? 바로 도에 의해서 몸을 닦는 것이다. 그리고 그 도를 닦음에 있어서는 인(仁)으로써 한다는 것이다. 여기서 도에 의해 몸을 닦는다 할 경우 그 도는 이른바 달도(達道)이다. 바로 제1장에 '화(和)라고 하는 것은 달도(達道)'라고 한 그 달도이고, 이 장 제7절에 있는 '천하의 달도에는 다섯 가지가 있다.'라고 한 달도, 즉 인간에게 내재하는 도덕성 밖의 현상[체(體)]에 대해서 용(用), 미발(未發)에 대해서 이발(已發)]으로서의 인륜(人倫)의 도(道)를 말한다.

몸을 닦는다고 하는 사실은 단순한 명상이나 반성만을 말하고 있는 것이 아니다. 군신(君臣), 부자(父子), 부부(夫婦), 형제(兄弟), 붕우(朋友)와 같은 인간관계에서 변함없이 존재하는 그 질서와 예를 지키고 실천하는 것이 몸을 닦는 행위인 것이다.

그런데 그 도를 닦음에 있어서 지주가 되는 것, 그것으로 인해 몸을 닦게 되는 것, 바로 그것이 인(仁)이라는 것이다. 이 인의예지신(仁義禮智信)의 오상은 하늘로부터 명해진 이른바 성의 내용을 이루는 것으로서, 이 다섯 가지의 덕을 실천함으로써 곧 인(仁) 한 가지의 뜻으로 결실을 맺게 된다.

'인은 천지의 만물을 태어나게 하는 마음'인데, 그것이 인간에게도 인으로서 나타난다. 사람이 태어나서 살 수 있는 것은 바로 이 인에 의해서인 것이다. 결국 이 인에 의해 인륜의 도를 완전히 실천함으로써 훌륭한 군자가 태어나고, 따라서 어진 신하를 얻어 정치를 올바르게 할 수

지주(支柱) : ① 버팀대. 받침대. ② 의지할 대상을 비유하여 이르는 말.

가 있는 것이다.

　계강자(季康子)가 공자에게 정치에 대해 물었을 때 공자는 다음과 같이 대답했다. "정치는 정(正)이므로 그대가 스스로 몸을 바르게 가지면 누가 감히 바르게 행하지 않겠는가." 역시 공자는, 정치를 행하는 자는 먼저 몸을 닦아서 올바르게 가져야 함을 역설하고 있다〔〈논어〉안연편(顔淵篇)〕.

5

　인(仁)이란 사람이니 친족(親族)과 친하게 지냄이 크고, 의(義)란 마땅함이니 어진 이를 높임이 크다. 친족과 친하게 지내는 강쇄(降殺)와 어진 이를 높임의 등급이 정해지는 것이 예가 생기는 바탕인 것이다.

| 풀이 | 여기서 '인(人)'이라고 한 것은 인간다운 정을 지닌 인간을 말한다. 즉, 추상적인 인간성을 말하는 것이 아니라 자기 안에 내재하고 있는 사랑의 정을 지닌 인간, 구체적이고 실체적인 인간을 지칭하고 있다.

　인간이라고 하는 것이 그와 같은 구조로 되어 있음은, 개념적으로가 아니라 체험적으로 생각한다면 즉시 이해가 될 것이다. 예를 들면 우물에 빠진 아이를 볼 때, 우리는 어떤 행동을 취하게 되는가〔맹자의 유명한 인의설(仁義說)〕? 주자는 이와 같은 구체적인 사례를 들어 인(仁)을 설

5// 仁者人也니 親親爲大하고 義者宜也니 尊賢爲大하니 親親之殺와 尊賢之等이 禮所生也니라

인(仁) : 앞절의 '수도이인(修道以仁)'에 이어지는 문장이다. 그러므로 인의(仁義)로 받아야 할 것이다.
친친(親親) : 친족과 친하게 지낸다는 뜻. 후자의 친(親)자는 친족을 가리킨다.
쇄(殺) : 차례로 등차를 낮추어가는 것.

명하고 있는데, 그 '인'을 '마음의 덕', '사랑의 이(理)'로서 정의하고 있다.

　맹자는 이렇게 말하고 있다. "어린아이가 우물에 빠진 것을 보면 가엾게 여기는 마음이 생기는 것은 그 아이의 부모와 친교를 맺기 위해서도 아니고, 이웃사람에게 칭찬을 받기 위해서도 아니다. 이런 점으로 미루어 사람은 본래부터 가엾게 여기는 마음을 지니고 있다. 그 가엾게 여기는 마음이 없는 자는 인간이 아니다." 그런데 이 가엾게 여기는 마음은 인간을 사랑하는 마음, 곧 인이라고 할 수 있으나, 주자는 '인이 사랑〔愛〕'이라는 단순한 학설에 반대한다. 인은 성(性)이며 체(體)로서, 그 대응물인 가엾게 여기는 마음이 정(情)이고 용(用)이라고 엄밀히 구별했다. 이와 같이 체와 용을 구별한 구체적인 태도는 주자의 현저한 특징인 것이다. 이러한 인을 지닌 인간은 친족과 화목하게 지내는 것이다.

　의(宜)라는 것은 알맞은 일을 한다는 뜻인데, 그 알맞은 행동 가운데 어진 사람을 존경하는 것이 가장 중요하다고 했다. 여기서 의라고 함은 보편타당성을 지닌 행위인데, 그러나 사물의 도리를 분별해야 하는 개별적·특수적인 보편타당성이다. 그래서 존경과 화목에도 여러 가지 특수한 경우에 따른 정도와 등차가 생기게 마련인데, 예(禮)라는 것 역시 이러한 정도와 차별에서 생긴다.

　다시 말해서 친족에 대한 친애의 강쇄(降殺)와 어진 이를 높임의 등급이 정해지는 것에 예의 발생이 있다고 한

등차(等差) : 등급을 따라서 생기는 일이나 물건의 차이. 또 대비(對比) 관계에서 생기는 차이.
강쇄(降殺) : 등급을 깎아내림.

중용 • 317

것이다. 지위의 높고 낮음에 따라, 명령의 구별에 따라, 인격의 차이에 따라 그 대하는 태도가 달라서 여러 가지 외형적인 의식이 생기게 마련인데, 바로 그것이 예를 이루고 있는 것이다.

이 구절의 전체적인 개요를 정리해서 말한다면 다음과 같다.

정치의 근본은 인(仁)으로써 몸을 닦는데 있으며, 그 점을 자세히 설명한다면 적어도 인(仁)·의(義)·예(禮)의 세 가지를 생각해야 할 것이다.

인이란 인간(신체적·정적) 자체이기 때문에 인간에게 있어서 가장 직접적으로 주어진 친족(혈연관계자, 부모, 형제, 친척)을 친애한다는 것이 가장 중요한 일이다. 자기의 부친에 대해서와 타인의 부친에 대해서, 또한 형의 아들에 대해서와 이웃의 아이들에 대해서 갖는 사랑에는 등차가 있게 마련인데, 그것은 자연의 이치, 즉 인정(人情)의 자연성이기 때문이다.

의란 단순한 친애의 감정이 아니라 지적(知的)인 인식(認識), 즉 현자(賢者)를 현자로서 인식하여 그를 존경하는 것, 바로 그것이 중요한 요건이다.

양이 있으면 반드시 음이 있어야 하듯이, 육친(肉親)을 친애하는 친화가 있으면 그 보완물로서 육친의 감정에 빠지지 않고 널리 현자를 현자로서 인식하고 존경하는 차별주의가 있어야만 하는 것이다. 친친(親親)이라고 할 때도 물론 차별의 원리는 스스로 작용해서, 가까운 자는 두텁

육친(肉親) : 부자(父子)나 형제 같이 혈족관계에 있는 사람을 이르는 말.

게 먼 자는 가볍게 대한다는 자연적인 차별성이 즉 쇄(殺)로서 나타나는 것이다.

이와 같이 인의 첫걸음이며 그 의미에서 가장 중요한 조항인 이른바 친친 가운데도 스스로 차별성은 존재하고 있다. 이 원리에도 가장 큰 존경의 문제, 즉 현자를 존경하는데도 등급이 있다는 것은 당연하다. 현자 가운데도 혹은 스승으로서 혹은 단순한 친우로서의 등급이 자연적으로 발견되는 것이다. 이 사실이야말로 인의로써 예를 성립시키는 근거를 이루고 있는 것이다.

예는 유교에 있어서는 인과 더불어 최고의 가치의식을 주고 있는 것이다. 그래서 이 친친존현(親親尊賢)이라는 것은 유교의, 혹은 중국의 정치사상에 있어 극히 중요한 개념이다. 예를 들면 혈통에 의한 왕조 존속의 원리가 이른바 '친친'주의에 입각해 있는 데 대해 그것을 사적(私的)인 것으로 여겨 공적인 입장을 강하게 주장한다면 '존현(尊賢)'주의적인 이른바 선양(禪讓)의 형식이 생각될 것이다.

또한 천자의 상속이 '친친'의 원리에 입각해 있는 반면 그것을 보완하기 위해 조정(朝廷)에 있어서는 재상이 어디까지나 '존현'의 원리를 유지해간다는 것을 생각할 수 있다. 결국 이 구절은 '인'이라고 하는 '동(同)'의 원리, '의'라고 하는 '별(別)'의 원리, 그 종합으로서의 예의 발생을 매우 간결하게 설명한 것으로서 극히 중요한 가치를 지니고 있다.

선양(禪讓) : 양위. 임금의 자리를 물려줌.

6

　그러므로 군자는 수신하지 않을 수 없는 것이다. 수신하려고 생각한다면 어버이를 섬기지 않을 수 없고, 어버이를 섬기려고 생각한다면 사람을 알지 않을 수 없으며, 사람을 알려고 생각한다면 하늘을 알지 않을 수 없는 것이다.

│풀이│ 제4절의 '정치를 행하는 것은 사람에게 달려 있으니, 사람을 취하는 데는 몸으로써 한다.'는 구절과 같이 정치의 근본이 되는 인재를 획득하기 위해서는 먼저 군주 자신이 수신을 해야 한다. 그런데 수신하는 데는 도로써 하고, 도를 닦는 데는 인으로써 해야 한다고 했기 때문에, 수신하기 위해서는 어버이를 섬기지 않으면 안 된다는 결론이 나온다. 왜냐하면 〈논어〉에도 효제(孝悌)는 인을 행하는 근본이라고 했고, 따라서 인을 실천하는 최초의 단계는 사친(事親), 즉 어버이를 섬기는 일이기 때문이다.
　인에 의해 도를 닦고 도에 의해 수신한다는 것은, 구체적으로 말하면 바로 이 사친—이를 넓은 의미로 해석하면 친친(親親)—의 실천으로 시작한다는 의미인 것이다.
　그런데 '사친'—'친친'이라는 인의 도를 완벽하게 행하고자 한다면 이미 기술한 것처럼 그 필연적인 보완물로서 현자를 존경하는 '의'라는 것을 매개로 삼지 않으면 안 된다. 현자를 존중한다고 하는 의의 원리를 매개로 삼는다

6// 故로 君子는 不可以不修身이니 思修身인데 不可以不事親이요 思事親인데 不可以不知人이요 思知人인데 不可以不知天이니라

사친(事親): 어버이를 섬기다라는 뜻임.
지인(知人): 사람의 도가 무엇인가를 아는 것.
지천(知天): 하늘의 도(道), 혹은 천리(天理)의 뜻.

매개(媒介): 사이에 들어 서로의 관계를 맺어 줌.

는 것은 단순한 직접적·혈연적인 '열(列)'의 원리에 서는 것, 즉 널리 '사람을 안다.'는 사실을 의미한다. 인(人)이란 인간이라고 하는 뜻과 더불어 사람 또는 타인 등의 뜻을 가지고 있다.

끝으로 사람을 알고자 한다면 하늘을 알지 않을 수 없다고 한 것은 이른바 친친의 쇄(殺)라든가 현자를 존중하는 데 있어서의 등차가 요컨대 천리(天理)이기 때문이다.

우리들은 천(天), 즉 이상적인 자연상태 혹은 자연적인 이상상태를 무엇인가 평등주의적인 또는 무체제적(無體制的)인 것으로 생각하기 쉬운데, 그것은 옳지 않은 생각이다. 그같이 생각한다면 노장(老莊)—도가(道家)의 무책임한 현실도피주의에 빠져버릴 것이다.

이 세계는 단순히 있는 것이 아닌 있어야 될 상태, 어떤 도리에 의해 존재하는 것이다. 하늘은 높고 땅은 낮은 이유는, 하늘은 존귀하고 땅은 비천하기 때문이다. 하늘이 땅보다 낮다든가 하늘이 땅과 평등한 높이에 있다든가 하는 일은 결코 있을 수 없으며, 또한 도리로서도 있을 수가 없는 것이다.

우주만물, 삼라만상 모두가 이와 같이 도리를 실현하고 있지 않음이 없다. 그리고 이와 같이 도리가 훌륭한 조화의 미를 갖고 예적(禮的)으로 실현되고 있는 곳에 유교적 세계관의 근본적인 특징이 있는 것이다. 이와 같은 세계관에 입각한다면 이기주의〔양주(楊朱)의 위아주의(爲我主義)〕와 더불어 무차별적인 평등주의〔묵자(墨子)의 겸애주의(兼愛

천리(天理) : 천지자연의 이치. 만물에 통하는 자연의 도리.

비천(卑賤) : 신분이 낮고 천함.

중용 • 321

主義)]가 부정되는 것은 당연한 일이다.

7

　천하의 달도(達道)에는 다섯 가지가 있고 이를 행하게 하는 것은 세 가지이다. 이른바 군신과 부자와 부부와 형제와 붕우의 사귐, 이 다섯 가지가 천하의 달도이고, 지(知)와 인(仁)과 용(勇)의 세 가지는 천하의 달덕(達德)이니, 이를 행하게 하는 것은 하나이다.

| 풀이 | 앞에서는 '정치의 근본이 수신하는 데 있으니 수신하는 데는 도로써 하며 도를 닦는 데는 인으로써 한다.'고 했는데, 이 구절에서부터는 그 수신하는 것을 내용적으로 전개하고 있다. 수신한다는 것은 단순히 도덕적으로 반성하거나 정좌(靜坐)를 하고 명상하는 것은 아니다. 그것은 구체적인 내용을 가지고 있는 것이다.
　달도의 의미는 '주'에서 보편적인 도라고 밝힌 바 있지만, 제19장에 나오는 달효(達孝)와 같은 뜻으로도 생각할 수 있다. 즉, 효는 모든 보편적인 도로 통한다는 것인데, 제1장 제4절에 나오는 '화(和)라는 것은 천하의 달도이다.'라는 것과 같다. 시간적으로는 고금을 통해 어느 시대에 있어서나, 공간적으로는 천하의 어느 장소에 있어서나 인간인 이상 누구나 거쳐야 할 도, 그것이 다름 아닌 달도인 것이다.

7// 天下之達道에 五요 所以行之者는 三이니 曰 君臣也 父子也 夫婦也 昆弟也 朋友之交也의 五者는 天下之達道也요 知仁勇의 三者는 天下之達德也니 所以行之者는 一也니라

달도(達道) : 천하의 보편적인 도(道).
곤(昆) : '곤제(昆弟)'로 쓸 때는 '형제'와 같은 뜻이 된다.
달덕(達德) : 보편적인 덕. 누구나 지녀야 할 인간됨의 덕을 말한다.
소이행지자일야(所以行之者一也) : 여기서 '일야(一也)'에 대한 해석은 문제가 된다. 먼저 〈공소(孔疏)〉에 의하면 '오도삼덕 기의일야 고금불변야(五道三德 其義一也 古今不變也)'라 하여 오도와 삼덕은 그 의미에 차이가 없는 것으로 되어 있다. 주자는 '일즉성이이의(一則誠而已矣)'라고 하여 '일야'를 성(誠)이라고 했다.

〈서경〉 순전(舜典)에서 오전(五典)이라고 일컬어지는 것이 바로 그것이지만, 거기에는 내용은 제시되어 있지 않다. 다만 그 내용이 명시 되어 있는 곳은 〈대학〉 전(傳) 제3장의 '지(止)'와 특히 〈맹자〉 등문공 상(滕文公上)의 "부자간에 친애함이 있어야 하고 군신간에 의가 있어야 하고 부부간에 분별이 있어야 하고 노소(老少)간에 서열이 있어야 하고 친구간에 믿음이 있어야 한다."고 한 구절이다.

그런데 다섯 가지의 달도—일반적인 표현으로 오륜(五倫)의 도—를 실천하기 위해서 필요한 것은 세 가지의 덕인 것이다. 이 다섯 가지의 달도를 인식하는 것, 그것이 지(知)이다. 그리고 다섯 가지의 달도를 체(體)하는 것, 즉 신체적으로 체득하고 발휘하는 것, 그것이 인(仁)이다. 그리고 이 다섯 가지의 달도를 인식·실천하도록 하는 그 힘이 '용(勇)'인 것이다.

지·인·용의 세 가지는 사람이면 누구나 평등하게 몸에 지니고 있는, 그리고 반드시 지녀야만 할 획득물이다. 덕은 닦아서 얻는 것이다. 이(理)와 성(性)이 내재함으로써, 또는 그것이 끊임없이 실천됨으로써 마음과 몸으로 획득되는 어떤 '힘'인 것이다. 이(理) 그 자체가 덕은 아니지만 이에 관계되는 심신적(心身的)인 능력이 덕인 것이다. 그것은 반드시 후천적으로만 습득되는 것은 아니지만 말이다.

수신한다는 것은 도를 실천한다는 의미인데, 도의 가장 보편적·기본적인 형식에는 다섯 가지가 있다. 또한 이

다섯 가지의 도(맹자가 말한 인륜)를 실천하기 위해서는 도덕적인 능력이라고 할 수 있는, 곧 세 가지의 달덕이 필요하다는 것을 언급해왔다. 그러나 이 세 가지의 달덕보다도 더 근본적인 것이 존재하는데, 그것이 곧 성(誠)이다.

달덕은 누구나 힘써서 얻을 수 있는 것이다. 아니 본질적으로 이미 지니고 있는 것이다. 그런데 그것이 성으로 뒷받침되어 있지 않으면 달덕으로서의 그 소이를 다할 수 없는 것이다. 즉 달덕이 성으로 이루어지지 않으면 인욕(人欲)이 그 속에 스며들어 덕은 이미 참된 덕으로서의 가치를 잃고 만다.

그런데 그 성이란 곧 '하나'라는 것이다. '지·인·용, 이 셋은 천하의 달덕이니 이를 행하게 하는 것은 하나이다.'라고 한 그 하나는, 주자가 말한 '즉성이이의(則誠而已矣)'의 그 성을 가리키고 있다.

또한 제16절에 나오는 '이를 행하게 하는 것은 하나이다.'라고 한 그 하나가 또한 '성'인 것이다. 정자는 말하기를 "성이란 요컨대 이 세 가지를 성실하게 하는 것이다. 세 가지 이외에 또 다른 성이 있는 것은 아니다."라고 하여 '성'과 세 가지 '달덕'과의 관계를 분명히 했다. '성'에 대해서는 제17절 이하에서 자세히 언급될 것이다.

소이(所以) : 어떤 행위를 하게 된 까닭.
인욕(人欲) : 사람의 욕심. '欲'은 '慾'으로도 씀.

8

어떤 사람은 태어나면서부터 그것을 알고, 어떤 사람은

8// 或生而知之하고

或學而知之하고 或困而知之하나니 及其知之하여는 一也니라 或安而行之하고 或利而行之하고 或勉强而行之하나니 及其成功하여는 一也니라

곤(困) : 고심하다, 곤고(困苦)하다는 뜻.
지지(知之) : 여기에서 지(之)는 '달도'를 가리킨다. 즉, 달도를 알다.
면강(勉强) : 애쓰다.

배워서 그것을 알며, 어떤 사람은 고심(苦心)해서 그것을 알지만, 그것을 앎에 이르러서는 하나이다. 어떤 사람은 편안하기 때문에 그것을 행하고, 어떤 사람은 이롭기 때문에 그것을 행하며, 어떤 사람은 애써서 그것을 행하기도 하지만, 그 공을 이루는데 있어서는 하나이다.

| 풀이 | 이 구절도 다섯 가지의 달도에 대한 논의의 계속으로서, 달도의 인식 및 그 실천의 종류가 언급되고 있다. 다섯 가지의 달도인 오륜, 즉 맹자가 말한 '군신관계, 부자관계, 부부관계, 형제관계 및 붕우의 교제'에 관한 도를 이해하고 실천하는 데는 여러 단계가 있는 것이다. 태어나면서 다섯 가지의 달도를 인식하고 있는 사람, 즉 태어나면서부터 완전히 도덕적인 인격을 갖추고 있는 사람도 있을 것인데, 이른바 성인(聖人)이 그러한 경우일 것이다.

그런데 태어나면서부터 다섯 가지의 달도를 인식하고 있지는 못하나 학문을 통해서 그것을 인식하는 사람도 있을 것이고, 또한 태어나면서부터 학문적인 소질이나 기품이 총명하지 못한 까닭에 배워도 좀체로 효과가 나타나지 않아 분발하고 고심해야 비로소 그것을 인식하게 되는 사람도 있을 것이다. 그런데 이 궁극적인 지점에 이르러서는 모두가 도덕적인 인식이기 때문에 그 사이에는 아무 차별도 없다는 것이다.

지(知)에 대한 행(行)의 경우도 마찬가지이다. 편안하기 때문에, 다시 말해 아무런 의지적인 긴장감이 없기 때문

에 자연스럽게 다섯 가지의 달도, 즉 인륜의 길을 실천하는 사람(성인)이 있고, 그것이 이롭기 때문에 다섯 가지의 달도를 행하는 사람도 있다. 또한 날 때부터 아무런 노력이 필요 없는 것도 아니고 그 이로움을 알고 있는 것도 아니지만 오로지 노력을 해서 실천하는 자도 있을 것이다.

확실히 이 세 가지 실천방법에는 단계가 있음을 부정할 수는 없으나, 그것은 단지 그 과정에 대해서만 언급한 것이며, 그 실천 작업을 완성한 지점에 이르러서는 어느 경우나 마찬가지가 된다.

이제 이 지와 행과의 세 단계—생지(生知)·학지(學知)·곤지(困知) 및 안행(安行)·이행(利行)·면행(勉行)—를 지·인·용과 맞추어서 말한다면 다음과 같다. 첫째, 횡(橫)적인 구분에 의해 말하면 지행(知行)의 지(知)는 지(知)이고 지행(知行)의 행(行)은 인(仁)이다. 지(知)와 행(行)이 궁극적 단계에 있어서는 결국 동일하다는 그런 사태에까지 진전시키는 것, 그것이 용(勇)이다. 둘째로 관점을 바꾸어 단계적 등급에서 구분해 말한다면 생지안행(生知安行)은 지(知), 학지이행(學知利行)은 인(仁), 곤지면행(困知勉行)은 용(勇)에 속한다.

이 경우 지·인·용의 세 가지 달도는 용·인·지와는 단계가 지워지고 있다. 원래 인간의 성은 착하다. 그 점에서 성인을 비롯한 모든 사람이 동일하다. 그러나 그것은 본래에 있어서의 인간으로, 현실에 있는 인간은 기품이라는 점에서도 갖가지 차별이 있다. 그래서 도를 듣는다는

관점(觀點) : 사물을 관찰하거나 고찰할 때, 그것을 보거나 생각하는 각도.

만년(晚年): 사람의 일생에서 나이 많은 노인의 시절.

점에서도 극히 빠른 시기에 이미 도를 이해한 사람도 있고, 만년(晚年)에 이르러서야 비로소 이해 터득하는 사람도 있으며, 또 도를 행하는 데 있어서도 아주 쉽게 하는 사람과, 대단한 용기가 없이는 행하지 못하는 사람 등의 차별이 생기는 것은 당연한 일이다.

이 생지안행, 학지이행, 곤지면행에 각각 인·지·용을 배당하는 설도 상당히 유력했었으나, 주자는 감히 그것을 배격하고 지·인·용에 배당했다. 그 근거로서는 순(舜)을 지(知)로 한 제6장의 규정이 인용되고 있다. 요컨대 여기서 설명되고 있는 것은 주자학의 대전제인 '성인은 배워서 이른다.'의 설인 것이다.

"학문이란 그로써 성인에 이르는 길이며, 성인은 배워서 이를 수가 있다. 그런데 후세 사람들은 이를 깨닫지 못한 채 성인이란 생지(生知)로서, 배워서 이르는 것이 아니라고 보았다. 여기서부터 학문의 타락이 생겼던 것이다."
〔〈근사록(近思錄)〉에 있는 정자의 말〕

9

9// (子曰) 好學은 近乎知하고 力行은 近乎仁하고 知恥는 近乎勇이니라

(공자께서 말씀하셨다.) "배우기를 좋아하는 것은 지(知)에 가깝고, 노력해서 행하는 것은 인(仁)에 가깝고, 수치를 아는 것은 용(勇)에 가깝다."

자왈(子曰): 주자에 의하면

| 풀이 | 여기서 말하는 호학(好學)·역행(力行)·지치(知

恥)는 세 가지 달덕을 이루는 요소는 못되지만 그에 가까운 것으로서 세 가지 덕을 이루기 위한 과정임을 말하고 있다. 즉 배움을 좋아한다는 것은 본래의 지자(知者)는 되지 못할지라도 그에 가까운 것이고, 힘써서 노력한다는 것은 본래의 인자(仁者)는 되지 못할지라도 그에 가까운 것이며, 나의 행함이 남에게 미치지 못함을 자각해서 마음에 부끄러움을 느끼는 것은 본래의 용자(勇者)는 되지 못할지라도 그에 가까운 것이다.

〈공소(孔疏)〉에서는 '호학(好學)'의 한 구절은 앞절의 '학이지지(學而知之)'의 뜻을 받은 것이고, 또한 역행(力行)의 한 구절도 '이이행지(利而行之)'를 받은 것이며, 지치(知恥)의 한 구절은 '곤이지지(困而知之)'와 '면강이행지(勉强而行之)'의 두 구절을 받은 것이라고 해석하고 있다. 또한 주자의 장구본(章句本)에서는 이 '세 가지 가까움'을, 앞구절의 삼지(三知)를 일괄해서 인(仁)의 작용으로 본 바에 대해, 그 다음인 용(勇)의 작용이라고 풀이한 것이다.

이상의 세 가지가 이해되면 한 걸음 더 나아가서 세 가지 달덕을 이해하게 되고, 수신하는 길을 알게 되면 남을 다스리는 방법도 알게 되는 것이다(제10절 참조).

여대림(呂大臨)은 다음과 같이 말하고 있다. "어리석은 자는 스스로 그것을 구하지 않고 자기만족에 빠져 분발하지 않는다. 또한 자기만 아는 자, 즉 이기주의자는 욕망에 사로잡힌 나머지 본래의 자기로 돌아가려고 하지 않는다. 또한 나자(懦者), 즉 유약한 자는 항상 남의 아랫자리에 안

이 두 자는 연문(衍文)이라고 했다.
근호지(近乎知) : 지에 가까운 것. 여기서 호(乎)는 어조사이다.

미몽(迷夢) : 흐릿한 꿈이란 뜻으로, 무엇에 홀린 듯 똑똑하지 못하고 얼떨떨한 정신상태를 일컫는 말.

주하여 비약하려는 생각을 하지 않는다."

이와 같은 세 가지 인간형과 비교해보면 호학(好學)은 자기만족에 빠진 어리석은 자의 미몽(迷夢)을 깨우쳐주는 것이고, 역행(力行)은 욕망에 사로잡힌 자를 본래의 자기로 돌아가게 하는 것이며, 지치(知恥)는 유약한 자를 일깨워주는 것이다.

10

10// 知斯三者면 則知所以修身이요 知所以修身이면 則知所以治人이요 知所以治人이면 則知所以治天下國家矣니라

삼자(三者) : 앞구절의 '세 가지 가까움', 즉 지(知)에 가깝고 인(仁)에 가깝고 용(勇)에 가까운 세 가지를 뜻한다.

이 세 가지를 알면 곧 수신하는 바를 알게 되고, 수신하는 바를 알면 곧 사람을 다스리는 바를 알게 되며, 사람 다스리는 바를 알면 곧 천하를 다스리는 바를 알게 된다.

| 풀이 | '이 세 가지를 알면'이라는 구절은 즉 '배움을 좋아하고 힘써 행하며 수치를 알면'이라는 뜻인데, 그렇게 되면 곧 수신하는 바도 알게 될 것이고, 또한 사람을 다스리는 바도 알게 될 것이다. 사람이라고 하면 이 경우 자기에 대해서 자기 이외의 사람들을 널리 가리키고 있다. 사람을 다스리는 바를 아는 자는 사람의 총체인 천하·국가·가정을 다스리는 바를 아는 것이다.

이 구절에서도 역시 도와 덕이 정치의 근본임을 밝히고 있다. 이러한 정치는 곧 덕치(德治)이며 이상적인 정치형태인 것이다.

이상으로 제2절~제6절과 제7절~제10절을 결속(結束)

결속(結束) : ① 한 덩이가 되게 묶음. ② 출전(出戰)하

하게 된다. 즉 수신하는 데는 도(道)로써 한다는 수신의 의미를 전개시켜서 끝내고 다음 구절의 구경(九經)으로 옮아가는 것이다.

바로 이 구절의 요점이 〈대학〉의 이른바 수신→제가→치국→평천하와 관련되어 있다는 점은 구태여 말할 필요가 없을 것이다.

거나 여행하기 위하여 몸을 단속하는 일, 또는 그 몸단속. ③ 뜻이 같은 사람끼리 하나로 뭉침.

11

무릇 천하와 국가를 다스리는 데는 아홉 가지 경(經)이 있으니, 곧 수신하는 것과, 현자를 존경하는 것과, 친족을 친애하는 것과, 대신(大臣)을 공경하는 것과, 여러 신하를 이해하는 것과, 서민을 자식처럼 사랑하는 것과, 백공(百工)을 오게 하는 것과, 먼 곳 사람들을 유(柔)하게 하는 것과, 제후를 따르게 하는 것이다.

11// 凡爲天下國家에 有九經이니 曰 修身也와 尊賢也와 親親也와 敬大臣也와 體群臣也와 子庶民也와 來百工也와 柔遠人也와 懷諸侯也니라

| 풀이 | 이 구절에서는 구경, 즉 정치에 있어서의 아홉 가지 기본적인 것을 말하고 있다. 구경(九經)의 경(經)은 상(常)이며, '상'이란 변하지 않음을 말하고 있다. 즉 천하를 다스림에 있어서 변하지 않는 중요한 원칙이 아홉 가지가 있다는 것이다.

이미 설명한 바 있는 수신(修身)과 친친(親親)과 존현(尊賢) 및 대신을 공경하는 것과, 군신을 진심으로 이해하는 것과, 서민을 부모가 자식을 사랑하듯 사랑하는 것과, 여

구경(九經) : 아홉 가지의 상도(常道), 즉 아홉 가지의 중요한 원칙을 말한다.
체군신야(體群臣也) : 체(體)는 상대방의 입장에서 그 다음을 생각하는 것. 즉 여러 신하들의 입장이 되어 그들을 이해한다는 뜻.
자서민야(子庶民也) : 서민을 자식처럼 사랑한다는 뜻.
백공(百工) : 여러 공인(工人), 즉 물건을 만드는 기술자들.

유(柔): 부드럽게 대해주는 것. '관용하다'의 뜻.
회(懷): 따르게 하다, 품는다는 뜻.

사체(四體): ① 사람의 두 팔과 두 다리. 사지(四肢). ② 팔다리와 머리와 몸뚱이. 곧 온몸.

러 가지 기술자들을 초청하는 것과, 멀리 떨어져 있는 사람을 유하게 대해주어 따뜻이 맞아들이는 것과, 제후들을 설복하여 따르게 하는 것의 아홉 가지가 곧 구경이다.

여대림은 다음과 같이 말하고 있다. "천하의 근본은 우리의 몸에 있으므로 수신이 구경의 근본이 되는 것이다. 그러나 반드시 스승을 친애하고 친구를 모범으로 삼아야만 비로소 수신의 도는 진전되고, 그리하여 다음에는 '존현'이 오는 것이다. 도의 진전에 있어 먼저 다가오는 것은 가정이고, 그 다음에는 '친친'이 온다. 가정으로부터 조정에 미침으로써 대신을 공경하고 군신을 이해하는 것이 찾아온다. 조정으로부터 나라에 미침으로써 서민을 자식같이 사랑하고 백공을 찾아오게 한다. 나라로부터 천하에 미침으로써 멀리 있는 사람을 유하게 대해주고 제후들을 따를 수 있게 한다. 이것이 구경의 순서이다. 군신을 자기의 사체(四體)와 같이 여기고 백성을 자기의 친자식같이 여긴다. 이것이 신하를 보는 것과 백성을 보는 것의 구별이다."

군신 보기를 자기의 사체와 같이 한다는 것에 대해서는 다음 구절을 참조하기 바란다. 여기서 한 가지 첨부해둘 것은, 사체의 비유가 신하에 대해서뿐만 아니라 백성에 대해서도 적용된다고 하는 유명한 경우가 있다는 점이다. 그것이 정명도(程明道)의 '만물일체(萬物一體)의 인(仁)'이라는 학설이다.

12

수신하면 곧 도가 서고, 현자를 존경하면 미혹되지 않고, 친족을 친애하면 제부(諸父)와 형제가 원망하지 않고, 대신을 공경하면 현혹되지 않고, 군신을 이해하면 선비들의 보례(報禮)가 무겁고, 서민을 자식같이 사랑하면 백성을 권면할 수 있고, 백공을 오게 하면 재물의 쓰임이 풍족하고, 멀리 있는 사람을 유하게 대하면 사방이 귀의하고, 제후를 따르게 하면 천하가 두려워한다.

| 풀이 | 이 구절은 구경의 효과를 설명하고 있다. 수신하면 도가 확립된다는 것은, 도가 완성되어 백성의 사표(師表)가 될 수 있음을 의미한다. 〈서경〉 홍범편(洪範篇)에 "황극(皇極)이 그 극(極)을 세운다. 즉 '극'은 군주적인 표준과 법칙, 사방의 모든 사람이 그것을 척도로 삼는 바를 세우는 것이다."라고 했는데, 바로 그것을 말한다. 현자를 존경하면 도리에 밝아져서, 도리에 의혹을 느끼는 일은 없는 것이다.

친족을 친애하면 그 일가의 누구라도 원망을 품는 일이 없으며, 그러므로 그 일가에 평화와 화목함이 깃들여지는 것이다.

대신을 공경하면 현혹됨이 없다는 것은, 무슨 일에나 오류에 빠지지 않는다는 뜻이다. 임금이 대신을 공경하면 대신에 대한 신임이 생겨, 그 밑의 부하들이 함부로 행동

12// 修身則道立하고 尊賢則不惑하고 親親則諸父昆弟不怨하고 敬大臣則不眩하고 體群臣則士之報禮重하고 子庶民則百姓勸하고 來百工則財用足하고 柔遠人則四方歸之하고 懷諸侯則天下畏之니라

제부(諸父) : 백(伯), 중(仲), 숙(叔), 계부(季父)의 총칭. 즉, 아버지의 형제들을 말한다.
현(眩) : 현혹된다는 뜻.
보례중(報禮重) : 신하들의 보답하는 예가 무겁다는 뜻.
권(勸) : 권면한다는 뜻.

혼미(昏迷) : 정신이 헷갈리고 흐리멍덩함.

권면(勸勉) : 무슨 일을 권하고 격려하여 힘쓰게 함.

복선(伏線) : 뒷일을 헤아려서 몰래 미리 마련해 두는 준비.

하지 못하게 된다. 그러므로 어떠한 난관에 직면하더라도 혼미함이 없는 것이다.

군신을 이해하면 선비의 보례(報禮)가 무겁다고 한 것은 ― 선비가 조정에 등용되어 있을 때 신(臣)이라고 부르기 때문에 여기서는 '신'을 '사'로서 생각해도 좋다 ― 임금이 신하들의 입장을 잘 헤아리면 그 신하들은 임금에게 충성을 바치기 때문에 그 보답하는 예가 무겁다는 뜻이다.

서민을 자식같이 사랑하면 백성을 권면할 수 있다는 것은, 그 백성이 임금을 잘 섬기게 된다는 뜻이다. 권(勸)은 선을 향해 노력한다는 뜻도 지니고 있다. 백공을 오게 한다는 것은 많은 기술자를 불러서 산업을 발달시킨다는 현대적인 의미를 지니고 있다. 그래서 재물의 쓰임이 풍부해진다고 했다. 경제가 발달되면 재물의 유통이 활발해지기 때문이다.

멀리 있는 사람을 유하게 대해주면 사방이 귀의하게 된다는 것은 일종의 회유책인 것이다. 다른 나라 사람들을 잘 대해주면 외교상의 이익이 있음은 물론 다른 나라 사람을 자기 나라로 귀화시킬 수도 있는 것이다. 제후를 따르게 하면 천하가 두려워한다는 것은 정치적 복선을 의미하기도 하지만, 천자의 덕이 온 천하에 미친다는 덕치(德治)를 나타내기도 한다. 이 경우의 천하는 변방의 오랑캐까지도 포함해서 생각할 수 있는 것이다.

13

　재계(齋戒)하고 명결(明潔)히 하고 성복(盛服)을 갖추어서 예가 아니면 움직이지 않는 것은 수신하는 것이다. 참인(讒人)을 버리고 여색을 멀리하며, 재화를 천히 여기고 덕을 귀히 여기는 것은 현자를 권면하는 것이다. 그 자리를 높여주고 그 녹을 무겁게 해주며, 그 호오(好惡)를 함께하는 것은 친친(親親)을 권면하는 것이다. 관속(官屬)을 많이 두어서 마음대로 쓰게 하는 것은 대신을 권면하는 것이다. 충후(忠厚)함과 신뢰로써 녹을 후하게 하는 것은 선비를 권면하는 것이다. 때를 맞춰 쓰고 거두어들임을 박하게 하는 것은 백성을 권면하는 것이다.

　날로 살피고 달로 시험해서 희름(餼廩)을 일에 알맞게 하는 것은 백공을 권면하는 것이다. 가는 것을 보내고 오는 것을 맞으며, 선(善)을 아름답게 여기고 불능한 것을 긍휼히 여기는 것은 먼 곳 사람들을 유(柔)하게 하는 것이다. 끊어진 세대(世代)를 이어주고 폐(廢)한 나라를 일으켜주며, 난을 평정하고 위기를 붙잡아주고 조빙(朝聘)을 제때에 하며, 보내는 것을 후하게 하고 오는 것을 박하게 하는 것은 제후를 따르게 하는 것이다.

┃풀이┃ 이 구절은 구경을 내용적으로 논하고 있다.

　1. 제명성복(齊明盛服)은 제16장 제3절에서 이미 나온 말이다. '제명'은 정신을, 즉 내부를 통일하는 것이고, '성

13// 齊明盛服하여 非禮不動은 所以修身也요 去讒遠色하고 賤貨而貴德은 所以勸賢也요 尊其位하고 重其祿하고 同其好惡는 所以勸親親也요 官盛任使는 所以勸大臣也요 忠信重祿은 所以勸士也요 時使薄斂은 所以勸百姓也요 日省月試하여 旣稟稱事는 所以勸百工也요 送往迎來하고 嘉善而矜不能은 所以柔遠人也요 繼絕世하고 舉廢國하고 治亂持危하고 朝聘以時하고 厚往而薄來는 所以懷諸侯也니라

제명성복(齊明盛服): 제(齊)는 재(齋). 제16장 제3절 참조.
참(讒): 참인(讒人), 즉 간악한 사람.
관성(官盛): 관속(官屬), 즉 관리가 많다는 것.
시사(時使): 때를 맞춰 쓰는 것.
희름(餼廩): '희(餼)'는 '희(餼)'로, '름(稟)'은 '름(廩)'으로 음과 뜻이 같이 통한다. 즉, 일에 대한 보수라

뜻.
가(嘉) : 가상히 여기다.
폐국(廢國) : 망한 나라.
치란(治亂) : 난을 평정시켜 주는 것.
지위(持危) : 위태로움을 붙잡아주는 것.
조빙(朝聘) : 조(朝)는 제후가 천자를 찾아뵙는 것, 빙(聘)은 제후를 대신해서 대부(大夫)가 천자에게 예물을 바치는 것.
후왕이박래(厚往而薄來) : 천자를 뵙고 돌아가는 제후나 대부에게 내리는 예물을 후하게 하고, 그들로부터 받는 예물은 가볍게 한다는 뜻이다.

복'은 외부적으로 복식을 갖춘 예장(禮裝)을 말한다. '예가 아니면 움직이지 않는다.'는 구절은 〈논어〉 중의 "예가 아니면 보지 말고 예가 아니면 듣지 말고 예가 아니면 움직이지 말라."는 구절의 하나로서 '자기를 극복하고 예에 돌아가기 위해' 실천으로 삼는 것이다. 즉 내부와 외부를 같이 수양해서 움직일 때나 고요할 때나 사욕(私欲)을 극복함으로써 예를 실천하려고 하는 바로 그 점에 수신하는 근본 뜻이 존재하는 것이다.

2. 간악한 자의 말을 믿으며 현자를 신임하지 않고 또한 여색에 빠지거나 재물을 탐내거나 하게 되면 현자를 좋아함이 적어진다. 그러므로 간사한 사람을 버리고 여색을 멀리하고 물질적인 부를 경멸하고 오직 덕만을 존중하는 것, 거기에 현자를 권면하는—현자를 존경하면 현자는 성실해진다—길이 있는 것이다.

3. 친족을 친애하기 위해서는 그들의 지위를 높여주고 봉급을 많이 주며, 그들과 좋아함 및 싫어함을 같이하는데, 이는 자기가 좋아하는 것과 싫어하는 것이 친족 전부의 마음과 일치하기를 바라는 생각에서이다. 여기에 친족의 융화를 권면하는 길이 있는 것이다. 옛날 중국에서는 왕족들의 불화가 극심해서 그것이 정치에 미치는 영향이 컸는데, 이는 나라뿐만 아니라 한 사회, 한 가정에 있어서도 마찬가지이다.

4. 관속을 많이 두어 마음대로 부리도록 하는 것은 대신의 직책을 말하고 있다. 대신이란 도로써 임금을 섬기는

위치에 있는 자이기 때문에 사소한 일에는 직접 관여하지 않는다. 그렇기 때문에 밑에 많은 관리를 두어 마음대로 명령하고 부리게 함으로써 대신으로서의 임무를 완수하게 하는 것이다. 이와 같이 대신을 우대해줌으로써 대신을 권면하게 되는 것이다.

5. 정치를 원활히 하기 위해서는 신하들을 충후(忠厚)하고 신실(信實)된 마음으로 대해야 한다. 그리하면 경제적으로 안정되어 부모를 효도로써 봉양하고 자녀의 교육에 힘을 기울이는 가운데 정신적인 안정도 얻게 된다. 따라서 자기 임무에 충실하게 되는 것이다. 즉 '충'과 '신'으로써 대해준다는 것은 내 몸이 그들의 입장에 놓여 있어 그들이 원하는 바가 무엇인가를 깨닫고 인식하는 데 있다. 이렇게 하는 것이 선비를 권면하는 길이 된다. "임금이 신하 보기를 자기 수족과 같이 여기면 신하는 임금 보기를 자기의 배(腹)와 같이 여기고, 임금이 신하 보기를 토개(土芥)같이 여기면 신하는 임금 보기를 원수같이 여긴다."
〔〈맹자〉 이루장 하(離婁章下)〕

6. 인간으로서 부와 안락을 싫어하는 사람은 없는 것이다. 그렇기 때문에 부역에 백성을 동원함에 있어서는 백성의 생업에 지장을 주지 않도록 적당한 시기를 정해서 하고, 또한 세금은 가급적 적게 받도록 노력한다면 백성들을 권면하는 최상의 방법이 된다는 것이다.

7. 매일 그 하는 일을 관찰하고 매달 시험을 해서 그 한 일에 합당한 봉급을 주는 것은 모든 기술자들을 권면하는

충후(忠厚) : 충직하고 순박하여 인정이 두터움. 성실하고 사(私)가 없음.
신실(信實) : 믿음직하고 착실함.

토개(土芥) : ① 흙과 쓰레기. ② 하잘것 없는 것.

탐닉(耽溺) : 어떤 일을 지나치게 즐겨 거기에 빠짐.

식료(食料) : ① 음식의 재료. ② 식료품.

가계(家系) : 대대로 이어온 한 집안의 계통.

길이 된다. 그렇게 함으로써 일정한 규격을 지키지 않고 과도한 기교에 탐닉하는 자는 물러나게 되고 태만한 자는 근면하게 되는 것이다.

8. 이 나라를 찾아왔다가 돌아가는 사람을 극진히 환송하고 찾아오는 사람에 대해서는 충분한 식료(食料)를 제공해서 환영하여 그 능력에 따라 일을 준 다음 잘한 것은 칭찬하고 잘못한 것은 가엾게 여기는 것은 멀리 있는 사람들을 유하게 대해주는 길이다. 그러므로 천하의 모든 사람이 그 나라로 통하는 길을 가고자 원하게 되는 것이다.

9. 후계자를 얻지 못해 가계(家系)가 단절되려고 하는 나라는 대(代)를 잇게 해주고, 망해버린 나라도 다시 한번 영토를 주어 재건하게 한다. 또한 분란을 평정시켜 주고 위기에 빠졌을 때 붙들어준다. 조빙(朝聘)을 제때 한다는 것은 정기적으로 제후가 천자를 찾아뵙고, 제후가 대부로 하여금 천자에게 예물을 바치게 한다는 말이다.

〈예기〉에 의하면 "제후는 천자에 대해서 매년 한 번씩 소빙(小聘)을 하고 3년에 한 번 대빙(大聘)을 하며 5년에 한 번 조(朝)를 한다."고 했다. 가는 것을 후하게 한다 함은 '조빙'을 위해 찾아온 제후나 그 대부가 자기 나라로 돌아갈 때 후한 예물을 주어 보낸다는 말이다. 가는 자에게는 후하게 주고 오는 자로부터는 가급적 예물을 적게 받는 것이 제후를 따르게 하는 최선의 길인 것이다.

이상의 구경은 그 내용이 서로 같지 않아도 총체적으로 보면 수신(修身)·존현(尊賢)·친친(親親)의 세 가지로 집약할 수 있다. 대신을 존경하고 신하를 이해하는 것은 존현의 등차로부터 비롯된 것이고, 서민을 자식같이 사랑하고 백공을 오게 하며 멀리 있는 자를 유하게 하고 제후를 따르게 하는 것은 친친의 등차로부터 비롯된 것이다.

주자가 그와 같이 말하는 근저에는 확실히 가족주의적인 천하국가관(天下國家觀)이 있는데, 그것은 반드시 앞서 말한 군신관(君臣觀)과 모순되지는 않는 것이다. 그러나 결국 '존현'과 '친친'도 또한 수신에서 비롯된 것이라고 할 수 있다.

14

무릇 천하와 국가를 다스리는 데는 구경이 있으나 그것을 행하게 하는 것은 하나이다.

| 풀이 | '이를 행하게 하는 것은 하나이다.'라는 그 '하나'가 성(誠)임은 제7절에서 이미 언급되었다. 그러므로 이 구절에서도 역시 성을 가리키는 것이라는 주자의 해석을 따른다. 구경은 요컨대 수신·존현·친친의 세 가지에 돌아가고, 그 세 가지는 다시 수신으로 돌아가며, 그 궁극의 표현인 성은 하나로 돌아가는 것이다.

만일 조금이라도 성실하지 못하면 구경은 곧 내용이 없는 단순한 문자에 불과하게 된다. '성'이야말로 구경의 실체, 그 본질인 것이다. 결국 구경이란 인(仁)과 의(義)의 정

14// 凡爲天下國家에 有九經하니 所以行之者는 一也니라

일야(一也) : 주자는 일(一)을 성(誠)으로 보았으나(제7절 참조) 정현은 뒷구절과 연결시켜 '예비' 또는 '준비'라는 뜻으로 보았다.

신에 입각해 있는 것인데, 인과 의를 실천함으로써 참다운 정치는 이루어지고 천하를 다스려 평정하게 할 수 있는 것이다. 여기서 구경에 관한 일련의 구절(제11절~제14절)은 끝난다.

15

무릇 모든 일은 예비되어 있으면 곧 이루어지고, 예비되어 있지 않으면 곧 폐하는 것이다. 말이 미리 정해져 있으면 전복되지 않고, 일이 미리 정해져 있으면 곤란하지 않게 된다. 행동이 미리 정해져 있으면 탈이 없게 되고, 도가 미리 정해져 있으면 궁하지 않게 된다.

| 풀이 | '무릇 모든 일은……'이라는 것은 개괄적으로 하는 말로서, 다섯 가지의 달도(達道), 세 가지의 달덕(達德), 구경을 일괄해서 말하고 있다.

무릇 모든 일은 예비되어 있으면 곧 이루어진다는 다섯 가지의 달도와 세 가지의 달덕과 구경 중 어느 한 가지를 취해보더라도 이미 성(誠)이 확립되어 있지 않으면, 즉 성에 의해서 먼저 그 입장이 확정되어 있지 않으면, 그것이 일로서 성취되거나 대상으로서 나타날 수 없다는 점을 말하고 있다.

일이 미리 정해져 있지 않으면 일은 성취될 수 없는 것이다. 이른바 '폐하는 것'이다. 예를 들면 '대신을 공경하

15// 凡事豫則立하고 不豫則廢하니 言前定則不跲하고 事前定則不困하고 行前定則不疚하고 道前定則不窮이니라

예(豫) : 미리 준비하는 것.
입(立) : 이루어지다.
폐(廢) : 실패하다.
불겁(不跲) : 겁(跲)은 전복되다, 쓰러지다는 뜻.
구(疚) : 탈이나 우환이 일어난다는 뜻으로 쓰인다.
궁(窮) : 도를 행함에 있어 부족을 느낀다는 뜻.

는' 일이나 '백공을 오게 하는' 일이라도 성에 의해서 미리 그 기반이 확실해져 있지 않으면 대신을 공경하는 사상(事象)도, 또한 백공을 오게 하는 사상도 현실에 그 확고한 기반을 다질 수 없다. 원문에 나오는 '전정(前定)'은 그 위에 나오는 '예(豫)'의 뜻을 반복한 말로서 미리 '성'을 확립한다는 것이다.

'말이 미리 정해져 있으면……'의 뜻은 역시 '성'을 미리 확립하고 언어를 쓴다는 것이며, 그러므로 내용이 충만되어 전복되는 일이 없다. 즉 내용이 빈 말을 해서 실패를 초래하는 일이 없다. '일이 미리 정해져 있으면……'도 또한 '성'이 확립한 다음에 일을 시작하면 그 일에는 내용이 있어서 장벽에 부딪히거나 곤란을 받지 않는다는 뜻이다. '또 행동이 미리 정해져 있으면……'도 먼저 '성'이 확립된 다음에 행동을 하면 그 행동에는 보편성이 있어서 실수를 저지르지 않는다는 뜻이다.

결론적으로 말해서 이 모든 사항들이 도로 통하는 것이다. 이 도에도 먼저 '성'을 확립하고 난 다음에 실천을 해야 할 필연성이 있다. 왜냐하면 도에는 근원이 있어서 그 근원에서 벗어날 수가 없기 때문이다. 다시 말하면 이 도는 '말'과 '일'과 '행'의 세 가지를 안에 포함하고 있는 도이며, 이 세 가지에 공통되는 도이다. 여기서 먼저 '성'을 확립하지 않으면 안 된다는 사실을 다음 구절에서 설명하게 된다.

사상(事象): 관찰할 수 있는 형태를 취하여 나타나는 여러 가지 일. 사실과 현상.

16

16// 在下位하여 不獲
乎上이면 民不可得而
治矣리라 獲乎上이 有
道하니 不信乎朋友면
不獲乎上矣리라 信乎
朋友가 有道하니 不順
乎親이면 不信乎朋友
矣리라 順乎親이 有道
하니 反諸身不誠이면
不順乎親矣리라 誠身
이 有道하니 不明乎善
이면 不誠乎身矣리라

획(獲) : 얻다. 즉 신임을 얻는다는 뜻.
순(順) : 부모에게 순종하는 것을 말함.

 아랫자리에 있으면서 윗사람의 신임을 얻지 못하면 백성을 다스릴 수 없게 된다. 윗사람의 신임을 얻는 데는 도가 있으니, 친구들에게 신임을 얻지 못하면 윗사람에게 신임을 얻지 못할 것이다. 친구에게 신임을 얻는 데는 도가 있으니, 어버이에게 순종하지 않으면 친구에게 신임을 얻지 못할 것이다. 어버이에게 순종하는 데는 도가 있으니, 자신을 돌아보아 성실하지 않으면 어버이에게 순종하지 못할 것이다. 자신을 성실하게 하는 데는 도가 있으니, 선(善)에 밝지 않으면 자신을 성실하게 할 수 없을 것이다.

| 풀이 | 이 구절은 앞구절의 '예비되어 있는' 사실의 필요성을 직접 백성과 접촉하는 관리의 입장에서 논하고 있다. 백성을 잘 다스리는 도를 실현하기 위해서는 아랫자리에 있는 자가 윗자리에 있는 사람의 신임을 얻을 필요가 있는 것이다. 그렇지 못하면 자기의 지위를 안정시킬 수가 없고, 따라서 백성을 잘 다스리거나 임무를 충실히 이행할 수 없게 된다.
 윗자리에 있는 사람의 신임을 얻기 위해서도 또한 방법이 있다. 그것은 친구에게 신임을 얻는 것이다. 먼저 친구에게 신임을 얻을 수 있는 인간이라야 비로소 윗자리에 있는 사람의 신임을 얻을 수가 있는 법이다. 그렇다면 친구에게 신임을 얻는다는 것은 무엇인가? 그것은 어버이에

게 순종하는 것이 그 조건이다. 다시 말하면 어버이에게 순종하지 않는 인간은 친구에게 신임을 얻을 수가 없는 것이다. 그렇다면 어버이에게 순종하기 위해서는 어떻게 하면 좋을 것인가? 나 자신을 성실하게 해야 한다. 그래서 자신을 돌아보아 성실하지 못하면 어버이에게 순종할 수 없게 된다고 했다.

일단 자기 자신을 반성해보고 자기 마음속에 있는 생각 또는 그 생각을 일으키는 말이나 행위, 그것이 진실무망(眞實無妄)이라고 하는 상태에까지 도달해 있지 않으면 어버이를 참으로 섬기고 순종할 수가 없다는 것이다. 유교에 있어서 최고의 덕인 이 '효'도, 그것이 '성'을 바탕으로 하지 않으면 참된 '효'가 되지 못한다는 뜻이다. '자신을 돌아본다.' 함에 있어서의 '자신'은 유교의 사상문헌에서는 특유한 말로서 사용된다.

"이 세계 만물의 이치는 모두 나 자신 속에 갖추어져 있다. 그러므로 사람이 자기 자신으로 돌아와서 성실하게 되면 이보다 더 큰 희열은 없다."〔〈맹자〉 진심장 상(盡心章上)〕

도덕의 원리는, 선악의 분별이 '악취를 싫어하듯 색을 좋아하듯'〈〈대학〉 제6장 제1절〉 하지 않으면 안 된다는 것이 그 입장이기 때문이다.

끝으로 몸을 성실하게 하기 위해서는 어떻게 해야 할 것인가? 그것은 선을 명확히 하는 것, 즉 선에 대한 인식이다. 즉 〈대학〉에서 말하는 '격물치지(格物致知)'인 것이다. 격물치지의 방법에 의해 인심 및 천명의 모습을 통찰

순종(順從) : 순순히 복종함.

천명(天命) : ① 하늘의 명령. ② 타고난 수명.

하고 지선(至善)의 소재를 파악하는 것이 아니라면, 가령 선을 좋아해도 색을 좋아하듯 할 수 없고, 악을 싫어해도 악취를 싫어하듯 할 수가 없다. 아무리 노력해서 그 몸을 성실하게 하려 해도 성일 수는 없는 것이다.

다음 구절의 '선을 선택해서 굳게 잡는다.'라고 하는 그 '선을 선택한다.'는 것은 이 구절의 '선을 명확히 한다.'는 말이며, 요컨대 격물치지라고 할 수 있다. 올바른 인식이야말로 성의 기초인 것이다.

17

17// 誠者는 天之道也요 誠之者는 人之道也니 誠者는 不勉而中하고 不思而得하여 從容中道하나니 聖人也요 誠之者는 擇善而固執之者也니라

성은 하늘의 도이고 성에 이르고자 하는 것은 사람의 도이다. 성이 있는 자는 힘쓰지 않아도 적중하게 되고, 생각하지 않아도 얻게 되어 종용(從容)하게 도에 적중하므로 성인인 것이다. 성에 이르고자 하는 것은 선을 선택해서 굳게 잡는 것이다.

중(中) : 알맞다, 적중하다. 즉, 도와 일치된다는 뜻.
종용(從容) : 의식적이 아닌 자연스러운 행동.
고집(固執) : 굳게 잡는 것.

| 풀이 | 중용의 제2의 주제인 성이 여기서부터 논의되기 시작한다. 이 구절은 물론 앞구절의 '몸을 성실하게 한다.'를 계승하는 것이지만 〈중용〉 전체를 통해서도 제1장과 나란히 중요한 위치를 차지하고 있다.

'성'이란 이미 몇 번이나 언급한 바와 같이 진실무망─더 간단히 말하면 '실(實)'─이라고 정의되는 것이다. 참으로 실이라고 하는 것과 무망, 즉 허실(虛實)한 것이 아니

허실(虛實) : ① 공허와 충

라는 것은 동일한 하나의 사실로서 단순한 표리에 지나지 않는다. 동일하다는 것은 천리(天理)의 본연이라고 하는 사실이다. 천리의 본래적인 존재방식, 그것은 어떤 필연성이 있는 것이고, 반대로 말하면 무망적으로 필연성이 있는 것이다. 즉, 허망되지 않는 본연이 있는 것이다.

주자는 바로 이 성을 '진실무망'으로 보았고 〈정주공소(鄭注孔疏)〉에서는 성을 천성(天性)이라고 설명하고 있는데, 양쪽의 표현은 달라도 요컨대 성이라고 하면 하늘의 도 그 자체를 말하는 것이다.

대체로 '하나라면 순(純)이고 둘이라면 잡(雜)이며, 순하면 성(誠)이고 잡하면 망(妄)'이라고 할 경우 우주간에는 기(氣)가 충만하고 그로 인해 일어나는 춘하추동, 낮과 밤, 명암(明暗) 등등의 순환은 천만 년을 경과해도 조금도 오차가 없을 것이다. 뿐만 아니라 천하의 모든 것이 그 성명(性命)의 정확함을 가지고 태어난다. 가령 소는 정확히 소와 같이, 그리고 개는 정확히 개와 같이 태어나는 것이다. 이 사실만 보더라도 천리가 실이며 망이 아니라는 것이 압도적으로 명증(明證)되는 것이다.

인간도 성명의 정확성을 지니고 태어난다. 다른 형태가 아닌 바로 인간으로 태어나서 살고 있다는 사실도 역시 어디까지나 '진실무망'인 천리의 실현이기는 하지만, 육체와 마음을 형성하고 있는 기(氣)가 중정(中正)·순수하지 못하고 지나치거나 모자람이 있어서 감각의 편향(偏向)이 발생하며 그 것이 천리를 방해한다. 그래서 사욕(私欲)이

실. ② 거짓과 참. ③ 준비가 되어 있음과 안 되어 있음.
표리(表裏) : 속과 겉. 표면과 내심.

명증(明證) : 명백하게 증거함.

편향(偏向) : 어떤 사물이나 생각 따위가 한쪽으로 기울거나 치우침, 또는 그러한 경향.

생겨나는 것이다. 이 사욕, 즉 인욕(人欲)이 개재하여 '실'은 공허가 생기고 허망이 끼어들게 되며, 그런 후로는 일체가 망(妄)이 되고 이중구조가 되지 않을 수 없게 된다. 이 '인욕'이 발생한 후부터는 이미 원초적인 의미에 있어서의 성은 있을 수 없게 된다. 여기서 필연적으로 '성'해지려고 하는 것이 인간의 과제가 되는 것이다.

이 천리의 본연 및 필연에 대해서 인사(人事)의 당연이라는 것이 생겨나게 된다. 하늘의 도에 대해서 사람의 도는 당위적(當爲的)인 것이다. 물론 인간 중에서도 성인은 다르다. 성인은 맑고 중정한 기를 받고 태어나기 때문에 천리는 기에 의해서 방해를 받는 일이 없다. 성인은 바로 그 자신이 천리 그 자체이며 '진실무망'이고, '인욕'이라는 사적인 것과는 아무런 관계도 없는 것이다.

성인에게 있어서 인(仁)은 표리부동하지 않은 참된 인이며, 성인의 의(義)도 역시 표리부동하지 않은 참된 의이다. 즉 노력을 기다리지 않고도 '중용'을 얻으며, 사색을 기다리지 않고도 진리[선(善) 혹은 지선(至善)]를 파악하게 된다. 그래서 애쓰거나 고심하지 않고도 자연스러운 행동 그대로가 도와 일치하는데, 이것이 성인인 것이다. 성인의 도는 하늘의 도이다. 그러나 성인이 되지 못한 인간에게 있어서는 사욕이 방해하기 때문에 덕은 반드시 실(實)일 수 없고, 사색하지 않고 얻을 수는 없기 때문에 아무래도 선을 선택하는 입장에 놓이는 것이다. 이 선택 앞에서 처음으로 선을 인식하고 파악할 수 있게 된다.

표리부동(表裏不同) : 마음이 음충맞아서 겉과 속이 다름. 속 다르고 겉 다름.

또한 일반 사람은 '애쓰지 않고도 적중'할 수가 없기 때문에 역시 굳게 잡지 않으면 안 된다. 이렇게 함으로써만 몸을 성실하게 할 수 있는 것인데, '성'해지려고 하는 인간의 도란 바로 이와 같은 것이다.

앞서 나온 유형(類型)을 쓴다면 '사색하지 않고도 얻는' 것은 생지(生知), '애쓰지 않고도 적중하는' 것은 안행(安行), '선을 택하는' 것은 학지(學知), '고집'은 이행(利行)인 것이다. 다시 말해서 '성'을 현실생활에 적용하는 전체적인 판단과 그에 따르는 언행을 통해 실현하려는 삶의 노력, 그것이 다름 아닌 사람의 도인 것이다.

18

널리 그것을 배우며, 자세히 그것을 묻고, 신중히 그것을 생각하며, 명확히 그것을 분별하고, 독실하게 그것을 행해야 한다.

| 풀이 | 이 다섯 단계는 '성' 해지려고 하는 사람의 '도'에 대한 세부적인 설명이다. 즉 앞구절의 '선을 택하고', '굳게 잡는' 것이다. 여기서는 그것을 인식하는 학문의 중요성을 피력하고 있다. 또한 지선(至善)에 도달하기 위한 학문의 방법을 구체적으로 제시하고 있는 것이다.

배우고, 묻고, 생각하고, 분별하는 이 네 단계는 곧 선을 택하는 방법인데, 지(知)·인(仁)·용(勇)으로 말하면 지

18// 博學之하고 審問之하고 愼思之하고 明辨之하고 篤行之니라

박학지(博學之) : 널리 그것을 배우다. 여기서 그것이란 선(善)을 가리킨다.
심(審) : 자세하다, 상세하다는 뜻.
신(愼) : 신중하다.
변(辨) : 분별한다는 뜻.

(知)에 속하는 것이고, 앞서 나온 유형으로 말한다면 학지(學之)에 속한다. 끝의 '행한다'는 한 가지는 굳게 잡기 위한 것으로, 지·인·용으로 말한다면 인에 속한다. 즉 이행(利行)인 것이다〔용(勇)·면행(勉行)에 해당되는 것은 다음 제19절에서 설명된다.〕.

널리 천지만물의 사물 및 그 이치를 배우고 다음에는 그 배운 바를 자세히 물음으로써 조금이라도 의혹을 남기지 않아야 한다. 그 다음 단계는 배우고 물은 바를 다시 한번 되풀이해서 숙고하고 신중히 다루는 일이다. 그러고는 그것을 명확히 분별해서 윤리적인 시비를 가려야 한다는 것이다. 단순한 지식의 추구가 아니고 최종의 목표가 윤리적 실천에 있는 이상, 그 노력을 게을리 할 수는 없다. 최후의 단계는 그 결정한 바를 독실히 실행하는 것이다. 학문의 최종목적은 덕행(德行), 즉 그 실천에 있기 때문이다.

유교에서, 특히 주자학에서 학문이라고 할 경우 그것은 학(學)·문(問)·사(思)·변(辨)·행(行)의 다섯 단계인 전체를 의미하며, 그 어느 한두 가지만을 지정하고 있는 것은 아니다. "다섯 중에 하나라도 빠지면 학(學)이 되지 못한다."라고 정자(程子)는 말하고 있다.

이상 다섯 단계의 실천을 열심히 이행한다면 아무리 어리석고 둔한 자라도 명철해지는 법이다. 남이 한 번에 이룰 수 있는 일을 자기는 열 번 이상 노력해보고, 남이 열 번 되풀이해서 이룩하는 것을 자기는 천 번 이상 꾸준히

면행(勉行) : 힘써 행함.

숙고(熟考) : 잘 생각함. 깊이 생각함.

독실(篤實) : 인정 있고 성실함. 열성 있고 진실함.

명철(明哲) : 총명하고 사리에 밝음.

노력해본다면 누구나 반드시 지성(至誠)의 경지에 도달할 수 있을 것이다.

19

배우지 않음이 있을지언정 그것을 배우면 능해지지 않고는 그만두지 않는다. 묻지 않음이 있을지언정 그것을 물으면 알지 않고는 그만두지 않는다. 생각하지 않음이 있을지언정 그것을 생각하면 얻지 않고는 그만두지 않는다. 분별하지 않음이 있을지언정 그것을 분별하면 밝히지 않고는 그만두지 않는다. 행하지 않음이 있을지언정 그것을 행하면 독실해지지 않고는 그만두지 않는다. 남이 한 번 해서 능해지거든 자신은 백 번을 해보고, 남이 열 번 해서 능해지거든 자신은 천 번을 해본다.

| 풀이 | 군자가 학문—물론 학·문·사·변·행의 전체—을 함에 있어서는 일단 시작했으면 반드시 완성해야 한다는 것이다. 그러므로 조금이라도 그 배움에 다하지 못한 점이 있다면 배움이 충분하다고 할 수 없다.

이 점에 대해서는 제18절에서 설명한 바 있지만, 요컨대 이 구절은 지·인·용의 세 가지 달덕으로 말한다면 '용'에 해당되는 것이다. 이 구절에서 '남이 한 번에 능히 할 수 있으면'의 뜻을 윗구절의 '독실하게 행한다.'로 뜻을 받아 해석해야만 전단계에 관해서 교시와 해석의 통일

19// 有弗學이언정 學之인데 弗能弗措也하고 有弗問이언정 問之인데 弗知弗措也하고 有弗思이언정 思之인데 弗得弗措也하고 有弗辨이언정 辨之인데 弗明弗措也하고 有弗行이언정 行之인데 弗篤弗措也하여 人一能之어든 己百之하고 人十能之어든 己千之니라

불(弗): '하지 않다.'의 뜻.
불능(弗能): '능해지지 않고는'의 뜻.
불조(弗措): 그대로 두지 않는다. 즉 그만두지 않는다는 뜻.

20// 果能此道矣면 雖
愚라도 必明이요 雖柔
라도 必强이니라

수우(雖愚) : 비록 어리석은
자라 할지라도.
유(柔) : 유약하다는 뜻.

20

과감하게 이 도를 능히 해낸다면 어리석은 자라도 반드시 명철해지고, 유약한 자라도 반드시 강해지는 것이다.

| 풀이 | 여기에서는 '도'란 제17절의 '성에 이르고자 하는 것은 사람의 도'—즉 학·문·사·변·행, 또는 남이 한 번 하면 자기는 백 번하는—를 지칭하고 있다. 만일 그것을 해낼 수 있다면 어리석은 자라 할지라도 선을 택하는 분별심을 갖게 되고 그 효과로서 사리에 밝아지게 되며, 유약한 자라 할지라도 굳게 잡는 효과로서 반드시 강해지는 것이다.

강(强)에 대해서 주자는 별도로 주석을 달고 있지는 않으나 대체로 제10장의 '군자는 화하되 흐르지 않고 중도에 서서 치우치지 않는다……'의 강함으로 해석할 수 있을 것이다.

여대림은 다음과 같이 말하고 있다.

"군자가 학문을 하는 것은, 그것에 의해서 기질을 변화시킬 수 있기 때문이다. 덕이 기질을 변화시키면 어리석은 자라도 명철해져서 진보가 있는 것이고, 유약한 자라도 강해질 수 있는 것이다. 그러나 변화시킬 수가 없다면 아무리 학문에 뜻을 둔다 해도 어리석은 자는 총명해질 수 없고, 유약한 자는 능히 혼자 설 수 없는 것이다. 대체로 만인에게 있어서 균일하게 선하여 악이 없는 것이 이른바 성(性)이고, 그것은 인간 누구에게나 공통된 것이다. 혹은 명철하게, 혹은 강하게, 혹은 유약하게 그 천성이 다른 것은 바로 재능을 나타내고 있는 것이며, 또한 사람에게 있어서 차별이 생기는 원인인 것이다. 성해지려고 한다는 것은 서로 다른 바를 변화시켜서 서로 같아지도록 하려는 노력이다. 좋지 못한 기질을 타고난 자를 좋은 기질로 변화시키려면 남보다 더 많은 노력을 기울여야 하며, 그렇지 않고서는 목적을 달성할 수 없는 것이다. 일관성 없는 학문의 태도로써 그 좋지 못한 기질을 변화시키려고 하다가 그것이 불가능해지면 기질은 본래 학문으로써는 변화시킬 수 없는 것이라고 단언하고 만다. 이는 속단이며 자포자기인 것이다."

이 '성'에 대해서는 〈대학〉의 전 제6장에서도 논의되고 있음을 지적해 둔다.

속단(速斷) : 성급하게 판단함, 또는 그러한 판단.

제21장

이 장에서는 전장에 인용된 공자의 '천도'·'인도'의 설을 이어받아 자사(子思)가 말하는 것이다. 본장 이하 제32장까지의 총 12장은 모두 자사 자신의 말이다. 그런데 그것을 전제하고 있는 것이 이 제21장의 내용이다.

전제(前提) : ① 어떤 사물을 논의할 때 먼저 내세우는 기본이 되는 것. ② 추리를 할 때의 결론의 기초가 되는 판단.

自誠明을 謂之性이요
自明誠을 謂之敎이니
誠則明矣요 明則誠矣
니라

자(自) : 여기서는 '~으로 인하여'의 뜻.
명(明) : 지적(知的)인 판단이나 인식작용에 의해서 선에 밝아지는 것. 정현의 주에는 '명덕설(明德說)'로 되어 있다.

성실함으로 인해 밝아지는 것을 성(性)이라 하고, 밝음으로 인해 성실해지는 것을 교(敎)라 하나니, 성실하면 곧 밝아지고 밝으면 곧 성실해지는 것이다.

┃ 풀이 ┃ 성(誠)이란 이미 언급한 바와 같이 진실무망이며 천리의 본연인 것이다. 그런데 먼저 일차적으로 이 성이라고 하는 덕이 있고, 그 성에서 이른바 이차적으로 명(明)이 성립되는 것이다. 즉 '성'이라고 하는 근본적인 덕 위에 명(明), 즉 지적 판단 및 인식작용이 성립되고 있는데, 그것이 성(性)의 입장이 된다.

먼저 이 명(지적 판단·인식작용)이라고 하는 것이 일차적인 것이고, 그 위에 이른바 이차적으로 성(誠)이 성립된다는 것이다. 먼저 선(善)을 명확히 인식하고 그런 연후에 그 선을 실(實)로서, 진실무망으로서 실현시키려는 것이 이른바 교(敎)의 입장이다.

전자, 즉 성(性)의 경우는 성(誠)을 자연 그대로 지니고 있는, 따라서 성(誠)→명(明)이 이른바 자연적으로 실현되는 '천도'의 입장인데 대해 후자는 교(敎)를 통해 들어가는 현인의 학(學)의 입장, 즉 '인도'의 입장인 것이다.

정의(定義) : 어떤 개념의 내용이나 용어의 뜻을 다른 것과 구별할 수 있도록 명확히 한정하는 일, 또는 그 개념이나 뜻.

성실해지면 정의(定義)에 의한 귀결로서 밝아지지 않을 수 없으며, 지적 판단이나 인식작용이 필연적으로 뒤따르게 된다. 또한 반대로 명(明)도 역시 성(誠)에 대해서 말한다면 이차적인 것이지만, 본래 그것은 지선(至善)을 명확히 하는 바를 그 성격으로 삼는 것이며, 따라서 그것에 의해 성에 도달하는 일이 가능해지는 것이다. 학문을 통해 성인의 경지에 이르러야 할 '학자(學者)'에게 있어서는 명 이야말로 가장 중요한 과제가 되는 것이다.

하늘이 명한 것을 성(性)이라 하고, 도를 닦는 것을 교(敎)라고 한 제1장의 성(性) 및 교(敎)와는 약간 다른 방식으로 논의되고 있다. 성(性)에 대해서는 "요순(堯舜)은 그것을 성(性)으로 삼았다."고 한 〈맹자〉의 성(性)이며, 교(敎)는 배우는 것, 찾아내는 것이라고 〈주자어류〉에서 명시하고 있다. 하늘이 명한 것을 '성'이라고 한 그 성은 본질적인 면에서뿐만 아니라 현실적인 면에서도 도와 완전히 하나가 되는 도 그 자체라고 〈주자어류〉에서 말하고 있는 것이다. 다시 말해 생지안행(生知安行)의 성인은 태어나면서부터 지선(至善)을 몸에 지니고 있으므로 능히 성(誠)에 밝아질 수 있다. 이는 천성 그대로인 것이다. 반면에 학지면행(學知勉行)의 현자가 있는데, 그들은 도를 닦은 결과 지성(至誠)을 몸에 지니게 되는 것이다.

이 제21장은 다음 장 이하에 나오는 생지(生知)의 성인과 그 다음의 학지(學知)의 성인을 설명하기 위한 전제로 보고 있다.

생지안행(生知安行) : 천성(天性)이 총명하여 나면서부터 도의(道義)에 통하고 편안한 마음으로 도를 실행함.

제22장

오직 천하의 지성(至誠)이라야만 능히 그 성(性)을 다할

唯天下至誠이라야 爲

能盡其性이니 能盡其性이면 則能盡人之性이요 能盡人之性이면 則能盡物之性이요 能盡物之性이면 則可以贊天地之化育이요 可以贊天地之化育이면 則可以與天地參矣니라

진기성(盡其性) : 본래 구비되어 있는 우리의 성을 그 무엇에도 방해당하지 않고 발현시킬 수 있는 것.
참(參) : 이른바 천(天)·지(地)·인(人)의 세 가지 사상이 나타난 것으로 보고 천지와 나란히 힘을 낼 수 있는 동격(同格)의 제삼자가 되는 것이라는 해석이 주자의 주를 비롯해서 여러 곳에 나타나 있다. 여기서는 '참여하다'로 해석했다.

수 있다. 그 성을 다할 수 있으면 능히 사람의 성을 다할 수 있고, 사람의 성을 다할 수 있으면 능히 만물의 성을 다할 수 있으며, 만물의 성을 다할 수 있으면 곧 천지의 화육을 도울 수 있고, 천지의 화육을 도울 수 있으면 곧 천지와 함께 참여할 수 있게 된다.

│ **풀이** │ 천하의 지성(至誠)이란 요컨대 성인을 말하며, 성인의 덕이 실(實)하다는 것은 그 이상 더 높은 표현이 없기 때문에 '지(至)'라고 형용한 것이다.

'성(性)을 다할 수 있다.'는 말은 덕이 어디까지나 실이 되는, 즉 인욕에 의해서 분별되어 있지 않기 때문에 하늘이 명한 바의 성을 철저히 반성하고 실천하며, 거시적(巨視的)인 일이나 세부적인 일이나 정적(精的)인 것이나 조잡한 것이나 추호의 빈틈이 없도록 전력을 다해야 한다는 것이다.

전력을 다한다는 말 자체가 적절한 표현이 되지 못한다. 사실 성인은 이미 몸속에 그 진실한 도리를 지니고 있기 때문에 의식적인 행위를 하지 않더라도 자연의 필연성에 의해서 성을 다하는 것이다.

능히 다할 수 있다 함은 노력을 나타내는 것이 아니고, 그 사실이 오직 성인에게 있어서만 가능함을 말해주고 있는 것이다. 능히 자기의 성을 다할 수 있다면 타인의 성도 다할 수 있게 되는 것이고, 또한 타인의 성을 다할 수 있다면 곧 만물의 성을 다할 수 있게 되는 법이다.

그와 같이 나, 사람, 만물의 성을 다할 수 있다면 그후에는 어떠한 사태가 일어나는 것일까? 그러한 사람은 천지의 화육을 도울 수 있게 되는 것이다. 성인이 천지의 화육을 돕는다고 하는 것은 천지의 만물을 창조하고 생육시키는 그 작용에 조력한다는 것이다. 〈주자어류〉에 다음과 같은 말이 있다.

"천하의 일이 잘 되어 있지 않을 때, 그것을 성인이 적절하게 돕는다는 것이다. 가령 요(堯)의 아들 단주(丹朱)가 불초한 자였으므로 요임금이 천하를 순(舜)에게 물려준 사실, 홍수가 나자 순임금은 우(禹)를 찾아내어 물을 다스리게 함으로써 백성을 보호했다는 사실, 걸(桀)·주(紂)가 포악했으므로 탕(湯)·무(武)가 일어나서 평정시켰다는 사실 등이 그 좋은 예이다."

이와 같이 천지의 화육을 돕고 천지를 나란히 해서 만물을 육성함으로써 성인은 곧 하늘과 땅과 대등한 입장에 놓이는 것이다. 이는 사람의 도가 하늘의 도나 땅의 도와 동일하게 된다는 뜻이다.

요컨대 이 장은 단적으로 성(誠)을 말한 것이고, 그 성에 의해서 밝혀지는 하늘의 도를 성인의 도로써 설명한 것이다. 다시 말하면 이 장은 전장을 계승해서 천성 그대로의, 능히 지성(至誠)의 덕을 체(體)한 사람의 덕화작용(德化作用)의 지대함을 설명하고 있다.

여기서 천하에 단 한 사람인 통치자로서의 천자를 상정할 수 있게 된다. 그리고 그 지위에서 지극한 덕화를 기대

화육(化育) : 자연이 만물을 생성하여 기름.

우(禹) : 중국 하(夏)왕조의 시조라고 전해지는 전설상의 인물. 곤(鯀)의 아들. 요순시대에 대규모의 치수(治水)공사에 성공하고 순의 선양(禪讓)을 받아 왕이 되어 제반 제도를 세우고 하왕조를 창시하였음.

할 수 있게 되는 것이다. 즉, 한 사람의 통치자가 하늘의 도를 따를 때 만백성은 모두 하늘의 도를 따르게 되는 것이며, 그것은 곧 덕화를 의미하기 때문이다. 이와 같은 통치자의 다스림은 바로 끝구절의 '천지와 더불어 함께 참여한다.'는 구체적인 내용인 것이다.

제23장

其次는 致曲이요 曲能有誠이니 誠則形하고 形則著하고 著則明하고 明則動하고 動則變하고 變則化하니 唯天下至誠이라야 爲能化니라

그 다음은 곡(曲)에 이르게 하는 것이다. 곡에도 성(誠)은 있으니, 성해지면 곧 나타나고, 나타나면 곧 뚜렷해지며, 뚜렷해지면 곧 밝아지고, 밝아지면 곧 움직이며, 움직이면 곧 변화하고, 변화하면 곧 화(化)하는데, 오직 천하의 지성(至誠)만이 능히 화하게 할 수 있는 것이다.

기차(其次) : 천하의 지성(至誠)의 다음 단계, 즉 학지(學知)로써 마침내 지성의 영역에 도달할 수 있는 사람.
치곡(致曲) : 사소한 일에도 극진히 한다는 뜻. 사소한 것에도 하나하나 학문에 의해 그 선(善)의 여부를 찾아내어 밝히는 것인데 〈대학〉의 격물(格物)과 같은 뜻으로 본다.
형(形) : 〈대학〉에서 말한 '그 속에 성(誠)이 있으면 형

| 풀이 | '그 다음은……'으로 시작되는 이 장은 하늘의 도를 말한 전장을 이어받아 성실해지려는 사람의 도를 말하고 있는 것이다.

첫구절의 '기차(其次)'는 전장에서 설명한 지성(至誠)의 성인에 대해서 그 다음을 말하고 있다. 즉 대현(大賢) 이하 성이 아직 지극함에 이르지 못한 자를 가리키고 있는 것이다. 곡(曲)은 세소한 것 혹은 일편(一偏)의 뜻을 지니고 있어서 전체가 아닌 그 일부를 나타낸다. 예를 들면 효(孝)도 아니고 제(悌)도 아니며 인(仁)도 아니고 의(義)도 아닌

그 일부분의 하나하나의 드러남을 말한다. 그것을 극진히 해나가는 것이 이른바 치곡(致曲)이 되는 것이다.

예를 들어 효에 대해서 말하면 현재 자기의 직접적인 친족, 즉 친부모―모친이 계모인 경우라도―에게 효를 극진히 해서 먼저 부분적인 효를 실현한 다음 계속해서 여러 제부(諸父)에게 효를 미치도록 하는 것을 말한다.

본래 모든 인간에게 있어서 성(性)이란 동일한 것이지만 형기(形氣)는 각자가 서로 다르다. 따라서 오직 성인이라야 능히 그 성을 다할 만한 힘이 있겠지만, 형기의 방해를 받는 인간들에게 있어서는 사소한 일, 혹은 개개의 사물에도 성을 다해서 하나하나 성취해가는 노력이 있어야 한다. 이를 치곡이라고 한 것이다. 일편(一偏)·일단(一端)인 이 곡이 하나하나 성실하게 이루어질 때 덕은 진실해지는 것이다. 효는 참된 효가 되고 인(仁)은 참된 인이 되어 성(誠)이 태어나는 것이다.

성이 존재하면 그것은 반드시 드러난다. 즉 안에 축적된 성은 반드시 밖으로 발현되고, 밖으로 발현되면 그 형체는 점차로 명확해져서 밝게 빛나는 것이다. 성이 그렇게 되기에 이른다면 사람이나 사물을 움직이고 감동시키는 힘을 갖게 되는 것인데, 이를 '화(化)하게 한다.'고 한다. '움직이면 변하고 변하면 화하나니 오직 천하의 지성이라야 능히 화하게 할 수 있다.'고 했는데, 화한다는 것은 이 변화의 극치를 말하고 있다.

물론 이 '치곡→변화'―미세한 선의 실천에 의해 '성

(形)이 나타난다.'의 뜻이다. 즉 '밖으로 나타남'이다.
저(著) : 뚜렷하다는 뜻으로, 아주 미세한 것이 점차로 현저해지는 것.
동(動) : 지성으로 움직이지 않는 자는 아직 그것을 갖지 못한 자(《맹자》이루편 상)라는 뜻.
변(變) : 악을 고쳐서 선이 되는 것.
화(化) : 감화에 의해서 악습(惡習)을 선으로 돌리게 하는 것. 교화(敎化)의 뜻을 갖는다.

사단(四端) : 사람의 본성에서 우러나는 네 가지 마음씨. 곧 인(仁)에서 우러나는 측은지심(惻隱之心), 의(義)에서 우러나는 수오지심(羞惡之心), 예(禮)에서 우러나는 사양지심(辭讓之心), 지(知)에서 우러나는 시비지심(是非之心)의 네 가지.

(誠)'에 도달하고 '성'의 효과로서 타인을 근본적으로 선으로 변화시키는—는 형기에 의해서 그 활동이 구속된다고 하지만, 그러나 어디까지나 상실되는 것은 아닌 성(性), 즉 스스로 중단함이 없는 자기실현을 의미하고 있는 것이다.

맹자가 말하는 이른바 사단(四端)을 확충한다는 것은 요컨대 이 치곡의 뜻과 같은 것인데, 여기에 그 내용을 인용해보기로 한다.

"모든 사람에게는 반드시 사람을 해치지 못하는 마음이 있다. 옛날 임금들 역시 그러한 마음이 있었던 까닭에 사람을 해치는 정치를 하지 못했다. 차마 사람을 해치지 못하는 마음으로 정치를 하면 천하를 다스리는 일은 마치 물건을 손바닥 위에 올려놓고 굴리는 것처럼 쉽다.

사람에게 차마 사람을 해치지 못하는 마음이 있다는 것은 다음과 같다. 어린아이가 물에 빠진 것을 보면 누구나 측은히 여기는 마음이 있어서 구해줄 것이다. 이 측은히 여기는 마음은 바로 인심(仁心)의 발단이고 부끄러워하고 미워하는 마음은 바로 의리(義理)의 발단이며, 사양하는 마음은 예절의 발단이고, 모질고 그르게 여기는 마음은 지식의 발단이다.

사람에게 이 네 가지 정서가 있는 것은 마치 사람에게 사지(四肢)가 있는 것과 같다. 이 네 가지 정서를 갖추고 있으면서도 어진 정치를 펼 수 없다고 하는 임금은 자기 자신을 해치는 것과 같고, 자기 임금에게 그러한 능력이 없다고 하는 자는 자기 임금을 해치는 것과 같다.

이 네 가지를 확충해나가면 마치 불이 타오르기 시작하는 것과 같고 샘물이 처음 솟아오르는 것과 같다. 만일 이 마음을 확충할 수 있다면 천하라도 보존할 수 있지만, 만일 이 마음을 확충하지 못하면 부모조차도 섬길 수 없게 되는 것이다."〔〈맹자〉 공손추 상(公孫丑上)〕

맹자는 또 지극한 정성에 의해 움직이지 않는 것은 없다고 했는데(이루 상), 이 말은 지극한 정성은 누구나 교화시킬 수 있다는 뜻이다. 가령 사람이 언동이나 그 풍모에 표현되는 지성(至誠)이 명철해지면 그것만으로도 보통의 인간을 감동시킬 힘을 갖게 되는 법이다. 이 감동은 곧 그 마음을 변화시켜 교화를 이루게 한다는 것이다. 결국 사람은 누구나 그 성(性)을 타고나지만 그 성을 따르기 위해서는 배우고 닦고 힘써야 한다는 평범한 교훈으로 끝난다.

제24장

지성(至誠)의 도는 앞일을 알 수 있다. 국가가 바야흐로 일어나려 할 때는 반드시 상서(祥瑞)가 있는 것이며, 국가가 망하려 할 때는 반드시 흉조(凶兆)가 있어서 시귀(蓍龜)에 나타나며 사체(四體)가 움직이는 것이다. 화복(禍福)이 장차 닥쳐오려 할 때는 선(善)을 반드시 먼저 알아보고 불선(不善)을 반드시 먼저 알아보는 것이다. 그러므로 지성은 신(神)과 같은 것이다.

至誠之道는 可以前知니 國家將興에 必有禎祥하고 國家將亡에 必有妖孼하여 見乎蓍龜하고 動乎四體라 禍福將至에 善必先知之하고 不善必先知之니 故로 至誠如神이니라

가이전지(可以前知) : 미리 안다는 뜻. 지성(至誠)의 도에 의한 감응(感應)의 영묘함에 대해 말한다.
정상(禎祥) : 길조(吉兆)를 나타내는 말.
요얼(妖孼) : 흉조(凶兆)를 나타내는 말. 즉, 변괴가 나타나는 것.
시귀(蓍龜) : 시(蓍)는 톱풀인데, 그 줄기는 점치는 데 쓴다. 귀(龜)는 거북껍질을 말하는데, 역시 점을 치는 데 사용된다. 거북점은 불로 거북의 등을 태워서 앞일을 판단하는 점이다. 고대 중국에서는 이 시귀점을 쳐서 국가의 대사를 결정했다고 한다.
사체(四體) : 직접적인 뜻은 인간의 사지를 뜻하지만 동작을 하거나 행동을 하는 상태를 가리킨다. 정현은 '거북의 네 다리'라고 풀이했는데, 여기서는 취하지 않는다.
선(善) · **불선**(不善) : 복(福)과 화(禍)를 말하고 있다.

| 풀이 | 지성(至誠)은 그 당연한 과정으로서 앞일을 아는 것, 예지(豫知)하는 것의 가능성을 지니고 있다. 지성의 도를 예지하는 것이 아니라, 지성의 도가 예지하는 것이다.

당시의 사정으로 말한다면 노(魯), 제(齊), 진(晉), 초(楚)와 같은 나라들이 일어나서 번영할 때는 반드시 좋은 징조가 나타나고, 국가가 망하려고 할 때는 반드시 불길한 징조가 나타난다는 것이다. 전자의 경우를 정상(禎祥), 후자를 요얼(妖孼)이라고 한다. 즉 복(福)의 징조와 화(禍)의 징조를 말하는 것이다. 이와 같이 국가에 큰 변화가 있을 때는 미리 그 징조가 나타나기 때문에 지성(至誠)의 사람, 즉 성인은 조속히 그 징조를 포착하여 대사(大事)를 예지할 수 있게 되는 것이다.

일반적으로 복이나 화의 징조는 서죽(筮竹) 혹은 시초(蓍草)로 하는 시점(蓍占)이나 거북껍질로 하는 귀점(龜占)에는 반드시 나타나며, 또한 공물을 바치는 옥좌의 위치가 너무 높아서 그것을 받기 위해 몸을 굽히는 자세로부터 쌍방의 죽음을 예언한 고사(故事)〔〈좌전(左傳)〉 정공(定公) 10년〕에서 알 수 있듯이 신체의 움직임에조차도 나타나는 것이다.

성(誠)이 아직 불충분한 자로서는 징조의 의미를 포착하여 해득할 수 없지만 지성(至誠)인 사람(성인)은 그것을 능히 파악할 수 있는 것이다. 일반적으로 말해서 화나 복이 찾아올 때는 반드시 예지할 수가 있다. 왜냐하면 정상이나 요얼, 시귀가 나타내는 길흉, 사지의 움직임 등은 모두

이(理)가 미리 단서적(端緖的)으로 발현한 것—〈역경〉의 말로 한다면 '기(幾)'—이기 때문이다.

"공자가 말하기를, 기미(機微)를 안다는 것은 그야말로 입신(入神)한 일이다. 군자는 윗사람과 사귀지만 아첨하지는 않고, 아랫사람과 사귀지만 더럽혀지지는 않는다. 기미라고 하는 것은 사물의 움직임의 극히 미세한 징조로서, 거기에는 이미 길흉의 단서가 드러나는 것이다. …… 군자는 미세한 것도 알고 드러난 것도 안다."라고 〈역경〉에서는 말하고 있다. 기미를 안다는 것은 곧 징조를 안다는 것이다.

입신(入神) : 신의 경지에 이른다는 뜻으로, 지혜나 기술이 신묘한 경지에 이름.

앞서 말한 신(神)에 대해 주자는 단순히 "신(神)이란 귀신을 말한다."고 했는데, 이 '귀신'은 합리적으로 해석된 의미보다는—물론 전혀 별개의 것은 아니지만—이른바 귀신, "명(明)에는 예악(禮樂)이 있고 유(幽)에는 귀신이 있다."(〈예기〉)라고 한 그 '귀신'을 가리키는 것이다.

〈논어〉 헌문편(憲問篇)에 "자기를 속일 것이라고 미리 방비하지 않고, 신용을 지키지 않을 것이라고 억측하지 않을 것이나, 먼저 깨닫는 사람 편이 낫다."라고 씌어 있다. 교활한 술수나 속임수로 예측한다는 것은 삼가야 할 일이지만, 지금의 사회와는 그 경우가 좀 다를 것이다. 지성의 사람은 무슨 일에나 성실하게 대처하기 때문에 교활한 술수나 속임수는 취하지 않는 것이다.

억측(臆測) : (사실에 의하지 않고) 제멋대로 짐작함, 또는 제멋대로 하는 짐작.

제25장

1// 誠者는 自成也요 而道는 自道也니라

자성야(自成也) : 스스로 이루다.
자도야(自道也) : 스스로 행하다. 즉 도(道)를 따라간다는 뜻.

성(誠)은 스스로 이루는 것이요, 도(道)는 스스로 행하는 것이다.

| 풀이 | 성(誠)은 사물이 자연적으로 성취되는, 즉 스스로 그렇게 되는 원리이며, 인간이 작위적(作爲的)으로 정비하지 않는 것을 의미하는 말이다. 다시 말하면 자연의 질서 그 자체이며, 그 질서에 따라 성취하는 것이 곧 성이라는 것이다.

그것에 대해서 도(道)라는 것은 인간이 스스로 해야 할 당위(當爲)의 것을 말하고 있다. 예를 들면 초목에는 많은 뿌리와 가지와 잎사귀가 있는데, 그것은 스스로 이루어지고 있는 것이다. 그것에 비해서 인간에게 귀·눈·코·입·손발이 있는 것은 스스로 이루어진 자연적 성취물이라고 할 수 있겠지만, 그러나 사실에 있어서는 우리 자신이 의식적인 작용을 가해야 비로소 그것들이 기능을 발휘할 수 있는 것이다(《어류》).

'스스로 행한다.'는 것은 여러 가지 의미로 오해를 유발하지만, 요컨대 도란 인간이 스스로 성취해서 가는 것, 실천에 의해서만 성취되는 것을 의미하고 있다. 더욱이 이와 같은 예는 '장구(章句)'에 있어서의 주자의 해석으로는 부적당했다.

왜냐하면 주자의 해석은 이 장의 경우 도가 이(理)의 점에서 말하고 있는 데 반해 성(誠)은 심(心)에 대해서 말하고 있기 때문이다. 즉 위에서 말한 '사물이 스스로 성취된다.'는 구절 속에 사(事)와 물(物)을 구별한다는 이 경우, 사(事)로서 해석하는 것이 옳고 초목의 예는 적절하지 못한 것이다.

"성을 스스로 이룬다 함은 지성(至誠)으로 부모를 섬기면 효자가 되고, 지성으로 임금을 섬기면 충신이 된다."(정이천의 말)는 뜻과 같은 것이다. 그런데 주자 자신이 무의식중에 위와 같은 예를 들고 있는 것에 '성(誠)'의 개념으로서의 본래의 성격이 드러났다고 할 수 있는 것이다.

요컨대 지성이란 어떤 타물(他物)의 힘을 빌리지 않고 스스로 성취하는 절대적인 힘을 구비하고 있는 것이며, 그 지성을 내용으로 하는 '중용'의 도 역시 스스로의 존재와 가치를 현현(顯現)하는데 어떤 타물의 힘을 필요로 하지 않는 것이다. 지성도, 그것을 내포하는 도도 이른바 만물형성의 근원의 힘으로서 절대성을 갖는 것이다.

현현(顯現) : 명백하게 드러남, 또는 드러냄.

2

성(誠)은 사물의 처음이자 끝이니, 성이 없으면 사물은 없는 것이다. 이러한 이유로 군자는 성을 귀히 여기는 것이다.

2// 誠者는 物之終始니 不誠이면 無物이라 是故로 君子는 誠之爲貴니라

물지종시(物之終始) : 사물의 처음과 끝. 즉 성은 존재의 전부임을 뜻한다.

불성무물(不誠無物) : 성이 없으면 사물은 없다는 뜻. 모든 존재는 그 존재를 이루고 있는 어떤 '원리', 즉 성이 있어서 그것을 가능하도록 하기 때문에, 성이 없으면 존재는 성립될 수 없다는 것이다.

강신(降神) : 제사 절차의 한 가지. 신이 내리게 한다는 뜻으로, 초헌(初獻)에 앞서 향을 피우고 술을 잔에 따라 모사 위에 붓는 일.

| **풀이** | 이 절은 앞절을 상세히 설명한 것이다. '성'은 사물의 골격과 같은 것이다. '성'이 없으면 사물이 없다고 한 말은 반대방향에서 말한 것이다. 천하의 사물은 모두가 실리(實理), 즉 성(誠)으로써 형성되어 있다. 그러므로 어떤 이(理)를 획득해서만 그 사물은 존재하게 되는데, 그 획득된 이가 다 없어져버린다면 사물도 역시 없어져버리고 마는 것이다. 그렇기 때문에 인간의 마음에 조금이라도 부실(不實)이 있다면(거기에 인욕이 발생하고 허무가 끼어든다면), 즉 조금이라도 성(誠)이 되지 못한다면 어느 정도의 성취를 했다고 해도 그것은 없는 것과 다를 바 없다.

그러므로 군자는 성이라고 하는 것을 중요시하는 것이다. 만일 성, 곧 실(實)이 아닐 경우 "마음이 거기에 없으면 보아도 보이지 않고 들어도 들리지 않는다."(《대학》). 눈과 귀라는 물(物)이 없다고 해도 좋고, 보고 듣는 사(事)가 없다고 해도 좋은 것이다.

또한 "체제(禘祭)에 있어서 술을 부어 강신(降神)한 이후의 절차를 나는 보고 싶지 않다."(《논어》 팔일(八佾)편)라는 공자의 말도, 제(祭)를 지낸 후에는 제사를 지내는 측에 정성된 뜻이 보여지지 않게 되므로 가령 예법에 의해서 진퇴동작이 계속되더라도 이미 그것은 참된 제사가 되지 못하는 것이며, 사(事)와 물(物)로서 존재하지 못하는 것이다. 반대로 말한다면 사람의 마음에서 부실을 없애는 데 성공할 수만 있다면 사(事), 즉 모든 일은 스스로 이루어지는 것이다.

또한 도는 스스로가 행할 수 있게 되는 것이다. 그러므로 만물이 이루어지는 천도(天道)의 근본인 성(誠)에 의하는 것이고, 인간에게 있어서는 자신을 성취시키는 소이가 되는 것이다.

자세히 말하면 자기 삶을 이루어가는 주체적인 존재로서 객관적인 사물과의 접촉에 있어 갖는 진실한 태도, 이것을 성이라고 할 수 있는 것이다. 이 접촉이란 곧 내적인 자세로, 이 자세가 올바를 때 비로소 그 성은 가능해진다는 것이다.

끝으로 〈어류〉에서 '성은 사물의 시초와 끝'이라는 것과, '성이 없으면 사물이 없다.'는 것을 대비해서, 전자는 이(理)의 관점에서 말한 것이고 후자는 사람의 관점에서 말한 것이라고 한 것은 확실히 이해하기 쉬운 해석이라고 보겠다. 그러나 이 장 전체로서는 어느 경우의 '성'이나 사람에 대해서 언급하고 있다고 보는 것이 주자의 본래의 입장인 것이다.

3

성(誠)이라고 함은 스스로를 이루게 할 뿐만 아니라 사물을 이루는 소이인 것이다. 자기를 이루는 것은 인(仁)이고 사물을 이루는 것은 지(知)로서 성(性)의 덕이 되는 것이니, 안과 밖을 합치게 하는 것이 도이다. 그러므로 수시로 사용함이 마땅한 것이다.

3// 誠者는 非自成己而已也요 所以成物也니 成己는 仁也요 成物은 知也니 性之德也라 合外內之道也니 故로 時措之宜也니라

성물지야(成物知也) : 지(知)의 면에서 사물을 이루는 작용을 파악한 것.

성지덕(性之德) : 인지(仁知)를 겸비한 것은 본성의 덕이라는 뜻.

합외내지도(合外內之道) : 안과 밖이 합해지는 도. 즉 내적인 마음과 외적인 행동이 일치하는 것.

시조(時措) : 수시로 사용한다는 뜻. 시(時)는 '마땅한 때가 온다면', 조(措)는 '사용한다'는 뜻.

| 풀이 | 서두에서 말한 바와 같이 성(誠)은 '스스로 성취하는', 즉 스스로 자기를 형성·완성하는 것이다. 그렇지만 단순히 자기를 형성·완성하는 것만이 아니고 동시에 남도 성취시키는 것, 즉 타자(他者)를 타자로서 형성·완성시키는 것이다.

물(物)이라고 하는 것은 자기와 대립되는 것이지만 반드시 타인을 의미하는 것만이 아니라 자기 이외의 사(事)·물(物)·인(仁)을 모두 합쳐서 말하는 것이다. 스스로 자기를 성취하는 이상 당연히 그것은 사물에게도 미치고, 그 사물에 있어서도 도(道)가 행해지게 되는 것이다. '성이 없으면 사물은 없다.'는 것을 자타(自他)의 대립이라는 차원에서 본다면 그렇게 될 수밖에 없다.

그런데 자기를 이루는 것은 '인(仁)'이고 사물을 이루는 것은 '지(知)'라고 한 것은 성의 작용 및 그 효과를 말한 것이지만, 어쩐지 지와 인이 대신 들어와 있는 듯한 느낌이 든다. 예를 들면 〈논어〉 학이(學而)편에서처럼 '배우기에 싫증을 내지 않는 것'을 지(知)에 해당시키고 '남을 가르치기를 게을리하지 않는 것'을 인(仁)에 해당시키는 상식과 상반되는 듯이 보이는 것이다.

또한 〈논어〉에서도 "자기를 극복하고 예(禮)로 돌아가는 것이 인(仁)이다."〔안연(顏淵)편〕라고 한 것은 자기의 경우를 인으로 여기는 것이며, "지(知)는 만물을 헤아리고 도(道)는 천하를 다스린다."〔역경〉 계사전(繫辭傳)〕라고 한 것은 타자와 관련되면서 지가 된 것이 아닐까.

중용 · 365

물론 '자기를 이루는 것은 사물을 이루는 기초가 된다.'는 점을 체용(體用)의 관점에서 생각한다면 자기를 성취하는 것이 체(體), 사물을 성취하는 것이 용(用)에 해당되는 것은 명백한 일이다.

체용(體用) : 사물의 본체와 작용. 실체와 응용.

또한 인과 지를 체용에 해당시킨다면, 인이 체이고 지가 용인 것도 명백한 사실이다.

유교의 근본원리는 인이고, 성의 내용을 이루는 인·의·예·지·신의 오상(五常)도 요컨대 인의 인(仁), 인의 의(義), 인의 예(禮), 인의 지(智), 인의 신(信)이기 때문에 인은 체이고 지는 용인 것이다. 그것은 모두 성(性)의 고유한 덕이다. 상식적으로 말하면 자기를 이루는 것은 내(內)이고 사물을 이루는 것은 외(外)라서, 인은 외적인 성향을 갖고 지는 내적인 성향을 갖지만, 여기서는 명확히 자기를 이루는 것이 인이고 사물을 이루는 것은 지임을 밝혀 두었다. 즉 어느 쪽이 외이고 어느 쪽이 내인가 하는 구별은 성(誠)에 있어서는 존재하지 않는다.

성은 안과 밖을 합한 것, 즉 그 합한 도라고 하는 것이다. 물론 순서적으로는 먼저 자기를 완성하고 그 다음에 사물을 이루는 것이지만, 그것은 단순히 논리적 순서일 뿐이다. 자기의 형성·완성이 타자(他者)의 형성·완성인 것, 안의 확립과 동시에 밖의 확립인 것, 바로 그러한 것이 성인 것이다.

이리하여 성이 이미 자기에게 있어서 획득되었다면 그것을 수시로 사용함이 마땅하다. 성현의 행동은 경우에 따라서 다르지만 성에 의해서 발현된 것이라면 모두 타당하다고 할 수 있다(〈맹자〉 이루 하).

송학(宋學)의 근본정신을 나타내는 말 중에 장횡거의 "안과 밖을 합해서 물아(物我)를 평등히 한다."는 말이 이 합외내지도(合外內之道)에서 나온 것임은 말할 나위도 없다. 불교와 같이 '안'만을 닦고 천하라는 '밖'은 도외시하는 태도는 학(學)이라는 명칭에 해당되지 않는 단순한 이기주의일 뿐인 것이다.

물아(物我) : ① 외물(外物)과 자아. 객관과 주관. ② 물질계와 정신계.

제26장

1// 故로 至誠은 無息이니라

무식(無息) : 그침이 없다. 즉 영원하다는 뜻.

그러므로 지성(至誠)은 그침이 없는 것이다.

| 풀이 | 앞구절에서 말한 지성은 사물의 근본원리라는 뜻을 받아서 지성의 공효(功效)를 논하고 있다. 요컨대 앞의 여러 장에서 논의된 성에 대한 문제를 총괄하는 의미를 지니고 있는 것이다. 여러 번 하는 말이지만 성(誠)은 진실무망(眞實無妄), 한마디로 요약해서 '실(實)'인 것이다. 실인 이 지성은 완벽한 상태로 그 움직임에 부족함이 없어서 그침이 없다. 그것은 인위적이거나 작위적이 아니기 때문이다. 만일 인위적인 것이라면 아무리 완벽한 상태라

도 반드시 그침이 생기는 것이다.

그침이 없다는 것은 그 자체가 어떤 필연성 밑에서 스스로 움직이기 때문이다. 이것이 하늘의 도인 것이다. 하늘의 도와 같으므로 하늘의 움직임이 그치지 않는 한 그 '성'도 그침이 없다. 천지의 운행이 지금까지 변함없이 계속 찾아오는 것을 보면 하늘의 움직임이 곧 지성의 움직임인 것을 알 수 있다. 이러한 영원한 지속은 하늘의 움직임인 지성이 영원하다는 것을 의미하고 있다.

'지속'이라는 말은 공간적인 간격을 의미하기보다는 대개 시간적인 의미로 쓰이고 있다. 또한 여기서 말하는 '지성은 그침이 없다.'는 말도 천지의 성(誠)이라기보다는 성인의 지성이라고 생각해볼 수 있을 것이다. 단지 성인=천지라는 관계 밑에서는 일반인에게 있어서와 같이 의도적인 노력의 계기가 보이지 않기 때문에 인도(人道)가 아니고 천도(天道)라고 하게 되는 것이다.

2

그치지 않으면 곧 영원하고, 영원하면 곧 징험(徵驗)된다.

2// 不息則久하고 久則徵이니라

구(久) : 영원하다는 뜻.
징(徵) : 징험된다는 뜻. 주자의 주석에 "구(久)란 그 속에 상(常)이 있고 징(徵)이란 그 밖에 험(驗)이 있다."고 했다. 즉 구(久)는 본

| 풀이 | 성인에게 있어서 지성은 그침이 없다. 한순간의 중단됨도 없이 지성이 계속된다면 그 지성은 만물에 그 공효를 나타낸다. 즉 '그치지 않으면 곧 영원한 것이다.' 영원성이란 만물의 불변성을 말한다. 구(久)는 그 속에 상

체가 변함이 없는 것이고, 징(徵)은 밖에 그 효험이 나타난다는 것이다.

(常)을 지니고 있다. 즉 내면적으로 변함이 없는 영원한 덕을 형성하고 있는 것이다.

〈어류〉에 따르면 '골격이 있는 곳에 성(誠)의 영원한 상태가 형성된다.'고 할 수 있는 것이다. 내면적으로 영원성을 지닌다면 그것은 곧 밖으로 효험을 나타낸다. 즉 외면적인 그 어떤 징표가 나타난다는 것이다. 이것은 지성의 덕으로서 천지의 그 효험과 일치되는 것이다.

그렇다고 '다만 하루 이틀의 공부로서 어떻게 그 효험을 다 알 수 있겠는가.' 이 지성의 덕은 자신을 이루려는 노력과 새로운 사물을 이루려는 노력이 쌍방에 걸쳐 활동을 해서 한순간도 멈추지 않는다. 한순간도 멈춤이 없다면 그 노력은 영원하다고 보는 것이다. 그러한 까닭에 그 노력의 효험은 현저히 나타나서 영속적으로 광범위하게 퍼져, 그 지성의 덕이 마침내 넓고 두텁게 쌓이는 것이다. 그리고 그것은 높고 밝아져서 천하의 백성이 우러러보게 되는 것이다.

3

3// 徵則悠遠하고 悠遠則博厚하고 博厚則高明이니라

유원(悠遠) : 멀다, 오래간다는 뜻.
박후(博厚) : 두텁다.

징험되면 곧 유원(悠遠)해지고, 유원해지면 곧 넓고 두터워지고, 넓고 두터워지면 곧 높고 밝아진다.

| 풀이 | '영원하면 곧 징험이 있다.'는 것, 즉 지성이 성인의 내부에 그침이 없이 그 영원한 상태를 형성하면 그

것은 반드시 외면에 그 징험을 나타낸다고 이미 언급한 바 있다.

정현의 주에 "지성의 덕이 사방에 나타난다."고 말한 것이 바로 그것을 뜻하고 있다. 이 징험은 우선 '유원(悠遠)'이라는 것이다. 유원이란 미래에 걸쳐서 궁극이 없다고 하는 의미이다. 유원하면 그것이 쌓여서 넓고 두텁게, 깊고 두텁게 되는 것이다.

다음으로 제2의 징험은 '박후(博厚)'라고 하는 것이다. 박후라고 함은 그것이 높아져서 광명해진다는 것이다.

제3의 징후는 '고명(高明)'이다. 예를 들어 건축과 같은 것을 상상해보면 쉽게 이해될 것이다. 고(高)에 대해 말한다면, 대규모적인 건축물을 만드는 데는 먼저 토대를 넓고 두텁게 해야만 상부가 높고 커질 수 있는 것이다. 또한 명(明)에 대해 말한다면, 대개 만물의 정기는 밑에 쌓여진다는 뜻으로 깊고 두터울수록 더한데, 밖으로 발산되는 것은 광명이며, 그것은 빛나는 것이다(〈어류〉).

고명(高明) : 높고 밝다는 뜻. 유원·박후·고명의 세 가지는 고대인의 신앙, 즉 우러러보는 넓은 하늘과 진심으로 바라는 대지 및 시간의 유원함에 대한 감동을 표현한 것이다.

4

넓고 두터움은 만물을 싣는 것이고, 높고 밝음은 만물을 덮는 것이고, 멀고 오랜 것은 만물을 이루게 하는 것이다.

4// 博厚는 所以載物也요 高明은 所以覆物也요 悠久는 所以成物也니라

| 풀이 | 성인의 안이 되는 지성이 밖으로 스며 나온 징험이 전절(前節)에서는 유원(悠遠)·박후(博厚)·고명(高明)

으로 열거되었는데, 이 절에서는 박후·고명·유구(悠久)로 되어 있다.

여기서 유구(悠久)는 곧 유원(悠遠)인데, 단지 이 유구의 경우는 안과 밖을 겸해서 표현한 말이다.

본래는 유원이 최초로서, 거기로부터 박후와 고명이 나오지만, 그것은 반대로 박후와 고명에 의해 유원이 유구로 높여진다고 할 수 있는 것이다. 성인의 존재방식의 하나인 박후는 마치 넓고 두터운 땅이 그러한 것처럼, 만물을 자기 위에 싣기 위한 성격인 것이다.

또한 고명은 광명에 가득 차 드높은 하늘이 만물을 자기 밑에 덮고 있는 것처럼 만물을 덮어 보호하기 위한 성격인 것이다. 지성은 이와 같이 만물을 싣고 덮고, 최후에는 만물을 이루게 하는 것이다. 만물을 이루게 하는 것은 지성, 즉 성인의 지성의 '유구'라고 하는 면이 이른바 하늘과 땅의 합력(合力)으로 그와 같이 작용하는 것이다.

요컨대 이 구절이 말하는 바는 성인의 용(用)이 천지의 용과 동일하다는 것이다. 즉, 성인은 만물을 자기 위에 싣고 또한 만물을 자기의 인(仁)으로써 덮으며, 그렇게 유구한 미래에 걸쳐서 만물을 각각 완성시켜 가는 것이다.

5

5// 博厚配地하고 高明配天하고 悠久無疆이니라

넓고 두터움은 땅에 짝하고, 높고 밝음은 하늘에 짝하고, 멀고 오램은 끝이 없는 것이다.

| 풀이 | 땅에 짝하고 하늘에 짝한다는 그 배(配)는 합(合)의 의미이다. 성인의 덕이 되는 박후는, 박후를 그 본질로 삼고 있는 땅과 합치하는 것이다. 고명이라고 하는 것은, 고명을 그 본질로 삼고 있는 하늘과 합치하는 것이다. 그래서 유구라고 하는 면은 단순한 하늘, 단순한 땅이 아닌 천지(天地)의 끝없는 것—시간적으로나 공간적으로 무한성—과 합치하는 것이다. 앞구절에서는 성인의 용과 천지의 용과의 동일성을 기술했는데, 이 구절에서는 성인의 체(體)가 천지의 체와 동일하다는 것을 기술하고 있다.

〈어류〉에 의하면, 이 장에서 성인과 천지의 동일성을 설명한 곳이 광대심원(廣大深遠)하기 때문에 망연해질 수밖에 없다고 어느 제자가 탄식하자 이에 대해서 주자는 다음과 같이 대답했다.

"그와 같이 되어서는 안 된다. 나는 아무래도 그와 같은 경지에는 도달할 수 없다고 포기해서야 되겠는가. 오직 이의(理義)를 분석해서 명백하게 파악하고 한 걸음 한 걸음 다가서는 것이다."

여기서 '성인은 배워서 다한다.'는 그 의기의 충만됨을 볼 수 있지 않은가.

배지(配地) : 배(配)는 짝한다는 뜻. 즉 땅에 짝하다.
배천(配天) : 하늘에 짝하다라는 뜻이다.
무강(無疆) : 끝이 없다는 뜻이다.

망연(茫然) : ① 멀거니 있는 모양. ② 넓고 멀어서 아득한 모양.

6

이와 같은 것은 나타내지 않아도 드러나고, 움직이지 않아도 변하며, 작위(作爲)함이 없어도 이루어진다.

6// 如此者는 不見而章하고 不動而變하고 無爲而成이니라

불현이장(不見而章) : 나타내지 않아도 드러난다. 주자는 이것이 앞구절의 '땅에 짝한다.'를, 그리고 다음의 부동이변(不動而變)은 '하늘에 짝한다.'를 암시한다고 했다.

무위이성(無爲而成) : 작위(作爲)없이 이루어지는 것.

| 풀이 | 이와 같은 것이란 바로 앞구절의 '넓고 두터움은 땅에 짝하고, 높고 밝음은 하늘에 짝하고, 멀고 오램은 끝이 없다.'는 지성의 덕의 작용을 말하는 것이다. 그것은 그 자신이 스스로 나타내려고 하지 않아도 저절로 나타나서 만인의 눈에 비쳐지고, 의식적으로 만물을 변화시키려고 하지 않아도 저절로 변화한다. 지성의 덕에 의한 적극적인 작용으로 만물과 만사가 형성되는 것이다.

여기서 '불현이장(不見而章)'의 장(章)은 문장(文章)의 장(章)으로서, 지성의 존재는 스스로 구비하고 있는 문(文)을 의식적으로 과시하지 않아도 그 문은 스스로 은폐함이 없이 밝게 드러나는 것이다. 그것은 마치 땅이 산천초목과 나는 새와 달리는 짐승이라는 훌륭한 문을 아무 의도가 없이 자연 그대로 밝혀 드러내는 것과 같다.

또한 지성은 정적(靜的)인 문만이 아니라 동적(動的)인 문을 갖추고 있는 것이다. 그것은 하늘이 의도적으로 움직이지 않더라도 태양이나 달이 시시각각으로 그 위치를 변동시키고 별들도 시간을 따라서 그 위치를 변동시켜 가는 것과 같다.

끝으로 지성은 작위가 없이도 만물을 이루게 하는 작용을 갖는데, 그것은 단순히 하늘에만 짝하거나 땅에만 짝하는 것이 아닌 그 결합으로서의 천지에 짝하는 것이 된다. 그것은 천지가 끝이 없는 것과 같이 영원히 존재하는 것이다. 이 구절은 지성의 그 덕이 천지와 함께 있으며 천지의 유구(悠久)함과 더불어 존재한다는 것을 명시하고 있다. 또한 지성의 사람에 의한 그 작용의 위대함도 동시에 언급하고 있다.

원문에는 그 지성의 덕이 천지와 '함께 있다.'는 문자는 없으나 내용으로 볼 때 그 합치의 뜻이 반드시 있다는 점은 의심할 나위가 없다.

7

천지의 도는 한마디로 다할 수가 있다. 그 물건됨이 두 가지가 아니니, 만물을 생성시킴이 이루 헤아릴 수 없는 것이다.

| 풀이 | 앞절까지는 성인의 지성이 천지에 짝해왔지만 이 절 이하에서는 천지 그 자체에 의해서 지성의 작용이 영원하다는 것을 명확히 하려고 한다. 천지간의 만물·만사를 형성하는 천지의 도는 무엇을 말하고 있는 것일까? 천지의 도는 한마디로 다할 수가 있다고 하는 것이다. 요컨대 천지의 도란 '성(誠)'이라는 한 자로 나타낼 수가 있기 때문이다. '그 물건됨이 두 가지가 아니다.'라고 한 것은, 천지간의 만물의 존재 방법이 두 가지가 아니라 한 가지라는 사실을 나타내는 것이다.

'이(二)'나 '잡(雜)'이 망(妄)에 대응함에 대해서 '일(一)'이나 '순(純)'은 성(誠)에 대응하고, '불식(不息)'에는 주자의 〈중용〉 해석에 있어서 이른바 공리(公理)가 대응하는

7// 天地之道는 可一言而盡也니 其爲物不貳라 則其生物不測이니라

가일언이진야(可一言而盡也) : 일언(一言)을 '일자(一字)'라는 뜻으로 또는 성(誠)으로 해석하는 경우가 많은데 '일언'을 '일자'로만 해석하는 것은 다소 무리가 있는 듯하며, '시삼백 일언이폐지(詩三百 一言以蔽之)'〔〈논어〉 위정(爲政)편〕의 '일언'의 해답은 '사무사(思無邪)'의 석 자가 아닌가 한다. 그러나 그 해답은 역시 '지성(至誠)'일 것이다.

기위물불이(其爲物不貳) : 물건이 되어지는 뜻. 앞의 '한마디로 다할 수 있다.'의 천지의 도를 받아서 그 본성이 무엇인가를 설명한 것.

기생물불측(其生物不測) : 만물을 생성시킴이 이루 헤아릴 수 없다는 뜻. 그런데 이곳의 불측(不測)에 대해서는 "산출되는 만물의 수량을 헤아릴 수 없다."는 정자의 주석과, "만물을 생성하는 지성의 작용의 신묘(神妙)함을 헤아릴 수 없다."는 주자의 학설이 있다.

것이다. 하나이고 성이라면 그침이 없고, 만물을 만물답게 끊임없이 이루어가는, 즉 '만물을 생성시키는 작용'을 계속하는 것이다. 만물을 생성시키는 작용이 헤아릴 수 없다는 것은 성의 작용이 그와 같이 위대함을 나타내는 것이다. 여기서 '헤아릴 수 없다.'는 것은 만물 속에 숨겨져 있는 근원적 형성의 힘이 집약적으로 나타나서 그 작용의 신묘함을 도저히 예측할 수 없다는 의미도 내포하고 있다.

8

8// 天地之道는 博也요 厚也요 高也요 明也요 悠也요 久也니라

천지지도(天地之道) : 앞절에서 말한 성일불이(誠一不二)의 그 도를 말한다.

천지의 도는 넓음이고, 두터움이고, 높음이고, 밝음이고, 유원이고, 오램이다.

| 풀이 | 요컨대 지성을 내용으로 하는 천지의 도는 여기에 열거한 대로 넓고, 두텁고, 높고, 밝고, 유원하고, 각종의 덕을 최대한으로 발휘하고, 다음에서 언급될 '만물을 태어나게 하는' 작용을 하는 것이다.

9

9// 今夫天이 斯昭昭之多니 及其無窮也하여는 日月星辰繫焉하며 萬物覆焉이니라 今夫地가 一撮土之多니 及其廣厚하여는 載華嶽

지금 하늘은 소소(昭昭)함의 많음이지만 그 무궁함에 이르러서는 일월성신(日月星辰)이 달려 있고 만물이 덮여 있다. 지금 땅은 한 줌 흙의 많음이지만 그 넓고 두터움에 이르러서는 화산(華山)·악산(嶽山)을 싣고 있으나 무거워

중용 • 375

함이 없고, 강과 바다를 거두고 있으면서도 새지 않으며 만물을 싣고 있다. 지금 산은 한 주먹 돌의 많음이지만 그 광대함에 이르러서는 초목이 자라나고 금수(禽獸)가 살며 보장(寶藏)이 발굴된다. 지금 물은 한 국자의 많음이지만 그 헤아릴 수 없음에 이르러서는 큰 자라, 악어, 교룡, 물고기, 작은 자라가 생겨나고 재화가 생겨난다.

| 풀이 | 지금 하늘은 소소(昭昭), 즉 작은 빛이 무수히 모인 것에 지나지 않으나 그것이 무한히 모인 단계에서는 거기에 태양이나 달이나 별들이 매달려 그 위치를 점하고 하계(下界)의 만물을 덮어서 보호하는 것이다. 여기서 소소(昭昭)라고 함은 밝음의 작은 부분을 말하는데, 그것은 마치 관(管)으로 하늘을 쳐다보는 것과 같지만, 그러나 밝음의 정도가 작다고 하는 뜻은 아니다.

지금 땅은 한 줌의 흙이 많이 모여서 된 것이지만, 그것이 무수히 쌓여서 넓고 두텁게 되면 화산이나 악산이라도 자기 위에 실을 수가 있는 것이다. 또한 강이나 바다를 자기 속에 수용하고 있어도 물을 밖으로 새게 하는 일이 없으며, 만물의 어떠한 것이라도 실을 수가 있게 되는 것이다. 또한 산이라고 하는 것도 작은 돌이 수없이 모여서 이루어진 것에 지나지 않는다. 한 줌의 돌이 수없이 모인 것에 불과하나 그것이 넓고 큼에 있어서는 풀과 나무가 자라고 짐승이 살고 보물도 매장되어 있는 것이다.

또한 물은 한 국자의 적은 물이 수없이 모여서 된 것에

而不重하며 振河海而不洩하며 萬物載焉이니라 今夫山이 一卷石之多니 及其廣大하여는 草木生之하며 禽獸居之하며 寶藏興焉이니라 今夫水가 一勺之多니 及其不測하여는 黿鼉蛟龍魚鼈生焉하며 貨財殖焉이니라

소소지다(昭昭之多) : 소소(昭昭)는 빛나는 모양. 즉, 반짝이는 밝은 기운이 무수히 많이 모여 있다는 뜻.
무궁(無窮) : 수없이 많이 모여서 형성된 전체를 가리킨다.
일촬토(一撮土) : 한 줌의 흙을 뜻함.
화악(華嶽) : 5악(嶽)의 하나인 화산(華山)이라고 하는 설이 있으나 화산, 악산이라는 두 개의 산을 가리키는 것으로 해석했다. 화·악은 모두 지금의 섬서성(陝西省)에 있다.
진(振) : 수(收)의 뜻으로, 즉 거둔다는 말.
일권석(一卷石) : 한 주먹의 돌.
보장흥(寶藏興) : 보장은 매장되어 있는 보물을 뜻하고, 흥은 찾아낸다, 새로 생겨난다는 뜻.
일작(一勺) : 작(勺)은 술이나 국 따위를 뜨는 도구.

즉, 한 국자의 물이라고 해석했다.
원(黿) : 큰 자라.
타(鼉) : 악어.
교룡(蛟龍) : 뱀과 같은 모양에 넓적한 네 발이 있다고 믿었던 상상상의 동물.
별(鼈) : 작은 자라.

지나지 않는다. 그러나 그것이 수없이 모여서 헤아릴 수 없는데 이르면 갖가지 어류(魚類)들이 생겨나고 재화(財貨)가 불어나서 마침내 천지와 그 덕이 합치하게 된다.

하늘과 땅과 산과 바다의 네 가지 비유는 모두가 천지자연이라는 것이 불이불식(不二不息), 즉 두 가지가 아니며 그침이 없는 오직 하나의 성(誠)이고, 그것의 '무궁'함과 '광후'함과 '광대'함이 수많은 생물을 낳게 한다는 것을 말하고 있다.

여기에서 주의할 바는, 천지산해(天地山海)가 사실상 그와 같이 조금씩 모여서 크게 되었다는 사실을 말하고자 하는 것이 아니라는 점이다. 흔히 이 구절에서 지나치게 표현에 사로잡힌 나머지 그 의미하는 바를 왜곡하는 수가 많다. 예를 들면 여대림은 문제를 천지(天地)에서 옮겨 이 장을 해석하기를 "소소(昭昭)를 쌓아서 무궁함에 이른다는 것은, 사람이 양심을 확충해서 마침내 사방으로 나타낸다는 것이다."라고 했는데, 그 의도를 모르는 바는 아니지만 역시 정확한 해석은 못된다고 보아야 할 것이다.

이 장의 '지성무식(至誠無息)→박후(博厚)→고명(高明)'은 성인이 오랫동안 천하를 도에 의해 화성(化成)함을 말하는 것으로, 정현의 이른바 '지성의 덕이 사방으로 나타나는' 것, 즉 사람의 영향력을 말하는 것이며, 성인 자신의 덕이 쌓이기를 기다려서 이루어진다는 소극적인 태도가 아니라 인간이 스스로 발전시켜 가는 성(誠)인 것이다.

이 장 끝에(제10절) 문왕을 노래한 시를 인용해서 증명하고 있는 것을 보더라도 점차적인 누적의 의미가 아님은 분명하다. 여대림의 설에 따른다면 '그침이 없는' 것이 먼저 있고 그후에 성에 도달하여 다음절에 있는 '오목불이(於穆不已)'를 경과한 다음에 비로소 천도(天道)에 '순(純)'하게 되는데, 그렇다면 〈중용〉의 본지(本旨)에 맞지 않는다.

본지(本旨) : 본디의 뜻. 본디의 취지.

10

〈시경〉에 이르기를 "하늘의 명(命)은 심원하여 그침이 없다."라고 했으니, 이는 하늘의 하늘된 소이를 말한 것이다. 또한 "아, 뚜렷이 나타나지 않겠는가, 문왕(文王)의 덕의 순일(純一)함이여!"라고 했으니, 이는 문왕의 '문(文)'된 소이를 말한 것으로서, 순일함 또한 그치지 않았던 것이다.

10// 詩云 維天之命이 於穆不已라 하니 蓋曰 天之所以爲天也요 於乎不顯이라 文王之德之純이여 하니 蓋曰 文王之所以爲文也니 純亦不已니라

시운(詩云) : 〈시경〉 주송(周頌)편의 유천지명(維天之命) 중 한 절.
목(穆) : 심원하다는 뜻.
순역불이(純亦不已) : 순(純)은 시구 속의 '순' 자를 들어서 해설한 것.

| 풀이 | 이 시(詩)는 문왕을 제사지낼 때 부르는 노래로서 그 전반이 여기에 인용되고 있다.

'천명, 곧 천도는 심원해서 그침이 없다. 순일무잡(純一無雜)한 문왕의 덕이 뚜렷이 나타나지 않았는가!'라는 구절을 자사는 둘로 분류하고, 전반의 '천명은 심원해서 그침이 없다.', '끊임없이 움직여서 계속된다.'는 이 두 구절에 대해서는 하늘의 하늘된 소이가 거기에 있다고 해석했다. 또한 '순일하여 잡다함을 벗어나고 있는 문왕의 덕이 뚜렷이 나타나지 않겠는가!' 하는 두 구절에 대해서는 문왕의 '문' 된 소이는 순일함으로써 그침이 없는 데 있다고

순일(純一) : 다른 것이 섞이지 않고 순수함.

하는 점으로 해석하고 있는 것이다.

요컨대 이 네 구절은, 천도의 근본성격은 '그치지 않는 것', 잠시도 그침이 없이 계속 작용하고 있다는 사실을 말한 것이다. 또한 문왕의 '문' 된 도의 근본성격도 '순일함'이고 '그치지 않음'을 말하고 있다는 점을 나타내기 위해 인용된 것이다.

정자는 말하기를 "천도는 그치지 않는 것이다. 문왕이 천도에 순일한 것도 역시 그치지 않음에 의해서이다. 순일하면 둘이 아니고 잡다함이 없다. 그치지 않으면 선(先)과 후(後)라는 고정관념이 없어지는 것이다."라고 했다. 그래서 이 장에서도 '지성은 그침이 없다.'는 구절로 끝맺고 있는 것이다.

또한 마지막의 '순일함도 역시 그치지 않는다(純亦不已).'를 '문왕의 덕의 순일함'의 순(純)에 대한 해설로 보아 '이 순일함도 역시 그치지 않는다.'는 의미로 생각하는 설이 이해하기 쉬우나 주자는 그렇게 생각하지 않는다. 즉 '그치지 않음'이 주자에게 있어서는 이미 '이(理)'의 성격을 나타내는 말로서, 이론적 술어로서 사용되고 있는 것은 이상할 것이 없지만, 그밖에 주자 이후 명나라 때 들어와서 자주 쓰게 된 '생생불이(生生不已)'나 '생생불용이(生生不容已)' 혹은 단순히 '불용이(不容已)' 같은 말들은 모두가 그 어원을 〈중용〉의 이 구절에 두고 있는 것이 아닌가 보고 있다. 또한 〈혹문〉에서 보이는 주자의 특징적인 주석은 제1장에서 기술한 바 있으므로 참조하기 바란다.

제27장

1

위대하도다, 성인의 도여!

|풀이| 여기서 위대하다 함은 다음의 두 구절을 일괄해서 말한 것이다. 즉 '한없이 넓고 충만해 있는 것으로서 우주만물을 발육시키는 것이며, 그 크고 높음은 하늘에 닿는다.' 이것이 성인의 위대함인 것이다.

이 점에 대해서는 제2절 및 제3절에서 자세히 설명하기로 한다.

1// 大哉라 聖人之道여

대(大) : 위대하다, 크다는 뜻. 여기서는 지성(至誠)의 위대함을 형용하고 있다.

2

양양히 만물을 발육시켜 그 높고 큼이 하늘에 닿았도다.

|풀이| 이 구절은 천지간에 충만해 있는 그 도의 극치를 표현하고 있다.

만물을 발육시키고 그침이 없이 생성시키는 이 자연의 힘을 찬양하고 있는 것이다. 그것은 곧 하늘 끝에까지 닿을 만한 성인의 높은 도이기도 한데, 그 도가 지성임은 말할 것도 없다.

2// 洋洋乎 發育萬物하여 峻極于天이로다

양양(洋洋) : 도와 덕이 유동하고 충만함을 형용하는 말이다.

준극우천(峻極于天) : 준(峻)은 도가 산처럼 높고 크다는 말. 즉, 그 높고 큼이 하늘에 닿았다는 뜻.

3

3// 優優大哉라 禮儀三百과 威儀三千이로다

우우히 크도다. 예의(禮儀)는 3백이요 위의(威儀)는 3천이로다.

우우(優優): 충족하고도 남는다는 뜻.
예의(禮儀): 경례(經禮), 즉 예제(禮制)의 대강(大綱)을 말하는데, 거기에는 대략 3백 가지가 있다고 한다. 〈예기(禮記)〉에도 '경례삼백 곡례삼천(經禮三百 曲禮三千)'이란 말이 나온다.
위의(威儀): 곡례(曲禮)를 말하며 그 밑에 소목(小目)이 대략 3천 가지 있다고 한다.

| 풀이 | 처음에 '우우히 크다.'라고 한 표현은 앞절의 한없이 넓고 충만해 있다는 뜻의 양양(洋洋)과 비슷한 표현으로서, 요컨대 성인의 도를 찬미한 것이다. 그러나 구절 전체의 의미는 앞구절과 정반대의 의미를 나타내고 있다. 즉, 앞절이 도의 크고 넓음을 말한데 비해 이 절은 도의 가장 세밀한 면을 말하고 있기 때문이다.

예의(禮儀)는 경례(經禮), 위의(威儀)는 곡례(曲禮)라고 한 것은 주(註)에서 설명한 바이지만, '예의'의 경우 그 예가 대강(大綱)으로서 중대함을 나타낸 표현이고, '위의'의 경우 그 예의 세목(細目)을 나타낸 표현으로 본다. 다만 고원한 경지에서 해탈하고 있는 불교와 노장(老莊)에 대해 유교가 얼마나 현실에 집착해서 착실한가를 설명할 때 송(宋) 이후 이 '예의삼백(禮儀三百) 위의삼천(威儀三千)' 혹은 '경례삼백(經禮三百) 곡례삼천(曲禮三千)'이란 말을 예로 들게 되는 것이다.

여기서 특히 위의 삼천, 즉 자세한 예법이 3천 가지나 된다는 의미를 가지고, 그 이상 더 분할될 수 없을 만큼의 극소(極小) 속에 도가 빈틈없이 들어와 있다는 것, 그러한 극소의 의미로서 도의 우우한 위대함을 말하고 있는 것이

극소(極小): 아주 작음.

다. 만물을 발육시켜 천지에 충만하게 했다는 점에서나, 또는 크게 나누어서도 3백 가지요, 세밀히 분할해서는 3천 가지에 달하는 미세한 예법의 하나하나에도 충족되어 있다는 점에서도 도의 위대함을 찬양하고 있는 것이다.

4

그 사람을 기다린 다음에야 행해진다.

| 풀이 | 극대에도 극소에도 나타나는 도의 위대함, 그러나 그 도는 요컨대 지성의 사람, 곧 성인의 출현에 의해서만 실현되는 것이다. '그와 같은 사람이 있으면 그와 같은 정치가 행해진다.'(제20장) 함은, 즉 정치의 성패는 성인의 출현에 달려 있다는 뜻으로, 이 구절의 의미와 같은 뜻을 지니고 있다. 아무리 이상적인 정치제도를 실시한다 하더라도 그것을 운영하는 참된 인재가 없으면 실현이 불가능한 것이다.

결국 우주적인 의미의 도에서나 현실과 관련된 정사(政事)·인사(人事)의 도에서나 그 깊은 의미에서 성인의 출현에 의해서만 참된 실현을 볼 수 있다는 것이다.

5

그러므로 진실로 지덕(至德)이 아니면 그 지극한 도는

4// 待其人而後에 行이니라

대기인(待其人) : 그 사람을 기다린다는 뜻인데, 여기서 그 사람이란 성인(聖人)을 말한다. 즉 성인이 나와야 그러한 예절은 지켜질 수 있다는 말이다.

5// 故로 曰 苟不至德

이면 至道不凝焉이니라

구(苟) : 진실로.
응(凝) : 이루다. 성(成)의 뜻을 지닌다. 즉 도가 응집(凝集)해서 완성되는 것을 말한다.

이루어지지 않는 것이다.

| 풀이 | 지덕(至德)이라고 하는 것은 앞절에서 말한 지성의 사람, 즉 성인을 말한다. 크게는 높은 하늘에 닿고 작게는 3백 가지 혹은 3천 가지의 그 하나하나 속에 실현되는 도(道), 그와 같은 지상(至上)의 도는 지덕의 사람에 의하지 않고는 이루어지지 않는 것이다.

여기서 우리에게 도가 자연적으로 존재해 있는 것처럼 보이지만, 그 참된 의미에 있어서는 지덕의 사람이 존재한 연후에야 도가 이루어질 수 있다는 것이다. 이는 곧 지덕이 아니면 지상의 도가 이루어지지 않는다는 말이다. 원문에 나오는 '고왈(故曰)'에 대해서 주자는 전혀 언급하지 않았는데, 생각건대 고어(古語)에서 인용된 말이 아닌가 한다.

6

6// 故로 君子는 尊德性而道問學이니 致廣大而盡精微하고 極高明而道中庸하고 溫故而知新하고 敦厚以崇禮니라

덕성(德性) : 인간이 선천적으로 안에 구비하고 있는 도덕적인 경향을 말한다.

그러므로 군자는 덕성을 높이고 문학(問學)의 길을 가는 것이니, 광대함에 이르러 정미(精微)함을 다하고, 고명(高明)을 극(極)하되 중용의 길을 가며, 옛것을 익혀 새것을 알고, 돈후(敦厚)하게 하여 예를 숭앙하는 것이다.

| 풀이 | 이 절은 도를 도로서 완성하기 위해서는 지덕, 즉 성인이 아니면 안 되기 때문에 그 성인이 되는 문제를

논하고 있는 것이다.

덕성을 높인다 함은 우리가 하늘로부터 받은, 즉 태어날 때부터 지니고 있는 이(理 : 성(性))에 관해 존경하는 마음을 가지고 그것을 겸허하게 지키며 한편으로는 학문의 길을 가는 도덕적—주자학에서는 형이상학과 동일시하는—수양에 대해서 오히려 대조적인 객관적·격물치지적(格物致知的)인 학문, 그것에 의거하는 것이다.

'광대함에 이르러 정미함을 다한다.'는 말을 '이일분수(理一分殊)'에 맞추어 해석하는 것이 가장 이해하기 쉬울 것이다. 즉, 사람과 만물의 여러 가지 변화도 본래적으로 이(理)에 있어서 하나라는 것이다. 다시 말해 어떤 사물의 변화에 있어서도 평등하고 동일한 이, 그것이 세분되어 정미함을 다하는 이, 그것을 정밀하게 분석해서 그 뜻을 밝혀내는 것이다. 전자가 광대한 이를 전적으로 체현(體現)하려고 하는 도덕적 입장이라면 후자는 역시 그와는 대체로 별도의 영역인 지적인 학문의 범주에 속하는 것이다.

'고명(高明)을 극하되 〈중용〉의 길을 간다.'는 말도 앞서의 두 가지 방법과 비슷한 취지로 해석된다. '고명을 극한다.'는 것은 만물을 높이 초월하고 사물의 방해를 받지 않는 덕성이 빛나는 경지, 그와 같은 경지에 마음을 두는 것이며, '중용의 길을 간다.'는 것은 일을 함에 있어 과불급(過不及)이 없도록 세밀하게 '중용'의 법칙에 따른다는 것, 즉 학문적인 고찰에 속하는 것이다.

〈어류〉에는 이렇게 되어 있다. "다만 고명을 극해서 중

도(道) : 여기에서는 '길을 간다.'로 해석했다.
문학(問學) : 학문을 말하는 것인데, 정현의 주에서는 성(誠)을 배우는 것으로 해석했다.
치광대(致廣大) : 광대는 박후(博厚)의 뜻과 같다.
온(溫) : 익히다.

체현(體現) : 사상·관념 따위의 정신적인 것을 구체적인 것, 곧 형태로 나타냄. 몸으로 실현함.

포주(庖廚) : 소·돼지 같은 짐승을 잡아서 파는 가게. 푸주.

육상산(陸象山) : 중국 남송(南宋)의 유학자 육구연(陸九淵)을 호로써 일컫는 말. 자는 자정(子靜). 심즉리(心卽理)의 주관적 유심론을 주장하고, 주자의 성즉리(性卽理), 천리인욕설(天理人欲說)과 대항하였다. 육구연의 학설은 왕양명에게 계승되었다.

용의 길을 가지 않는 전형적인 것은 이른바 불교와 노자(老子)의 학(學)이다. 우리 유학이 포주(庖廚)를 멀리할 때 불교와 노학은 고명을 좋아하여 살생을 금하고 육식을 금했으며, 유학이 색(色)을 멀리하라고 할 때 그들은 고명을 구한 나머지 마침내는 인륜(人倫)을 끊고(부부라는 인간의 올바른 결합을 벗어나 독신주의에 빠지고) 내 것을 할애하여 남에게 주는 상태에까지 이르렀다. 육상산(陸象山)도 천성이 고명하기는 했으나 결코 중용의 길을 가려고는 하지 않았다……."

마찬가지로 '옛것을 익혀서 새것을 안다(溫故而知新).' 함도, '온고(溫故)'가 덕성을 높이는 방향이고, '지신(知新)'이 학문의 길을 가는 방향이다. 다시 말해 온고는 존덕성(尊德性)이며, 지신은 외부의 대상을 탐구하는 학문인 것이다.

'돈후(敦厚)함으로써 예를 높이는 것'도 마찬가지이다. 돈후하다는 것은 성실한 태도를 말하는 것으로 물론 덕성을 높이는 방향이며, 예를 숭앙한다는 것은, 예에는 수천 가지의 상세한 방법이 있기 때문에 그것을 알기 위해서는 당연히 학문을 닦는 길을 가야만 한다는 뜻이다. 요컨대 덕성을 높인다는 것은 '마음을 어디까지나 유지해서'〔〈맹자〉 존심(存心)편〕 도(道)와 이(理)의 극대의 체현을 목표로 하는 것이며, '학문의 길을 가는 것'은 치지(致知)에 의해서 도와 이의 극소의 구체적인 탐구의 방향을 목표로 하는 것이다.

이 두 방향은 덕을 닦고 도를 이루게 하는 두 가지 기본적인 범주의 계열을 만드는 것이다. 도덕성에 방해받지 않는 그 덕성, 즉 '광대함에 이른다.', '고명을 극한다.', '옛것을 익힌다.', '돈후하게 한다.' 등은 모두가 마음을 유지하는 '존심(存心)'의 계열이다. 또한 이(理)를 분석해서 오류를 남기지 않는 '정미함을 다한다.', 과불급의 오류를 남기지 않는 '중용의 길을 간다.', 새로운 지식을 쌓아가는 '새것을 안다.', 덕의 지식을 주고 있는 '예를 숭앙한다.'는 것은 모두가 도문학(道問學), 즉 '치지(致知)'의 계열에 속하는 것이다.

요컨대 여기에 언급된 것은 유교적인 의미에서의 학(學) ―'존덕성·존심'과 '도문학·치지'의 통일적인 학― 즉, 덕에 들어가기 위한 방법을 나타낸 것인데, 존심에 의하지 않고는 치지할 수 없고, 치지에 의하지 않고는 존심할 수가 없다. 이와 같이 그것은 상호의존의 계열적 대응을 나타내는 것이다.

여기서 문제된 존덕성과 도문학은 후세에 육상산 및 왕양명의 사상과 주자의 사상과의 대립을 가져오게 했다. 즉 존덕성과 도문학의 대립으로 일컬어지는 이 관계는 중국 철학사상 너무도 유명한 얘기이다. 〈대학〉의 격물치지의 해석에 나타난 주자파와 왕양명파의 차이는, 전자가 도문학에 중점을 둔 데 비해 후자는 존덕성에 그 중점을 두었다는 것이다.

7

7// 是故로 居上不驕하고 爲下不倍라 國有道에 其言足以興이요 國無道에 其默足以容이니 詩曰 旣明且哲하여 以保其身이라 하니 其此之謂與인저

이러한 이유로 윗자리에 있어도 교만하지 않고, 아랫자리에 있어도 배반하지 않는다. 나라에 도가 있으면 그 말이 일어나기에 족하고, 나라에 도가 없으면 그 침묵은 용납되기에 족하다. 〈시경〉에 말하기를, "이미 밝고 또 슬기로워 그로써 그 몸을 보존하는 것이다."라고 했으니, 그것이 이를 두고 말한 것이다.

교(驕) : 교만하다는 뜻.
배(倍) : 배반하다.
흥(興) : 일어나다. 즉, 일어나서 자리에 오른다는 뜻으로 흥기화위(興起化位)를 말한다.
용(容) : 받아들인다, 용납한다는 뜻.
시왈(詩曰) : 〈시경〉 대아 증민(烝民)의 한 구절.
철(哲) : 슬기가 있고 사리에 밝다는 뜻.

| 풀이 | 이와 같은 군자로서 높은 자리에 있어도 교만하지 않고, 아랫자리에 있어도 군주를 배반하지 않는다. 이는 군자의 덕을 말하는데, 앞절의 '존덕성(尊德性)·극고명(極高明)·도문학(道問學)·도중용(道中庸)', 즉 존심(存心)과 치지(致知)에 노력하는 것이다.

그 결과 나라에 도가 있을 때, 즉 나라가 잘 다스려질 때는 적극적으로 발언을 하여 정치에 참여하지만, 만일 나라에 도가 없다면, 즉 정치가 혼란에 빠져 있다면 물러나서 침묵을 지키는 것이다.

〈시경〉의 "이미 밝고 또 슬기로워 그로써 그 몸을 보존하는 것이다."라는 구절은 바로 이 점을 말하고 있는 것이다. 따라서 대아 증민(烝民)의 시에 나오는 '명철보신(明哲保身)'이 보신술(保身術)로서의 의미를 갖게 되는 것은 말할 나위도 없다.

제28장

공자께서 말씀하셨다.
"어리석으면서 스스로 쓰이기를 좋아하고, 천하면서 스스로 전일하기를 좋아한다. 지금의 세상에 나서 옛날의 도로 돌아가려고 하는 이러한 자는 재해가 그 몸에 미치게 될 것이다."

| 풀이 | 먼저 공자의 말을 인용해서 논의(論議)를 시작한다. 어리석은 자가 자기의 생각을 내세우고, 신분이 천한 자가 제멋대로 행동하려 든다. 현대에 살면서 고대의 낡은 방법으로 돌아가려고 하는, 즉 시대에 역행하려고 하는 모든 자들은 결국 화를 자초하게 된다는 것이다.

여기서 어리석은 자의 자용(自用) 및 천한 자의 자전(自專)과 함께 복고주의(復古主義)가, 재난이 그 몸에 미치게 될 것이라는 말로써 비난된 점에 주목해야 할 것이다. 유교의 본래적인 지향이 일종의 복고주의(따라서 이상주의)라는 것은 의심할 바 없다. 그러나 동시에 현재의 권력을 시인하고, 가령 복고주의라고 해도 그 범위 내에서만 용납하려는 경향을 갖고 있다는 사실도 현저히 나타난 바로서, 이 후자의 경향을 한결같이 법가적(法家的)인 혼입(混入)이라고 보는 것은 옳지 않다. 또한 현실을 시인한다고

1// 子曰 愚而好自用하고 賤而好自專이라 生乎今之世하여 反古之道면 如此者는 烖及其身者也니라

자용(自用) : 스스로 쓰인다. 윗자리에서 교만하다는 뜻임.
자전(自專) : 멋대로 행동한다는 것. 즉, 아랫자리에서 배신을 함을 뜻함.
반(反) : 복고(復古)의 뜻.
재(烖) : 재(災), 즉 재난을 말한다.

해서 무모하게 시대의 조류에 융합한다는 뜻은 아니며, 복고적인 그 전통에 근거해서 현실을 받아들이는 역사적인 태도인 것이다.

2

2// 非天子면 不議禮하고 不制度하고 不考文이니라

천자가 아니면 예(禮)를 논의하지 못하고, 법도(法度)를 제정하지 못하고, 문자를 고정(考定)하지 못하는 것이다.

도(度): 차복(車服)·궁실(宮室)·작록(爵祿)의 제도라고도 하고, 또는 도량형(度量衡)의 도(度)라고도 하는데, 여기서는 법도(法度)로 해석했다.
문(文): 문자(文字).

| 풀이 | 공자의 말을 받아 자사의 논의가 시작되고 있다. 오직 천자만이 예의 창시나 개폐(改廢)를 의논해서 결정할 수 있고 제도를 창설할 수 있으며, 또한 문자를 연구해서 일정하게 만들 수 있다는 것이다.

이러한 모든 일은 천자만이 그 권한을 갖는 것으로서, 어리석은 자나 미천한 자가 함부로 그것을 제작하거나 고안할 수 없다는 것이다.

3

3// 今天下가 車同軌하고 書同文하고 行同倫이니라

지금 천하의 수레는 궤(軌)가 같고, 글은 문자가 같고, 행위는 차서가 같다.

궤(軌): 수레의 왼쪽 바퀴와 오른쪽 바퀴와의 사이를 말하는데, 고대의 그 폭은

| 풀이 | '지금'이라고 한 것은 자사가 생존해 있던 그 시대를 말한다. 궤(軌)는 양쪽 수레바퀴 사이의 폭을 말하는

것으로, 당시엔 그 궤폭을 일정하게 했던 것이다. 글은 문자가 같다고 한 것은 글의 형태나 획수가 모두 같아서 서체(書體)가 통일된 것을 말하고, 또한 행위는 윤(倫), 즉 차서가 같다고 한 것은 윤리의 순서를 말하고 있는 것이다. 즉 존비(尊卑) 등의 순서, 석차의 체계, 모든 사람의 사회적 예법 같은 규정이 천하의 어디에서나 같다는 말이다. 요컨대 예가 통일된 것을 말하고 있는 것이다. 이 수레, 글, 행위의 세 가지가 동일해졌다는 것은 천하가 통일된 것을 의미하고 있다.

이 부분의 기재에 의해서 〈중용〉의 성립이 진(秦)나라에 의한 천하의 통일 이후라는 정설이 생기게 되는 것이다. 양 수레바퀴 사이의 폭을 같게 하고 문자가 통일되고 예식이 일정해진 것이 진시황(秦始皇) 때였다는 것은 너무나 유명한 역사적인 사실이기 때문이다.

그런데도 주자는 이를 쇠퇴하긴 했으나 주왕실(周王室)의 잔존했던 그 시대적인 배경으로 보고 있다. 〈혹문〉에는, "자사의 시대에는 주왕실이 쇠퇴하고 예악(禮樂)을 담당한 관청이 혼란되어 있었으며 제도라는 것이 천하에 행해지지 않고 있었으니, 어떻게 궤를 같게 하고 문자를 같게 하고 예를 일정하게 할 수 있었겠는가?"라는 질문에 대해 다음과 같은 뜻으로 대답하고 있다.

'그 당시 주왕실이 쇠퇴해 있었다는 것은 사실이지만, 그러나 아직은 의연히 천하의 공통된 주인으로 인정을 받고 있었으며, 제후들이 천자의 자리를 뺏으려는 마음을 가

8척이 표준이었다. 여기서는 천하가 통일되었다는 뜻으로 쓰인다.
윤(倫) : 차서(次序)의 뜻.

지고 있었으나 서로가 상대를 제압할 수 있는 강력한 입장에 놓여 있지는 못했다. 즉 이른바 전국시대(戰國時代)의 여섯 나라가 제각기 만사를 개혁해서 천하를 통일할 수 있는 실력을 갖지 못했던 것이다. 그런 와중에서 어떻게 주(周)의 궤의 폭이나 문자를 변혁시킬 수가 있었겠는가.'

또한 〈혹문〉에는 궤의 폭이나 문자의 통일에 대해서 다음과 같은 내용이 실려 있음을 소개해둔다.

"옛날 천하를 영유(領有)하는 자, 즉 천자로서 하나의 왕조를 일으킨 자는 반드시 역(歷), 복장의 색깔, 깃발 등을 고쳐서 천하의 이목과 민심을 일신시키도록 되어 있었다. 하(夏)와 은(殷), 은과 주(周) 사이에 그와 같은 존중할 바를 달리하여 답습하지 않았던 바로서, 문헌에 상세하게 보이는 대로이다.

수레는 주(周)에서 중앙정부의 동관(冬官)이 그 제작방법을 발표해서 궤의 폭을 6척 6촌으로 결정하고 있었고, 따라서 궤의 폭은 전국적으로 일정했다.

또한 촌법(寸法)이 이 규정에 합치하지 않으면 관헌이 그것을 적발했을 뿐만 아니라, 실제로 도로를 달릴 때 그 폭이 맞지 않아서 움직일 수가 없게 되어 있었다. '문을 닫고 수레를 만들고, 문을 나와서 바퀴를 맞춘다.'는 고사는 여기서 유래된 것이다."

다음에 '문(文)'이란 문자의 점과 획의 형태를 말한다. 〈주례(周禮)〉에 의하면 정부관청의 하나인 지관(地官)의 사도(司徒)는 백성에게 도예(道藝)를 가르치는 것이 임무였는

영유(領有) : 점령하여 소유함.

일신(一新) : 아주 새로워짐, 또는 새롭게 함.

동관(冬官) : 중국 주대(周代)의 육관(六官)의 하나. 토목(土木)·공작(工作)을 맡아 보았음.

사도(司徒) : 호구(戶口)·전토(田土)·재화(財貨)·교육을 맡아 보던 주나라 때의 관직명.

데, 그 속에 서(書)를 가르치는 일이 포함되어 있었다. 문자나 서체(書體)도 역시 국가관청의 소관사항이었다. 그밖에 같은 〈주례〉의 춘관(春官)의 외사(外史)는 '서명(書名)'을 사방에 전달하는 것을 임무로 삼고 있었다.'고 기록하고 있다.

서명(書名): 문자를 읽는 법.

이와 같이 결정되어 있었기 때문에 주의 말기에 천하가 분열했지만 그것을 변경할 수 없었던 것이다. 그러나 진(秦)이 여섯 나라를 정벌한 다음에 수레의 궤폭을 6척으로 규정하고, 문자는 소전(小篆)이나 예서(隷書)를 표준서체로 삼았는데, 주의 제도가 여기서부터 비로소 개정된 것이다. 그러나 자사의 시대에는 그것들이 아직 일정한 규례에 매여 있어서 변혁되지 않고 있었다는 점을 알아두어야 한다.'

소전(小篆): 한자의 팔체서(八體書)의 하나. 중국 진시황 때 이사(李斯)가 대전(大篆)을 약간 간략하게 변형하여 만든 글씨체임.

즉, 주자는 진의 시황제에 의한 통일과는 별도로 수레바퀴는 그 궤폭이 같았고 서(書)는 문자가 같았다는 사태가 주일대(周一代)를 통해서 전국시대까지도 존속하고 있었다고 보는데, 역시 그 설이 옳다고 보아야 할 것이다.

4

비록 그러한 위치에 있으나 진실로 그만한 덕이 없으면 감히 예악(禮樂)을 만들지 못하고, 비록 그만한 덕이 있으나 진실로 그러한 위치에 있지 아니하면 또한 감히 예악을 만들지 못한다.

4// 雖有其位나 苟無其德이면 不敢作禮樂焉이요 雖要其德이니 苟無其位면 亦不敢作禮樂焉이니라

기위(其位) : 그러한 위치. 즉, 천자의 자리를 말한다.

| 풀이 | 이 구절에 대한 정현의 주에서는 '예악을 만드는 자는 반드시 천자의 자리에 있는 자라야만 한다.'는 것을 말하고 있는데, 이 주를 주자는 되풀이하고 있는 셈이다. 즉, 천자만이 예를 정해서 제도를 세울 수 있는데, 유교의 용어에 다르면 '예악을 제작하는' 것이다. 그렇다고 어떤 천자라도 가능하다는 말은 아니다. 말하자면 천자의 자리에 있으면서 그에 적당한 덕을 가진 사람이라야만 한다는 것이다. 다시 말해 천자의 자리에 있어도 예제(禮制)나 문자를 제정할 만한 덕이 없으면 감히 예의나 음악을 만들 수 없다는 것이다.

또한 반대로 그와 같은 덕이 있다 하더라도 천자의 자리에 있지 못할 경우 역시 예의나 음악을 만들 수 없는 것이다. 만일 감히 그것을 만들고자 한다면 그는 '비천한 자가 자기 멋대로 행동하기를 좋아한다.'는 비난을 면치 못할 것이다.

그런데 여기서 전자의 경우는 잠시 보류하고 후자의 입장을, 즉 덕이 있었으나 천자의 자리에 오르지 못했던 공자를 생각하지 않을 수 없다. 이 점에 대해서는 금문파(今文派)와 고문파(古文派)간의 논쟁이 있었고 유학사상 큰 문제로 되어 있으나, 여기서는 더 이상 언급하지 않기로 한다. 어찌되었든 이러한 규정은 중국에 있어서 천자라는 지위가 갖고 있는 의미를 생각해보게 하는 문제가 되는 것이다.

금문(今文)·**고문**(古文) : 금문은 한대(漢代)에 일반적으로 쓰이던 문자. 곧 진의 시황제가 정한 예서. 고문은 전자(篆字)가 생기기 이전의 과두문자(蝌蚪文字). 과두문자는 글자의 모양이 올챙이와 같이 글자 획의 머리는 굵고 끝이 가늚. 황제(黃帝) 때 창힐(蒼頡)이 처음으로 새 발자국에서 암시를 얻어 지었다 함.

5

공자께서 말씀하셨다.

"내가 하(夏)나라의 예(禮)를 말할 수는 있으나 기(杞)나라로서는 증명하기에 충분치 못하다. 내가 은(殷)나라의 예를 배웠으나 송(宋)나라가 존재하고 있을 뿐이다. 내가 주(周)나라의 예를 배웠으니 오늘날 그것을 쓰고 있는지라 나는 주나라를 따를 뿐이다."

| 풀이 | 다시 공자의 말을 인용해서 이 장을 끝맺고 있다. 공자의 말이 자구(字句)에 다소의 이견(異見)이 있기는 하지만 〈논어〉 팔일편(八佾篇)에 보이는 것임은 말할 것도 없다. 공자는 성인이기는 했으나 천자가 되지 못했으므로 자기의 이상을 실현시킬 예악을 제작할 수가 없어서 주나라의 그것을 따를 수밖에 없었던 것이다. '나는 주나라를 따른다.'는 최후의 구절도 역시 그런 까닭에서인 것이다.

공자가 과연 주(周)를 따랐는가 하는 점과, 자기의 이상을 실현시킬 새로운 제도를 과연 만들지 않았는가 하는 점은 의논의 여지가 남아 있는 것이다. 금문학파〔今文學派 : 공양학파(公羊學派)〕에 의하면 공자는 그것을 만들었다고 하는데, 단지 천자가 아니었던 그의 제작은 사실상의 제작이 아니고 이른바 지상(紙上)의 제작이었을 뿐이다. 공자는 그 새로운 이상적 제도를 〈춘추(春秋)〉라는 경전 속에 역사기술의 형식을 빌려 써놓았던 것이다. 이와 같

5// 子曰 吾說夏禮나 杞不足徵也요 吾學殷禮나 有宋存焉이거니와 吾學周禮하여 今用之니 吾從周하리라

기(杞) : 중국 고대의 나라 이름. 주(周)의 무왕이 하(夏)나라의 후손인 동루공(東樓公)을 찾아 그를 기(杞)나라에 봉하고 우(禹)의 제사를 받들게 했다. 지금의 하남성 상구현(商邱縣).
송(宋) : 무왕이 은(殷)을 멸망시키고 세운 나라로 주(紂)의 아들 무경(武庚)을 봉해서 후사를 잇게 했다. 후에 무경이 반란을 일으켰다가 형벌을 받아 죽고 주왕의 서형인 미자(微子)를 봉하여 탕(湯)왕의 제사를 받들게 했다. 자사는 이 송나라에서 〈중용〉을 지었다고 한다.
금용지(今用之) : 당시에는 주(周)의 예(禮)를 쓰고 있었다는 뜻.

강유위(康有爲) : 중국 청말(淸末) 중화민국 초의 정치가·학자. 유럽의 신사조(新思潮)를 받아 사학(史學)·불교학·공양학(公羊學)을 배워 독자적인 유교 학설을 내세웠으며, 열강(列强)의 중국 침략에 대해 변법자강(變法自疆)의 방책을 주장했음. 1898년 광서제(光緖帝)를 받들어 무술변법(戊戌變法)이라는 정치적 개혁운동을 일으켰으나, 서태후(西太后) 등의 보수파 때문에 실패했음. 그후에도 청조 부흥에 의한 군주정체 확립을 주장하여 손문(孫文)의 혁명운동과 대립했음.

1// 王天下에 有三重焉이니 其寡過矣乎인저

삼중(三重) : 세 가지 중요함. 즉 의례(儀禮)·제도(制度)·고문(考文)을 말한다.
과과(寡過) : 허물이 적다는 뜻이다.

은 공양학파의 사상은, 청조 말(淸朝末) 19세기 초엽에 부활하여 청일전쟁(淸日戰爭)의 패전으로 인한 타격으로 단순한 경학상(經學上)의 학설로부터 강유위(康有爲)·양계초(梁啓超)의 정치개혁운동으로 발전해서 그것이 후에 중화민국 혁명으로 변천해가기에 이른다.

제29장

제27장의 '윗자리에 있어도 교만하지 않는다.'를 받아 다섯 번째로 인도(人道)를 논한다. 이 논의는 제28장에 관련해서 전개된다.

천하에 군림함에 있어 세 가지 중요한 것이 있으니, 그것을 갖추면 과오가 적을 것이다.

|풀이| 세 가지의 중대함이란 여대림에 의하면 제28장 제2절에서 말한 의례(儀禮)·제도(制度)·고문(考文)을 가리킨다. 이를 행하는 것은 오직 천자만이 할 수 있고, 그 천자가 진실로 이 세 가지를 실시하면 나라의 다스림에 큰 잘못이 없을 것이다. 또한 가정의 여러 가지 풍습에 악폐가 없어지고, 그 결과 허물이 적어질 것이다.

그런데 이 허물이 적다는 과과(寡過)의 주체가 바로 천자 자신인가 하는 문제에 대해서는 여러 가지 설이 있으나, 주자는 명확히 말하기를, 천자가 아닌 일반 백성을 가리키는 것이라고 해석하고 있다.

여기서 과과는 소극적인 것이지만, 위(衛)나라의 현신(賢臣) 거백옥(蘧伯玉)이 "허물을 적게 하려고 노력한다." 〈논어〉 헌문편〉는 사실을 특기하고 있는 것과 같이, 어떤 경우에도 도덕생활상의 적극적 상태를 나타내는 일면을 보여주기도 한다. 예를 들면 거백옥의 경우 과오를 범하지 않겠다는 지나치게 소극적인 의미뿐만 아니라 적극적으로 도덕적인 의미에서 현인의 경지에까지 도달하고 있음을 나타내는 것이다.

과는 기독교적인 '죄'가 아닌 것이다. "군자의 과오는 일식(日蝕) 및 월식(月蝕)과 같은 것"〔〈논어〉 자장(子張)편〕으로서, 그것이 공개적인 비판의 눈에 띄게 되고 그 즉시 솔직하게 고친다면 단순한 복구 이상의 도덕적인 진보를 의미하는 것이다. 즉, 사람이 허물을 깨달으면 곧 고칠 수 있음이 군자의 도라는 것이다. 마치 일식이나 월식이 지나가면 전보다 더한 광채가 나는 것처럼 사람들이 우러러 보게 된다는 것이다.

특기(特記) : 특별히 기록함, 또는 그 기록.

2

윗시대의 것은 비록 훌륭하다 하더라도 증거할 바가 없

2// 上焉者는 雖善無徵

이니 無徵不信이요 不信民弗從이니라 下焉者는 雖善不尊이요 不尊不信이요 不信民弗從이니라

으니, 증거가 없으면 신뢰되지 않고, 신뢰되지 않으면 백성들이 따르려 하지 않는다. 아랫사람은 비록 훌륭하다 하더라도 존중받지 못하니, 존중받지 못하면 신뢰되지 않고, 신뢰되지 않으면 백성들이 따르려 하지 않는다.

상언자(上焉者) : 상(上)이란 시왕(時王) 이전, 즉 당시의 왕조였던 주나라 이전을 말한다고 주자는 해석했고, 동시에 제28장 제5절에 있는 것처럼 하(夏)·은(殷)의 성왕에 의해서 만들어진 예악제도라고 해석하기도 했다.

하언자(下焉者) : 성인으로서 아랫자리에 있다는 주자의 해석을 취한다.

수선부존(雖善不尊) : 공자 같은 훌륭한 성인이라도 천자의 자리에 오르지 못했음을 말한다.

| 풀이 | '윗시대의 것'이라고 한 것은 주에서 언급한 바와 같이 시왕(時王) 이전, 즉 주왕조 이전을 말하고 있다. 예를 들면 하(夏)·은(殷)의 예(禮)나 제도 및 문자는 아무리 훌륭했다고 하더라도 그 증거를 찾아낼 수가 없는데, 증거가 없다면 누구도 믿지 않게 되며, 믿지 않게 되면 백성들이 따르지 않는다는 것이다.

'아랫사람'이라는 것은 '윗시대의 것'과는 대조를 이루고 있지 않은 애매한 점도 있으나, 주자에 의하면 성인으로서 아랫자리에 있는, 즉 덕은 성인이지만 천자의 자리에 오르지는 못하고 그 신하로서 존재하는 자, 예를 들면 공자와 같은 사람이라고 했다.

공자는 예(禮)에 있어 훌륭한 사람이었지만 그 처한 자리가 존귀하지 못해서 역시 사람들에게 신뢰되지 않았고, 신뢰되지 않았기 때문에 백성이 따르지 않았던 것이다. 다른 의미로 말한다면 공자의 예(공자가 구성한 훌륭한 예)는 정치로서 실현되지 못했다는 것이다.

이 절은 '세 가지 중요함', 즉 의례·제도·고문을 중심으로 주제를 삼은 것이다. 또한 '윗시대의 것'과 '아랫사람'은 전자가 시간적인 상(上), 후자가 위치상의 하(下)를

나타낸다는 것이 분명치 않다는 점에서 '아랫사람'을 왕자에 대한 패자(覇者)로 하는 것이 어떻겠는가 하는 질문에 대해 주자는, 패자는 그 훌륭함을 찬양할 바가 못되며, '비록 훌륭하다.'라는 말조차 쓸 수가 없다는 이유를 들어 그 설을 배척하고 있는 것이다(〈혹문〉).

3

그러므로 군자의 도는 그 자신에 근본을 두어 백성들에게 징험하고, 삼왕(三王)에 검토하여도 그릇됨이 없고, 천지에 세워보아도 어긋나지 않고, 귀신에게 물어보아도 의심이 없고, 백세(百世) 후의 성인을 기다려도 곤혹(困惑)되지 않는다.

3// 故로 君子之道는 本諸身하여 徵諸庶民하고 考諸三王而不繆하고 建諸天地而不悖하고 質諸鬼神而無疑하고 百世以俟聖人而不惑이니라

| 풀이 | '군자의 도'의 군자라고 한 것은 물론 천하의 지배자인 천자를 말하고, 그 군자의 '도'는 의례·제도·고문의 세 가지를 말하고 있음은 앞절의 예로 봐서 분명하다. 군자는 먼저 이 세 가지 중요함을, 자기 자신에게 근본을 두고 그것을 백성들이 믿고 따르는가를 끊임없이 증험해가지 않으면 안 된다. 뿐만 아니라 삼왕(三王), 즉 하·은·주 3대의 천자가 행한 의례·제도·고문을 참고해서 자기의 행함에 잘못이 있는가를 검토해야 한다. 또한 '천지에 세워서 어긋남이 없다.'는 천지는 물론 형기(形氣)의 천(물리적인 천)을 말하고 있는 것이 아니라 단적으

본제신(本諸身) : 그 자신에 근본을 두다. 즉 자기가 닦은 덕에 근본을 둔다는 뜻.
징제서민(徵諸庶民) : 자기가 닦은 덕을 백성들에게 베푸는 것. 또는 백성이 그 덕을 따르고 있는가를 증험(證驗)해보는 것.
류(繆) : 류(謬)와 같으며, 즉 잘못되다.
패(悖) : 어긋나다.
사(俟) : 기다리다.
혹(惑) : 곤혹, 미혹.

로 도를 말하고 있는 것이다.

그래서 의례·제도·고문의 세 가지를 세워서 이 도에 맞춰보고 도에 어긋남이 있는가를 검토하는 것이다. 또한 그것을 귀신, 즉 조화의 상태에 맞추어보고 의문의 여지가 있는가를 조사해본다. 즉, 천지가 만물을 태어나게 하는 그 작용과 비교해보는 것이다. 다음에는 백세(百世) 후에 나타날 성인, 그 성인의 출현을 기다려서 그 성인의 판단을 예측하고 지금의 나에게 곤혹을 일으키지 않을 것인가를 반성해보는 것이다. 맹자가 말한 것처럼 "성인이 다시 나도 내 말을 고치지 못한다."〔《맹자》 등문공 하(滕文公下)〕가 되는가 어떤가를 검토해보는 것이다. 그 결과 그릇됨이 없고 어긋남이 없고 의심할 바가 없고 곤혹을 받지 않는 것이 천자의 의례·제도·고문에는 필요한 것이다.

4

이를 귀신에게 물어보아 의심이 없으면 하늘을 아는 것이고, 백세 후의 성인을 기다려도 곤혹을 받지 않으면 사람을 아는 것이다.

| 풀이 | 귀신에게 묻는다 함은, 귀신 자체가 천신(天神) 및 지신(地神)과 일체가 되어 있기 때문에 천지(天地)의 뜻을 예지할 수 있다는 말이다. 그렇기 때문에 '하늘을 알고' '사람을 안다.'는 것은 그 천지의 이치를 아는 것이다.

백세(百世) : 오랜 세월. 통상 1세는 30년을 뜻함.

4// 質諸鬼神而無疑는 知天也요 百世以俟聖人而不惑은 知人也니라

지천(知天)·**지인**(知人) : 여기서 지(知)는 사소한 일들을 경험적으로 아는 것이 아니고 그 이치를 아는 것.

즉 천자가 자기의 제작활동을 자연의 조화작용과 비교·대조하면서 검토함으로써 그는 하늘을 알고 자연계의 이법(理法)을 알게 되는 것이다. 또 후에 나타날 완벽한 비판자 앞에서도 곤혹을 받지 않게 된다면 '선성(先聖)과 후성(後聖)이 천하를 다스리는 도리는 한 가지'(〈맹자〉이루 하)가 되어 인간계의 불변의 이법을 알게 되는 것이다.

여기서는 성인과 귀신에 대해서만 언급하고 있는데, 그러나 삼왕과 천지도 그 속에 포함되어 있음은 말할 것도 없다.

5

이러한 까닭에 군자는 움직이면 세세(世世)로 천하의 도가 되고, 행하면 세세로 천하의 법도가 되며, 말하면 세세로 천하의 준칙(準則)이 된다. 멀리 있으면 바람을 갖고, 가까이 있으면 싫어하지 않는다.

| 풀이 | 여기서의 군자도 물론 천자를 가리키고 있다. '움직이면'에 말과 행동의 두 가지가 포함되고 있는데, 그 말과 행동은 어느 세대를 막론하고 천하의 도이며 곧 그 법칙이 되는 것이다.

그 행위는 세세로 지켜지는 법도가 되며, 그 말은 세세로 표준이 되는 준칙이 되는 것이다. 이 군자로부터 멀리 떨어져 있는 사람들은, 그 군자의 덕이 널리 미치고 있기

5// 是故로 君子는 動而世爲天下道하고 行而世爲天下法하고 言而世爲天下則이라 遠之則有望이요 近之則不厭이니라

세(世) : '세세(世世)로'의 뜻임. 대대로.
원지(遠之)·근지(近之) : 지(之)는 위에 있는 군자를 말한다. 즉, 원지란 군자로부터 멀리 떨어져 있는 자, 근지란 가까이서 섬기는 자(관리, 백성)라는 뜻.
염(厭) : 싫어하다.

때문에 그 군자를 사모하고, 가까이 있는 자도 군자의 행함이 항상 올바르기 때문에 싫어하지 않는 것이다.

6

〈시경〉에 이르기를 "저쪽에서도 미워하는 자 없고 이쪽에서도 싫어하는 자 없다. 바라노니 밤낮으로 힘써서 끝내 영예가 계속되기를."이라고 했다. 군자로서 이와 같이 하지 않고 일찍이 천하의 영예를 누린 자는 없었다.

| 풀이 | 인용된 시는 〈시경〉 주송의 진로(振鷺)에서 취한 것이다. '저쪽에서도'라 함은 앞절의 '멀리 있으면……'이라는 의미를 그대로 받고 있는 것이며, '이쪽에서는'이라 함은 '가까이 있으면……'이라는 의미를 그대로 받고 있다. 즉 멀리에서는 바람을 두기 때문에 미워하는 자가 없고, 가까이에서는 그것이 언제나 올바르기 때문에 싫어하지 않는 것이다. 멀리 있는 자들이 높은 덕망을 우러러보며 가까이 있는 자들이 진심으로 따르기 때문에 군자의 명예는 영원히 계속된다.

이와 같지 않은 군자가 그 명예를 천하에 남긴 예는 일찍이 없었다. 그러므로 군자는 자신에 근거하고, 백성들에게 증험하고, 삼왕에 상고(相考)하고, 천지에 세워보고, 귀신에게 묻고, 성인을 기다리는 등의 여섯 가지 실천에 의해 그 명예는 영원히 계속되는 것이다.

6// 詩曰 在彼無惡하고 在此無射이라 庶幾夙夜하여 以永終譽라 하니 君子로 未有不如此而蚤有譽於天下者也니라

역(射) : 싫어하다. 즉 혐오의 뜻.
숙야(夙夜) : 아침부터 밤까지 하루 종일이라는 뜻.
여차(如此) : 여기서 차(此)를 주자는 제3절의 '본제신(本諸身)' 이하의 여섯 개 항을 가리키는 것이라고 보았다.

제30장

　공자는 요(堯)임금과 순(舜)임금을 조술(祖述)했고, 문왕과 무왕의 법도를 밝혔으며, 위로는 천시(天時)를 법으로 따르고 아래로는 물과 흙의 이치를 따랐다.

1// 仲尼는 祖述堯舜하고 憲章文武하고 上律天時하고 下襲水土하니라

| 풀이 | 공자는 요와 순의 높은 덕을 받들어 계승했고 문왕과 무왕의 법도를 천하에 밝혔으며, 위로는 사계절의 운행을 그의 법도로 삼았고 아래로는 자연의 이치인 물과 흙의 원리를 따랐다. 즉 공자의 도는 요·순·문·무의 제작을 계승함과 동시에 자연적인 법칙성에 입각해서 그것을 모범으로 삼았던 것이다. 천시(天時)를 법으로 따르는 예로서 '때가 아니면 먹지 않았고'〔〈논어〉 향당(鄕黨)편〕, '급작스러운 번개나 바람이 일면 반드시 변색하였다.'(〈논어〉 향당편).

　또한 물과 흙의 이치를 따르는 예로서 노(魯)나라에 있을 때는 봉액(逢掖)의 옷을 입고 송(宋)나라에서는 장보(章甫)의 관을 썼다〔〈예기〉 유행(儒行)편〕. 이는 곧 인간의 삶의 원리를 우주의 원리에 근거해서 체현(體現)한다는 것이다. 즉 내외(內外)·본말(本末), 다시 말해서 인도(人道)와 천도(天道)가 하나로 된다는 말인데, 천도에 근거해서 인도를 체현한다는 것은 곧 유교의 이상적인 궁극목표이다.

조술(祖述) : 스승의 도를 본받아서 서술하여 밝히다.
헌장(憲章) : 헌(憲)은 법, 장(章)은 명의 뜻. 즉 법을 밝힌다는 것.
습수토(襲水土) : 물과 흙의 이치를 따르다.

봉액(逢掖) : 선비가 입는, 옆이 넓게 터진 도포의 하나. 봉액지의(縫掖之衣).
장보(章甫) : 중국 은나라 이래로 써 온 관의 하나. 공자가 이것을 썼으므로 후세에 와서 유자(儒者)들이 쓰는 관이 되었다. 장보관(章甫冠).

2

2// 辟如天地之無不持載하고 無不覆幬하고 辟如四時之錯行하고 如日月之代明이니라

비유하면 하늘과 땅이 받아서 실어주지 않음이 없고, 덮어서 감싸주지 않음이 없는 것과 같으며, 또 비유하면 사계절이 변화함과 같고 해와 달이 번갈아 비추는 것과 같다.

벽(辟) : 비유를 하면.
지재(持載) : 물건을 받아서 싣는 것. 땅에 대해서 말하는 것이다.
도(幬) : 위에서 덮다. 하늘에 대해서 말하는 것이다.
착행(錯行) : 교차해서 운행되다. 즉 변화한다는 뜻.
대명(代明) : 번갈아 비추다는 뜻.

| 풀이 | 앞절의 뜻을 받아 공자의 덕을 찬미한 것이다. 비유해서 말한다면 천지 중에 땅은 어떠한 것이라도 자기 위에 싣지 못하는 것이 없고, 하늘은 어떠한 것이라도 덮어 감싸주지 못함이 없다. 즉 사계절이 계속 변화해가면서 규칙 바르게 운행하는 것처럼, 또한 태양과 달이 주야를 바꾸어가며 그 법칙대로 비추는 것처럼 그와 같이 광대무변하고 작위적(作爲的)이 아닌 진실무망의 것, 그것이 성인 공자의 덕이라는 것이다. 이상으로 공자의 도가 요·순·문·무를 계승해서 천지자연의 도 그대로인 것을 설명했는데, 다음절부터는 천지자연 자체를 논하고 있다.

3

3// 萬物이 竝育而不相害하고 道가 竝行而不相悖라 小德川流요 大德敦化니 此天地之所以爲大也니라

만물은 함께 자라도 서로 방해하지 않고, 도는 함께 행해져도 서로 그릇되지 않으며, 작은 덕은 냇물처럼 흐르고, 큰 덕은 화성(化成)을 돈후하게 하나니, 이것이 천지의 위대한 소이인 것이다.

| 풀이 | 하늘이 덮고 땅이 싣고 있는 그 사이에 만물은 나란히 자라고 있다. 대소(大小)·미추(美醜) 등 천태만별의 사물이 어깨를 나란히 하여 존재하면서 서로 방해하거나 방해받지를 않는다. 도에는 실로 천태만상의 무수한 것들이 있지만, 사계절이나 일월(日月)은 제각기 운행되면서도 서로가 추호의 어긋남도 없다. 작은 덕이 냇물처럼 흘러가면서, 즉 전체의 일부분인 이 작은 덕이 일제히 활동의 흐름을 전개시켜서 조화된 전체의 덕을 이루는 것이다.

반대로 또한 만물이 함께 자라고 함께 행하는 소이는, 천태만상의 특수한 변화(작은 덕)의 근본으로서 큰 덕이 그 화성(化成)을 돈후하게 하기 때문이다. 즉 조화의 덕을 충실하게 해가기 때문인 것이다. 제1장의 개념으로 설명한다면 대덕돈화(大德敦化)는 중(中)이고 대본(大本)이며, 소덕천류(小德川流)는 화(和)이고 달도(達道)인 것이다.

요컨대 이 절은 천지의 도가 근원적으로나 현상적(現象的)으로나 성대하고 포용력 있는 위대함을 지니고 있음을 나타내고 있는 것이다. 다시 말하면 소덕과 대덕은 다른 것이 아니라 큰 덕의 포용 속에 큰 덕의 근원으로서 작은 덕, 즉 소덕이 존재한다는 것이다. 한 가지의 근원이 여러 가지 현상을 낳고, 그 현상은 모여서 큰 덕을 이루기 때문에, 즉 '전체의 일부분'이고 '만 가지의 근본'인 것이다.

예부터 오늘에 이르기까지 단 하나의 도리(소덕천류·대덕돈화)만이 존재해온 것이다. "하늘은 높고 땅은 낮고 만물이 고루 자라서 예제(禮制)가 행해진다. 흘러서 멈추지

소덕천류(小德川流) : 일부분에 미치는 덕을 소덕이라 한다. 냇물의 흐름이 그 유역에 침투해서 오곡과 초목을 싹트게 하는 작용을 덕에 비유한 말.
돈화(敦化) : 백성을 돈후하게 교화시키는 것.

화성(化成) : ① 덕화(德化)되어 선해짐. ② 길러서 자라게 함.

않고 합동해서 화하고, 그래서 음악이 생겨난다."(《예기》) 성인이 많은 문장(文章)·제도(制度)·예악(禮樂)을 만든 것도 결국은 이 하나의 위대한 도리에 의해서이다.

제31장

이 장에서는 전장을 받아 이른바 '소덕천류'를 말한다. 또 다음장이 '지성(至誠)'을 말한데 대해 본장은 '지성(至聖)'을 말하고 있는데, 이 두 가지는 표리관계에 있다. 성인의 덕이 외면으로 나타나 사람들이 볼 수 있게 된 것이 본장의 지성(至聖)이다.

/

1// 唯天下至聖이라야 爲能聰明睿知가 足以有臨也니 寬裕溫柔하여 足以有容也하고 發强剛毅하여 足以有執也하고 齊莊中正하여 足以有敬也하고 文理密察하여 足以有別也니라

총명(聰明) : 총(聰)은 모든 사리를 듣고 이해하는 것, 명(明)은 모든 교리를 보고 밝게 아는 것. 즉 성인의 자질을 말하고 있다.

오직 천하의 지성(至聖)만이 총명과 예지가 능히 임할 수 있는 것이다. 관유(寬裕)하고 온유(溫柔)함으로써 용납됨이 있기에 족하고, 힘차고 굳셈으로써 고집함이 있기에 족하며, 장중하고 중정함으로써 공경함이 있기에 족하고, 조리가 있고 면밀히 관찰함으로써 분별이 있기에 족하다.

| 풀이 | 총명예지(聰明睿知)라는 말은 성인의 '생지(生知)'가 되는 그 자질을 형용한 것으로서, 〈역경〉계사전(繫辭傳)에도 나타나 있다. 즉 천하에서 지극한 성인만이 지각적·사색적으로 지식의 완벽을 기하여 백성을 다스리는

자로서 지배자의 위치에 임하는 것이다.

　자세히 말하면 관대하고 여유가 있으며 온유하고 유화하면 사람을 포용하는 능력이 있고〔이것은 인(仁)에 해당된다.〕, 분발해서 굳세고 강하면 선을 굳게 붙잡는 능력이 있으며〔의(義)에 해당〕, 또한 장중하고 중정을 지키면 경(敬)에 대한 능력이 있고〔예(禮)에 해당〕, 사물의 도리를 상세하고 면밀하게 통찰할 수 있으면 분별의 능력이 있는 것이다〔지(智)에 해당〕.

　즉 이러한 인(仁)·의(義)·예(禮)·지(智)의 네 가지 덕을 겸비함으로써만 총명과 예지를 지닌 성인이 될 수 있다는 것이다.

2

두루 넓고 심원한 근원이 있어 때에 알맞게 나타난다.

│풀이│ 앞절에서 말한 바 있는 총명예지〔성(聖)〕, 관유온유〔인(仁)〕, 발강강의〔의(義)〕, 제장중정〔예(禮)〕, 문리밀찰〔지(智)〕의 다섯 가지 덕이 두루 넓게 심원한 근원을 가지고 충실해서 때를 만나면 밖으로 발휘되기에 이른다는 것이다.

　즉, 성인의 행동은 넓고 여유가 있어서 깊은 근원이 있으며, 언제나 현실에 적용할 수 있다는 것이다.

예지(睿知) : 사리에 통달하는 능력.
유림(有臨) : 정치에 임한다, 일에 임한다는 뜻으로, 통치자가 정치에 임했을 때 그가 총명·예지의 자격을 갖고 있음을 나타낸다.
관유온유(寬裕溫柔) : 관(寬)은 마음이 너그러운 것, 유(裕)는 성급하지 않은 것이고, 온유(溫柔)는 마음이 부드럽다는 뜻에 가깝다. 즉 인덕(仁德)에 해당된다.
발강강의(發強剛毅) : 굳세고 강하다는 표현.
문리밀찰(文理密察) : 문(文)은 외형으로 나타난 모양, 이(理)는 조리, 밀찰(密察)은 세밀한 관찰.

2// 溥博淵泉하여 而時出之니라

부박(溥博) : 두루 넓다. 부(溥)는 보편(普遍), 박(博)은 광대하다, 넓다는 뜻.
연천(淵泉) : 연(淵)은 고요한 깊이, 천(泉)은 샘과 같은 근본이 있다는 뜻.

3

3// 溥博如天이라 淵泉如淵하고 見而民莫不敬하고 言而民莫不信하고 行而民莫不說이니라

두루 넓음은 하늘과 같고, 심원한 근원은 연못과 같다. 나타나면 백성들이 공경하지 않음이 없고, 말하면 백성들이 믿지 않음이 없고, 행하면 백성들이 기뻐하지 않음이 없다.

| 풀이 | 성인의 덕이 안으로 충실해 있는 상태를 부박(溥博)과 연천(淵泉)이라는 글귀로 비유한 것인데, 하늘과 같이 두루 넓고 광대함, 샘물과 같이 자기 근원에서 샘솟는 확신, 이와 같이 내면에 있어서 덕의 충실이 그 극치에 달하고 있으므로 그 외면에의 나타남도 타당성을 갖게 되는 것이다.

즉, 그 덕이 밖으로 나타나면 백성은 존경하지 않음이 없고, 말을 하게 되면 백성은 믿지 않음이 없으며, 행동에 나타나면 백성은 만족하지 않음이 없는 것이다. 그러므로 성인의 덕은 자기 자신으로부터 출발해서 온 백성들에게까지 그 영향을 미치는 것이다.

4

4// 是以聲名이 洋溢乎中國하여 施及蠻貊하나니 舟車所至와 人力所通과 天之所覆와 地

이러므로 명성이 중국에 넘쳐흘러서 오랑캐에게까지 베풀어지게 된다. 배와 수레가 이르는 곳과, 인력(人力)이 통하는 곳과, 하늘에 덮여 있는 곳과, 땅 위에 실려 있는 곳

과, 일월(日月)이 비추는 곳과, 서리와 이슬이 내리는 곳의 무릇 혈기가 있는 자들은 높이고 친애하지 않음이 없다. 그러므로 이르기를 '하늘에 짝한다.'고 하는 것이다.

之所載와 日月所照와 霜露所隊에 凡有血氣者로 莫不尊親하니 故로 曰 配天이라 하느니라

| 풀이 | 그러므로 성인은 그 덕으로 백성을 교화함으로써 그 명성이 온 중국에 넘쳐흘러 그 덕이 오랑캐에게까지 미치게 된다는 것이다. 주에서 언급한 대로 만맥(蠻貊)은 오랑캐를 통칭하는데, 당시의 사람들은 중국은 천하의 한복판에 위치하고 그 주위에는 미개민족인 오랑캐들이 산다고 믿었다.

따라서 온 중국에 넘쳐흘러 오랑캐에게까지 그 덕이 미친다고 했을 때는 온 천하를 상징한 것이다. 즉 배나 수레가 다니는 곳, 사람의 힘이 통하는 곳, 하늘에 덮여 있는 곳, 땅이 싣고 있는 곳, 일월이 비추는 곳, 이슬과 서리가 내리는 곳의 모든 혈기있는 자들은 그와 같은 성인을 높이고 친애하지 않음이 없게 된다는 것이다. 그래서 '배천(配天)', 즉 '하늘에 짝한다.'고 한 것이다.

하늘에 짝한다는 말은 제26장 제5절의 '박후(博厚)는 땅에 짝하고 고명(高明)은 하늘에 짝한다.'는 구절에서 보이지만, 여기서는 그러한 의미로 쓰인 것이 아닌 듯하다. 즉, 여기서는 땅에 대한 그 하늘이 아니라 하늘과 땅을 합한 의미로서의 하늘이며, 따라서 '성인의 덕이 미치는 바의 그 광대함은 마치 하늘과 같은 것이다.'라고 일반적으로 말해지는 것이다.

양일(洋溢) : 넘쳐흐르다.
만맥(蠻貊) : '만(蠻)'은 남방의 야만인, '맥(貊)'은 북방의 미개민족. 통틀어서 오랑캐라고 한다.
추(隊) : 추(墜)와 같은 뜻으로, 즉 떨어지다.

제32장

본장에서는 '대덕돈화'를 말한다. 여섯 번째로 천도(天道)를 논하는 것이다. 전장에서는 '지성(至聖)의 덕'을 설명한 데 대해 본장에서는 '지성(至誠)의 도'를 설명하고 있다. 지성의 도는 지성(至聖)이 아니면 알 수 없고, 지성의 덕은 지성(至誠)이 아니면 형성되지 않는다. 그렇다면 지성(至聖)과 지성(至誠)은 결코 다른 것이 아니고 표리관계에 있는 것이다. 〈중용〉에 있어서 성인과 천도의 구명(究明)은 본장에서 그 극치에 달한다.

1// 唯天下至誠이라야 爲能經綸天下之大經하고 立天下之大本하고 知天地之化育이니 夫焉有所倚리오

오직 천하의 지성(至誠)만이 능히 천하의 대경(大經)을 경륜(經綸)할 수 있으며, 천하의 대본(大本)을 세울 수 있으며, 천지의 화육을 알 수 있으니, 어찌 달리 의지하는 바가 있겠는가.

경륜(經綸): 경(經)이나 윤(綸)은 본래 실을 자을 때 간추린다는 뜻이라고 주자는 풀이했는데, 후에는 나라를 이치에 맞게 다스린다는 뜻으로 사용되었다.
대경(大經): 주자에 의하면 삼강오륜(三綱五倫)의 '오륜'을 가리킨다고 한다.
입천하지대본(立天下之大本): 정현은 효경(孝經)을 가리킨다고 했으나, 주자는 하늘이 명한 성(性) 전체를

| 풀이 | 오직 천하의 지극한 성(誠)만이 천하의 큰 경륜을 바로잡고 천하의 대본을 이을 수 있다고 했다. 여기서 경륜(經綸)이라고 한 것은 본래 길쌈을 할 때 실가닥을 간추리는 일을 말하는데, 후에는 나라를 다스린다는 뜻으로 사용되어왔음은 주에 언급한 바와 같다. 그런데 나라를 다스린다는 것은 인간의 기본윤리인 오륜(五倫)을 바로잡는다는 의미를 지니고 있다. 또한 천하의 지극한 성(誠)이란 물론 성인을 가리킨 것이며, 그 성인만이 그러한 자격

중용 • 409

을 갖추고 있다는 것이다.

오륜에 대해서 말한다면, 지성의 사람만이 천하 최대의 영원한 과제인 이 오륜의 도를 완전히 실천할 수 있다. 성인의 덕은 극도의 성(誠)이며 무망(無妄)이기 때문에 인륜에 있어서 그 하나하나의 당위(當爲)의 내용을 완전히 실천함으로써 천하 후세의 변함없는 법칙으로 세울 수 있다는 것이다.

요컨대 경륜한다는 것은 바로 이러한 주체적인 내용을 지니고 있다.

또한 지성의 사람, 즉 성인은 천하의 대본(大本)을 세울 수 있다. 대본은 제1장의 '중용의 천하의 대본'이라고 한 그 대본, 즉 미발(未發)의 중(中)이며 완전한 본질로서의 성(性)을 가리키는 것이다〔그것에 비교해 말한다면 대경(大經)·경륜(經綸)은 달도(達道)·화(和)에 속하는 것이다.〕.

완전한 본질로서의 성(性)은 천리(天理) 그 자체이며, 인욕적인 작용이 전혀 섞이지 않은 순일한 상태이다. 그리고 천차만별의 도라고 함은 모두 그것에서 나오는데, 천하의 대본을 세운다고 하는 것은 바로 그 점을 말하고 있다. 즉, 온갖 자연의 변화가 거기서부터 나오는 그 근본의 성립을 말하고 있는 것이다.

이 절에서의 화육은 제22장의 화육, 혹은 서장(序章)의 화육과 같다. 그것을 안다고 함은 물론 단순히 감각적·경험적으로 아는 것을 의미하는 것이 아니라 그 무망인 성(誠)의 극치가 화육작용과 묵계(默契) 속에서 부합하고

가리킨다고 했다. 그러나 제1장 제4절에 나오는 '중야자 천하지대본야(中也者天下之大本也)'를 상기해 보면 중용의 도를 가리킴을 알 수 있다.

지(知) : 주재(主宰)한다는 뜻임.

부언유소의(夫焉有所倚) : 여기서 의(倚)를 의지한다는 뜻으로 보거나, 혹은 편의(偏倚) 또는 불공평하다는 뜻으로 보거나 간에 전체로서 중용의 뜻을 말하고 있기 때문에 별 차이가 없다.

묵계(默契) : 말 없는 가운데 뜻이 서로 맞음, 또는 그

일치하는 것, 이른바 형이상학적으로 아는 것을 의미한다. 이상의 세 가지 사실은 모두 무망인 지성(至誠)의 자연적인 효용 및 작용인 것이며, 결코 다른 무엇인가의 외물(外物)에 의거하여 비로소 그와 같이 되는 것은 아니다.

일반적인 학자라면 아무래도 성(誠) 이외의 무엇인가에 의거해서 그것을 골격으로 삼게 마련이다. 그러나 성인은 이른바 추호의 결함도 없는 실리(實理) 그 자체이기 때문에 천지의 화육을 알고 미발의 중(中)을 세우고 오륜의 도를 실천하는데, 그것은 오직 자연적인 상태로 이루어지는 것이고 심중에서 스스로 흘러나오는 것이다. 다시 말하면 성인의 덕이 하늘의 도에 통하기 때문에 스스로 만물의 변화와 생성을 알 수 있게 되는 것이다.

2

지극히 성(誠)한 것은 그 인(仁)이고, 깊고 깊은 것은 그 못이며, 넓고 넓은 것은 그 하늘이다.

| 풀이 | 준준(肫肫)은 성인의 덕이 지극한 상태를 말하고 있다. 즉, 성인의 덕은 깊은 심연에 근거하고 있기 때문에 그 덕이 영원히 변치 않는다는 것인데, 이것은 또한 오륜의 도를 경륜하는 점에 대해 말한 것이다. 인륜의 도를 행하는 것은 한마디로 말해 인(仁)이기 때문이다. 성인에게 있어서 '깊고 깊은 그 심연'이라는 구절은 대본을 세운다

렇게 하여 이루어진 약속.

골격(骨格) : ① 사물의 중요 부분을 이루는 것. ② 몸을 지탱하는 여러 가지 뼈의 조직.

2// 肫肫其仁이고 淵淵其淵이고 浩浩其天이니라

준준(肫肫) : 준(肫)은 정성스럽다는 뜻으로서, 준준은 곧 지성(至誠)의 의미를 갖고 있다.
기인(其仁) : 성인의 인을 가리킨다.
연연(淵淵) : 심원한 깊이.
호호기천(浩浩其天) : 호호(浩浩)는 넓은 것을 형용한는 점에 대해서 말한 것이고, '넓고 넓은 그 하늘'이란 구절은 화육을 안다는 점에 대해서 말한 것이다. 그런데 같은 사실을 전장에서는 '부박(溥博)은 하늘과 같고, 연천(淵泉)은 못과 같다.'라고 했는데, 그 '같다'라는 말을 이 장에서는 갑자기 '그 심연', '그 하늘'로 표현했다는 점에 주의할 필요가 있다.

그것은 이미 '같다'라는 단계를 초월한 것으로, 지성의 사람은 이미 못 그 자체이고 '하늘' 그 자체이기 때문이다. 이 장의 서두에서 밝힌 바와 같이 성인·천도의 구명은 이 장에 이르러 절정에 달했다고 한 의미는 이것으로 명백히지는 것이다.

"천지의 기상(氣象)과 같아지기를 원한다."는 것은 정자 이래 송학(宋學)의 '표어'이며, 또한 정자는 "천지의 화(化)를 체현한다고 하는 것은 그 체(體)를 넘어선 천지의 화 그 자체이다."라고 했던 것이다.

3

진실로 총명하고 성지(聖知)하여 천덕(天德)에 도달한 자가 아니면 그 누가 능히 그것을 알아보겠는가.

| 풀이 | 이 절에 대한 주로서 정현이 "오직 성인만이 능히 성인을 안다."라고 말한 것을 인용하면 더 이상의 설명은 불필요한 것이다. 원문의 고(固)는 실(實)을 뜻하고, 총

말. 즉, 주자에 의하면 호호기천은 천지의 화육에 대해서 말하고 있다고 한다.

3// 苟不固聰明聖知하여 達天德者면 其孰能知之리오

달천덕(達天德) : 성인의 지덕(至德)이 하늘의 덕과 같아지는 것.
기숙능지지(其孰能知之) :

명성지(聰明聖知)는 전장에 나온 '총명예지'를 뜻하며, '달천덕'은 주에서 언급한 대로 성인의 지덕이 하늘의 덕과 같아지는 것을 뜻하고 있다. 여기서 결론지을 수 있는 것은, 곧 지성(至誠)과 성인(聖人)은 같다는 것이다. 그리고 이러한 성인의 덕을 알아볼 수 있는 자는 역시 천덕에 도달한 성인뿐이라는 것이다. 이 장의 서두에서 지적한 바와 같이 이 절은 성인과 천도의 극치를 표현하고 있다.

지(知)는 성인을 말하는 것으로, 즉 오직 성인이라야 성인을 올바로 알아볼 수 있다는 뜻.

제33장

마침내 마지막 장이다.

앞장에서 성인(聖人)·천도(天道)의 극치를 논함으로써 말하자면 상승곡선의 정상을 우선 정복한 셈이므로, 그것을 매듭짓는 본장에서는 다시 한번 출발점으로 되돌아가 상달(上達)을 위해서는 먼저 하학(下學)해야 할 것, 학문은 명리(名利)를 위해서가 아니라 나를 위해서 할 것, 그리고 그 모든 것의 바탕으로서의 신독(愼獨) 등에서 재출발한다. 그리고 거기서 점차 추진해가서 드디어 '군자가 독공(篤恭)함으로써 천하가 태평하다.'라는 성사(盛事)를 초래하기까지에 이르는 차례를 요약해서 말하고, 다시 '무성무취(無聲無臭)'에서 절정에 달하는 중용의 도의 눈부신 진전을 찬탄한다.

명리(名利): 명예와 이익.

저 첫장이 '천명(天命)의 성(性)'으로부터 논하기 시작하여 천지가 자리를 잡고 만물이 자라나는 것으로, 즉 안에서 밖으로 설명해간 데 대해 이 마지막 장은 밖에서 안으로 차츰차츰 수렴

(收斂)해가서 안의 극치인 무성무취에까지 약(約)해간다. 이 마지막 장과 첫장은 이처럼 '서로 안팎을 이루고 있다.' 요컨대 본장은 〈중용〉 전편의 정수를 말한 것이다.

/

〈시경〉에 이르기를 "비단옷을 입고 홑옷을 겹쳐 입었다."라고 했으니, 그 문채(文彩)의 드러남을 싫어해서이다. 그러므로 군자의 도는 어두워 보이나 날로 밝아지고, 소인의 도는 분명해 보이나 날로 희미해지는 것이다. 군자의 도는 담담(淡淡)하되 싫지 않고, 간편하면서도 문채가 있으며, 온후(溫厚)하면서도 조리가 있는 것이다. 먼 곳은 가까운 데서 시작됨을 알고, 바람은 그 불어오는 곳이 있음을 알며, 미세한 것이 뚜렷해짐을 알면 가히 덕으로 들어갈 수 있는 것이다.

| 풀이 | 제31장 및 제 32장에서 '지성(至聖)'과 '지성(至誠)'에 대해 기술했으므로 중용의 도는 이미 그 궁극적인 면에서 논급된 것이다. 그런데 자사는 학문자가 허황되게 고원한 경지에만 마음을 두고 하학(下學)은 잊어버리는 것이 아닌가 하고 염려하여 이 마지막 장에서 재차 하학에 대해 그 취지라고 할 최초의 뜻을 논하고 그것을 궁극의 점까지 이끌고 가는 것이다.

시(詩)는 〈시경〉 위풍(衛風)편의 석인(碩人)과 정풍(鄭風)

1// 詩曰 衣錦尙絅이라 하니 惡其文之著也라 故로 君子之道는 闇然而日章하고 小人之道는 的然而日亡하나니 君子之道는 淡而不厭하고 簡而文하며 溫而理니 知遠之近하고 知風之自하며 知微之顯이면 可與入德矣리라

시왈(詩曰) : 〈시경〉 위풍(衛風)편의 석인(碩人)과 정풍(鄭風)편의 봉(丰)에서 인용한 것이다.
의금상경(衣錦尙絅) : 금(錦)은 비단옷, 경(絅)은 홑옷, 상(尙)은 겹쳐 입다. 즉, 비단옷을 입고 홑옷을 겹쳐 입는다는 뜻.
암연이일장(闇然而日章) : 암연(闇然)은 어두운 상태, 일장(日章)은 날로 밝아온다는 것. 즉 군자의 도는 안

편의 봉(丰)에서 인용한 것으로, 거기서는 '의금경의(衣錦褧衣)'로 되어 있는데, 경(褧)은 이 구절의 경(絅)과 같은 의미로서 얇은 옷을 뜻하고 있다. 결국 '석인'과 '봉'의 시를 개작하여 인용한 것으로 생각할 수 있다. 비단옷을 입고 그 위에 홑옷을 겹쳐 입었다는 것은 그 비단옷의 번쩍임을 싫어한 때문인 듯하다.

"옛날의 학자는 자기를 위해서 했다."(〈논어〉 헌문편)고 했는데, 그와 같은 마음에서일 것이다. "옛날의 학자는 자기를 위해서 했고, 지금의 학자는 남을 위해서 한다."는 이 〈논어〉의 일절은 여러 가지로 해석되는데, 그것은 자기에게만 체득시키려는 비공리적(非功利的)인 학문방법과 사람에게 알리기 위해, 즉 명성을 위해 하는 학문방법과의 대립이라고 보아 그것을 학문의 두 가지 유형으로서 모든 경우에 적용한 것은 주자학의 특징이었다.

그러므로 군자의 도는 다음과 같은 것이다. 홑옷을 겹쳐 입었기 때문에 어두워 보이나 그 속에 빛나는 비단옷이 있는 것이다. 그 비단의 반짝임은 한순간이라도 소실되는 것이 아니며, 오히려 날이 갈수록 그 빛은 더욱 뚜렷이 발산된다. 그것에 대해 소인의 도는 뚜렷해서 눈에 띄지만 곧 희미해지고 사그러지는 것이다.

성인의 도는 담백하되 그로 인해 싫어지는 일이 없다. 간결하면서도 실은 문채가 있고, 온후하면서도 은연하여 사소한 일은 초월해 있는 듯하되 조리가 서 있는 것이다.

먼 곳은 가까운 곳에서부터 시작됨을 안다는 것은, 객

에 깊이 쌓여 있기 때문에 얼른 봐서는 알 수 없으나 점차로 외모에 그 모습을 나타낸다는 뜻.
적연(的然) : 명백하고 뚜렷한 모습.
간이문(簡而文) : 간결·간편하다는 뜻. 문(文)은 문채(文彩)가 있는 것. 즉 얼른 봐서는 간결하나 실은 도덕의 미가 나타나기 때문에 문채가 있다는 뜻.
온이리(溫而理) : 온화하면서 사리의 판단이 올바른 것을 말함.
원지근(遠之近) : 먼 곳은 가까운 곳에서 시작된다는 뜻임.
풍지자(風之自) : 바람이 불어오기 시작하는 곳.
미지현(微之顯) : 미세한 것이 뚜렷해진다는 뜻.
입덕(入德) : 덕을 닦는 경지에 들어간다는 뜻.

관적인 현상(現象)의 발현은 실은 가까운 이쪽에 그 원인이 있다는 것을 말하고 있다. 바람이 불어오는 곳이 있음을 안다는 것은, 외부에 나타나 있는 사상(事象)이 그 근원을 내부에 두고 있다는 사실을 의미한다.

어느 주자학자에 의하면 바람이라는 것은 몸에서부터 나와 백성에게 가해지는 것, 즉 우리 몸에서부터 나타나서 백성에게 그 영향을 미치고 있는 것을 말하며 그 근본은 마음에 있다고 한다. 그런데 〈어류〉에 의하면 바람이란 〈맹자〉에서 말하는 이른바 '백이(伯夷)의 바람'을 뜻하는 것이라고 하였다. 미세한 것이 뚜렷해짐을 안다는 것은, 안에 있는 것이 그 형체를 밖으로 드러낸다는 뜻이다.

이미 말한 바와 같이 주자학의 용어체계에 있어서는 미(微)와 현(顯)이란 유형적(類型的)으로 말해 '미'는 초감각적·형이상학적 영역이고 '현'은 감각적·형이하학적 영역이라는, 완전히 그 차원을 달리하는 세계를 나타내는 말이지만, 여기서는 그럴 정도의 깊은 대조는 나타내고 있지 않다.

'먼 곳은 가까운 곳에서 비롯됨을 안다.'는 것은 그쪽에 있어서의 시비(是非)는 우리에게 있어서의 득실(得失)에 유래한다는 것, 즉 자기를 사물(자기 이외의 존재)과 대립시킨 것이다.

'바람이 불어오는 곳이 있음을 안다.'는 것은, 우리 몸의 득실은 내적인 마음의 선악에 유래한다는 것이다.

'미세한 것이 뚜렷해짐을 안다.'는 것은 오직 마음에 집

백이(伯夷) : 중국 은(殷)나라의 처사(處士). 성은 묵태(墨胎), 자는 공신(公信). 고죽군(孤竹君)의 장남이며 숙제(叔齊)의 형임. 무왕(武王)이 은(殷)을 치려는 것을 말리다가 듣지 않으므로, 주(周)나라의 곡식 먹기를 부끄럽게 여기어 수양산(首陽山)에 들어가 고사리를 캐어 먹으며 숨어 살다가 굶어 죽음. 아우와 함께 백이숙제로 병칭.

중해서 논술한 것이다. '오로지 수렴(收斂)에만 힘쓴다.'고 하는 이 장의 명제는 '자타(自他)→내외(內外)→내(內)'라는 이 도식에 잘 표현되었다고 볼 수 있다(《어류》).

어찌되었든 자기를 위해서 하는 마음을 품고 다시 이 세 가지 사실을 안다면 덕에 들어갈 수 있을 것이다.

2

2// 詩云 潛雖伏矣나 亦孔之昭라 하니 故로 君子는 內省不疚하여 無惡於志하니 君子之所不可及者는 其唯人之所不見乎인저

〈시경〉에 이르기를 "잠복해 있어서 비록 보이지는 않지만 또한 매우 밝게 드러난다."고 하였다. 그러므로 군자는 안으로 반성해보아 병됨이 없어 의지에 싫어함이 없나니, 군자에게 미칠 수 없는 바의 것은 그들이 보지 못하는 그것이다.

시운(詩云) : 〈시경〉 소아 정월(正月)에서 인용한 것.
공(孔) : 매우, 심하게.
불구(不疚) : 마음에 병폐(잘못)가 없는 것.
무오어지(無惡於志) : 그 의지에 싫어함이 없는 것.

| 풀이 | 잠복해 있다는 것은 물고기가 물속에 깊이 잠겨 있는 것에 비유할 수 있는데, 맑은 물에서는 그 잠복한 모습이 밝게 드러난다. 이 표현은 제1장 제3절에서 언급한 '숨겨진 것보다 더 드러나는 것은 없고, 미세한 것보다 더 뚜렷이 나타나는 것은 없다.'는 뜻을 함축하고 있는 것이다. 이와 같은 진리가 존재하기 때문에 군자는 안으로 반성해서 병되는 일이 없게 한다.

또한 그 의지에 싫어함이 없다는 것은 그 마음에 걸림이나 잘못이 없다는 말이다. 이와 같이 자신을 반성하고 신독(慎獨)에 의해서만 참된 군자가 되며 자신을 높일 수

있는 것이다. 범인(凡人)이 참된 군자의 자리에 미치지 못하는 것은 실로 사람이 보지 못하는 곳, 즉 자기를 성실하게 하는 그 내면적인 진실이다.

홀로 사람이 알지 못하는 그곳에서 고독하게 자기반성을 하는 군자의 모습이 선명히 떠오르는 것이다. 또한 세상에서 영예를 갖지 못해도 결코 그로 인해 상처받지 않고 유유히 살아가는 군자의 위대한 모습이 떠오르기도 한다.

3

〈시경〉에 이르기를 "그대가 방 안에 있음을 보니 옥루(屋漏)에 부끄럽지 않기를 바란다."라고 했다. 그러므로 군자는 움직이지 않아도 존경받고, 말하지 않아도 신뢰받는다.

| 풀이 | 이 절은 신독(愼獨)을 말한 앞절에 대해 계신공구(戒愼恐懼)를 말하고 있다. 시는 〈시경〉 대아의 억(抑)에 나오는 것으로, 위(衛)나라 무공(武公)이 스스로를 경계한다는 뜻으로 읊은 것이라고 전한다.

'옥루에 부끄럽지 않다.'는 말은 사람이 없는 곳에 처해 있더라도 결코 악한 마음이 일어나지 않아 신주(神主)에게도 부끄럽지 않다는 뜻이다.

이 시의 앞부분에는 "그대가 군자를 벗으로 삼고 있을 때는 안색을 부드럽게 가지고, 과실을 범하지는 않을까 하여 항상 두려워하는 마음을 품으라."는 구절이 있다. 이

3// 詩云 相在爾室한데 尚不愧于屋漏라 하니 故로 君子는 不動而敬하고 不言而信이니라

시운(詩云) : 〈시경〉 대아의 억(抑)에서 인용한 것.
상(相) : 보다(視).
옥루(屋漏) : 방의 서북쪽 모퉁이를 말하는데, 원래는 사람이 거주하지 않는 곳으로 신주(神主)를 모시는 곳이라고 한다.

는 '보이지 않는 바를 경계하고 들리지 않는 바를 두려워한다.'(제1장 제2절)는 비유로 볼 수 있다. 일시적인 행위에만 그치지 말고 항상 그런 마음의 태세를 갖추어야 한다는 것이다. 그러므로 군자는 가만히 있어도 남의 존경을 받게 되고, 말을 하지 않아도 사람들이 믿게 되는 것이다.

4

4// 詩曰 奏假無言하여 時靡有爭이라 하니 是故로 君子는 不賞而民勸하고 不怒而民威於鈇鉞이니라

〈시경〉에 이르기를 "나아가서 신(神)께 감화되어 말이 없으니 그때는 다투는 일도 없다."라고 했다. 그러므로 군자는 상을 주지 않아도 백성들이 근면하고, 노하지 않아도 백성들은 도끼보다 더 두려워한다.

주격(奏假) : 주(奏)는 나아간다는 뜻, 격(假)은 격(格)의 뜻으로, 주자에 의하면 신의 감화가 내린다는 의미를 갖는다고 한다. 그러나 정현의 주에서는 '주격'을 종묘(宗廟) 속에서 대악(大樂)을 연주하는 것으로 해석하고 있다.
시미유쟁(時靡有爭) : 미(靡)는 무(無)와 같은 뜻으로 즉 '그때는 다툼이 없다.'는 말이다.
부월(鈇鉞) : 사형을 집행할 때 쓰는 일종의 도끼.

| 풀이 | 이 시는 〈시경〉 상송(商頌)의 열조(烈祖)에서 인용한 것으로, 은(殷)의 조정에서 그 열조(烈祖)인 탕(湯)왕을 제사지낼 때 종묘에서 부르던 노래이다. 신의 제단에서 신(神)이 감화되어 내려오도록 할 때 성경(誠敬)의 극치를 다하고 있기 때문에 누가 말을 하지 않아도 스스로 숙연해지는 것이다. 신의 감화를 받는다는 것은 성경이 내면에서 극도로 고조되어 신독(愼獨)의 적극적인 수행을 나타내게 되는 것이다. 이 적극적인 수행의 영향으로 백성은 움직이게 된다. 즉 군자가 상을 주지 않아도 백성들은 근면하게 되고, 노하지 않아도 도끼보다도 더 두려워하게 되는 것이다. 이 절은 성인의 지극한 덕이 그 효과를 가정

과 국가에 미치고 있음을 논하고 있는 것이다.

5

〈시경〉에 이르기를 "유현심원(幽玄深遠)한 덕(德)을 제후들이 그대로 본받는다."고 하였다. 그러므로 군자는 공경을 독실하게 해서 천하를 평정하는 것이다.

| 풀이 | 시는 〈시경〉 주송(周頌)의 열문(烈文)에서 인용한 것으로, 주(周)나라 종실의 제사를 돕는 제후의 일을 노래한 것이다. 이 절도 역시 앞절을 받아서 성인의 덕의 효과를 말하고 있다. 천자에게 유현하고 심원한, 외면에 나타나지 않는 형이상학적인 덕이 있다면 제후들은 그것을 본받아서 깊은 덕을 쌓게 된다. 즉, 성인의 덕이 내면에 깊어지면 깊어질수록 그 효과의 범위도 멀리까지 미치게 되는 것이다. 여기서 유현심원하여 나타나지 않는다는 것은 곧 내면적인 경(敬)의 수양에 노력하는 것이다.

군자가 공경을 독실히 해서 천하가 화평해진다는 것은, 성인의 지극한 덕의 심원미묘함에 스스로 감동해서 천하가 태평해진다는 말인데, 이는 중용의 효능의 극치를 이루는 것이다. '군자가 공경을 독실히 해서 천하를 평정한다.'는 말은 유교적인 정치이상을 나타내는 말로서 항상 인용된다.

유교에는 예악의 교설(敎說)의 체계와 덕의 교설의 체계

5// 詩曰 不顯惟德을 百辟其刑之라 하니 是故로 君子는 篤恭而天下平이니라

불현(不顯) : 나타나지 않다. 즉, 유현심원하다는 뜻.
백벽(百辟) : 제후를 말함.
형(刑) : 본뜬다는 뜻.
독공(篤恭) : 공경심을 독실하게 하다.
천하평(天下平) : 천하를 평정하다.

교설(敎說) : 가르쳐 설명함.

라는 두 가지 면이 있는데, 당(唐)나라 이전에는 전자의 면이 강했고〔따라서 성인도 작자(作者)로서의 성(聖)인 주공(周公)이 그 전형이다.〕, 송(宋)나라 이후의 주자학과 양명학에서는 후자의 면이 압도적이었다〔성인은 천리(天理)에 순일해서 인욕의 잡성(雜性)이 없는 인격을 지니고 있는데 공자가 그 전형이다.〕. 이것이 오늘날 중국 철학사의 상식이 되어 있음은 주지하는 바이다. 이 후자의 정치이상이, 즉 〈맹자〉의 이른바 "군자의 지킴은 그 몸을 닦음으로써 천하를 화평케 한다."(이루 상)와 같은 취지로서 유교의 덕치주의(德治主義)―그것은 결코 천자만의 덕치가 아니다―라는 것을 유감없이 나타내고 있다.

여기서 군자라고 한 것은 물론 천자를 가리키며, 그 천자의 무위이치(無爲而治)라고도 할 수 있다. 즉, 앞절에서 나오는 '상을 주지 않아도 백성이 근면하고 노하지 않아도 도끼보다 더 두려워하는' 그 덕화(德化)의 힘이 스스로 나타나, 마치 내리는 신의 감화와 같이 백성들에게 흔적도 없이 미치는 것이다.

6

6// 詩云 予懷明德의 不大聲以色이라 하거늘 子曰 聲色之於以化民엔 末也라 詩云 德輶如毛라 하니 毛猶有倫이거니와 上天之載

〈시경〉에 이르기를 "나는 명덕(明德)의 성(聲)과 색(色)을 크게 하지 않는 것을 생각한다."고 했다. 공자는 말하기를 "성색(聲色)이란 백성을 교화하는 데 있어 말단이다."라고 했다. 〈시경〉에 이르기를 "덕은 가볍기가 터럭과 같다."고 했는데, 터럭은 오히려 비교될 여지가 있다. "상천(上天)의 일은 소리도 없고 냄새도 없다."고 했으니 지극하도다.

| 풀이 | 시는 〈시경〉 대아의 황의(皇矣)에서 인용한 것이다. 이 시는 상제가 문왕에게 고하는 말인데, 여(子)란 상제를 가리킨다. 상제는 문왕의 명덕(明德)을 항상 마음에 생각하고 있는데, 그것은 문왕의 밝은 덕이 성(聲)과 색(色)을 크게 하지 않기 때문이다. 즉, 그 빛나는 덕을 외면적으로 나타내려고 하지 않고 단지 덕을 내면적으로 쌓는 데 노력하는 것이다. 계속해서 공자의 말을 인용함에 있어 이 시의 해석을 붙인다. '백성을 교화함에 있어 성과 색은 결국 근본적인 것이 아니라 단지 외면적인 것, 말단에 지나지 않는 것이다.'라고.

그러나 이 시는 성과 색을 '크게 하지 않는다.'라고 말할 뿐 그 성과 색을 부정하고 있는 것은 아니다. 여전히 그 성과 색이란 남아 있는 것이며, 그 성과 색이라는 형이하학적인 것이 나타나지 않는 덕의 정묘함을 형용하기에 불충분한 것이다.

그래서 "덕은 가볍기가 터럭같다."는 〈시경〉 대아 증민(烝民)의 한 구절을 인용한 것이다. 그러나 그것이 형이상학적인 덕을 형용할 수 있는가 하면 역시 충분치 못한 것이다. 터럭이 아무리 가볍다 하더라도 역시 상대적인 형이하학의 세계에 속하는데, 왜냐하면 그것이 아무리 가볍다 해도 중량을 갖기 때문이다. 그래서 다른 것과 그 중량

는 無聲無臭라 하니 至矣로다

성색(聲色) : 명성과 여색 같은 외면적인 것.
유(輶) : 비교한다는 뜻.

상천(上天) : 하늘.

을 비교할 수가 있는 것이다.

　끝으로 〈시경〉 대아 문왕(文王)의 시 "상천(上天)의 일은 소리도 없고 냄새도 없다."는 한 구절을 인용함으로써 나타나지 않는 것의 극치를 묘사할 수 있게 된 것이다. 소리나 냄새는 형체가 없고 사물 중에서도 미묘한 존재에 지나지 않는데, 그 냄새나 소리조차 없다고 했기 때문에 '나타나지 않는 독공(篤恭)의 묘를 표현할 수 있었던 것이다.' 물론 그와 같은 덕 이외에 별도로 이 성색·무성·무치라고 하는 세 단계의 덕을 통과함으로써만 비로소 궁극의 덕에 도달한다고 하는 의미가 아님은 말할 것도 없다.

　'터럭과 같다.'는 비유에서 주자에게 있어 양(量)의 세계와 질(質)의 세계, 형이하학과 형이상학이 무엇인가 연속적으로, 질적인 것은 양적인 것의 극히 작은 한 부분일 뿐이라고 하는 식으로 말할 수 있는 듯이 여겨지기도 하지만(이 인상이 때로는 정당한 경우로 될 수도 있음을 부정하는 것은 아니지만), 지금의 경우는 그 점의 혼동을 미리 거부하고 있는 것이다.

　이상으로 〈중용〉 전편에 걸친, 주자의 〈중용장구〉에 의거한 해설을 끝맺기로 한다.

　"중용은 처음에 한 이치를 말하고 중간에는 분산되어 만사로 나누어지며, 마지막에 다시 합해져서 한 가지 이치를 행한다."라고 한 정명도(程明道)의 말은 〈중용〉의 전체적인 개념을 요약한 것이다.

동양 고전으로 미래를 읽는다 007
대학 · 중용

초판 발행 _ 1983년 2월 10일
중판 발행 _ 2015년 11월 25일

옮긴이 _ 이기석·한용우
펴낸이 _ 지윤환
펴낸곳 _ 홍신문화사

출판 등록 _ 1972년 12월 5일(제6-0620호)
주소 _ 서울시 동대문구 용두 2동 730-4(4층)
대표 전화 _ (02) 953-0476
팩스 _ (02) 953-0605

ISBN 978-89-7055-757-1 03140

ⓒ Hong Shin Publishing Co. Printed in Korea
＊값은 뒤표지에 있습니다.
＊잘못 만들어진 책은 바꾸어 드립니다.